KB125076

The Radium Girls

라듐걸스

빛나는 여인들의
어두운 이야기

사일런스북

라듐 걸스
—빛나는 여인들의 어두운 이야기

2018년 4월 1일 초판 1쇄 발행
지은이 케이트 모어
옮긴이 이지민
펴낸이 박동성
편집 박지선
한국어판 표지 디자인 곽유미
홍보마케팅 유인철
펴낸곳 사일런스북 16311 경기도 수원시 장안구 송정로 76번길 36
전화 070-4823-8399 팩스 031-248-8399
www.silencebook.co.kr

출판등록 제2016-000084호 (2016.12.16)
ISBN 979-11-961697-3-2 03900 값 19,800원

「이 도서의 국립중앙도서관 출판예정도서목록(CIP)은 서지정보유통지원시스템 홈페이지 (http://seoji.nl.go.kr)와 국가자료공동목록시스템(http://www.nl.go.kr/kolisnet)에서 이용하실 수 있습니다.(CIP제어번호: CIP2018006667)」

The Radium Girls

라듐걸스

모든 도장공과
그들을 사랑하는 이들을 위해

절대로 너희들을 잊지 않으리….

너희들의 사랑에 익숙한 심장과

너희들에게 웃음을 선사한 입술은

평생토록 슬픔 속에서도 장미처럼 피어올랐다.

너희들을 가로막고 있는 장벽에서 멀리 멀리 떨어진

이 세상에서

잃어버린 꿈을 찾아

-오타와 고등학교 졸업앨범, 1925년

차례

주요 등장인물

뉴저지주, 뉴어크와 오렌지

다이얼 도장공
알비나 매기아 래라이스
아멜리아('몰리') 매기아   알비나 매기아 래라이스의 동생
에드나 볼즈 허스만
엘리너 ('엘라') 에커르트
제네비브 스미스   조지핀 스미스의 동생
그레이스 프라이어
헤이즐 빈센트 쿠저
헬렌 퀸랜
아이린 코비 라 포르테
아이린 루돌프   캐서린 샤웁의 사촌
제인 ('제니') 스토커
조지핀 스미스   제네비브 스미스의 동생
캐서린 샤웁   아이린 루돌프의 사촌
메이 커벌리 캔필드   교육관
마거리트 카러프   사라 카러프 메일레퍼의 동생
퀸타 매기아 맥도날드   알비나와 아멜리아의 동생
사라 카러프 메일레퍼   마거리트 카러프의 언니

유나이티드 라듐 코퍼레이션 (USRC)
안나 루니   감독관
아서 로더   회계담당자
클라렌스 B. 리   부사장
에드윈 레먼   수석 화학자
조지 윌리스   사빈 폰 소쵸키와 공동 창립자

해럴드 비트 공장운영 책임자, 부사장
호워드 바커 화학자이자 부사장
사빈 폰 소쵸키 창립자이자 페인트 개발자
사보이 씨 스튜디오 관리자

의사
프란시스 맥커프리 그레이스 프라이어를 치료한 뉴욕 의사
프레드릭 플린 기업 의사
해리슨 마트랜드 뉴어크 의사
제임스 유잉, 로이드 크레이버, 에드워드 크럼바 위원회 의사들
조셉 크네프, 월터 배리, 제임스 데이비슨 지역 치과의사들
로버트 험프리스 오렌지 정형외과 의사
시어도어 블럼 뉴욕 치과의사

연구자
앨리스 해밀턴 하버드 공중보건 대학원의 박사, 캐서린 와일리의 협조자이자 세실 K. 드링커의 동료
앤드루 맥브라이드 노동부 장관
세실 K. 드링커 하버드 공중보건 대학원의 생리학 교수, 캐서린 드링커의 남편
에설버트 스튜어트 워싱턴 D. C. 노동통계국 장관
프레드릭 호프만 프루덴셜 보험사의 통계조사학자
존 로치 노동부 차관
캐서린 드링커 하버드 공중보건 대학원의 박사, 세실 K. 드링커의 부인
캐서린 와일리 뉴저지주 소비자연맹의 비서실장
레노어 영 오렌지 보건소 담당자
스벤 키예르 워싱턴 D. C. 국립 노동통계국 조사관
마틴 자마톨스키 노동부 자문역 화학자

일리노이주, 오타와

다이얼 도장공
캐서린 울프 도노휴
샬럿 네빈스 퍼셀
프란시스 글라신스키 오코넬 마거리트 글라신스키의 언니
헬렌 먼치

이네즈 코코란 발라트
마가렛('페그') 루니
마거리트 글라신스키　프란시스 글라신스키 오코넬의 동생
마리 베커 로지터
매리 더피 로빈슨
매리 엘렌('엘라') 크루즈
매리 비치니 토니엘리
올리브 웨스트 위트
펄 페인

라듐 다이얼 임직원
조셉 켈리　사장
로티 머레이　감독관
메르세데스 리드　교육관, 러퍼스 리드의 아내
러퍼스 포다이스　부사장
러퍼스 리드　부 감독관, 메르세데스 리드의 남편
윌리엄 갠리　임원

의사
찰스 로플러　시카고 의사
로렌스 던　캐서린 도노휴의 담당의
시드니 웨이너　엑스레이 전문가
월터 달리취　치과 전문의

프롤로그

프랑스, 파리
1901년

　과학자는 라듐의 존재를 완전히 잊고 있었다. 무게도 느껴지지 않을 만큼 소량의 라듐이 담긴 가느다란 유리관은 조끼 주머니 안에 조심스럽게 끼워져 있었다. 그는 런던에 강의하러 가는 길이었다. 라듐이 담긴 유리병은 바다를 건너는 내내 어두운 주머니 속에 들어 있었다.

　전 세계에서 라듐을 손에 넣은 사람은 그를 포함해 몇 명 되지 않았다. 마리 퀴리와 피에르 퀴리가 1898년 12월에 발견한 라듐은 추출하기가 쉽지 않아 전 세계적으로 극히 소량만 존재했다. 과학자는 운이 좋게도 퀴리 부부로부터 강의에 사용할 수 있는 라듐을 조금 건네받았다. 그들조차도 실험을 계속할 만큼 라듐이 충분하지 않았다.

　하지만 이러한 제약도 퀴리 부부의 연구를 멈추게 할 수는 없었다. 그들은 매일, 라듐에 관한 새로운 사실을 발견해 냈다. 퀴리 부부의 딸은 훗날 이렇게 기록했다. "라듐은 검은 종이를 통과해 사진 건판에 이미지를 남긴다. 라듐은 이 물질을 싸고 있는 종이나 탈지면을 조금씩 부식시켜 가루로 만들어 버린다. …이 물질이 할 수 없는 일은 무엇일까?" 마리 퀴리는 이 물질을 '내 아름다운 라듐'이라 불렀다. 라듐은 정말로 아름다웠다. 과학자의 어두컴컴하고 깊숙한 주머니에서 어둠을 깨고 끊임없이 으스스한 불빛이 새어 나왔다. 마리 퀴리는 이 발광 효과에 관해 이렇게 기록했다. "이 빛은 어둠 속에 유유히 떠 있는 것처럼 보였고 난생처음 느껴 보는 황홀한 감정을 선사했다." 라듐의 매혹…. 여기에는 일종의 마법이나 초자연적인 힘이 담겨 있다. 미 정부의 위생국장이 라듐을 가리켜 '신화에 나오는 초자연적인 존재 같다.'고 표현한 것도 어색함이 없다. 영국의 한 의사는 라듐에서 뿜어져 나오는 어마어마한 양의 방사능을 '미지의 신'이라 부르기도 했다.

신은 친절하고 충실하며 자애롭다. 하지만 극작가 조지 버나드 쇼가 한 말처럼 "자고로 신이라는 존재들은 끊임없이 인간의 희생을 요구한다." 마법의 매혹…. 이것은 과거의 신화에서도, 그리고 현재의 이야기에서도 저주를 의미하기도 한다.

고로, 과학자는 라듐을 잊었을지 몰라도 라듐은 그를 잊지 않았다. 과학자가 영국으로 향하는 내내, 라듐은 과학자의 연하고 부드러운 피부에 강력한 광선을 쏘았다. 며칠 후, 그는 복부에 난 의문스러운 붉은 자국을 혼란스러운 표정으로 바라보았다. 덴 자국 같았지만 그럴 만큼 불 가까이에 간 기억이 없었다. 시간이 지날수록 상처는 더욱 심해졌다. 상처 부위가 넓어지지는 않았으나 어찌 된 영문인지 점점 더 깊어졌다. 마치 그의 몸이 계속해서 불길에 닿아 살이 타고 있는 것 같았다. 결국 상처에 쓰라린 물집이 생겼고 피부에는 화상 자국이 생기고 말았다. 통증이 점차 심해지자 그는 가쁜 숨을 내쉬며 자신도 모르는 사이에 이렇게 큰 고통을 안겨 준 게 도대체 무엇인지 골똘히 생각해 보았다.

불현듯, 주머니 안에 있던 라듐이 떠올랐다.

1부

지식

미국, 뉴저지주, 뉴어크
1917년

    캐서린 샤웁은 경쾌한 발걸음으로 집에서 네 블록 떨어진 일터로 향했다. 1917년 2월의 첫날이었지만 추위는 아무런 문제가 되지 않았다. 캐서린은 겨울이면 고향 땅에 소복이 내려앉는 눈이 좋았다. 하지만 추운 겨울 날씨 때문에 기분이 들뜬 것은 아니었다. 오늘은 캐서린이 뉴저지주, 뉴어크 3번가에 위치한 라듐 루미너스 머티리얼스 코퍼레이션에 처음으로 출근하는 날이다.

    빈자리가 생겼다고 말해 준 건 친한 친구였다. 캐서린은 활발하고 사교적이어서 친구가 많았다. 캐서린은 훗날 이렇게 말했다. "친구가 '시계 스튜디오'에 관해 말해 주었어요. 어둠 속에서도 보이도록 시계 숫자판을 야광 물질로 칠하는 곳이라고요. 재미있는 일일 뿐만 아니라 평범한 공장 업무보다 훨씬 수준 높은 일이라고 했죠." 간략한 설명만 들어도 정말 매력적인 일 같았다. 심지어 공장이 아니라 '스튜디오' 아닌가! 상상력이 풍부했던 캐서린은 그곳에서는 무슨 일이든 일어날 수 있을 거라 생각했다. 전에 했던 일보다는 확실히 괜찮은 일이었다. 전에는 밤베르크 백화점에서 포장을 했었는데, 캐서린의 야망에 훨씬 못 미치는 일이었다.

163센티미터가 조금 안 되는 캐서린은 예쁘장하게 생긴 금발의 여자아이로, 반짝이는 푸른 눈에 뚜렷한 이목구비를 지녔으며 최근 유행하는 단발머리를 하고 있었다. 5주 후면 열다섯 번째 생일을 맞이할 예정이었다. 캐서린은 초등학교밖에 졸업하지 못했지만 무척이나 똑똑했다. 당시에 노동자 집안에서 태어난 여자아이들이 받을 수 있는 교육은 그게 전부였다. 훗날 《파퓰러 사이언스》에 실린 기사에 따르면, "캐서린 샤웁은 문학계에서 활동하는 게 꿈이었다."고 한다. 캐서린은 확실히 진취적이었다. 시계 스튜디오에 공석이 났다는 얘기를 들은 뒤 "나는 곧바로 담당자인 사보이 씨를 찾아가 일을 달라고 요청했어요."라고 훗날 말했다.

그리하여 캐서린은 3번가에 위치한 공장 앞에 서서 문을 두드리게 되었다. 수많은 젊은 여성이 들어가고 싶어 안달인 직장에 자신이 들어가게 된 거였다. 캐서린은 감독관인 안나 루니 씨를 만나러 가는 길에 열심히 일하고 있는 도장공들을 보자마자 홀딱 반하고 말았다. 여자아이들이 일상복을 입고 일렬로 앉아 아주 빠른 속도로 숫자판을 칠하고 있었다. 그들의 잰 손은 현란하리만치 빨랐다. 초보자 캐서린은 어지러울 지경이었다. 그들 옆에는 숫자판이 들어 있는 편평한 나무 쟁반이 하나씩 놓여 있었다. 검은색 바탕에 종이 숫자판이 미리 인쇄되어 있었고 칠을 해야 하는 숫자 부분만 흰색으로 되어 있었다. 하지만 캐서린의 눈을 사로잡은 건 숫자판이 아니었다. 바로 그들이 사용하는 물질인 라듐이었다.

라듐. 경이로운 물질. 모두가 아는 사실이었다. 캐서린은 신문과 잡지에서 라듐에 대한 기사를 모조리 읽었다. 라듐의 장점을 극찬하며 라듐으로 만든 신제품을 홍보하는 글들이었다. 하지만 캐서린 같은 미천한 사람이 구입하기에 라듐은 너무 비쌌다. 이렇게 가까이에서 본 것도 오늘이 처음이었다. 라듐은 이 세상에서 가장 비싼 물질로 1그램에 무려 12만 달러(현재 가치로 220만 달러)에 달했다. 하지만 실제로 본 라듐은 그녀가 생각했던 것보다 훨씬 더 아름다웠다!

각 도장공에게는 정해진 할당량이 있었다. 그들은 소량의 라듐 가루를 흰색 도가니에 넣고 물을 부은 뒤 고무풀 접착제를 넣었다. 이렇게 하면 녹색 빛이 감도는 흰색 야광 염료가 만들어졌다. 이 야광 페인트의 이름은 '언다크'였다. 고운 노란색 가루에는 극히 소량의 라듐이 함유되어 있었는데, 이 가루에 황화아연을 섞으면 눈부실 정도로 환한 빛이 뿜어져 나왔다. 그 효과는 숨이 막힐 정도였다.

캐서린은 라듐 가루가 사방에 묻어 있는 것을 볼 수 있었다. 가루는 스튜디오 이곳저곳을 떠돌다가 작업 중인 도장공들의 어깨와 머리 위에 내려앉았다. 놀랍게도 가루 덕분에 그들도 희미하게 빛이 났다.

캐서린은 다른 소녀들이 그랬던 것처럼 라듐에 도취되었다. 라듐이 내뿜는 빛뿐만 아니라 이 물질의 전능적 명성 때문이었다. 이 신물질은 처음부터 '역사상 가장 위대한 발명품'으로 칭송받았다. 20세기 초, 라듐이 인체 조직을 파괴할 수 있다는 사실이 발견되자마자 사람들은 악성 종양을 제거하는 데 라듐을 사용했다. 그 효과는 대단했다. 건강에 이로운 물질로 알려지자 라듐은 다른 용도로도 사용되었다. 라듐이 일종의 만병통

치약으로, 즉 암뿐만 아니라 고초열[1], 통풍, 변비를 비롯한 온갖 질병의 치유제로 사용되고 있다는 것쯤은 캐서린도 익히 알고 있었다. 약국에서는 방사능 붕대와 알약을 팔았고 부유한 사람들을 위해 라듐 클리닉이나 스파도 운영되었다. 사람들은 "공의로운 해가 떠올라서 치유의 광선을 비추리니 너희가 나가 외양간에서 나온 송아지 같이 뛰리라."는 성경 구절이 라듐의 등장을 이미 예언한 것이라며 라듐을 추켜세우는 데 열을 올렸다.

또 다른 이들은 라듐이 '노인을 젊게' 만들고 나이 든 사람에게 활력을 되찾아 준다고 주장하기도 했다. 한 열혈애호가는 "때때로 내 몸 안에서 불꽃 같은 활력이 느껴지는 것 같다."고 말하기도 했다. 라듐은 "무례한 세상에서 한 줄기 선행처럼[2]" 반짝였다.

기업가들은 재빨리 라듐을 사업에 끌어들였다. 캐서린은 가장 성공적인 제품으로 손꼽힌 라듐 항아리의 광고를 본 적이 있었다. 그 안에 물을 붓기만 하면 아래 달린 꼭지를 통해 라듐 물이 나오는 항아리였다. 부유한 고객들은 라듐을 건강음료처럼 마셨다. 권장량은 하루에 다섯 잔에서 일곱 잔이었다. 하지만 어떤 제품은 판매가가 2백 달러(현 3천 7백 달러)나 되었기에 캐서린에게는 그림의 떡이었다. 라듐 물을 마시는 부류는 부자나 유명한 사람이지 노동자 집안에서 태어난 소녀가 아니었다.

하지만 캐서린도 미국인들의 삶 곳곳에 라듐이 스며드는 것을 느낄 수 있었다. 그야말로 광풍이었다. 라듐은 '액체로 된 햇살'로 불리며 병원과 응접실뿐만 아니라 극장, 무도회장, 식료품점, 서점을 밝게 비추는 데에

---

1. [역주] 꽃가루알레르기
2. [역주] 셰익스피어, 《베니스의 상인》 제5막 1장에 나오는 구절

도 사용되었다. 라듐은 만화와 소설에도 쉬지 않고 등장했다. 음악과 피아노 연주를 좋아하던 캐서린은 '라듐 댄스'라는 음악을 자주 들었는데, 브로드웨이 뮤지컬 〈피프! 파프! 파우프!〉에 수록된 뒤 엄청 유명해진 곡이었다. 라듐 국부보호대와 여성용 속옷, 라듐 버터, 라듐 우유, (사용할수록 밝은 미소를 보장하는) 라듐 치약, 심지어 라듐이 함유된 아이섀도, 립스틱, 크림을 구비한 '라디아 메이크업 세트'도 판매되었다. 다른 제품들은 이보다는 좀 단조로웠다. '라듐 이클립스 스프레이어' 광고는 '온갖 파리와 모기, 바퀴벌레를 빠르게 죽여 줍니다. 가구나 도자기, 타일의 세정제로서도 단연 으뜸이죠. 인체에 무해할 뿐만 아니라 사용하기도 아주 간편합니다.'라고 홍보하기도 했다.

실제로 이 모든 제품에 라듐이 함유된 것은 아니었다. 라듐은 너무 비쌌고 구하기도 쉽지 않았다. 하지만 온갖 산업 분야에서 커져만 가는 라듐 파이의 조그마한 조각이라도 얻고자 했던 것이다.

이러한 상황에서 캐서린은 새로운 직장 덕분에 기쁘게도 라듐을 직접 만져 볼 수 있게 된 것이다. 캐서린은 자신 앞에 펼쳐진 눈부신 광경을 넋을 놓고 바라보았다. 하지만 바로 그때, 루니 씨는 실망스럽게도 그녀를 스튜디오에서 떨어진 다른 방으로 데리고 갔다. 라듐과 빛나는 소녀들로부터 멀리 떨어진 곳으로…. 캐서린은 다른 방에서 일하는 매혹적인 예술가 무리에 끼고 싶었지만 그날도, 그리고 그다음 날도 시계 숫자판을 칠할 수 없게 된 것이다. 그 대신 숫자판을 칠하느라 여념이 없는 빛나는 소녀들의 생산품을 점검하는 검수원으로 수습 생활을 하게 되었다.

중요한 일이라고 감독관 루니 씨가 말했다. 그 회사는 시계 숫자판 생산을 전문으로 했지만 정부를 상대로 야광 항공 계기판을 공급하는 수익성 높은 사업도 계약한 상태였다. 유럽에서 전쟁이 한창이었으므로 사업은 호황이었다. 회사는 자사의 페인트를 이용해 사격조준기나 배의 나침반을 비롯한 다양한 야광 제품을 만들기도 했다. 목숨이 달린 문제였으므로 숫자판은 정확해야 했다. 캐서린이 맡은 일은 숫자의 윤곽이 고르고 완벽한지 살핀 뒤 사소한 결함을 수정하는 작업이었다.

루니 씨는 교육을 담당할 메이 커벌리 씨를 캐서린에게 소개해 준 뒤 자리를 떠났다. 그러고는 칠을 하는 소녀들 사이를 천천히 오가며 다시 그들의 어깨너머로 작업을 감시했다.

메이는 캐서린에게 미소를 지으며 인사를 건넸다. 스물여섯 살인 메이는 작년 가을부터 이 회사에서 일했다. 메이는 생소한 분야에 뛰어든 지 1년이 채 되지 않아 뛰어난 도장공으로 소문이 자자해졌고 매일 꼬박 8개에서 10개의 쟁반을 반납했다(각 쟁반에는 숫자판의 크기에 따라 24개나 48개의 숫자판이 들어 있었다). 메이는 곧바로 훈련사로 승진했다. 그녀만큼 생산성이 뛰어난 소녀들을 배출하기 위해서였다. 메이는 시계 숫자판 도장공과 검수원 모두가 배워야 할 기술을 캐서린에게 가르치기 위해 페인트 붓을 집어 들었다.

그들은 얇은 나무 손잡이가 달린 가는 낙타 털 붓을 사용했다. 한 도장공은 당시를 이렇게 회상했다. "그렇게 가느다란 붓은 처음 봤어요. 털이 서른 가닥이나 들어 있을까 생각했죠. 정말로 얇았어요." 붓은 가늘었지만 짧고 뻣뻣한 털들은 벌어지기 일쑤라 작업에 방해가 되었다. 그들이 칠한 가장 작은 회중시계는 숫자판의 지름이 3.5센티미터밖에 되지 않앉고 칠을 해야 하는 가장 작은 부위는 폭이 1밀리미터밖에 안 되었다. 이 좁은 경계 밖으로 칠이 넘어가면 안 됐다. 결국 그들은 붓을 더욱 가느다랗게 만들 수밖에 없었는데, 그들이 아는 방법은 딱 한 가지였다.

"우리는 붓을 입에 넣어 끝을 뾰족하게 만들었죠." 캐서린은 무덤덤하게 말했다. '립 포인팅'이라 불리는 이 기술은 도자기 도장 공장에서 일하다 건너온 초창기 도장공 소녀들로부터 전해 내려온 방법이었다.

미국에서 일하던 소녀들은 몰랐지만 10년이 넘게 시계 숫자판 도장작업을 해온 유럽에서는 이제 이 방법이 사용되지 않았다. 나라마다 각기 다른 방법을 사용했으나 립 포인팅을 사용하는 곳은 없었다. 그도 그럴 것이 붓을 사용하는 곳도 없었기 때문이다. 스위스에서는 속이 꽉 찬 유리 막대를, 프랑스에서는 끝에 솜뭉치가 달린 작은 막대를, 다른 유럽 국가에서는 날카로운 나무 바늘이나 금속 바늘을 사용했다.

물론 미국 소녀 도장공들이 립 포인팅 기술을 맹목적으로 신뢰한 것은 아니었다. 메이와 동료들은 스튜디오가 문을 연 직후인 1916년에 처음 일을 시작했을 때 라듐을 삼키는 것이 '께름칙하여' 의문을 제기했었다. 메이는 이렇게 기억했다. "우리가 처음으로 한 질문은 '라듐을 삼켜도 몸에 괜찮은지'였어요. 회사는 '괜찮다'고 대답했어요. 사보이 씨는 위험하지 않다고, 그러니까 괜히 걱정할 필요가 없다고 말해 주었습니다." 사실 라듐은 경이로운 약품이므로 소녀들은 이것을 만지고 먹는 것을 오히려 감사하게 생각해야 한다고 했다. 그들은 곧 붓을 입에 넣는 것에 익숙해져 생각조차 하지 않게 되었다.

그렇기는 했지만 캐서린은 출근 첫날, 불량 숫자판을 교정하며 붓을 계속해서 입에 넣다 보니 이상한 느낌이 들었다. 하지만 참아야 했다. 캐서린은 자신이 왜 여기에서 일하고 싶어 했는지를 끊임없이 되새겼다. 캐서린은 두 가지 방법으로 숫자판을 점검해야 했다. 한 번은 일광에서, 그리고 또 한 번은 암실에서였다. 진짜 마법이 일어나는 곳은 암실이었다. 캐서린은 소녀들을 암실로 불러들여 그들의 작업에 관해 논의하곤 했다. "일광이 차단된 암실에서는 도장공들의 온몸 구석구석에서 야광 페인트의 흔적을 볼 수 있었죠. 페인트는 그들의 옷과 얼굴, 입술, 손 이곳저곳에 묻어 있었어요. 그들은 어둠 속에서 환히 빛났죠." 소녀들은 다른 세계에서 온 천사처럼 눈이 부셨다.

시간이 지나면서 캐서린은 동료들과 친해졌다. 갈색 단발머리를 한 열여섯 살의 조지핀 스미스는 얼굴이 둥그스름했으며 들창코였다. 조지핀 역시 밤베르크 백화점에서 판매원으로 일했었는데 훨씬 더 높은 급여를 받기 위해 스튜디오로 옮겼다. 물론 그들이 고정 월급을 받는 것은 아니었다. 소녀들은 칠한 숫자판의 개수에 따라 돈을 받았는데, 시계 하나당 평균 1.5센트를 받았다. 실력이 뛰어난 직원은 상당한 돈을 벌 수 있었다. 일부는 공장 근로자들의 평균 벌이보다 세 배나 많은 돈을 벌기도 했다. 소녀들은 여성 임금 노동자 중 상위 5퍼센트에 해당했으며 일주일에 평균 20달러(현 370달러)를 벌었다. 손이 빠른 도장공은 그보다 두 배나 많은 돈을 어렵지 않게 벌기도 했다. 최고로 많이 버는 이들의 연봉은 2천 80달러(현 4만 달러)에 달했다. 운이 좋게 도장공으로 일하게 된 소녀들은 자신이 축복받았다고 생각했다.

캐서린은 조지핀과 이야기를 나누면서 조지핀이 자신처럼 독일 혈통이라는 것을 알게 되었다. 사실 대부분의 시계 숫자판 도장공들은 이민자의 딸이거나 손녀였다. 뉴어크는 독일인, 이탈리아인, 아일랜드인을 비롯해 온갖 이민자들로 넘쳐났다. 이 기업이 애초에 이곳에 스튜디오를 연 것도 그런 이유에서였다. 거대한 이민자 집단 덕분에 온갖 종류의 공장에서 손쉽게 노동자를 채용할 수 있었던 것이다. 뉴저지주는 높은 농작물 수확량 때문에 가든 스테이트라는 별명이 있었지만 사실 산업 생산량 역시 만만치 않았다. 20세기가 도래하면서 뉴어크는 선도적인 사업 덕분에 기회의 도시라 불리게 되었고 소녀들이 목격하고 있는 것처럼 그 명성에 걸맞게 다양한 사업이 활기를 띠고 있었다.

도시는 번창했다. 공장이 문을 닫은 뒤에는 활기찬 밤 문화가 시작되었다. 뉴어크는 맥주의 도시로 그 어떤 미국 도시보다도 1인당 술집 수가 많았으며, 노동자들은 휴식시간을 최대한 즐겼다. 시계 숫자판 도장공들은 서로 친하게 지냈다. 그들은 먼지가 풀풀 나는 작업대에 앉아 샌드위치를 나눠 먹으며 잡담을 나눴다.

시간이 지나면서 캐서린은 시계 숫자판을 칠하는 일의 매력뿐만 아니라 고역도 알게 되었다. 루니 씨는 스튜디오를 오가며 노동자들을 계속해서 감시했다. 소녀들은 언제든 암실로 불려가 형편없는 작업 결과에 대해 힐책 받을 수 있었다. 그들은 비싼 페인트를 낭비한다고 꾸중 듣는 것을 가장 두려워했다. 이는 해고의 사유가 될 수 있었다. 이 같은 단점에도 불구하고 캐서린은 페인트를 칠하는 소녀들의 무리에 끼고 싶었다. 자신도 빛나는 소녀가 되고 싶었다.

습득이 빨랐던 캐서린은 머지않아 자신의 업무에 통달했다. 캐서린은 립 포인팅한 붓으로 불량 숫자판을 교정하는 기술을 완벽하게 연마했을 뿐만 아니라 맨손으로 먼지를 털거나 손톱으로 군더더기 페인트를 제거하는 데에도 능숙해졌다. 캐서린은 승진을 기대하며 정말로 열심히 일했다.

마침내 3월 말이 다가오자 그녀의 노력이 결실을 보였다. 캐서린은 흥분한 말투로 일기에 적었다. "드디어 숫자판을 칠하라는 요청을 받았다. 나는 그러겠다고 대답했다."

캐서린이 꿈을 이룬 건 자신의 자질 덕분이기도 했지만 사실 1917년 봄, 작업장에는 그보다 광대한 힘이 작용하고 있었다. 시계 숫자판 도장공에 대한 수요가 그 어느 때보다도 높아졌고, 회사는 최대한 많은 도장공 인력이 필요해진 것이다.

2

지난 2년 반 동안, 미국은 유럽에 휘몰아친 전쟁의 소용돌이를 비껴갈 수 있었다. 그로 인한 경제적인 호황만 누릴 뿐이었다. 대다수의 미국인은 태평양 반대편에서 일어나고 있는 참혹한 전쟁의 소용돌이에 휘말리지 않게 된 것을 다행으로 여겼다. 머나먼 전쟁터에서는 연일 희석되지 않은 생생한 이야기가 들려오고 있었다. 하지만 1917년, 미국은 더 이상 중립적인 입장을 취할 수 없게 되었고, 캐서린이 승진한 뒤 겨우 일주일밖에 지나지 않은 4월 6일, 미국 의회는 미국의 참전을 승인했다. 월슨 대통령이 선언한 것처럼 '모든 전쟁을 종식시킬 전쟁'이 될 터였다.

이러한 결정은 3번가에 위치한 시계 숫자판 도장 스튜디오에 즉시 영향을 미쳤다. 수요가 치솟았다. 뉴어크에 위치한 이 스튜디오는 수요를 감당하기에 규모가 지나치게 작았기 때문에 사장은 3번가 공장의 문을 닫고 뉴어크에서 조금 떨어진 뉴저지주, 오렌지(지명)에 새로운 공장을 열었다. 이 새로운 스튜디오에서는 시계 숫자판 도장공만 일하는 게 아니었다. 성장일로의 기업은 내친 김에 라듐 추출 작업도 직접 하려고 했는데, 이를 위해서는 실험실과 처리 공장이 필요했다. 라듐 루미너스 머티리얼스 코퍼레이션은 사업을 크게 확장했다. 새로운 공장은 몇 개의 건물로 이루어졌으며, 이 건물들은 전부 주택가 한복판에 자리 잡았다.

캐서린과 동료들은 도장 부서가 들어서게 된 2층짜리 벽돌 건물에 처음으로 입성한 도장공이 되었다. 그들은 새로운 일터가 마음에 들었다. 오렌지는 날로 번창하는 매력적인 마을이었으며, 2층짜리 스튜디오는 사방에 큰 창문이 있는 데다 지붕을 통해서도 빛이 들어 왔다. 넘실대는 봄 햇살은 다이얼 도장작업을 위해 충분한 빛을 선사했다.

기업은 전쟁 물자를 제공한다고 홍보하며 새로운 노동자를 모집했다. 그리하여 미국이 전쟁에 참여하겠다고 선언한 지 나흘 만에 그레이스 프라이어가 그 부름에 화답한다. 그레이스는 이곳에서 일해야 할 이유가 차고도 넘쳤다. 두 오빠가 수백만의 입대 병사들과 함께 프랑스에 파견될 예정이었기 때문이다. 많은 도장공들이 조국의 군대를 돕는다는 생각에 고무되었다. 캐서린은 "소녀들 역시 다른 사람들과 마찬가지로 맡은 바 직업에 최선을 다하는 것이 자신의 본분이라고 생각했어요."라고 말했다.

그레이스는 특히 시민 정신이 투철한 젊은 여성이었다. "그레이스는 학교에 다닐 때부터 어른이 되면 참된 시민이 돼야겠다는 생각을 품고 있었어요." 어린 시절 친구는 이렇게 말했다. 그레이스의 가족은 정치적인 성향이 강했다. 아버지 다니엘은 목수노동조합 대표자였고 가족들에게 자신의 신조를 늘 강조했다. 당시에는 고용주들이 노동조합을 달갑게 여기지 않았기 때문에 자주 직장에서 쫓겨났다. 그래서 이 가족은 비록 넉넉하지 못했으나 사랑만은 부족함이 없었다. 그레이스는 열 명의 자식 중 넷째로, 같은 이름을 가진 어머니와 특히 가까웠다. 아마도 네 명의 딸 중 맏딸이기 때문이었을 것이다. 그레이스는 동생들과 가깝게 지냈는데, 특히 나이 차이가 가장 적은 여동생 애들레이드, 남동생 아트와 가장 친했다.

그레이스는 모집 공고가 났을 때 시계 숫자판 도장공만큼이나 보수가 괜찮은 직장에서 일하고 있었다. 하지만 전쟁터에 나갈 오빠들을 위해 일하고 싶었기에 동네에 새로 둥지를 튼 라듐 공장으로 이직하기로 결심했다. 그레이스는 상당히 똑똑하고 아름다운 소녀로, 밤색 곱슬머리에 갈색 눈을 지녔으며 이목구비가 뚜렷했다. 모두 그녀가 굉장히 매력적이라고 생각했지만 그레이스 자신은 외모에는 별로 관심이 없었다. 그보다는 직업 정신이 투철했으며 덕분에 열여덟 살밖에 안 되었지만 이미 풍요로운 삶을 누리고 있었다. 그레이스는 한마디로 '삶에 열정적인' 소녀였다. 얼마 안 가 시계 숫자판 도장 일에 능숙해졌고 하루에 평균 250개의 숫자판을 생산하면서 가장 손이 빠른 직원이 되었다.

아이린 코비 역시 그해 봄부터 공장에서 일했다. 지역 모자 상인의 딸인 아이린은 열일곱 살 된 활발한 여자아이였다. 동생 메리는 "언니는 상당히 재미있는 사람이었어요."라고 말했다. 아이린은 정말로 그랬다. 동료들과 금방 친해졌고 특히 그레이스와 가까운 사이가 되었다. 동료들 사이에서 아이린은 뛰어난 직원으로 통했다.

새로 들어온 직원을 훈련하는 건 메이 커벌리와 조지핀 스미스의 몫이었다. 소녀들은 스튜디오 전체를 따라 길게 놓인 작업대 두 개에 나란히 앉았다. 작업대 사이에는 통로가 있어서 감독관 루니 씨는 계속해서 어깨너머로 그들을 감시할 수 있었다. 소녀들은 미세한 양의 '물질'을 도가니에 살짝 넣은 뒤 조심스럽게 페인트를 섞는 방법을 배웠다. 소녀들은 라듐을 '물질'이라 불렀고, 페인트에 섞을 때 마치 '공기 중의 미세한 연기'를 떠 넣는 듯 아주 조금만 넣었다. 하지만 페인트를 아무리 조심스럽게 저어도 맨손에 페인트가 튈 수밖에 없었다.

페인트를 섞은 뒤에는 '립 포인팅' 기술을 배웠다. 캐서린은 훈련받던 시절을 떠올리며 말했다. "그녀는 자신을 보고 잘 따라 하라고 말했어요." 낮이 지나면 밤이 뒤따르듯, 자연스레 그레이스와 캐서린, 아이린은 배운 대로 따라 했다. 붓을 입에 넣은 뒤… 라듐에 담그고… 숫자판을 칠했다. '침을 바르고, 라듐에 담근 뒤, 칠하는 과정'의 연속이었다. 모두가 그대로 따라 했다. 거울에 비친 모습처럼 모두가 똑같이 하루 종일 침을 바르고 라듐에 담근 뒤 칠을 했다.

하지만 얼마 안 가 라듐이 묻은 붓이 딱딱해지고 말았다. 도가니가 한 개 더 배정되었다. 붓을 씻으라는 이유에서였다. 하지만 물은 하루에 딱 한 번만 갈았기 때문에 금세 뿌옇게 되었다. 물이 탁해서 붓이 잘 펴지지도 않았으므로 어떤 이들은 오히려 작업에 방해가 된다고 생각했다. 그래서 그들은 붓에 침을 적셔 축축하게 만들었다. 하지만 다른 이들은 반드시 물을 사용했다. "입에서 나는 서걱거리는 맛을 못 참겠어."

페인트의 맛에 관해선 이견이 있었다. 그레이스는 "이상한 맛이 나지는 않았어요. 아무런 맛이 없었거든요."라고 평가했다. 하지만 몇몇 소녀들은 라듐이 좋아서 일부러 먹기도 했다.

그해 여름 마법의 물질을 맛본 새로운 노동자 가운데에는 열여섯 살된 에드나 볼즈가 있었다. 훗날 《파퓰러 사이언스》의 기사에 따르면, "에드나는 쾌활한 성격을 타고난 여성이었다." 에드나 볼즈는 동료들보다 컸지만 그래 봤자 165센티미터밖에 되지 않았다. 우아한 에드나는 아름다운 금색 머리와 흰 피부 때문에 '드레스덴 인형'이라는 별명을 얻었고 완벽한 치아와 그 덕분에 환한 미소를 지녔다. 에드나는 감독관인 루니씨와 친해졌는데, 루니 씨는 에드나가 '꽤 좋은 집안 출신의 건전하고 괜찮은 여성'이라고 했다. 에드나는 음악을 좋아했고 독실한 신자이기도했다. 에드나가 공장에 들어온 건 그해 6월이었다. 전쟁 수요 때문에 생산량이 급증할 때였다.

그해 여름, 공장은 활기 넘쳤다. "정신없이 돌아갔죠!" 한 노동자는 말했다. 소녀들은 수요를 따라잡기 위해 일주일 내내 추가근무를 했다. 이제 스튜디오는 밤낮 가리지 않고 돌아갔다. 온몸에 라듐이 묻은 도장공들은 어두운 창문에 대비되어 더욱 반짝였다. 빛나는 영혼들의 작업장은 밤새 찬란했다.

일은 고됐지만 국가를 위해 시계 숫자판을 칠한다는 생각에 푹 빠져있던 소녀들은 상황을 즐겼다. 대부분이 '가랑잎만 굴러가도 깔깔대는' 10대였다. 그들은 짬이 나면 장난도 치곤 했다. 그들이 가장 즐겨 하던 놀이는 자기 이름과 주소를 시계에 새겨 넣는 거였다. 시계를 찰 군인에게 보내는 메시지를 적기도 했다. 가끔 답장을 보내는 군인도 있었다. 늘 새로운 직원이 들어 왔고 덕분에 공장은 더욱 즐거운 사교의 장이 되었다. 뉴어크 스튜디오에서 일하던 소녀는 70명 정도였는데, 전쟁 중에는 그 수가 세 배에 달했다. 소녀들은 이제 두 열로 놓인 작업대에 따닥따닥 붙어 앉았다. 그들 사이의 간격은 1미터가 채 안 되었다.

그중에는 헤이즐 빈센트도 있었다. 헤이즐은 캐서린 샤웁처럼 뉴어크 출신으로 계란형 얼굴에 작고 둥근 코를 지녔으며 금발 머리를 최신 스타일로 묶고 다녔다. 또 다른 소녀 알비나 매기아도 있었다. 스물한 살의 알비나는 이탈리아 이민자 가정에서 태어났으며 일곱 명의 딸 중 셋째였다. 142센티미터밖에 되지 않는 알비나는 작고 둥그스름한 몸에 이탈리아인 특유의 검은 머리와 눈을 지녔다. 알비나는 다시 일하게 되어서 무척 기뻤다. 아직 미혼에 장녀였던 그녀는 아픈 어머니를 돌보기 위해 모자 장식 일을 그만두어야만 했다(어머니는 작년에 세상을 떠났다). 하지만 알비나는 시계 숫자판 도장 일에 소질이 있지는 않았다. '서툰 솜씨'로 하루에 고작 쟁반 한 개 반 정도만 칠할 뿐이었다. 하지만 알비나는 성실했다. 훗날 "나는 회사를 위해 최선을 다했어요."라고 회고하기도 했다.

알비나의 뒤를 이어 여동생 아멜리아도 공장에 들어왔다. 모두가 그녀를 '몰리'라 불렀다. 아멜리아는 도장 일에 소질이 있어서 남들보다 훨씬 많은 쟁반을 제출하곤 했다. 언니보다 한 뼘이나 컸던 몰리는 열아홉 살의 사교적인 소녀로 넓적한 얼굴에 볼록한 갈색 머리를 했으며 동료들과 곧잘 어울려 웃곤 했다. 몰리는 특히 새로 들어온 엘리너 에커르트('엘라'라고 불렸다)와 친하게 지냈다. 이 둘은 아주 가까운 사이가 되었다. 동료들 사이에서 인기 있던 환한 미소의 엘라는 아름다운 얼굴에 금발 곱슬머리였고 일을 할 때나 쉴 때나 늘 유머 감각을 잃지 않았다. 작업장에서 일하던 소녀들은 식사도 함께했다. 그들은 라듐으로 뒤덮인 작업대에 앉아 샌드위치를 나눠 먹으며 거의 쉬지 않고 일했다.

회사는 사교 행사도 주최했다. 소풍은 가장 인기 있는 행사였다. 도장공들은 민소매 원피스를 입고 챙이 넓은 모자를 쓴 채, 스튜디오 옆 개울가에 임시방편으로 놓은 좁은 가교에 앉아 다리를 흔들거나 물에 빠지지 않기 위해 서로를 붙잡아가며 아이스크림을 먹곤 했다. 소풍에는 전 직원이 참여했다. 덕분에 소녀들은 평소에는 거의 볼 수 없던 다른 직원들을 만날 수 있었다. 실험실이나 정제실에서 일하는 남자 직원들이었다. 얼마 안 가 '사무실 로맨스'가 꽃피기 시작했다. 메이 커벌리는 실험실에서 일하는 레이 캔필드와 사귀었다. 이밖에도 수많은 로맨스가 꽃피었다. 물론 대부분 사내커플은 아니었다. 헤이즐 빈센트는 어린 시절부터 알고 지낸, 연푸른색의 눈과 금발 머리를 지닌 시어도어 쿠저와 사랑에 빠졌다.

기업의 창립자인 오스트리아 출신의 사빈 폰 소쵸키 씨는 이러한 자리에서 직원들과 곧잘 어울렸다. 폰 소쵸키는 재킷을 벗고 한 손에는 청량음료 컵을 쥔 채 근로자들 사이에 돗자리를 깔고 앉았다. 그는 늘 실험실에서 일하느라 바빴기 때문에 소녀들은 그를 좀처럼 볼 수 없었다. 따라서 이 같은 행사는 서로가 만날 수 있는 드문 기회였다. 1913년, 폰 소쵸키는 지금 그들이 사용하는 야광 페인트를 발명했다. 대성공이었다. 첫해에는 2천 개의 야광 시계가 판매되었지만, 이제는 기업의 매출이 수백만 달러에 달했다. 폰 소쵸키는 평범한 기업가는 아니었다. 사실 그의 전공 분야는 의학이었다. 처음에는 의료 연구 자금을 모으기 위한 '돈벌이'로 페인트를 개발했지만 수요가 증가하자 좀 더 사업적으로 접근해야겠다고 마음먹었다. 그 무렵 '비슷한 생각을 품고 있던' 조지 윌리스 박사를 만났고, 이 두 박사는 이 회사를 설립하게 되있다.

동료들의 말에 따르면, 폰 소쵸키 씨는 '대단한 사람'이었다. 모두가 그를 '박사'라 불렀다. 그는 지칠 줄 몰랐다. '출근은 늦었지만 밤늦게까지 쉬지 않고 일을 했다.'《아메리칸》지는 폰 소쵸키를 '라듐 분야에서 전 세계적으로 가장 권위 있는 인물 중 한 명'이라 칭했다. 그의 스승은 이 분야에서 일인자였다. 바로 퀴리 부부 밑에서 공부했던 것이다.

폰 소쵸키는 퀴리 부부로부터, 그리고 그가 공부한 의학 논문을 통해 라듐이 아주 위험하다는 사실을 알았다. 퀴리 부부 밑에서 공부할 당시, 피에르 퀴리가 말하는 걸 들은 적이 있었던 것이다. "순수한 라듐 1킬로그램이 있는 방 안에 들어가는 짓은 절대로 하지 않겠다. 라듐은 피부를 태우고 시력을 파괴할 뿐만 아니라 심지어 목숨을 앗아갈 수도 있다." 당시에 퀴리 부부는 라듐의 독성을 익히 알고 있었으며 이미 수차례 화상을 입은 터였다. 라듐은 건강하지 못한 조직을 파괴함으로써 암을 치료할 수 있다. 그건 사실이었다. 하지만 강력한 힘을 행사하는 데 있어서 무차별적이다. 건강한 조직도 망가뜨려 버리기 때문이다. 폰 소쵸키 자신도 조용하지만 사나운 이 '물질' 때문에 피해를 당한 적이 있었다. 라듐이 그의 왼쪽 집게손가락에 침투하고 만 것이다. 이 사실을 알게 된 그는 손가락 끝을 잘라버렸다. 그 후 그의 왼쪽 검지는 '동물이 갉아 먹은 것처럼' 끝이 뭉툭한 상태였다.

물론 평범한 사람들은 이러한 사실을 몰랐다. 대부분 라듐이 긍정적인 영향만 미친다고 생각했다. 신문이나 잡지에 실린 글을 보면, 그리고 제품 포장이나 브로드웨이 공연을 보면 그렇게 생각할 수밖에 없었다.

하지만 오렌지 공장에서 일하는 실험실 근로자들에게는 안전 장비가 지급되었다. 납을 댄 앞치마와 함께 라듐 관을 취급할 때 사용하도록 상아 핀셋이 제공되었다. 1921년 1월, 폰 소쵸키는 라듐은 '극도로 조심스럽게' 다뤄야 한다고 기록했다.

라듐이 위험하다는 사실을 알았을 뿐 아니라 직접 피해를 당하기까지 했지만 라듐에 매료되었던 폰 소쵸키는 별로 주의를 기울이지 않았다. 그는 맨손으로 관을 쥔 채 어둠 속에서 야광 물질을 들여다보기도 하고 라듐 용액에 팔을 깊숙이 담그기도 했다. 기업의 공동창립자인 조지 윌리스 역시 마찬가지였다. 그는 라듐 관을 집을 때 핀셋 대신 엄지와 검지를 이용했다. 동료들은 당연히 그대로 따라 했을 것이다. 토머스 에디슨의 경고에 귀 기울이는 이는 아무도 없었다. 오렌지 공장에서 불과 몇 킬로미터 떨어진 곳에서 일하고 있던 에디슨은 "아직 드러나진 않았지만 라듐은 대단히 심각한 결과를 초래할 수도 있다. 라듐을 취급하는 사람은 주의를 기울여야 한다."고 말했었다.

하지만 스튜디오 2층에서 따사로운 햇살을 받으며 일하던 소녀들은 조금도 개의치 않았다. 그곳에는 아연 앞치마나 상아 핀셋은커녕, 의료 전문가도 없었다. 페인트에 함유된 라듐은 아주 극소량이라 그러한 조치가 필요 없다고 여겨졌다.

소녀들은 당연히 그러한 조치가 필요하다는 생각조차 하지 못했다. 그들이 사용하는 것은 경이로운 물질인 라듐 아니던가. 고개를 숙인 채 깔깔대며 칠을 하던 그들은 자신들이 운이 좋다고 생각했다. 그레이스와 아이린, 몰리와 엘라, 알비나와 에드나. 헤이즐과 캐서린, 메이.

그들은 붓을 집어 든 뒤 배운 대로 입안에서 빙글빙글 돌렸다. 그리고 반복했다.

입에 넣고… 라듐에 담그고… 칠하고….

3

전쟁은 굶주린 기계와 같다. 주면 줄수록 더 달라 한다. 1917년 가을이 되어도 공장의 수요는 사그라질 줄 몰랐다. 절정에 다다랐을 때는 자그마치 375명의 소녀가 채용되었다. 더 많은 노동자가 필요해지자 직원들은 친구나 가족, 친척들에게 일자리를 소개했다. 얼마 안 가 한 집안의 자매들이 전부 작업대에 나란히 앉아 즐겁게 일하는 모습을 볼 수 있었다. 알비나 매기아와 몰리 매기아의 뒤를 이어 열여섯 살 된 동생 퀸타도 공장에 들어왔다.

퀸타는 커다란 회색 눈에 검은색 긴 머리를 지닌 아주 매력적인 소녀였다. 퀸타는 아름다운 치아를 가장 자신 있는 부분이라 여겼다. 세상 물정에 밝은 다정다감한 성격의 퀸타는 카드 게임이나 체커, 도미노를 가장 좋아했다. 퀸타는 "난 성당에 잘 나가지 않아요."라고 다소 뻔뻔스럽게 말하기도 했다. 퀸타는 그레이스 프라이어와 죽이 잘 맞았고 이 둘은 '뗄 수 없는' 사이가 되었다.

그레이스 역시 동생을 데려왔다. 동생 애들레이드 프라이어는 상당히 사교적이라 남들과 어울리기를 좋아했다. 하지만 언니만큼 센스가 있지는 않았고 말을 너무 많이 하는 바람에 해고당하고 말았다. 작업장에서 일하던 소녀들은 사교적인 깃까지는 누구도 뭐라 하지 않았지만 해야 할 일이 있었다. 열심히 일하지 않을 경우 쫓겨날 수밖에 없었다.

일은 쉽지 않았다. 캐서린 샤웁이 뉴어크 공장에서 목격한 것처럼, 소녀들은 엄청난 압박 속에서 일했다. 제대로 칠하지 못하면 혼나기 일쑤였고 거듭해서 작업량을 완수하지 못하면 결국 일자리를 잃고 말았다. 아래층 사무실에서 근무하는 사보이 씨를 볼 수 있는 유일한 때는 그가 그들을 질책하러 올 때뿐이었다.

가장 큰 문제는 페인트를 낭비하는 거였다. 감독관 루니 씨는 매일 정해진 개수의 숫자판을 칠하도록 소정의 가루를 배급했다. 소녀들은 어떻게 해서든 그걸 가지고 정해진 할당량을 채워야 했다. 가루를 더 달라고 요청할 수는 없었다. 그렇다고 해서 옹색하게 아껴 쓸 수만도 없었다. 숫자판을 제대로 칠하지 않을 경우 검사과정에서 뻔히 들통이 나기 때문이다. 소녀들은 자신에게 라듐 가루가 조금 남으면 다른 동료에게 주는 식으로 서로를 도왔다. 게다가 그들에게는 침전물이 가득 담긴 물통도 있었다. 물통 안에서도 여분의 라듐을 찾을 수 있었다.

하지만 윗사람들이 물질로 탁해진 물을 눈치 못 챌 리가 없었다. 머지않아, 붓을 세척하는 도가니가 사라졌다. 값비싼 물질이 물속에 너무 많이 버려진다는 이유에서였다. 이제 소녀들은 립 포인팅을 할 수밖에 없었다. 라듐으로 뻣뻣해진 붓을 가지런히 할 수 있는 다른 방법이 없었다.

에드나 볼즈는 '립 포인팅을 하지 않고는 그렇게 많은 작업량을 감당해낼 수 없었을 것이다.'고 말했다.

낭비를 최소화하기 위해 소녀들 역시 검사 대상이 되었다. 그들은 퇴근하기 전에 암실로 불려가 몸에 붙은 가루를 털어내야 했다. 바닥에 떨어진 '반짝이는 물질'은 쓰레받기로 받아 다음날 사용하곤 했다.

하지만 아무리 털어도 가루를 전부 제거할 수는 없었다. 소녀들은 라듐 가루로 뒤덮였다. '손과 팔, 목, 옷, 속옷, 심지어 코르셋까지도 반짝였다.' 에드나 볼즈는 기억했다. "퇴근할 때면 어둠 속에서 제 옷이 반짝였어요. …제가 어디에 있는지, 제 얼굴이, 머리가 어디에 있는지 모두가 알 수 있었죠. 소녀들은 '어둠 속의 시계처럼' 반짝였습니다." 마치 일초마다 째깍째깍 초읽기 하는 초시계처럼 그들은 집으로 걸어갔다. 오렌지거리를 가로질러 퇴근하는 소녀들은 유령처럼 빛났다.

그들을 못 보고 지나치기란 불가능했다. 마을 주민들은 유령처럼 빛나는 그들의 모습뿐만 아니라 그들이 입고 있는 비싸고 화려한 옷들도 알아봤다. 소녀들은 두둑한 급료 덕분에 비단과 모피를 걸치고 다녔다. '공장 근로자가 아니라 낮 공연을 보러 다니는 유한계급 같은' 옷매무새였다.

이처럼 매력적인 직업이었지만 모두에게 이 일이 맞는 것은 아니었다. 페인트 때문에 아픈 사람도 있었고, 일을 시작한 지 한 달 만에 입안이 허는 사람도 생겼다. 모두가 립 포인팅을 했지만 저마다 그 간격이 달랐고 아마 그 때문에 각기 다른 반응을 보였을 것이다. 그레이스 프라이어는 "숫자 두 개를 칠하고 나면 붓이 말라 립 포인팅을 했어요."라고 했지만 에드나 볼즈는 숫자를 한 개 칠할 때마다, 때로는 숫자 한 개당 두세 번씩 립 포인팅을 했다. 퀸타 매기아도 립 포인팅을 했지만 페인트 맛이 영 찝찝했다. "[페인트]를 씹은 기억이 나요. 이 사이에 낀 페인트는 모래처럼 서걱서걱한 느낌이었죠. 똑똑히 기억해요."

캐서린 샤웁은 립 포인팅을 가장 드물게 사용했다. 캐서린은 시계 숫자판 한 개를 칠할 때 네 번이나 다섯 번 정도만 붓을 입에 갔다 댔다. 하지만 어느 날 갑자기 여드름이 나기 시작했다. 물론 아직 열다섯 살이었기에 호르몬 때문이었을 수 있었지만 동료들의 부정적인 반응에 민감해서였는지 결국 의사를 찾아가기로 결심했다.

의사는 캐서린에게 인(燐)을 다루는 일을 하는지 물어보았다. 인은 뉴어크에서 익히 알려진 산업 독극물로 의사가 의심하는 건 합리적인 일이었다. 하지만 의사의 질문에 캐서린은 논리적이고 차분하게 반응할 수 없었다. 의사가 걱정하는 건 여드름뿐만이 아니었기 때문이다. 그는 캐서린의 혈액에서도 이상징후를 감지했다. 의사는 다시 물었다. 인을 다루지 않는다고 확신할 수 있는지.

소녀들은 페인트 안에 무엇이 들어있는지 정확히 몰랐다. 의사의 질문에 혼란스러워진 캐서린은 동료들과 얘기를 나누었다. 의사가 한 말을 그들에게 들려주자 모두가 겁에 질렸다. 그들은 다 함께 사보이 씨를 찾아가 따졌다. 사보이 씨는 라듐은 전혀 해롭지 않다며 그들을 진정시키려고 했지만 이번에는 그의 말이 먹히지 않았다.

따라서 여느 중간 관리자와 마찬가지로 그는 결국 그의 상사를 찾아갔다. 얼마 안 가 뉴욕에서 조지 윌리스가 왔다. 그는 소녀들에게 라듐에 관해 설명해 준 뒤 라듐이 전혀 위험하지 않다고 말했다. 폰 소쵸키 역시 참석했다. 박사들은 페인트에 해로운 물질이 전혀 들어 있지 않다고 확신시켜 주었다. 라듐은 극소량만 사용되기 때문에 그들에게 피해를 줄수 없다고 했다.

한시름 놓은 소녀들은 다시 작업대로 돌아갔다. 캐서린은 호르몬으로 인한 여드름 때문에 괜히 소동을 피운 것 같아 멋쩍었다. 캐서린의 피부는 다시 깨끗해졌고 도장공들의 마음도 밝아졌다. 해답은 간단했다. 세계적인 라듐 전문가가 걱정할 필요가 없다고 하니 굳이 신경 쓸 이유가 없었다. 대신 그들은 라듐 가루가 자신들에게 미치는 영향에 관해 재잘거렸다. 그레이스 프라이어는 '어둠 속에서 코를 풀었을 때 코에서 나온 이물질이 손수건 위에서 반짝이곤 했던 것을' 기억했다. '발랄한 이탈리아 소녀'로 알려진 한 소녀는 데이트를 가기 전에 모든 치아에 라듐을 칠하기도 했다. 한 번 씨익 웃어 주어 데이트 상대를 기겁하게 해 주려고.

소녀들 사이에서 꽃피던 로맨스는 이제 한창 만발하고 있었다. 헤이즐과 시어도어는 늘 꼭 붙어 다녔으며 퀸타는 제임스 맥도날드라는 남자와 연애를 시작했다. 하지만 1917년 12월 23일, 겨울의 신부가 된 건 메이 커벌리였다. 메이는 당시의 관례대로 결혼하면서 즉시 일을 그만두고 싶었다. 하지만 사보이 씨가 조금 더 머물러 달라고 요청하는 바람에 그해 12월, 사라 메일레퍼가 공장에 들어왔을 때도 여전히 일하고 있었다.

사라는 다른 소녀들과는 사뭇 달랐다. 우선 스물여덟 살로 나이가 조금 있는 편이었다. 통통한 몸매의 수줍음 많은 사라에게서는 기혼 여성의 느낌이 났다. 다른 직원들은 사라와 함께 어울리려고 했지만 사라는 그들과 거리를 유지했다. 짧고 검은 머리의 사라는 어깨가 떡 벌어져 있었다. 그녀의 어깨는 아주 넓어야만 했다. 사라는 싱글맘이기 때문이었다.

사라는 1909년에 결혼을 했다. 남편 헨리 메일레퍼는 큰 키에 검은 눈과 머리를 지닌 프랑스-아일랜드 출신의 교회지기였다. 하지만 사라가 임신을 한 뒤 헨리는 사라지고 말았다. 그가 지금 어디에 있는지는 아무도 몰랐다. 그래서 사라는 딸 마거리트를 데리고 부모님(사라 카러프와 스테판 카러프)을 비롯해 열여섯 살 된 동생 마거리트와 함께 살고 있었다. 그녀의 아버지는 도장공이자 장식가로 이 가족은 '근면 성실하고 합리적인' 사람들이었다. 사라 역시 성실했으며 라듐 기업의 충실한 근로자가 되었다.

하지만 메이 커벌리는 더 이상 충실한 근로자가 아니었다. 메이는 결혼 하자마자 임신을 했고 1918년 초에 사직서를 제출했다. 엄마로서의 삶을 시작하기로 한 것이다.

메이의 빈자리는 빠르게 충원되었다. 그해, 미국에서 생산되는 라듐의 약 95퍼센트가 군사용 계기 숫자판을 칠하기 위한 용도로 라듐 페인트 제작 기업에 공급되었다. 공장은 전면 가동 중이었다. 그해 말, 미국 군인 여섯 명 중 한 명은 야광 시계를 소유하게 되었는데, 그 시계 중 상당수가 오렌지 공장에서 일하던 소녀들의 손을 거쳐 갔다. 제인 스토커(제니라고도 불렸다)가 새로 들어왔으며 7월에는 요정같이 가녀린 헬렌 퀸란이 합류했다. 헬렌은 에너지 넘치는 여성이었으나 회사는 오만불손하게도 "지나치게 자신의 이익을 좇아 싸돌아다니는 타입이다"라고 인적사항에 기록해 놓았다. 헬렌에게는 남자친구가 있었다. 헬렌은 남자친구를 소풍에 자주 데려왔는데, 금발의 남자친구는 이러한 행사에 참여할 때면 늘 깔끔하게 셔츠를 입고 넥타이를 맸다. 이 커플은 카메라 앞에서 포즈를 취하곤 했다. 늘 활동적이었던 헬렌의 무릎 주위로 스커트가 펄럭거렸고 남자친구는 카메라를 바라보는 대신 헬렌을 응시하곤 했다. 운 좋게 만난 이 장난기 많은 여인에게 푹 빠진 게 분명했다.

소녀들은 계속해서 가족들을 공장으로 끌어들였다. 1918년 9월, 캐서린은 뿌듯하다는 듯이 "아이린이 일할 수 있도록 자리를 마련해 주었다."고 일기에 적었다. 아이린 루돌프는 캐서린과 동갑내기 사촌으로 부모를 여읜 터라 캐서린 가족과 함께 살았다. 어린 나이에 부모를 여의어서 그런지 아이린은 주의 깊고 신중했다. 다른 소녀들처럼 모피나 비단을 사는 데 급료를 쓰지 않았고, 그 돈을 모아 조금씩 저축을 했다. 얼굴과 코는 길쭉하고 좁았고 검은 눈과 머리칼을 지닌 아이린은 지금껏 남아 있는 사진 속에서조차 풀이 죽은 모습이다.

아이린이 들어온 지 한 달 후, 또 다른 직원이 들어왔다. 하지만 이번에는 새로운 일자리를 찾아온 시계 숫자판 도장공이 아니었다. 회사의 새로운 회계 담당자, 아서 로더였다. 그는 직업적 기회를 포착하는 신공을 일찌감치 보여 주었다. 학위도 받지 않고 중도에 대학을 떠났지만 자기가 선택한 직장에서 초고속으로 승승장구한 것이다. 명석한 인상의 아서는 둥근 얼굴과 매부리코, 가느다란 입술을 지녔으며 나비넥타이와 포마드[1]를 좋아했다. 그는 이 포마드로 검은 머리를 납작하게 붙이고 다녔다. 아서는 뉴욕 본사에서 경영진으로서 자신의 자리를 굳혔고 이제는 시계 숫자판 도장공 관리를 책임지는 일을 맡게 되었다. 스튜디오에 수

---

1. [역주] 머리카락에 바르는 반고체의 진득진득한 기름

도 없이 와 봤었다고 말했지만 임원들이 공장 안까지 직접 들어오는 경우는 거의 없었고 그 역시 마찬가지였다. 사실 그레이스 프라이어는 창립자인 폰 소쵸키가 자신의 일터를 딱 한 번 지나갔던 걸로 기억했다. 당시에는 별로 신경을 쓰지 않았지만 상당히 중요한 순간이었다.

그레이스는 평소 때처럼 작업대에 앉아 붓을 입에 넣었다가 라듐에 담그기를 반복하고 있었다. 폰 소쵸키 씨 역시 평소 때처럼 온갖 생각 때문에 머릿속이 복잡한 상태로 서둘러 걸어가고 있었다. 하지만 그때만은 갑자기 멈춰 그레이스를 똑바로 쳐다보았다. 그러고는 그레이스의 행동을 처음 본 것처럼 바라보았다.

그레이스는 그를 힐끗 올려다보았다. 폰 소쵸키는 기억에 남을 만한 인상이었다. 두드러진 코에 살짝 튀어나온 귀 위로 짧게 깎은 검은 머리가 보였다. 주위의 작업 속도를 의식한 그레이스는 하던 일로 돌아가 입술 사이에 붓을 밀어 넣었다.

"그러지 말아요." 폰 소쵸키가 불쑥 말했다.

그레이스는 하던 일을 멈추고 당혹한 표정으로 그를 바라보았다. 이게 일을 하는 방법이었다. 다른 동료들도 다 그렇게 일을 했다.

"그렇게 하지 말아요." 그가 다시 한번 말했다. "몸이 아파질 거요."

폰 소쵸키는 그렇게 말하더니 가던 길을 갔다.

그레이스는 몹시 혼란스러워졌다. 조금 더 알아볼 필요가 있다고 생각한 그레이스는 그길로 곧장 감독관인 루니 씨를 찾아갔다. 하지만 루니 씨는 예전과 똑같은 말만 반복했다. 그레이스는 훗날 이렇게 회상했다. "루니 씨는 걱정할 게 없다고 말했어요. 해로운 건 아무것도 없다고요."

그래서 그레이스는 다시 하던 일로 돌아갔다. 입에 넣고… 라듐에 담근 뒤… 칠을 하고… 대서양 저편에서는 전쟁이 한창이지 않은가.

하지만 전쟁은 오래가지 않았다. 1918년 11월 11일, 드디어 총성이 멈췄고 평화가 찾아 왔다. 11만 6천 명의 미국 병사가 목숨을 잃었다. 양측 합쳐서 사망자의 수는 천 7백만 명에 달했다. 휴전이 선언되는 순간, 라듐 소녀들과 기업 임원, 그리고 세상의 모든 이들은 잔인하고 피비린 내 나는 전쟁이 끝난 것에 감사했다.

충분히 많은 사람이 죽었다. 이제는 살아야 할 때다.

4

휴전이 선포된 지 꼬박 한 달째 되던 날, 퀸타 매기아는 제임스 맥도날드와 결혼식을 올렸다. 오늘을 즐긴다는 원칙을 실행에 옮기기 위해서였다. 제임스는 체인 상점 관리자로 일하는 아일랜드 혈통의 쾌활한 남자였다. 신혼부부는 2층짜리 집에 둥지를 틀었다. 결혼 후에도 퀸타는 계속 공장에 출근했지만 오래지 않아 그만두었다. 퀸타는 1919년 2월에 스튜디오를 떠났고 얼마 안 가 임신을 했다. 딸 헬렌은 추수감사절 이틀 후에 태어날 예정이었다.

공장을 떠난 건 퀸타뿐만이 아니었다. 전쟁은 끝났고 소녀들은 성장하고 있었다. 아이린 코비 역시 뉴욕에서 사무직을 구해 회사를 그만두었다. 아이린은 빈센트 라 포르테와 결혼할 예정이었다. 광고업계에서 일하는, 날카롭고 파란 눈을 가진 늠름한 남자였다.

그들이 떠난 자리는 빠르게 충원되었다. 사라 메일레퍼는 1919년 8월, 동생 마거리트 카러프의 자리를 알아봐 주었다. 마거리트는 늘 루즈와 립스틱을 바르는 발랄한 소녀였고 커다란 깃이 달린 맞춤 코트나 깃털을 두른 챙이 넓은 모자와 같이 튀는 옷을 좋아했다. 마거리트는 그곳에서 일하기 시작한 조지핀 스미스의 여동생, 제네비브와 가장 가까운 사이가 되었다. 마거리트가 친하게 지낸 또 다른 친구는 알비나 매기아였다. 알비나는 동생이 자신보다 먼저 결혼하는 것을 지켜보며 계속 공장에서 일하고 있었다. 동생의 행복을 시샘하지는 않았지만 자신의 차례는 언제쯤일까 궁금한 마음이 드는 건 어쩔 수 없었다. 그해 여름, 알비나는 결국 스튜디오를 떠나 모자 장식 공장으로 돌아갔다.

도처에서 변화가 일고 있었다. 그해 여름, 의회는 여성의 선거권을 보장하는 헌법 수정 제19조를 통과시켰다. 그레이스 프라이어는 선거일만을 손꼽아 기다렸다. 공장에도 변화가 찾아 왔다. 새로운 화학자이자 미래의 부사장 호워드 바커 씨가 폰 소쵸키 씨와 함께 야광 물질의 레시피를 조작해 라듐을 대체할 메소토륨을 개발하기 시작한 것이다. 폰 소쵸키가 작성한 노트에 따르면, "바커는 손 가는 대로 물질을 섞어서 팔곤 했다. 50대 50이나 10(메소토륨)대 90(라듐)등 가리지 않았다."고 한다. 메소토륨은 라듐의 동위원소로('일반' 라듐-226과 구별하기 위해 라듐-228이라 불렀다) 방사성이 있었지만 반감기가 6.7년으로 반감기가 1,600년인 라듐-226에 비해 훨씬 짧았다. 또한 라듐보다 마모성이 높았으며 회사 입장에서 고맙게도 훨씬 더 저렴했다.

한편 스튜디오에서 일하는 소녀들은 왠지 모르지만 새로운 방법을 사용하라는 명령을 받았다. 에드나 볼즈는 말했다. "작은 천을 줬어요. 우리는 붓을 입에 넣는 대신 천에 닦아야 했죠. 하지만 한 달이 채 되지 않아 천이 회수되었고, 그 후로 우리는 천을 사용할 수 없게 되었어요. 라 듐을 너무 많이 낭비하게 된다는 이유에서였죠." 에드나는 "결국 그나마 효율 면에서 제일 나은 립 포인팅에 다시 의존할 수밖에 없었어요."라고 잘라 말했다.

기업은 효율적인 생산 방법을 원했다. 전쟁이 끝났는데도 야광 물질에 대한 수요가 그칠 줄 몰랐기 때문이었다. 1919년이 되자 생산량은 최고 치에 달했다. 새로운 회계 관리자 아서 로더는 흡족했다. 무려 220만 대 의 야광 시계가 생산되었다. 캐서린 샤웁이 피곤해할 만큼 일이 많았다. 그해 가을, 캐서린은 '다리가 딱딱해지고 갈라지는 느낌이 들었다.' 전반 적으로 기분도 울적했다. 그해에 어머니가 세상을 떠났기 때문이었다. 캐서린은 슬픔을 함께 나누면서 아버지 윌리엄과 더욱 가까워졌다.

하지만 고아로 자란 캐서린의 사촌 아이린 루돌프가 익히 알고 있듯, 사랑하는 사람이 세상을 떠날지라도 삶은 계속되기 마련이었다. 캐서린 과 아이린은 라듐 가루로 뒤덮인 스튜디오에 아직 남아 일하고 있는 동 료들 곁에서 계속 페인트칠에 매진할 수밖에 달리 방법이 없었다. 마거 리트 카러프와 언니 사라 메일레퍼, 에드나 볼즈, 그레이스 프라이어, 헤 이즐 빈센트, 헬렌 퀀랜, 여전히 모두를 웃게 하는 제니 스토커, 그리고 엘라 에커트와 몰리 매기아도 남아 있었다. 엘라와 몰리는 회사 동료 들과 왁자지껄 어울리면서도 가장 손이 빠른 도장공으로 손꼽혔다. 그들 은 놀 때도 열성적이었지만 일할 때만큼은 아주 성실했다. 어쨌든 쫓겨 나지 않기 위해서는 일을 잘하는 게 중요하니까.

여전히 주문이 끊이지 않았다. 회사는 전후 상황에 맞는 새로운 전략을 세웠다. 라듐 의약품 시장에 진출하기로 결정한 것이다. 아서 로더는 '언다크' 페인트 상표출원을 총괄했다. 전쟁이 끝나자 소비자들이 원하는 야광 물질 수요가 급증했다. 기업은 이제 소비자들과 제조사가 원하는 대로 사용할 수 있도록 그들에게 페인트를 직접 판매했고, 이에 착안해 새로운 아이디어를 내놓았다. 시계 제조사에서 직접 사내 스튜디오를 운영하도록 제안한 거였다. 오렌지 공장의 인력은 상당히 줄어들겠지만 기업은 페인트를 판매함으로써 여전히 수익을 낼 수 있을 터였다.

사실 회사는 오렌지를 떠나거나 적어도 규모를 축소해야 할 시급한 이유가 있었다. 거주 지역 한복판에 위치한 공장의 위치가 이제 차츰 문제로 대두된 것이다. 전시에는 애국주의가 하늘로 치솟았었기에 아무도 문제 삼지 않았지만 이제 지역 주민들은 공장 매연 때문에 세탁물이 변색되고 건강에도 나쁜 영향을 끼친다며 불만을 표출하기 시작했다. 기업 간부들은 이례적으로 그들을 달래기 위한 조치를 취했다. 한 임원이 세탁물이 훼손된 것을 보상하는 차원에서 지역 주민에게 5달러(현 68.50달러)를 지급한 것이다.

실수였다. 그로 인해 수문이 열렸고 모두가 보상금을 원했다. 가난한 지역의 주민들은 '기업으로부터 돈을 뜯어내려 안달이었다.' 교훈을 얻은 기업은 즉시 지갑을 꼭 닫고 그 후로는 단돈 1달러도 내주지 않았다.

임원진은 시계 회사의 사내 스튜디오로 관심을 돌렸다. 야광 시계의 수요는 확실했다. 1920년, 4백만 개를 넘어설 것으로 추산되었다. 준비 작업이 곧 시행되었다. 그리고 모두가 행복했다. 하지만 오렌지 공장에서 일하던 최초의 도장공들은 아니었다.

회사가 새로운 계약을 성사시켜 잘 나가고 있는 동안 오렌지 공장에서 일하는 여성들은 도외시되었다. 그들 모두를 계속 채용할 만큼 일이 충분하지 않았다. 수요는 차츰 줄어들어 오렌지 스튜디오는 시간제로 운영되었다.

칠한 숫자판의 개수만큼 돈을 받는 이들에게 불리한 상황이었다. 도장공의 수는 점차 줄어들어 100명이 채 안 되었다. 헬렌 퀸랜은 공장을 떠났고 캐서린 샤웁도 마찬가지였다. 그들은 더 나은 일자리를 찾아 나섰다. 헬렌은 속기사가 되었고 캐서린은 롤러 베어링 공장 사무실에서 마음에 드는 일을 구했다. 캐서린은 기록했다. "사무실에서 일하는 소녀들은 사교적이었어요. 그들은 자신들이 운영하는 동호회에 나도 끼워 주기도 했죠. 대부분 소녀들은 혼수품 함에 채워 넣기 위해 자수를 놓거나 뜨개질을 했어요."

혼수품 함은 결혼을 대비하여 젊은 미혼 여성들이 혼인 때 필요한 물건들을 모아 두는 함이다. 1920년 봄, 캐서린은 열여덟 살이었지만 결혼을 서두를 마음이 없어 보였다. 밤 문화에 푹 빠져 있었기 때문이었다. 캐서린은 이렇게 말했다. "저는 혼수품으로 아무것도 만들지 않았어요. 다른 친구들이 일하는 동안 저는 피아노를 치고 당시에 유행하던 노래를 불렀죠."

그레이스 프라이어 역시 상당히 영리했던 터라 불길한 징조를 눈치챘다. 그레이스에게 시계 숫자판 도장 공장은 임시 직장일 뿐이었다. 전쟁물자를 제공하던 의미 있는 일이었지만 그녀처럼 능력 있는 사람이 장기적으로 일할 곳은 아니었다. 그레이스의 목표는 그보다 훨씬 높았다. 그레이스는 다행히 뉴어크에 위치한 고급 은행인 피델리티에 일자리를 구할 수 있었다. 그레이스는 검은 머리를 단정하게 묶고 우아한 진주 목걸이를 맨 뒤 자신을 기다리고 있을 도전적인 일을 생각하며 기쁜 마음으로 출근했다.

캐서린의 새로운 동료들처럼 그레이스의 새로운 동료들 역시 사교적이었다. 그레이스는 '잘 웃고 춤을 즐기는 소녀'였으며, 동료들과 함께 종종 '술 없는 파티'를 열었다. 1920년 1월부터 시행된 금주법 때문이었다. 그레이스는 여유 시간에 수영을 즐기기도 했다. 인근 수영장에서 유연한 몸을 놀리며 건강을 유지하던 그녀는 밝은 미래가 자신을 기다리고 있을 거라 생각했다. 그렇게 생각한 것은 그레이스뿐만이 아니었다. 알비나 매기아는 마침내 평생의 반려자를 만났다.

한참을 기다린 끝에 드디어 구애를 받게 되자 날아갈 듯한 기분이었다. 늙어간다는 느낌이 들기 시작할 무렵(알비나는 스물다섯 살로 당시 결혼 적령기 소녀들보다 몇 살이나 많았다), 게다가 왼쪽 무릎이 갑자기 삐걱거리기 시작할 때, 드디어 상대가 나타난 거였다. 제임스 래라이스는 벽돌공으로 열일곱 살에 미국으로 건너온 이탈리아 이민자였다. 그는 전쟁 영웅으로, 퍼플하트 훈장[1]뿐만 아니라 청동 무공훈장도 받았다. 알비나는 결혼하고 자식을 낳는 날을, 마침내 부모님 집에서 독립하는 날을 꿈꾸었다.

한편, 동생 몰리는 반짝이는 갑옷을 입은 기사가 나타나기를 기다리지는 않았다. 독립심 강하고 자신감 넘쳤던 몰리는 결혼하지 않은 채 가족

---

1. [역주] 미국에서 전투 중 부상을 입은 군인에게 주는 훈장

을 떠나 하이랜드 애비뉴에 위치한 여성 기숙사에 들어갔다. 하이랜드 애비뉴는 아름다운 단독주택들이 있는 오렌지 지역의 가로수 길이었다. 몰리는 아직 라듐 회사에서 일하고 있었다. 대부분이 떠났지만 몰리는 이 일에 소질이 있었기에 떠나고 싶지 않았다. 몰리는 매일 아침 출근길에 에너지와 열정이 넘쳤다. 하지만 동료들은 그렇지 않았다. 늘 웃고 다니던 마거리트 카러프는 피곤하다는 말만 했으며 헤이즐 빈센트는 너무 지쳐서 공장을 그만두기로 결심했다. 하지만 아직 결혼하지 않았던 터라 그녀는 제너럴 일렉트릭에 다시 취업했다.

새로운 환경에서 일해도 헤이즐의 건강은 나아지지 않았다. 무엇이 문제인지 알 수 없었다. 헤이즐은 체중이 줄었고 금세 지쳤으며 턱이 아파졌다. 헤이즐은 너무 걱정된 나머지 사내 의사를 찾아갔지만 의사는 원인을 밝히지 못했다.

라듐 회사에서 일한 것 때문은 아닐 것이다. 최소한 그것만큼은 확실했다. 1920년 10월, 그녀의 전 고용주가 지역 신문의 지면에 등장했다. 라듐 추출물의 잔여 물질이 해안가 모래처럼 보이기 때문에 기업은 아이들이 갖고 놀도록 학교나 놀이터에 이를 판매함으로써 산업폐기물을 떠넘기고 있다는 기사였다. 아이들의 신발은 이 때문에 하얗게 변해 버렸고 한 소년은 엄마에게 손바닥이 타는 느낌이 든다고 불만을 토로했다고 한다. 하지만 폰 소쵸키 씨는 이 모래는 아이들이 갖고 놀기에 '가장 위생적인 물질로, 그 치유 효과가 전 세계적으로 알려진 진흙 목욕보다 더 탁월하다'고 말했다. 그 기사를 본 헤이즐은 안심이 되었다.

캐서린 샤웁 역시 1920년 11월 말, 시계 제조사의 사내 스튜디오에서 새로운 노동자를 훈련시키는 일에 뽑혔을 때 라듐 기업에서 다시 일하는 것을 전혀 꺼리지 않았던 게 분명했다. 스튜디오는 대부분 코네티컷에 위치했는데, 캐서린이 들어간 워터베리 클락 컴퍼니의 스튜디오도 그중 하나였다. 캐서린은 자신이 배운 방법 그대로를 수많은 소녀들에게 가르쳤다. "저는 그들에게 붓을 입에 넣으라고 가르쳤어요."

새로 들어온 소녀들은 라듐 회사에서 일하게 되어 무척 기뻤다. 라듐 광풍이 그칠 줄 몰랐기 때문이었다. 마리 퀴리가 1921년 미국을 방문하면서 광적 열풍은 최고조에 달했다. 라듐을 다룬 언론 보도는 끊이지 않았고 그해 1월, 폰 소쵸키 씨는 《아메리칸》지에 글을 기고했다. "라듐은 이 세상에서 가장 위대한 힘을 그 속에 품고 있다. 현미경으로 들여다보면 소용돌이치는 강력한 힘을 관찰할 수 있다. 우리는 라듐의 쓰임새를 아직 다 밝히지 못했다." 그가 덧붙인 한마디는 독자들에게 암벽등반과 같은 아슬아슬한 여운을 남겼다. "오늘날 라듐이 우리에게 의미하는 바는 그 자체로 위대한 로맨스다. 하지만 내일 우리에게 의미하는 바는 아무도 예측할 수 없을 것이다."

사실 폰 소쵸키를 포함한 그 누구도 미래를 예측할 수는 없었다. 게다가 그가 예측하지 못한 특별한 사건이 또 있었다. 1921년 여름, 폰 소쵸키는 자신이 세운 회사에서 쫓겨나고 만다. 공동 창립자인 조지 윌리스는 주식의 상당 부분을 기업의 회계 담당자인 아서 로더에게 매각했는데, 얼마 지나지 않아 윌리스와 폰 소쵸키는 기업 인수 과정에서 인정사정없이 내쫓기고 만 것이다. 이름을 새롭게 바꾼 유나이티드 라듐 코퍼레이션(USRC)은 전쟁이 끝난 뒤에도 승승장구했지만 폰 소쵸키는 이 회사의 미래를 이끌어나가는 길에 함께하지 못하게 되었다.

공석인 사장 자리에 우아하게 안착한 건 아서 로더였다.

5

몰리 매기아는 한때 이가 있었던 부위에 혀를 집어넣었다. 아야. 이가 썩어서 몇 주 전에 이를 뽑았는데, 아직도 꽤 아팠다. 몰리는 몸서리를 친 뒤 다시 숫자판을 칠했다.

스튜디오는 아주 조용했다. 수많은 소녀가 떠났다. 제니 스토커와 아이린 루돌프는 해고당했고 아이린의 사촌인 캐서린 역시 두 번이나 공장을 떠났다. 캐서린과 에드나 볼즈는 뉴어크에 위치한 또 다른 라듐 기업인 루미나이트 사에 일자리를 구했다. 전 직장 동료 중에는 스미스와 카러프 자매들, 그리고 몰리만이 남았다. 몰리가 가장 슬픈 건 엘라 에커트가 밤베르크 백화점으로 간 거였다. 로더가 기업을 인수한 이후로 스튜디오의 분위기는 완전히 달라졌다.

몰리는 자신에게 할당된 양을 마친 뒤 루니 씨에게 가져가려고 자리에서 일어났다. 아무리 참아보려 해도 치아 사이에 난 틈으로 자꾸 혀가 향했다. 통증이 사라지지 않았다. 통증이 계속되면 다시 치과의사를 찾아갈 참이다. 이번에는 다른 치과의사를 만나 봐야겠다. 진짜로 실력 있는 의사여야 한다.

통증은 나아지지 않았다.

그래서 1921년 10월, 몰리는 조셉 크네프 의사와 진료 예약을 잡았다. 특이 구강염 분야에서 전문가라고 추천받은 치과의사였다. 몰리는 약속 날짜만을 기다렸다. 지난 몇 주 동안 아랫잇몸과 턱의 통증이 너무 심해 참을 수 없는 지경이 되었다. 의사의 안내를 받아 진료실로 들어가면서 몰리는 그가 자신의 병을 고칠 수 있기를 바랐다. 저번 의사는 상태를 더 악화시켜 놓았을 뿐이었다.

크네프 의사는 키가 컸고 황갈색 피부에 거북이 등껍질 같은 안경테를 걸친 중년의 남자였다. 그는 몰리의 잇몸과 치아를 조심스럽게 관찰한 뒤 다른 의사가 이를 뽑은 부위를 보며 고개를 저었다. 한 달이 넘었지만 이를 뽑은 부위가 낫지 않은 상태였다. 크네프는 염증이 생긴 잇몸을 살펴본 뒤 다른 이빨들을 살짝 건드려 보았다. 몇 개가 흔들렸다. 그는 문제의 원인을 파악했다고 확신한 듯 고개를 끄덕였다. 크네프는 훗날 이렇게 말했다. "몰리에게 농루 치료를 해 줬습니다." 농루는 치아를 둘러싸고 있는 조직에 영향을 미치는 아주 흔한 염증이었다. 몰리에게서 보이는 건 농루의 증상이 확실했다. 크네프는 자신의 전문적 치료를 받았기 때문에 몰리의 상태가 곧 좋아질 거라 확신했다.

하지만 그렇지 않았다. "치료에 반응하기는커녕 소녀는 점점 더 악화되었습니다."

몰리는 이루 말할 수 없는 고통에 시달렸다. 크네프는 고통의 원인을 제거함으로써 염증이 퍼지는 것을 막아 보려고 이를 계속해서 뽑았다. 하지만 이를 뽑은 부위는 전혀 치유되지 않았다. 대신 이를 뽑은 부위에 난 구멍에 궤양이 생겨 더 큰 통증을 유발했다.

몰리는 붓을 입에 넣는 게 극도로 불편했으나 계속해서 스튜디오에서 일했다. 이제 완쾌한 마거리트 카러프는 몰리와 다시 수다를 떨고 싶어 했지만 몰리는 겨우겨우 대답만 할 수 있을 뿐이었다. 그녀가 고통스러운 건 잇몸의 통증뿐만이 아니었다. 입 냄새가 더 신경 쓰였다. 입을 열 때마다 끔찍한 냄새가 났고 이 때문에 몰리는 창피스러웠다.

1921년 11월, 몰리의 언니 알비나는 제임스 래라이스와 결혼식을 올렸다. 결혼식은 퀸타의 딸 헬렌이 두 번째 생일을 맞이하기 하루 전에 열렸고, 신부는 모성애가 가득한 눈빛으로 조카의 익살스러운 행동을 넋을 잃고 바라보았다. 머지않아 그녀와 제임스도 귀여운 아이를 낳을 거라 생각했다.

하지만 이 신혼부부의 축복에 어둠을 드리우는 먹구름이 있었으니, 바로 몰리였다. 알비나는 몰리와 멀리 떨어져서 살았기 때문에 동생을 아주 가끔씩 봤지만 몰리의 상태가 악화되자 자매 모두 걱정을 하지 않을 수가 없었다. 몇 주가 지나자 이젠 입뿐만이 아니었다. 아무런 관련이 없는 부위도 아프기 시작했다. 퀸타는 이렇게 기억했다. "언니는 이와 턱뼈, 엉덩이와 발도 아프다고 했어요. 우리는 류머티즘이라고 생각했죠." 의사는 아스피린을 처방한 뒤 하이랜드 애비뉴에 위치한 기숙사로 몰리를 돌려보냈다.

적어도 몰리의 곁에는 전문가가 있었다. 기숙사의 입주민 중에는 쉰

살 된 이디스 미드도 있었던 것이다. 정 간호사인 그녀는 최선을 다해서 몰리를 간호했다. 하지만 이디스 역시 이 병을 이해할 수 없었다. 이러한 증상은 본 적이 없었다. 크네프도, 몰리의 가족 주치의도, 이디스도 그녀를 낫게 할 수 없었다. 또 다른 의사를 보러 갈 때마다 비싼 의료비가 들었지만 아무리 많은 돈을 써도 몰리는 회복되지 않았다.

사실 크네프가 도우려고 할수록 몰리의 상태는 더욱 악화되었다. 그는 '극단적인 치료법'까지 동원했으나, 그럴수록 몰리의 치아나 궤양, 잇몸은 상태가 더 나빠졌다. 어떤 때는 크네프가 몰리의 이를 더 이상 뽑을 필요도 없었다. 이가 저절로 떨어져 나갔던 것이다. 그가 한 일 중 치아를 붕괴시킬 만한 일은 조금도 없었다.

말 그대로 붕괴였다. 몰리의 입은 그야말로 산산이 부서져 가고 있었다. 몰리는 계속해서 고통에 시달렸고 진통제 같은 임시방편 처방만이 통증을 조금 덜어 줄 뿐이었다. 늘 농담을 하면서 돌아다니던 몰리 같은 소녀에게 이는 참을 수 없는 고통이었다. 이를 다 드러내놓고 웃던, 얼굴 전체로 퍼지던 미소는 이제 더 많은 이가 빠지면서 알아볼 수 없는 지경이 되었다. 하기야, 그것이 빠진 이 때문이랴. 몰리는 너무 고통스러워 이제 더는 웃을 수도 없었다.

크리스마스가 지나고 새해가 시작되면서 의사들은 몰리의 의문스러운 병을 파악했다고 생각했다. 입안이 헐고… 관절이 아프고… 극도로 피곤한 데다… 젊은 미혼 여성이 가족들과 떨어져 살고 있었다. 원인은 확실했다. 1922년 1월 24일, 의사들은 성병인 매독이 원인이라 생각해 검사를 시행했다.

하지만 검사 결과는 음성으로 나왔다. 의사들은 처음부터 다시 생각해야 했다.

한편 크네프는 자신의 초기 진단을 의심하게 만드는 특정한 증상들을 발견했다. 몰리의 병은 '기이한 질병'처럼 보였다. 무언가가 내부에서 몰리를 공격하는 것 같았다. 하지만 그게 무엇인지는 알 수 없었다. 그는 몰리의 입이 계속해서 붕괴되는 것뿐만 아니라 입에서 나오는 독특한 냄새가 '특이하다'고 생각했다. '일반적인 턱 괴사에 수반되는 악취와는 확실히 달랐다.' 괴사는 뼈가 썩는 것을 의미한다. 남아 있는 몰리의 치아들은 말 그대로 입속에서 썩고 있었다.

크네프는 더 많은 연구를 수행한 뒤 결론에 도달했다. 그는 몰리가 인 중독 증상을 보인다고 확신했다. 몇 년 전 캐서린 샤웁이 여드름이 났을 때 그녀의 의사가 내린 것과 동일한 결론이었다.

'인산 괴사'는 인 중독 피해자들이 붙인 으스스한 별칭으로 그 증상이 몰리가 겪고 있는 것과 상당히 비슷했다. 치아 손실, 잇몸 염증, 괴사와 통증. 크네프는 다음번 진료 때 몰리에게 무슨 일을 하는지 물어보았다.

몰리는 '밤에도 반짝일 수 있도록 시계 숫자판을 야광 페인트로 칠해요.'라고 말했다. 몰리는 말을 내뱉기 위해 혀를 움직일 때마다 입안에 난 궤양을 건드리는 바람에 움찔거렸다.

그 말에 의사의 의심이 증폭되었다. 크네프는 문제를 직접 해결하기로 결심했다. 그는 라듐 공장을 찾아갔다. 하지만 협조를 기대한 건 오산이었다. 그는 이렇게 기억했다. "페인트를 만드는 배합공식을 가르쳐 달라고 했죠. 하지만 거절당했습니다." '언다크'는 수익성 높은 상업 자산이었다. 기업은 일급비밀 공식을 아무에게나 가르쳐 줄 수는 없었다. 하지만 그들은 인을 사용하지는 않는다며 공장에서 일한 것 때문에 병에 걸릴 수는 없다고 했다.

크네프는 결국 직접 실험을 했는데, 결과는 기업의 주장과 일치했다. "나는 페인트에 인이 있을지도 모르며 그게 문제의 원인이라고 생각했지요. 하지만 내가 시행한 모든 검사 결과, 그렇지 않다는 결론이 나왔습니다." 질병의 원인은 또다시 어둠 속으로 숨어 버렸다.

이 모든 노력은 몰리에게 아무런 도움이 되지 않았다. 이제 통증은 극으로 치닫고 있었다. 입안이 온통 발진으로 가득 차 헐어 버렸다. 먹는 것은 고사하고 한마디 말도 내뱉기 힘들었다. 그 끔찍한 모습을 자매들은 차마 지켜볼 수 없었다. 퀸타는 회고했다. "언니는 너무나 괴로워했습니다. 그때를 생각하면 신경 줄이 죄다 끊어질 듯 가슴이 미어집니다."

입안에 종양이 나 본 사람은 몰리가 겪은 고통을 조금이나마 이해할 수 있을 것이다. 이제 몰리의 아래턱 전체를 비롯해 입천장, 심지어 귀뼈까지도 커다란 종양 덩어리가 되었다. 그러한 상태로 일을 할 수는 없었다. 몰리는 오랫동안 즐거운 마음으로 일했던 오렌지 스튜디오를 그만둔 뒤 집에 틀어박혀 지냈다. 의사들이 곧 문제의 원인을 밝혀내 자신을 치료해 줄 것이며 그렇게 되면 다시 정상적인 삶을 살 수 있을 거라 생각했다.

하지만 그러한 일은 일어나지 않았다. 크네프 의사는 5월이 되자 몰리더러 병원으로 오라고 했다. 얼마나 진척이 있나 살펴보기 위해서였다. 몰리는 절뚝거리며 진찰실로 들어갔다. 엉덩이와 발의 류머티즘 증상은 더욱 심해졌고 몰리는 절름발이나 다름없었다. 하지만 몰리의 신경은 온통 입안에 쏠려 있었다. 몰리를 가장 힘들게 하는 건 입이었다. 고통에서 벗어날 수 없었다.

몰리는 절뚝거리며 진찰 의자로 올라간 후 뒤로 기댔다. 그러고는 조심스럽게 입을 열었다. 의사는 몸을 숙인 뒤 천천히 몰리의 입안을 들여다보았다.

남아 있는 이가 거의 없었다. 대신 빨갛고 껍질이 벗겨진 궤양이 입 전체를 뒤덮고 있었다. 몰리가 특히 턱이 아프다는 몸짓을 하자 의사는 입안의 뼈를 꼼꼼히 살펴보았다.

그가 아주 살짝 만졌을 뿐인데도 놀랍게도 손가락에 닿은 그녀의 턱뼈가 부서지고 말았다. 크네프는 '시술이 아니라 그저 입안에 손가락을 갖다 댄 뒤 들어 올림으로써' 턱뼈를 제거했다.

일주일 정도 지난 뒤 몰리의 아래턱 전체가 이 같은 방법으로 제거되었다.

몰리는 견디기 힘들었지만 방법이 없었다. 의사가 할 수 있는 일이라고 진통제를 놓아 주는 것뿐이었다. 그나마도 거의 도움이 되지 못했다. 부풀린 갈색 머리 아래로 몰리의 얼굴 전체는 그저 고통, 고통, 고통뿐이었다. 몰리는 빈혈 증상을 보이면서 상태가 더욱 악화되었다. 크네프 의사는 그쪽 분야의 전문의는 아니었지만 6월 20일 또다시 성병 검사를 시행했다. 이번에는 결과가 양성으로 나왔다.

몰리가 그 소식을 들었다면 아마 좌절했을 것이다. 하지만 당시에는 많은 의사들이 환자들에게 진단 결과를 알리지 않았다. 크네프 역시 그랬을 것이다. 몰리가 쾌차하는 데 집중하기를 바랐기 때문이었다. 몰리가 그 얘기를 들었다면 그건 터무니없는 일이라는 것을 알았을 것이다. 하지만 몰리는 진짜 원인이 뭔지 몰랐다. 짚이는 것조차 없다. 다른 건 몰라도 몰리는 아주 건강해야 마땅하다. 아직 20대로 젊을 뿐만 아니라 몇 년 동안 라듐 공장에서 일해 왔지 않은가. 그해 2월, 지역 신문에는 이런 기사가 났었다. "라듐을 먹을 수 있게 될지도 모른다. …몇 년 내에 라듐 알약을 살 수 있게 될지도 모른다. …인간의 수명이 길어지는 효과를 기대한다!"

하지만 몰리에게는 그 시간이라는 것이 다해 가는 듯 보였다. 의사는 턱을 제거한 뒤 중요한 사실을 발견했다. 그는 치아를 제거함으로써, 혹은 염증이 난 뼈를 제거함으로써 의문스러운 병이 활동을 멈추기를 바랐다. 하지만 '염증이 난 뼈를 얼마나 많이 제거하든, 괴사의 속도가 늦춰지기는커녕 오히려 가속화된다는 것'이 이제는 명확해졌다. 여름 내내 몰리의 상태는 더욱 악화되었다. 몰리는 이제 고통스러운 인후염에 시달렸지만 이유를 알 수 없었다. 턱에서는 피가 났고 간호사 이디스는 몰리의 얼굴에 흰색 솜을 댄 채 지혈을 했다.

1922년 9월, 몰리의 동료, 에드나 볼즈는 결혼식을 올릴 준비를 하고 있었다. 신랑이 될 루이스 허스만은 푸른 눈에 검은 머리를 지닌 독일 혈통의 배관공이었다. 그는 에드나에게 '헌신적'이었다. 기대감에 가득 찬 에드나는 자신의 의복을 펼쳐보았다. 신부 가운, 스타킹, 웨딩 슈즈. 이제 곧 결혼식이다!

이제 곧. 이는 흥분이 담긴 말이다. 기대감이 담긴 말이다. 그리고 고통받는 이들에게는 위안을 주는 말이기도 하다.

이제 곧.

1922년 9월, 몰리 매기아를 거의 1년 동안 괴롭히던 염증은 목구멍 조직으로까지 번졌다. 병은 '몰리의 목 정맥을 따라 서서히 침투해 갔다.' 9월 12일 오후 5시, 몰리의 입은 출혈로 피투성이가 되었고 간호사 이디스는 출혈을 멎게 할 수 없었다. 이도, 턱뼈도 없고 말도 할 수 없는 몰리의 입은 대신 피로 가득 찼고 입술뿐만 아니라 고통에 덜덜 떨리는 얼굴 위로 피가 쏟아졌다. 너무 많은 피가 쏟아졌고, 몰리는 결국 사망하고 말았다. 동생 퀸타의 말에 따르면 '고통스럽고 끔찍한 죽음이었다.'

겨우 스물네 살의 나이였다.

몰리의 가족은 어떻게 해야 할지 몰랐다. 그렇게 갑작스럽게 몰리를 데려간 게 무엇이었는지 알 수 없었다. 알비나는 이렇게 기억했다. "몰리가 죽었지만 의사들은 이유를 모른다고 했어요."

가족들은 사망 원인을 알고 싶었다. 알비나가 말했다. "큰언니가 크네프 의사를 찾아갔어요. 의사는 몰리가 매독으로 죽었다고 말했습니다."

매독. 얼마나 수치스럽고 슬픈 비밀인가.

자매들의 아버지 발레리오에게 마지막 의료비가 청구되었다. '아멜리아 양에 대한' 청구서라고 쓰여 있었다. 가족 주치의는 요청에 따라 청구 비용을 낮춰 주었지만 그런 호의를 베푼다고 몰리가 살아 돌아오는 것은 아니었다.

1922년 9월 14일 목요일, 그들은 몰리를 은색 명판이 달린 나무 관에 넣어 로즈데일 묘지에 묻었다. 명판에는 '아멜리아 매기아'라고 간단히 새겨 넣었다.

작별인사를 건네기 전에 가족은 몰리가 입고갈 옷을 펼쳐 놓았다. 흰색 원피스, 스타킹, 검은색 가죽 펌프스. 그들은 몰리에게 이 옷을 조심스레 입혔다. 그런 뒤 몰리를 편안히 눕혔다.

가족들은 몰리가 이제 평화롭게 쉴 수 있기를 바랐다.

몸짓은 삼가는 타입이었다. 시계 숫자판과 항공 계기판을 칠하는 것은 캐서린이 처음 해보는 일이었다. "아주 매력적인 일이었고 급료도 두둑했죠. 하지만 모든 선이 아주 정확해야 했어요."

오타와 소녀들이 사용하던 '연필만큼 작고 가느다란 일본 붓'을 뾰족하게 만드는 방법은 단 하나였다. 적어도 그들이 아는 방법은 한 가지뿐이었다. 캐서린은 기억했다. "로티 머레이 씨는 낙타 털로 만든 붓을 혀끝으로 뾰족하게 만드는 방법을 가르쳐 주었어요. 우선 붓을 물에 담그고 가루염료에 넣은 다음 입으로 뾰족하게 만드는 거였죠."

'입에 넣고… 담그고… 칠하고…'의 끊임없는 반복이었다. 새로운 것도 있긴 했다. 새내기가 들어온 것이다.

캐서린의 뒤를 이어 열여섯 살의 샬럿 네빈스가 스튜디오에 들어왔다. 광고는 '열여덟 살 이상'이라고 되어 있었지만 샬럿은 그런 사소한 제한 조건 때문에 포기할 사람이 아니었다. 샬럿은 친구들이 전부 그곳에서 일하고 있었기 때문에 자신도 합류하고 싶었다. 여섯 명의 형제 중 막내였기에 빨리 자라고 싶었으리라. 샬럿은 명랑하고 배려심이 많은 소녀로 캐서린처럼 독실한 천주교 신자였다. 보통 때는 조용하기는 했지만 필요할 때에는 목소리를 낼 줄 알았다.

나이를 속인 건 샬럿뿐만이 아니었다. 회사는 알았을 테지만 매리 비치니 역시 마찬가지였다. 매리는 갓난아기 때 미국으로 건너온 귀여운 이탈리아 소녀였다. 1922년에 매리는 고작 열세 살밖에 안 되었지만 모두가 원하는 이 직장에 들어갈 수 있었다. 사실 사춘기가 아직 안 된 소녀들의 날렵한 손은 시계 숫자판 도장이라는 섬세한 일에 잘 맞았다. 기록에 따르면 열한 살밖에 안 된 소녀들도 있었다고 한다.

머레이 양을 도와 지원자를 받은 건 리드 부부였다. 보조 감독관 러퍼스 리드는 뉴욕 출신으로 서른아홉이었으며 뼛속까지 기업인이었다. 대머리인 그는 적당한 근육질의 몸에 키가 컸으며 짙은 안경테를 꼈다. 리드 씨는 사실 귀가 잘 들리지 않았지만 일하는 데 방해가 되지는 않았다. 이러한 장애 때문에 그는 자신의 처지를 이해해 주는 회사가 더욱 고맙게 느껴졌을 것이다. 머레이 양처럼, 러퍼스 리드와 그의 아내 메르세데스는 노동자들을 가르치며 수년간 이 기업에서 일했다.

메르세데스 리드의 교육은 유명했다. 그녀는 라듐이 '해롭지 않다는 것'을 소녀들에게 보여 주기 위해 그들이 보는 앞에서 국자로 야광 물질을 떠먹었다. 샬럿 네빈스는 기억했다. "시계 숫자판 공장에서 일할 때, 라듐은 절대로 해롭지 않다는 얘기를 들었어요. 상사들은 손가락에 낀 반지나 원피스 단추, 버클을 라듐으로 칠하라고 권해 주기도 했죠."

소녀들은 교육받은 대로 했다. 그들은 '행복하고 쾌활한 무리'로 특히 패션이나 예술 분야에 관심이 많았던 터라 자주 칠 연습을 하곤 했다. 많은 이들이 페인트를 집으로 가져갔다. 한 여성은 벽을 꾸미기 위해 벽에 라듐 페인트를 칠하기도 했다. 라듐 다이얼 사는 USRC보다는 라듐이 낭비되는 것에 신경을 덜 쓴 것 같았다. 한 직원의 말에 따르면, 그들은 라듐을 아무렇게나 취급했다고 한다. 오렌지 공장에서 퇴근 전 몸에 쌓인 가루를 털어내던 것과 대조적이었다. '씻는 것은 본인의 재량에 달렸고 샤워시설을 이용하는 사람은 별로 없었다.'

굳이 왜 그러겠는가? 천사처럼 반짝이는 상태로 집에 갈 수 있는데….

'소녀들은 이 작은 마을에서 다른 이들의 부러움을 샀다. 밤에 남자친구를 만나 데이트를 할 때면 원피스와 모자, 때로는 손과 얼굴까지도 야광 페인트의 인광으로 반짝였다.' 오타와에 살던 한 소녀는 당시를 이렇게 회상했다. "저도 그곳에서 일하고 싶었어요. 소망이었죠. 노동자 가정의 가난한 소녀에게는 엘리트 직장이었지요." 도장공들이 가정식 수제 사탕이나 탄산이 가미된 아이스크림을 사러 약국에 들를 때면 그들이 있던 자리에 반짝이는 가루가 남았다. 캐서린은 회상했다. "집으로 가 어두운 화장실에서 손을 씻으면 손이 유령처럼 밝게 빛났죠. 어두운 옷장에 걸어둔 옷은 인광성[1] 빛을 발했고요. 길을 따라 걸으면 제 몸 전체가 라듐 가루로 환히 빛났죠." 이들에게는 '유령 소녀라는 유머러스한 별명이 붙었다.'

소녀들은 일주일에 6일을 일했으며, 오렌지 공장에서 사용된 것과 비슷한 푸른빛이 감도는 흰색 페인트를 사용했다. 동일한 성분이 함유된 페인트였다. 그들은 '계속해서 일해야 했다.' 점심시간이 따로 있었지만 리드 부인은 작업대에서 점심을 먹었다. 집에 가거나 인근 커피숍을 찾는 소녀들도 있었지만 대부분은 리드 부인처럼 작업대에 앉아 점심을 먹었다. 캐서린이 회상했다. "야광 페인트와 붓이 놓인 작업대 바로 옆에서 점심을 먹곤 했죠. 최대한 서둘러 먹었어요. 그래야 돈을 더 많이 벌 수 있으니까요."

소녀들은 '이 일을 하는 게 아주 행복했고,' 기업 역시 만족했다. 라듐 다이얼은 주요 고객사인 웨스트클록스의 이념을 따랐다. 직원 매뉴얼에는

1. [역주] 물체에 빛을 쬔 후 빛을 제거하여도 장시간 빛을 내는 현상 또는 그 빛

이렇게 나와 있었다. '우리는 그대가 열심히 일하기를 바란다. 급료는 그대가 일한 양에 비례할 것이다. …열심히, 성심껏 일하지 않을 사람은 번지수를 잘못 찾은 것이다.'

캐서린과 샬럿, 그리고 매리는 번지수를 정말 잘 찾아왔다고 생각했다.

7

뉴저지주, 뉴어크
1922년 11월

"아이린 루돌프 양?"

배리 의사가 자신의 이름을 부르자 아이린은 머뭇거리듯 자리에서 일어나 진찰실로 들어갔다. 가장 먼저 문제가 발생한 곳은 발이었다. 하지만 이제 발은 걱정거리도 아니었다. 천천히 움직이면 그럭저럭 생활해나갈 수 있었다. 그녀의 가족, 특히 사촌 캐서린 샤웁이 발 벗고 도와주었기에 이만큼이나마 견뎌낼 수 있었다. 그러나 이제 진짜 문제는 입이었다.

아이린은 8월부터 이 치과에 다니고 있었지만 사실 치아에 문제가 생긴 건 올해 봄부터였다. 여기저기서 치과진료를 받아 보았지만 상태는 악화될 뿐이었다. 5월에는 급기야 코르셋 공장 일을 그만두어야만 했다. 직장이 없는 상황에서 의료비가 계속해서 증가하자 가계부에 구멍이 나고 말았다. 시계 숫자판 도장공으로 일할 때 나름 알뜰하게 돈을 모아두었지만 이 알 수 없는 병 때문에 열심히 번 돈을 다 써버리고 말았다.

비싼 진료를 예약할 때마다 아이린은 이번만큼은 병에 차도가 있기를 간절히 바랐다. 오늘 진료 의자에 누워 입을 크게 벌리는 순간에도 배리 박사가 제발 희소식을 말해 주길 기도했다.

월터 배리는 마흔두 살의 치과의사로 연륜이 풍부했다. 그는 아이린의 입을 들여다본 뒤 혼란에 빠졌다. 배리와 그의 파트너 제임스 데이비슨은 여름부터 아이린을 진찰하고 있었다. 하지만 1차로 썩은 잇몸을 도려 냈고, 효과가 없자 이를 뽑아내기까지 했지만 그 어떤 치료에도 고통은 오히려 더 심해지는 것처럼 보였다. 516 브로드 스트리트에 위치한 그들의 진료소 바로 맞은편에 뉴어크 공립도서관이 있었으므로 그곳에 소장된 온갖 책과 의학저널을 샅샅이 뒤졌고, 또 그들의 경험과 지혜를 총동원해 봤지만 해결책을 찾을 수 없었다. 아이린은 1922년 11월 8일, 오늘 또다시 그를 찾아왔는데 입안에는 염증이 더 많이 퍼져 있었고 텅 빈 잇몸에는 괴상한 노란색 광택이 보였다.

제임스 데이비슨은 인산 괴사를 치료한 경험이 있었다. 두 의사는 아이린의 고통이 인산 괴사 때문이라는 판단으로 기울고 있었다. 배리는 회상했다. "이런 확신이 서자 나는 아이린에게 예전에 무슨 일을 했었냐고 물었지요. 나는 아이린이 일터에서 사용했던 물질에 인이 들어 있었는지 확인하고자 했어요."

그는 자신도 모르는 사이에 몰리 매기아를 치료했던 크네프 의사의 전철을 밟고 있었다. 하지만 이 둘의 연구는 공유되지 않았고 크네프는 자신이 발견한 것, 즉 몰리 턱의 환부를 제거해내면 해낼수록 턱이 점점 더 빨리 부서져 내렸다는 사실을 배리에게 말해 줄 기회도 없었다. 아이린 역시 몰리처럼 급속도로 무너져 내리고 있었다.

배리는 아이린에게 '직업과 관련된 병'인 것 같다고 말했다. 하지만 캐서린 샤웁이 훗날 말한 것처럼 '라듐이라는 단어는 언급되지 않았다.' 라듐은 모두가 인정하는 묘약이라 비난의 대상이 될 수 없었다. 아무도 라듐에 대해 문제를 제기하지 않았다. 병의 원인으로 야광 페인트를 의심하긴 했지만 모두가 지목하는 범인은 인이었다.

12월, 아이린은 상태가 더욱 악화되어 병원에 입원하고 말았다. 아이린의 얼굴은 백지장처럼 창백해졌고 빈혈 증상도 보였다. 하지만 병실에 가만히 누워 괴로워하지만은 않겠다고 결심했다.

아이린의 담당 치과의사는 크네프 의사와 만난 적이 없었겠지만 도장공들 우정의 네트워크는 의사들보다 강했다. 아이린은 몰리 매기아가 죽은 것을 알고 있었다. 소문을 떠벌리고 다니는 사람들은 그녀가 매독으로 죽었다고 했지만 몰리를 잘 아는 사람들은 그 말을 곧이듣지 않았다. 그래서 아이린은 병원에 입원해 있는 동안, 또 다른 소녀가 자신과 똑같은 증상을 겪다가 불과 몇 개월 전에 사망했다고 의사에게 말했다. 한편, 몰리의 가족은 이제 그녀 없는 삶을 살아 나가고자 애쓰고 있었다. 그해 여름, 퀸타는 다시 임신했고 알비나는 조만간 자신에게도 좋은 소식이 들려오기를 학수고대하였다. 한편 병실에 힘없이 앉아 있는 아이린에게 몰리의 죽음은 지나가 버린 과거가 아니라 끔찍하게 맞닥트린 현재였다.

아이린은 의사에게 다른 이야기도 전했다. 또 한 명의 소녀가 아프다는 소식이었다.

아이린이 말한 사람은 헬렌 퀸랜이었을 수도 있다. 당시 헬렌도 아팠으니까…. 그녀는 목구멍이 몹시 아팠고 얼굴이 퉁퉁 부어서 얼굴이 괴물처럼 변하고 말았다. 헬렌 역시 치아가 말썽을 일으키면서 빈혈 증상이 나타났다. 하지만 헬렌은 아이린과는 다른 무리에 속해 있었다. 아이린이 말한 사람은 그녀가 아니라 헤이즐 빈센트였다.

헤이즐은 USRC를 떠난 이후로 병세가 더욱 악화되었다. 헤이즐은 빈혈과 농루로 괴로워했으며, 그녀의 주치의 역시 검은 분비물을 보고 인산 괴사를 의심했다. 헤이즐의 코와 입에서는 '마늘 냄새'가 났다. 연인 시어도어는 헤이즐을 몹시 걱정했다.

아이린이 보기에 헤이즐의 사례와 자신의 사례는 그저 우연으로 치부하기에는 비슷한 점이 너무 많았다. 아이린은 입원한 병원의 담당 의사인 앨런 박사와 상담을 하면서 이러한 사실을 조심스럽게 언급했다. 아이린의 말을 유심히 듣던 의사는 확신했다. 모든 증거들이 분명하게 말하고 있었다. 더 들을 필요도 없었다. 직업병이 분명했다. 1922년 12월 26일, 앨런은 아이린 루돌프를 인 중독의 사례로 산업위생국에 신고하며 추가 조사를 시행해 달라고 요청했다. 당국은 즉시 행동에 착수했고, 얼마 안 가 조사관이 진상을 규명하기 위해 오렌지 공장을 찾았다.

조사관은 공장 운영 책임자이자 USRC의 부사장인 해럴드 비트 씨의 안내로 스튜디오 안으로 들어갔다. 그들은 일하고 있는 소녀들을 조용히 관찰했다. 많지는 않았다. 오렌지 스튜디오는 이제 계절적인 일자리가 되었던 터라 소녀들은 그곳에서 1년 내내 일하지는 않았다. 소녀들이 립 포인팅을 하는 모습이 조사관의 눈에 제일 먼저 띄었다. 그는 전국적으로 실행되고 있는 이 작업방식을 의구심 가득한 표정으로 바라보았다. 비트 씨는 이를 눈치챈 듯 그를 안심시키려 했다. 조사관은 훗날 이렇게 보고했다. "비트 씨는 이 위험한 방법에 대해 누누이 경고했지만 직원들은 도무지 말을 들어 먹지 않았다고 말했습니다."

이 대화가 시계 숫자판 도장공들의 귀에 들어갔다면 경악할 노릇이었을 것이다. 사빈 폰 소쵸키가 그레이스에게 딱 한 번 경고한 것 말고는 그 어떤 도장공도, 그리고 그 어떤 교육관이나 감독관도 경고를 받은 적이 단 한 번도 없었다. 립 포인팅이 '위험한 방법'이라는 내용을 담은 경고문은 당연히 단 한 번도 게시되지 않았다. 오히려 회사는 정반대로 그 방법이 안전하다고 계속해서 말해 왔다. 회사가 여성들의 작업 방법에 대해 의도적으로 관여한 때가 있다면 바로 이때였다. 라듐의 안전성을 강조할 필요가 있을 때 말이다. 회사는 여성들이 알아서 일하도록 내버려 두었고 되도록 간섭하려 하지 않았다. 사실 회사는 물질이 낭비되지 않고 제대로 칠이 되는 한, 여성들이 어떻게 페인트를 칠하느냐에 대해선 신경 쓰지 않았다.

조사관은 계속해서 소녀들을 관찰했다. 다른 소녀들보다 조금 더 나이가 많은, 기혼 여성처럼 보이는 한 여성이 눈에 띄었다. 그 여성은 조지핀 스미스에게 숫자판을 제출하러 가면서 다리를 절룩거렸다(루니 씨가 회사를 떠나 루미나이트 사에 취업하면서 조지핀 스미스가 최근에 감독관으로 승진했다).

그녀는 바로 사라 메일레퍼였다. 사라는 이제 나이가 들어 있었다. 서른셋이 된 사라는 나이가 들면서 이곳저곳이 더 아프고 쑤셨다. 게다가 아이를 키우면서 일을 하는 건 쉽지 않았다. 사라는 열한 살 된 딸은 말할 것도 없고 동생 마거리트조차 따라잡을 에너지가 없었다. 사라는 회사가 자신이 다리를 저는 것을 이해해 주어 다행이라고 생각했다. '게다가 황송하게도 감독관이 매일 그녀를 출퇴근시켜 주었다.'

조사관이 검사용 페인트 샘플을 가져가는 것으로 조사는 마무리되었다. 그는 샘플을 뉴저지주 노동부 차관, 존 로치에게 보내며 이곳은 자신들의 관할구역이 아니므로 그의 팀이 '공장에 대해 조사를 시행해 줄 것을 요청했다.' 그 결과 몇 주 동안 추가 조사가 시행되었고 1월 25일, 릴리안 어스킨이라는 조사관이 로치에게 조사 결과를 보냈다.

어스킨은 첫 번째 조사관과는 다소 다른 방법을 취했다. 그녀는 라듐 전문가와 논의해 본 결과 '라듐으로 인해 뼈가 괴사한 사례는 없다.'고 로치에게 보고했다. 어스킨의 결론이다. "이 사례[아이린 루돌프]와 두 번째 사례[헤이즐 빈센트]는 치조농양[1]과 부적절한 치과 시술로 인한 우연의 일치로 보인다."

하지만 이에 만족하지 않은 노동부 차관 로치는 자마톨스키라는 화학자에게 페인트의 성분을 검사해 달라고 요청했다. 자마톨스키는 학식이 높은 사람으로 페인트에 인이 들어 있을 확률은 지극히 낮다고 생각했다. 인을 재료로 사용했다는 말을 들어보지 못했기 때문이었다. 그는 단 한 번의 검사도 해 보기 전이었지만 1923년 1월 30일, 로치에게 이렇게 편지를 썼다. "제 소견으로는 턱이 손상된 것은 라듐 때문입니다."

다소 급진적인 의견이었다. 하지만 자마톨스키의 엉뚱해 보이는 의견에는 과학적인 근거가 있었다. USRC가 불과 4개월 전에 라듐에 관한 논문을 발행했었다. '라듐의 위험-인체에 해로운 영향'이라는 제목이었는

---

1. [역주] 충치로 인해 생긴 세균이 치아의 뿌리 속으로 들어가면서 생긴 고름

데 사실 이 논문 말미에 라듐의 부작용에 관한 참고문헌 목록을 보면 1906년에 출간된 논문들도 포함되어 있었다. 훗날 기업은 내부 문서를 통해 20세기 초부터 라듐의 위험성을 언급한 기사가 '상당히 많았다'고 고백하기도 했다. 1912년 독일에서 라듐 치료를 받은 한 여성이 사망한 사건이 있었다. 그녀의 의사는 라듐 중독이 원인이라는 데에는 '의심의 여지가 없다.'고 말했었다.

하지만 동전의 반대편이 있었으니 바로 라듐에 대한 온갖 긍정적인 문서였다. 1914년, 전문의들은 라듐이 사용자의 뼈에 침투해 혈액 성분에 변화를 가져올 수 있다는 사실을 발견했다. 하지만 이 변화는 좋은 것으로 해석됐다. 이 해석에 따르면 라듐은 골수의 적혈구 생산을 촉진시킨다고 여겨졌다. 체내에 일단 예치되면 라듐은 끊임없이 주기만 하는 축복의 선물과 같아진다는 것이다. 그만큼 지속적인 효능이 있다는 뜻이었다.

하지만 이 긍정적인 문서를 조금 더 자세히 들여다보면 공통분모를 찾을 수 있었다. 이 연구자들은 모두 라듐 회사에서 일했던 것이다. 라듐은 매우 희귀하고 알려지지 않은 물질이었으므로 이를 상업적으로 이용하는 사람들은 라듐의 이미지와 그와 관련한 정보를 거의 독점적인 수준으로 통제할 수 있었다. 수많은 기업에서 라듐을 주제로 한 저널을 자체적으로 발간했는데 긍정적인 연구로 가득한 이 저널은 의사들에게 무료로 배포되었다. 라듐을 이용해 이익을 보는 기업들이 긍정적인 문서의 주요 생산자이자 발행인이었던 것이다.

따라서 엄청난 자금을 투자해 홍보하는 미사여구로 가득한 라듐 친화적 문헌들과는 대조적으로 자마톨스키의 의견은 아무도 귀 기울이지 않는 목소리일 뿐인 동시에 그 혼자만의 가설에 불과했다. 하지만 그는 현명했을 뿐만 아니라 양심적인 사람이기도 했다. 실험은 몇 개월이 걸릴 테고 그사이에도 스튜디오는 계속해서 운영될 거라는 사실을 염려한 그는 1월 30일, 서신을 통해 사견을 조심스럽게 덧붙였다. 그의 급진적인 이론은 아직 입증되지 않았지만 그는 이렇게 말했다. "이 물질을 피부에 닿게 하거나 몸 안에, 특히 입안에 넣는 것은 위험하므로 이를 다룰 때는 극도로 주의를 기울여야 한다. 이러한 내용을 담은 안내 책자를 발행해 모든 작업자에게 경고할 것을 제안한다."

하지만 어찌된 영문인지 이 의견은 관철되지 않았다. 그의 메시지가 전달조차 되지 않았던 건지도 알 수 없다.

아니면 기업이 이를 무시하기로 결정한 건지도 모르겠다.

1923년으로 접어들었다. 자마톨스키는 계속해서 실험을 이어갔다. 아이린 루돌프는 병원에서 퇴원했지만 몰리 매기아를 괴롭혔던 궤양과 통증으로 여전히 시달렸다. 아이린의 빈혈 증상은 더욱 심해졌다. 아이린은 헬렌 퀸랜처럼 에너지가 없는 창백한 생명체로 변해가고 있었다. 의사들은 이것저것 시도해 보았지만 그 어떤 치료도 효과가 없었다.

아픈 건 그들뿐만이 아니었다. 오렌지 라듐 기업의 공동 창립자인 조지 윌리스 역시 회사에서 쫓겨난 이후 몸 상태가 점점 나빠졌다. 그가 아무 생각 없이 매일 맨손으로 라듐 관을 만졌던 건 아주 오래전의 일처럼 여겨졌다. 하지만 시간은 늘 상대적이다. 반감기가 1,600년이나 되는 라듐은 한참이 지난 뒤에야 자신의 존재를 드러내기도 한다.

회사를 떠난 지 몇 달이 지난 뒤 윌리스는 병이 들기 시작했고 1922년

9월, 몰리 매기아가 사망한 날, 오른손 엄지손가락을 절단하기에 이른다. 검사 결과 암이 가득한 것으로 나타났기 때문이었다. 윌리스는 자신의 병을 비밀로 하지 않았다. 그는 자신의 연구 결과를 발표하기로 했다. 윌리스는 1923년《미국의학협회지》에 이러한 글을 기고했다. "라듐이 무해하다고 알려진 건 오랜 기간 매일 다량의 라듐에 노출된 사람이 그다지 많지 않았기 때문이었다. ⋯주의를 기울이지 않을 경우 라듐 공장에서 일하는 노동자들은 심각한 피해를 볼 수 있다."

그가 한때 몸담았던 회사에서 이 기사를 어떻게 생각했는지는 알려진 바가 없다. 그들은 아마 이 기사를 무시했을 것이다. 윌리스는 이제 기업의 사장이 아니었기에 그들에게 그다지 중요한 인물이 아니었다. 이 기사를 무시한 건 그들뿐만이 아니었다. 전문가 잡지에 자그마하게 실린 기사에 관심이 있는 사람은 아무도 없어 보였다.

한편, 1923년 4월, 자마톨스키는 실험을 마쳤다. 그가 의심한 것처럼 야광 페인트에서는 인이 조금도 검출되지 않았다.

"내 생각이 옳았다. 문제의 원인은 라듐이다."

8

일리노이주, 오타와
1923년

오타와 공장에서 일하던 소녀들은 새로운 일자리의 가장 큰 장점 중 하나가 라듐이라고 생각했다. 당시에 그곳의 여성들은 대부분 점원이나 비서, 공장 근로자로 일했다. 하지만 스튜디오 일은 좀 특별했다. 따라서 마을에서 가장 인기 있는 일일 수밖에 없었다.

온갖 계층의 소녀들이 라듐의 매력에 이끌려 이 일을 해 보고 싶어 했다. 스튜디오에서 일하던 한 여성은 못마땅한 말투로 "마치 '빈민굴 체험'을 하러 온 듯한 이들도 있었어요."라고 말했다. "유명한 의사의 애지중지하는 딸도 있었죠. 그 여자와 친구들은 며칠만 일하다 가 버렸어요." 부유한 집안의 여성들은 유령 소녀가 되는 게 어떤 기분인지 느껴보고 싶어 했다. 다른 사람들의 삶을 엿보려는 일종의 관음증적 체험 여행인 셈이었다. 스튜디오가 이렇게 관심을 끌게 되자 '리드 부인은 창문에 커튼을 치고 도자기 꽃병에 꽃을 꽂아두는 등 작업실을 마치 유치원처럼 꾸미기도 했다.'

라듐 다이얼 사는 원래 50명을 모집할 계획이었으나 결국 200명이 넘는 직원을 채용했다. 수요를 충족시키려면 더 많은 노동자가 필요했다. 1923년, 라듐 다이얼 사의 주요 고객사인 웨스트클록스는 미국 알람시계 시장에서 점유율이 60퍼센트에 달했으며 기업가치가 자그마치 598만 달러(현 8천 3백만 달러)에 이르렀다. 회사가 선별할 수 있을 정도로 지원자가 많았다. 한 직원은 회상했다. "회사는 10명을 채용한 뒤 일을 시켜 보았죠. 10명 중 5명 정도만 실제로 계속해서 일하게 되었고요."

시험에 통과한 사람 중에는 마가렛 루니가 있었다. 가족들은 그녀를 페그라 불렀다. 페그는 캐서린 울프와 친한 사이였다. 그들은 같은 학교를 졸업했으며, 라듐 다이얼 공장에 다니는 대부분의 소녀처럼 페그 역시 세인트 콜럼바 성당에 다녔다.

모두가 페그 루니의 가족을 알았다. 페그가 라듐 공장에 다니기 시작한 1923년, 페그 집안의 아이들은 여덟 명이었지만 그 수는 점차 늘어나 결국 열 명이 되었다. 가족들은 철로 바로 옆에 위치한 비좁은 집에 다 같이 살았다. 귀청이 떨어질 듯한 기차 소리가 너무 자주 들려 나중에는 신경조차 쓰지 않게 됐다. 페그의 조카 달린은 이렇게 말했다. "아주 작은 집이었죠. 1층짜리 나무집이었는데 방이 4개 있었어요. 침실은 2개였는데, 아이들이 자는 큰 방 천장에 담요를 매달아 남자아이들과 여자아이들 구역을 나누었지요. 한 침대에 서너 명이 함께 잤죠. 정말로 찢어지게 가난한 집안이었어요."

하지만 그들은 서로 아주 가까웠다. 그렇게 좁은 집에서는 그럴 수밖에 없었으리라. 그들은 서로 재미있게 지냈다. 작고 가녀린 몸에 주근깨

투성이의 빨간 머리 페그는 깔깔대며 웃는 것으로 유명했다. 열일곱 살이었던 페그는 맏딸이었기에 동생들은 늘 그녀를 본보기 삼았다. 여름이 되면, 아이들은 맨발로 뛰어다녔다. 신발을 살 여유가 없었기 때문이었지만 동네 친구들과 노는 데는 아무런 지장이 없었다.

이러한 상황에 페그는 시계 숫자판 도장공으로 일하게 되어 너무도 기뻤다. 페그는 일주일에 17.50달러(현 242달러)를 벌었다. '가난한 대가족 아일랜드 소녀에게는 꽤 큰 금액이었다.' 페그는 대부분 돈을 어머니에게 드렸다. 공장에서 일하기 위해서는 교사가 되겠다는 꿈을 잠시 접어야 했다. 하지만 페그는 아직 어렸다. 이다음에라도 교사가 되기 위한 준비를 할 수 있는 시간은 많을 거다. 페그는 아주 똑똑한 소녀로 고등학교 시절 가장 좋아하던 취미가 '사전에 푹 빠지는 것'이었다. 페그는 '기분 좋은 햇살이 내리쬐는 곳에 앉아' 사전을 읽곤 했다. 페그는 교사가 될 만큼 똑똑했지만 당분간은 가족을 돕기 위해 공장에서 일하기로 했다.

페그는 공장 친구들과 좋은 시간을 보냈다. 새로 들어온 소녀들이 그렇듯, 그녀 역시 처음에는 웨스트클록스에서 생산하는 빅 밴 알람시계를 칠하는 것부터 시작했다. '이 시계는 지름이 10센티미터로 그 안에 숫자판이 꽤 넓어서' 경험이 부족한 직공들도 쉬이 칠할 수 있었다. 페인트칠에 점차 익숙해지면 빅 밴의 절반 정도 크기인 베이비 밴으로 옮겨갔고 결국 회중시계를 칠했다. 지름이 3센티미터가 조금 넘는 포켓 밴과 스코티였다.

페그는 시계 숫자판을 손에 쥔 채 녹색 빛이 감도는 흰색 페인트로 숫자를 칠했다. 배운 대로 낙타 털로 만든 붓을 입 끝으로 뾰족하게 만든 뒤 페인트에 담았다. 차갑고 얇은 금속 디스크 위에는 종이 숫자판이 붙어 있었고, 디스크의 뒷면에는 볼록 솟은 부분이 있어 나중에 시계 몸체에 붙이게 되어 있었다.

페그와 함께 스튜디오에 앉아 있던 또 다른 신참자 중에는 마리 베커가 있었다. 마리는 마을 빵집에서 일했었다. 하지만 라듐 스튜디오에서 일하면 두 배나 많은 돈을 벌 수 있었기에 결국 스튜디오로 옮기기로 결심했다. 마리의 친척은 덤덤한 말투로 말했다. "마리는 돈이 필요했어요. 그래서 그곳에서 일하기 시작했죠."

마리 역시 가난한 집안 출신이었다. 아버지가 수종[1]으로 사망하자 어머니는 재혼했고 새아버지는 열세 살밖에 안 된 마리를 일터로 보냈다. 마리는 그때부터 온갖 일을 했다. 빵집, 공장일, 싸구려 잡화점 점원 등 가리지 않았다. 새아버지의 버거운 지시에도 마리는 크게 개의치 않았다. 마리는 늘 모든 것을 쉽게 생각했다. 가까운 친척은 이렇게 말했다. "마리는 정말 대단했죠. 마리가 기분이 안 좋은 적이 있었는지 기억도 안 나네요. 보통 사람들은 앙심이나 불만을 품잖아요. 마리는 절대로 안 그랬어요. 웃기도 참 잘 웃었죠. 늘 큰 소리로 웃었고 그걸 보면 나도 따라서 웃게 됐죠."

마리는 스튜디오에 오자마자 큰 인기를 끌었다. 마리는 자기주장이 강했고 재치 있는 농담도 잘했다. '깡마르고 보조개가 움푹 팬' 마리는 독일 혈통이었지만 스페인 사람처럼 보였다. 새카만 눈에 긴 갈색 머리를 하나로 묶고 다녔으며 이따금 앞머리에 살짝 컬을 넣기도 했다. 마리는

---

1. [역주] 조직 내나 체강 내에 비정상적으로 대량의 조직액이 저류되는 병변

샬럿 네빈스와 사이좋게 지냈고 페그 루니를 '가장 친한' 친구로 여겼다.

하지만 마리는 일을 계속해야 할지 확신이 서지 않았다. 출근 첫날, 마리는 입에 붓을 넣으라고 배웠는데 그게 끔찍이도 싫었다. 그날 점심을 먹으러 집에 가서는 엄마에게 '입에 붓을 넣는 게 싫어서' 돌아가지 않겠다고 퉁명스레 말했다.

하지만 저항은 오래가지 않았다. 마리는 이 일이 싫었지만 다음날 결국 또다시 스튜디오로 출근했다. 친척 한 명은 우울한 말투로 말했다. "마리는 돈 때문에 어쩔 수 없이 출근하게 됐죠." 높은 급료를 거절하기란 쉽지 않았다.

물론 마리가 자신에게 닥칠 미래를 보지 못한 건 아니었다. "돈은 전부 양아버지에게 갔죠. 그 사람은 아주 엄격했어요. 가차 없었죠. 마리는 돈을 내줄 수밖에 없었어요." 마리는 그게 싫었다. 마리는 견디기 힘들었을 것이다. 다른 소녀들은 번 돈을 자신이 가졌고 티 루시 앤 브로스에서 최신 유행 상품을 사곤 했다. '코르셋, 장갑, 레이스, 리본… 멋지고 탐나는 물건들이었다.'

마리는 언젠가 월급으로 자신이 좋아하는 하이힐을 사겠다고 마음먹었다. 하루는 더 이상 참을 수 없었다. 돈을 버는 건 새아버지가 아니라 자신이지 않은가. 마리는 이번 주에 돈을 받으면 곧장 신발 가게로 가서 힘들게 번 돈으로 근사한 신발을 사야겠다고 생각했다. 처음으로 장만하는 하이힐이었다. 마리는 정말로 그렇게 했다. 그녀는 점원에게 신발을 신고 집에 갈 거니까 굳이 포장하지 않아도 된다고 말했다. "그게 바로 마리였어요!" 친척이 기분 좋게 소리쳤다. "신발을 신고 집에 가면 양아버지인들 어쩔 수 없을 거라고 생각한 거죠."

하지만 그렇지 않았다. 새아버지는 마리가 수표를 주지 않자 한바탕 소동을 벌였고 마리는 결국 열일곱 살이 되면서 집을 나왔다. 높은 급료와 강한 정신력 덕분에 가능한 일이었다.

마리의 거침없는 행동은 당대의 분위기를 잘 반영하고 있었다. '광란의 20년대'였다. 오타와 같은 작은 마을에서조차 여성의 독립을 지지하는 분위기와 인생을 즐기자는 분위기가 한창이었다. 변화의 바람이었다. 아름다움과 젊음으로 무장한 도장공들은 밖으로 나가 세상을 경험하고 싶어 좀이 쑤셨다.

그들이 그러기에 얼마나 안성맞춤인 시기였던지…. 오타와에서는 '금주법이 한창이라 비밀리에 운영되는 술집과 도박장이 넘쳐났다'고 한 주민은 말했다. 그뿐이 아니었다. 유명 밴드들도 많았고 한마디로 호시절이었다. 20세기 재즈 보이즈나 베니 굿맨의 음악에 맞춰 춤을 추는 이들 중에는 라듐 다이얼 도장공 소녀들도 있었다. 찰스턴 댄스 열풍이 미국 전역을 휩쓸던 1923년 무렵 소녀들은 남들 못지않게 이 춤에 푹 빠졌다. 그들의 머리와 너울대는 원피스는 늘 라듐으로 반짝였기 때문에 남들보다 더 눈에 띄었다. 캐서린 울프는 그 당시를 이렇게 회상했다. "많은 친구들이 비싼 드레스를 입고 출근했죠. 그래야 퇴근 후 파티에 갈 때 반짝일 수 있으니까요."

이 때문에 소녀들은 고급 패션에 더욱 투자를 할 수밖에 없었다. 그들은 최신 유행하는 종 모양 모자, 리본이 달린 하이힐, 핸드백, 진주목걸이를 샀다. 퇴근 후에만 좋은 시절이었던 건 아니었다. 소녀들은 공장에서도 좋은 시간을 보냈다. 리드 부부는 아래층에서 일했기 때문에 2층에서 일하던 소녀들은 자유로운 분위기에서 일할 수 있었다. 점심시간이 되면 그들은 라듐 페인트를 묻힌 채 암실에 들어갔다. 새로운 게임방법이 떠올랐던 것이다.

마리가 회상했다. "우리는 남아 있는 라듐으로 눈썹, 입술, 속눈썹을 칠한 뒤 암실로 들어가 서로를 쳐다봤어요." 소녀들은 오후에 라듐을 새로 받았다. 따라서 오전에 사용하고 남은 여분의 페인트는 마음대로 사용할 수 있었다. 마리는 콧구멍 주위와 눈썹을 따라 야광 물질을 칠했고 우아하게 콧수염을 그린 뒤 익살스러운 턱을 그려 넣었다. 소녀들은 서로를 바라보며 낄낄댔다. 그들에게는 정말 재미있는 놀이였다. 샬럿 네빈스도 기억했다. "우리는 불을 끈 뒤 거울을 보고는 한바탕 웃었어요. 어둠 속에서 우리는 빛이 났죠!"

웃고 떠들기는 했지만 묘하게 으스스한 광경이었다. 암실에는 햇빛이 전혀 비치지 않았다. 그 어떤 빛도 존재하지 않았다. 소녀들이 맨피부에 칠한 야광 물질만이 빛날 뿐이었다. 그들 자신은 어디에도 없었다! 보이는 건 라듐뿐! 다행히도 '그냥 재미 삼아' 한 게임일 뿐이었다. 마리 스스로가 말한 것처럼.

라듐 다이얼에는 프란시스 글라신스키, 엘라 크루즈, 매리 더피, 루스 톰슨, 새디 프레이, 델라 하비스튼, 이네즈 코코란 등 더 많은 소녀들이 들어왔다. 이네즈는 캐서린 울프 바로 옆에 앉았다. 샬럿 네빈스는 당시를 이렇게 기억했다. "우리는 행복하고 쾌활한 소녀들이었어요. 오타와에서 가장 밝게 빛나는 소녀들이었죠. 우리는 또 단단한 유대감이 있었죠." 그들은 함께 일하고 함께 춤추며 강가를 따라, 그리고 지역 명소인 스타브드 락에서 야유회를 열었다.

아주 좋은 시절이었다. 캐서린의 조카는 훗날 당시의 평온했던 시절에 대해 말했다. "그들은 그 좋은 시절이 영원할 줄 알았죠."

9

뉴저지주, 오렌지
1923년 6월

오렌지 주민들 역시 '광란의 20세기'를 보내고 있었다. 하지만 그레이스 프라이어는 춤을 출 기분이 아니었다. 이상하게도 발과 등이 조금씩 아파 왔다. 대수롭지 않게 넘기려 했지만 걷는 게 불편했다. 춤추는 건 엄두도 나지 않았다. 은행에 다니는 동료들은 여전히 파티에 가자고 수선을 떨었다.

그레이스는 고통을 잊어보려 애썼다. 작년에도 통증이 있기는 했지만 왔다가는 자연스레 사라지곤 했다. 그레이스는 매번 통증이 사라질 때마다 이로써 고통이 영원히 끝나길 바랐다. 그저 지친 것뿐이라고 생각했다. "가벼운 류머티즘 증상일 뿐 별거 아니라고 생각했죠. 대수롭지 않게 여겼습니다." 그레이스는 발에 신경 쓸 겨를이 없었다. 이제 부서장으로 승진했기 때문이었다.

하지만 아픈 부위는 발뿐만이 아니었다. 그레이스는 1월에 정기 검진을 받으러 치과에 갔다. 치아를 두 개 뽑았고 그로 인한 염증 때문에 한

동안 고생했지만 염증은 2주 후 전부 사라졌다. 하지만 6개월이 지난 지금, 충치를 뽑고 난 자리에 생긴 구멍에서 고름이 잔뜩 나오고 있었다. 고통스러울 뿐만 아니라 냄새도 지독했으며 역겨운 맛까지 났다. 그레이스는 건강보험이 있었으므로 건강 문제를 해결하기 위한 재정적인 여건이 마련돼 있었다. 그녀는 의사가 병을 고쳐 줄 거라 확신했다.

하지만 몇 킬로미터밖에 떨어지지 않은 뉴어크에서 무슨 일이 일어나고 있는지 알았더라면 그레이스 역시 의사를 그다지 신뢰하지는 않았을 것이다. 그레이스와 공장에서 함께 일했던 아이린 루돌프는 비싼 의료비를 지출해가며 자신을 치료해 줄 의사를 계속해서 찾아다녔다. 하지만 아무런 소용이 없었다. 이제 아이린은 시술뿐 아니라 수혈도 받고 있었지만 아무런 효험이 없었다. 아이린의 턱은 썩어가면서 그녀를 산 채로 조금씩 잡아먹고 있었다.

아이린은 자신이 몸이 점점 더 약해지는 걸 느꼈다. 빈혈기가 심한 몸에 산소를 공급하기 위해 심장이 빠르게 뛰면서 귓속에서 맥박이 지끈지끈 고동쳤다. 심장이 점점 더 빨리 뛸수록 그녀의 삶은 하염없이 느려져만 갔다.

한편, 헬렌 퀸랜의 빠르게 고동치던 심장은 어느 날 갑자기 멈추고 말았다.

헬렌은 1923년 6월 3일, 노스 제퍼슨 스트리트 집에서 어머니 넬리가 지켜보는 가운데 사망했다. 당시 헬렌의 나이는 스물둘이었다. 사망진단서에 따르면 사인은 뱅상구협염이었다. 궤양을 수반하는 고통스러운 염증성 감염병으로 잇몸에서부터 염증이 퍼지면서 입안과 목구멍의 죽은 세포가 부풀어 벗겨지는 병이었다. 헬렌의 담당의는 이 질병이 실험실 테스트를 통해 확인된 질병인지는 모르겠다고 말했지만 사망진단서에는 그렇게 기록되었다.

'구협염(angina)'은 '질식하거나 목을 조른다'는 의미를 지닌 라틴어 angere에서 파생된 단어다. 입안의 염증이 목에 다다르게 되면 마치 목을 조르는 느낌이 든다고 해서 그러한 이름이 붙었다. 헬렌은 그렇게 죽었던 것이다. 늘 치맛자락을 나풀거리며 뛰어다니던 소녀. 남자친구는 그녀의 삶에 대한 열정과 자유를 황홀한 눈빛으로 바라보곤 했었다. 헬렌은 아주 짧은 생애 동안 주위 사람들의 삶에 큰 영향을 준 채 갑자기 세상을 떠나고 말았다.

그로부터 6주 후, 아이린 루돌프 역시 그녀의 뒤를 따르고 말았다. 아이린은 전날 입원한 뉴어크 일반병원에서 1923년 7월 15일, 낮 12시에 사망했다. 스물한 살의 나이였다. 아이린이 사망하자 턱의 괴사는 '완성된 상태였다'고 한다. 그녀의 죽음은 직업과 관련성이 있다고 판단되긴 했지만 라듐이 아닌 인 중독이 사망 원인으로 지목되었다. 입회한 의사는 '확증되지 않음'이라는 단서를 달았다.

사촌이 '끔찍하고 원인 모를 고통'을 겪는 걸 처음부터 끝까지 지켜본 캐서린 샤웁은 슬픔에 빠졌고 한편으론, 화가 나고 혼란스러웠다. 캐서린은 아이린이 일 때문에 병에 걸린 것 같다는 얘기를 앨런 박사와 나눴다는 것까지는 알았지만 그 후로는 아무 말도 듣지 못했다. 캐서린은 존 로치나 자마톨스키 박사에 관해서는 당연히 몰랐다. 자마톨스키 박사가 실험한 뒤 내린 결론에 관해서도 전혀 몰랐다. 노동부는 자마톨스키를 비롯한 두 조사관의 보고서를 본 뒤에도 아무런 조치를 취하지 않았다.

그 어떠한 조치도 없었다.

캐서린은 똑똑하고 단호한 젊은 여성이었다. 노동부가 조치를 취하지 않자 자기가 직접 나서기로 했다. 캐서린은 7월 18일, 아주 짧고도 슬픈 삶을 산 아이린을 묘지에 묻었다. 그리고 그다음 날, 소중한 목숨이 무의미하게 낭비되었다는 슬픈 생각에 젖은 채 프랭클린 스트리트에 위치한 보건부를 찾아갔다. 캐서린은 담당자에게 보고할 게 있다고 말했다. 그리고 그에게 아이린의 비극적인 죽음을 알렸다. 몰리 매기아가 1년 전 동일한 중독으로 사망했다는 사실도 전했다. 캐서린은 오렌지 올든 스트리트에 있는 유나이티드 라듐 코퍼레이션이 이 모든 죽음의 원인이라는 그녀의 확신을 전달했다.

"또 다른 소녀가 아직 병에 시달리고 있어요. 그들은 입술로 붓끝을 뾰족하게 만들어 색칠해야 하는데 그것이 이 모든 불행의, 이 모든 고통의 원인입니다."

이 모든 불행. 이 모든 고통. 이 모든 죽음.

보고가 접수되었고 캐서린은 이제 무언가 조치가 취해질 거라 생각하며 그곳을 떠났다.

그녀의 방문 기록이 남기는 했다. 하지만 그 끝에는 이렇게 적혀 있다. "비트라는 이름의 공장 감독관은 그 주장이 사실이 아니라고 말했다."

그걸로 끝이었다.

하지만 적어도 전 직장 동료들은 헬렌과 아이린의 죽음을 잊지 않았다. "공장에서 함께 일하던 많은 친구들이 무시무시하게 빠른 속도로 죽어 나갔어요. 그들은 모두 아주 건강하고 젊은 여성이었는데도요. 무언가 이상해 보였죠." 퀸타 맥도날드는 말했다.

하지만 그해 여름 퀸타는 가정을 돌보느라 바쁜 나머지 이 문제를 더 깊이 생각할 겨를이 없었다. 7월 25일, 둘째 아이 로버트가 태어났다. "우리는 정말 행복했어요." 퀸타와 남편 제임스는 남자아이 한 명, 여자아이 한 명을 낳아 이제 완벽한 가정을 이루었다. 이 아이들의 이모 알비나는 여전히 첫아기 임신의 축복을 기다리며 조카들에게 온갖 사랑을 퍼부었다.

퀸타는 임신 기간에 다른 여성들처럼 발목이 부었다. 첫째를 낳았을 때는 모든 것이 비교적 수월했지만 둘째 때에는 달랐다. 쉽지 않은 출산이었다. 겸자[1]가 사용되었다. 퀸타는 로버트를 낳은 뒤 금방 회복할 거라고 생각했지만 그러기는커녕 오히려 등이 아파 왔고 발목은 여전히 골치를 썩였다. 퀸타는 훗날 이렇게 회상했다. "나는 뒤뚱거리며 다녔어요. 하루는 아침에 일어나보니 뼈가 너무 아팠어요." 민간요법에 의존하던 퀸타는 결국 지역 의사를 불렀고 그는 류머티즘 치료를 시작했다. 왕진비는 3달러(현 40달러)였다. 부부는 새로 태어난 아이 때문에 어쩔 수 없이 왕진에 따르는 추가비용을 감내할 수밖에 없었다. 그럼에도 퀸타는 고통에서 벗어날 수 없었다.

그해 말까지, 퀸타는 진료를 82번이나 받았다.

1923년 여름이 끝나갈 무렵, 마침내 조사가 시작되었다. 7월 중순부터 캐서린 샤웁이 제기했던 민원을 오렌지 보건소의 레노어 영이 맡게

---

1. [역주] 외과 영역의 수술 또는 처치에 쓰이는 기계

된 것이다. 영은 죽은 소녀들의 기록을 살펴본 뒤 몰리 매기아는 매독으로, 헬렌 퀸랜은 뱅상구협염으로 사망했다는 사실을 발견했다.

"나는 비트 씨와 연락을 취하려고 했지만 출장 중이라고 했습니다. 그래서 결국 그 문제를 일단 보류했고 소홀해지게 되었습니다. …하지만 그 문제를 완전히 잊지는 않았습니다."

도장공들에게 이 소식이 전해졌더라면 고통받고 있던 이들에게 차가운 위안이나마 줄 수 있었을 것이다. 그중에는 헤이즐 빈센트도 있었다. 헤이즐은 여전히 농루 치료를 받고 있었고 치아는 차례로 뽑혀나가고 있었다. 헤이즐의 이는 마치 죽어가는 친구들처럼 하나둘씩 사라져 이제 헤이즐은 입안이 낯설게 느껴졌다. 고통이 너무 심해 더 이상 걸을 수도 없었다.

가족과 친구들은 고통받는 헤이즐의 모습을 차마 지켜볼 수 없었다. 특히 어릴 때부터 헤이즐을 사랑해온 시어도어는 자신의 미래가 품 안에서 산산 조각나는 느낌이었다. 그는 진료비를 대신 내게 해달라고 헤이즐에게 애걸했으나 헤이즐은 그의 돈을 받지 않으려 했다.

그는 가만있지 않기로 했다. 사랑하는 여인이 고통받고 있었다. 남자친구로서의 자신의 도움을 받지 않으려 하니, 남편의 도움이면 받지 않을까? 그리하여 헤이즐이 아픈 상태였지만 그녀와 결혼하기로 결심했다. 남편이 되면 그녀를 돌보기 위해 더 많은 일을 할 수 있을 거라 생각했다. 그들은 제단 앞에 섰고 그는 아플 때나 건강할 때나 헤이즐을 사랑하겠다고 맹세했다.

그해 가을, 병에 걸린 라듐 소녀는 이 새로운 신부만이 아니었다.

1923년 10월, 아직 스튜디오에서 일하고 있던 마거리트 카러프는 심한 충치로 얼굴이 붓고 말았다. 그리고 11월이 되자 또 다른 소녀가 병들고 만다.

"이가 아프기 시작했어요." 캐서린 샤웁이 말했다.

캐서린은 아이린이 고통받는 것을 직접 목격했기 때문에 자신의 입이 아파져 오자 두려움에 사로잡혔을 것이다. 하지만 캐서린은 용감했다. 가만히 지켜보지만은 않기로 했다. 11월 17일, 캐서린은 아이린을 치료했던 의사를 찾아가 자신을 치료할 수 있는지 물었다. 배리 의사는 그녀의 이 두 개를 뽑았다. 캐서린의 이는 마치 '부싯돌 같았고' 쉽게 깨졌다. 배리는 "이 환자는 루돌프 양과 마찬가지로 오렌지 라듐 공장에서 일했다."고 차트에 기록했다. 의사는 캐서린에게 조만간 다시 오라고 말했다.

캐서린은 그렇게 했다. 그를 계속해서 찾아갔다. 이를 뽑은 뒤 잇몸은 낫지 않았고 캐서린은 배리를 더 자주 찾아가야만 했다. 11월만 해도 다섯 번이나 방문했는데 그때마다 의사는 2달러(현 27달러)를 청구했다. 이를 뽑는 데에는 8달러(현 111달러)가 들었다. 캐서린은 어리석지 않았다. "나는 계속해서 아이린을 생각했어요. 그리고 아이린의 턱을…. 아이린의 사례는 나와 공통점이 있죠. 아이린은 괴사로 고통받다가… 결국 사망했지요."

아이린이 고통받는 것을 직접 목격한 데다 원체 상상력이 풍부했던 캐서린은 곧 자신 앞에 놓인 미래를 조용히 생각해 보았다. 캐서린은 '심각한 쇼크 상태에' 빠졌으며 초조함에 정신 상태 역시 악화되었다. 1923년 12월 16일, 공장에서 일했던 또 다른 직원 캐서린 오도넬이 사망하면서 상황은 더욱 악화되었다. 의사는 그녀가 결핵과 폐 괴저[1]로 사망했다고 말했지만 캐서린은 그게 뭔지 잘 몰랐다. 캐서린 오도넬은 6개월 전 아이린이 묻혔던 묘지에 묻혔다.

수많은 소녀가 병에 신음했다. 크리스마스가 다가올 무렵, 그레이스 프라이어는 턱은 괜찮아졌지만 등과 발의 통증이 심해졌다. 그레이스는 이렇게 기억했다. "내 발은 딱딱하게 굳어 갔어요. 도무지 발을 굽힐 수가 없었죠. 발을 아주 평편하게 한 채로 걸어야 했습니다." 하지만 그레이스는 가을을 버텨냈고 그 누구에게도 도움을 요청하지 않았다. "나는 아무에게도 나의 몸 상태에 관해 말하지 않았어요."

하지만 부모의 눈을 속일 수는 없었다. 다니엘 프라이어와 그레이스 프라이어(딸과 같은 이름)는 맏딸을 지켜보았다. 그레이스는 평소대로 은행에 출근하고 집안일을 돕고 어린 조카들과 놀아 주었으나, 부모는 늘 자신감 있고 거침없던 딸의 걸음걸이가 바뀐 것을 눈치챘다. 그레이스는 자기도 모르게 절뚝거리고 있었다. 그걸 그냥 내버려 둘 부모가 아니었다.

그레이스는 이렇게 고백했다. "1923년 말, 제 증상을 알아낸 부모님은 의사를 보러 가자고 재촉하셨어요." 그레이스는 결국 1924년 1월 5일, 오렌지 정형외과 병원을 찾아갔다.

크리스마스가 지난 뒤였다. 1923년 크리스마스이브에 마거리트 카러프는 어찌할 바를 몰랐다. 마거리트는 가을 내내 통증에 시달렸지만 일을 그만두지 않았다. 1923년 말이 되자 립 포인팅이 금지되었다. 감독관 조지핀 스미스는 말했다. "회사는 입술로 붓을 뾰족하게 만들지 말라고

---

1. [역주] 혈액 공급이 되지 않거나 세균 때문에 비교적 큰 덩어리의 조직이 죽는 현상

경고했어요. 입속의 산이 페인트의 접착력을 떨어뜨려서 그러는 거라고 설명했죠."

마거리트 카러프는 새로운 명령을 따랐다. 하지만 예전처럼 일에 집중할 수 없었다. 마거리트는 말도 못 하게 피곤했으며 창백해졌고 약해졌다. 10월부터 시작된 치통이 그녀를 고통스럽게 했다. 먹지 못하는 바람에 체중이 빠른 속도로 줄어들었다. 마거리트가 몸에 딱 맞게 맞춰 입었던 옷들은 이제 뼈만 앙상한 그녀의 몸에 헐렁해졌다.

12월 24일, 회사를 나섰을 때, 마거리트는 그것이 마지막 퇴근길이 될 줄은 몰랐다. 그날 저녁, 마거리트는 치과에 갔다. 이 두 개가 특히 아팠기에 의사는 그녀더러 그날 두 개를 동시에 뽑자고 했다. 마거리트는 의사 말대로 했다.

하지만 의사가 이를 뽑았을 때 썩은 턱뼈까지 같이 뽑히고 말았다.

그 후로 마거리트는 다신 스튜디오에 출근하지 못했다. 마거리트는 집으로 갔다. 언니 사라와 조카 마거리트, 엄마, 아빠가 있는 곳으로. 마거리트는 무슨 일이 일어났는지 가족들에게 말해 주었다. 마거리트가 섬뜩한 일을 겪은 후 그들은 침통하고 엄숙한 분위기 속에서 크리스마스를 보냈다. 하지만 적어도 모두가 함께였다. 그해 겨울 가족의 일원을 잃어버린 뉴저지주의 가정들을 생각할 때 감사해야 할 일이다.

카러프 자매를 비롯한 도장공들은 몰랐지만 그달, 미국 공중위생국은 라듐 노동자에 관한 공식 보고서를 발행했다. 이 보고서에 따르면, 검사를 받은 직원들에게서 심각한 문제가 발견되지는 않았지만 아홉 명의 기술자 가운데 피부 손상 2건과 빈혈 1건이 발견되었다고 했다. 그 결과 전국에 공식적인 권고문이 발송되었다. 뉴저지주, 일리노이주, 코네티컷주, 자체적으로 시계 숫자판을 칠하기 시작한 워터베리 클락 컴퍼니, 그리고 그 밖에 라듐이 사용되고 있는 모든 곳에 공지되었다. 라듐을 취급하는 모든 사람은 반드시 안전 예방조치를 따라야 한다는 내용이었다.

10

일리노이주, 오타와
1923년

라듐 다이얼의 시설관리인은 작업복에 두 손을 문질러 닦았다. 그는 야광 물질로 뒤덮여 있었고 그 때문에 옷이 꾸덕꾸덕했다. 얼굴에서 라듐이 묻지 않은 곳이라곤 담배를 씹느라 턱을 따라 기다랗게 두 줄로 흘러내린 침 자국뿐이었다. 그는 일하면서 주전부리를 즐겼다. 주전부리는 그만의 낙은 아니었다. 도장공들은 책상에 사탕을 올려놓고 손도 씻지 않은 채 작업 도중 사탕을 집어 먹곤 했다. 10대 소녀다운 습관이었다. 시간이 지나자 오타와 고등학생들 역시 그곳에서 일했다. 용돈을 좀 벌기 위해 '여름 방학을 이용해서 몇 주 정도씩' 일하곤 했다.

오렌지 공장에서와 마찬가지로 소녀들은 친구와 친지들을 스튜디오로 불러들였다. 스튜디오로 쓰고 있는 옛 고등학교 건물은 커다란 아치형 창문과 높은 천장이 달린 거대한 빅토리아식 벽돌 건물로 무척 아름다웠다. 프란시스 글라신스키는 두 살 어린 동생 마거리트가 입사해서 캐서린, 샬럿, 마리, 페그와 함께 2층에서 일하게 되자 기분이 고무되었다. 마거리트 글라신스키는 참으로 '어여쁜' 폴란드 태생 소녀였다. 소녀 도장공들은 열다섯 살 된 새내기 헬렌 먼치도 환영했다. 진홍색 립스틱과 그에 어울리게 진홍색 매니큐어를 칠한 헬렌은 가녀린 몸매에 까무잡잡한 피부를 지녔고 '늘 바삐 돌아다니는' 타입이었다.

이 소녀들 가운데서 펄 페인은 좀 달랐다. 유티카 출신의 펄은 라듐 다이얼 공장에 들어올 때 이미 결혼한 상태였으며 스물세 살로 다른 동료들보다 많게는 아홉 살이나 많았다. 펄은 1922년에 호바트 페인과 결혼했다. 키가 크고 안경을 낀 호리호리한 전기기사였다. 펄은 그를 '괜찮은 남편'이라 추켜세우곤 했다. 호바트는 농담을 잘 하고 아이들을 사랑하는 남자였다. 동네 사람들 사이에선 '대단히 유식한 남자'라는 평판이 자자했다.

사실 정말로 똑똑한 건 그의 아내였다. 펄은 열세 명의 자식 중 맏이로, 열세 살의 나이로 돈을 벌기 위해 학교를 떠나야 했지만 '일하는 중에도 야간 학교에 다니면서 개인 교사의 도움을 받아 7학년과 8학년, 고등학교 1학년까지 마쳤다.' 펄의 배움에 대한 열정은 거기서 끝나지 않았다. 전쟁 중에 간호사 자격증을 땄고 시카고 병원에서 직업인으로서 첫발을 내디뎠다. 하지만 병든 어머니를 간호하기 위해 일을 그만둘 수밖에 없었다. 어머니는 이제 회복된 상태라 펄은 다시 직장으로 돌아갈 수 있었지만, 결국에는 간호사보다 벌이가 나은 이 일을 택하게 된 것이었다.

펄과 캐서린 울프는 특히 친하게 지냈다. 펄은 온화한 여성으로 조카 랜디는 그녀가 '험한 말을 내뱉는 걸 한 번도 본 적이 없다'고 말했다. 펄과 캐서린 울프는 죽이 아주 잘 맞았고 둘 다 가족을 간호했던 경험이 있었기에(캐서린은 연로한 이모와 이모부를 돌보았다) 더욱 가까워졌다. 펄보다 세 살이 어린 캐서린은 펄을 '가장 친한 친구'로 여겼다. 이 둘은 흥미롭게도 외모까지 비슷했다. 펄 역시 숱이 많은 검은 머리카락에 흰 피부였다. 하지만 펄은 캐서린보다 얼굴이 좀 더 둥글고 풍채가 크고 곱슬머리였다.

펄이 샬럿 네빈스와 함께 일한 건 불과 몇 개월밖에 되지 않았다. 샬럿이 1923년에 스튜디오를 그만두고 재봉사가 되었기 때문이다. 샬럿이 공장에서 일한 건 고작 13개월밖에 되지 않았다. 하지만 오렌지 공장에서와 마찬가지로 한 명이 그만두면 십여 명이 그 자리를 얻기 위해 달려왔다. 올리브 웨스트가 새로 들어왔다. 그녀는 캐서린 그리고 펄과도 금방 가까워졌다. 이들을 감독하는 건 보조 감독관 리드 씨였다. 머레이 양의 직속이었던 그는 소녀들과 농담을 섞기도 했다. 그가 이따금 스튜디오를 급습해 들어올 때면 도장공들은 그에게 지분덕거리곤 했다. 애정이 담긴 재치 있는 농담을 서로 주고받았다. "저는 결혼을 할 예정이었죠. 그날 아침 웨딩드레스를 입고 출근을 해서는 리드 씨에게 그만둘 거라고, 결혼하러 가는 길이라고 말했어요. 그랬더니 그는 '다시는 돌아오지 마, 돌아와도 자리가 없을 거야.'라고 맞받아치더군요." 하지만 그녀는 몇 주 후 공장에 돌아왔다.

리드 씨는 귀가 잘 들리지 않았다. 소녀들은 때로는 그 점을 이용해 그의 등 뒤에다 대고 말대꾸를 했다. 하지만 나쁜 의도에서 그런 것은 아니었다. 소녀들은 그와 일하는 게 좋았다. 페그의 동생 진은 이렇게 말했다. "다른 애들과 어울리지 못하는 사람은 보질 못했어요. 모두가 관대했고 서로에게 친절했지요."

이렇게 좋은 환경 덕분에 페그 루니는 자기 일에 푹 빠졌으며 교사가 되겠다는 꿈을 잊고 있었다. 페그는 아주 성실했고 집에 일거리를 가져오기도 했다. 페그는 대가족과 함께 살던 기찻길 옆 좁은 집에서 조심스럽게 숫자판을 칠했다.

"언니는 우리에게 정말로 잘해 줬죠." 페그의 동생 진은 언니가 자신이 맞게 된 행운을 동생들과 함께 나누었다고 기억했다. 또 다른 동생 제인은 페그가 가장자리가 흰색으로 된 근사한 청록색 원피스를 사 주었다고 말했다. 제인의 8학년 졸업을 축하하기 위해 값비싼 선물을 한 거였다. 나머지 동생들 역시 한목소리였다. "페그는 모두가 바라마지않는 큰 언니의 모습 그대로였어요."

페그는 급료와 일감뿐만 아니라 스튜디오에서 배운 게임도 집으로 가져 왔다. 페그의 조카 달린은 이렇게 말했다. "이모는 '어둠 속으로!' 게임으로 어린 동생들을 즐겁게 해 주었죠." 그들은 빛났다. 줄지어 앉은 루니 집안의 어린 동생들의 라듐 콧수염들이 일렬로 빛났다. 자그마한 방에 칸막이용으로 쳐 놓은 담요 뒤에서 밝게 빛나는 요정들! 페그와 나이 차가 가장 적은 캐서린은 자신이 목격한 모든 것에 매료되어 언니처럼 스튜디오에 들어가고 싶었다. 하지만 그럴 수 없었다. 모두가 그곳에서 일하기를 원했기 때문이다.

그랬기 때문에 펄 페인은 실망했다. 또다시 어머니를 돌보기 위해 8개월 만에 일을 그만두어야 했으니까. 하지만 펄은 불평하는 성격이 아니었기에 한순간의 투덜거림도 없이 친구들에게 작별 인사를 건네고 유티카로 돌아갔고, 어머니가 회복된 이후에도 거기서 집안일을 돌보았다. 펄은 호바트와 결혼해 가정을 꾸린다는 새로운 꿈에 젖어 스튜디오로 돌아갈 생각은 별로 하지 않았다.

그 결과 1920년대 후반 라듐 다이얼 사장이 단체 사진을 찍었을 때 펄은 그곳에 없었다. 100명이 조금 넘는 소녀들이 사진을 찍기 위해 건물 밖으로 나왔다. 남자들도 있었다. 하지만 본사 임원진이 아니라 리드 씨와 건물 관리인뿐이었다. 리드 씨는 납작한 흰색 모자에 늘 걸치는 칙칙한 나비넥타이를 매고 다리를 꼰 채 바닥에 앉았다. 소녀들은 그 뒤에 줄지어 앉았는데 일부는 벤치에 앉고 일부는 옛 학교 건물의 계단에 앉았다. 3열로 앉은 그들은 그 어떤 노동자보다 행복해 보였다. 상당수가 최신 유행하는 단발머리를 했으며 드롭 웨이스트 드레스[1]에 긴 스카프와 진주목걸이를 멨다. 캐서린 울프는 "우리는 외출복을 입고 출근하곤 했지요."라고 말했다. 평범한 외출복은 아니었다.

캐서린은 맨 앞줄 정중앙에, 리드 씨와 머레이 양 바로 오른편에 앉았다. 연공서열 때문이었으리라. 가장 오래 일한 근로자에 속했던 캐서린은 이제 신뢰받는 직원으로 가끔 도장일 외에 다른 일도 했다. 그날 캐서린은 종아리 중간쯤까지 오는 짙은 색 원피스에 검은색 묵주가 달린 긴 목걸이를 매고 있었다. 늘 그렇듯 손발은 가지런히 모은 모습이었다. 캐서린은 농담할 때 과장된 몸짓을 하는 마리 베커와는 달랐다.

농담을 즐기는 소녀든, 조용한 소녀든, 성실한 소녀든, 태만한 소녀든

---

1. [역주] 허리선이 엉덩이 높이에 있는 원피스

이제 모두가 사진사 앞에 조용히 앉았다. 일부는 서로 껴안거나 팔짱을 꼈다. 그들은 서로 바짝 붙어 앉은 채 카메라를 바라보았다. 셔터가 닫히고 그들 모두가 카메라 속에 갇혔다. 이 찰나의 순간 얼어붙은 시간 속에! 라듐 다이얼의 소녀들은 지금 스튜디오 밖에 앉아 있다. 영원히 젊고 행복하고 건강하게.

　적어도 사진 속 그들의 모습은 그랬다.

11

뉴저지주, 뉴어크
1924년

치과의사인 배리는 이렇게 바쁜 1월을 보낸 적이 없었다. 움푹 꺼진 뺨에 창백한 손을 댄 채 환자들이 줄을 이어 그의 진료실 문을 열고 들어왔다. 도대체 뭐가 문제냐고 묻는 듯한 그들의 눈빛은 고통으로 일그러져 있었다.

그중 최악은 마거리트 카러프였다. 그녀가 그를 처음 찾아온 건 1월 2일이었다. 최근에 이를 뽑은 흔적이 아직 남아 있었고, 다른 소녀들처럼 턱의 괴사가 진행되고 있었다. 캐서린 샤웁이 그를 다시 찾아 왔고, 새 신부 헤이즐 쿠저는 배리의 파트너인 데이비슨 의사가 맡았다. 오렌지 공장의 감독관인 조지핀 스미스와 동생 제네비브 역시 진료를 받으러 왔다. 제네비브는 마거리트 카러프와 가장 친한 친구로 그녀의 몸 상태를 무척 염려했다.

그들 모두에게서 의사들은 정도만 다를 뿐 얼룩덜룩 썩어가는 턱뼈를 보았다. 그들 모두에게서 의사들은 병증을 보았다. 치료법을 알 수 없는 질병! 의사들은 어떻게든 당혹감을 내보이지 않으려 했다. 어쨌거나 소녀 도장공들은 감히 의사에게 질문을 던질 수도 없을 터였다. 캐서린이 훗날 말했다. "의사가 치료법을 알 거라 생각했어요. 왜 상태가 나아지지 않는지 차마 물어볼 수가 없었어요." 캐서린은 여전히 신경이 쇠약한 상태였다. 복잡한 의료 문제를 차분히 따져보는 것은 고사하고 하루하루 버티는 것도 쉽지 않았다.

한편 환자의 수가 급증하자 배리는 문제의 원인이 작업장에서 비롯되었다는 종전의 주장에 확신이 더해졌다. 그는 페인트에 들어 있는 인 성분이 문제라고 생각했다. 환자들의 증상은 인산 괴사의 증상과 매우 비슷했기 때문이었다.

스미스 자매는 턱이 아팠지만 그해 1월 계속해서 공장에 다녔다. 의사는 그들에게 최후통첩을 내렸다. 일을 그만두지 않으면 그들을 더 이상 치료해 줄 수 없다고.

조지핀 스미스는 의사의 말을 무시하기로 했다. 하지만 친구들이 아파지는 걸 본 후로는 일할 때 주의를 기울여야겠다고 생각했다. 조지핀은 라듐의 무게를 측정할 때 라듐을 흡입하지 않도록 손수건으로 입과 코를 가렸다.

병에 걸린 소녀들 중에는 여전히 공장에 다니고 있는 이들도 있었기 때문에 배리가 그들을 치료하고 있다는 소문은 곧 회사 경영진의 귀에도 들어갔다. 회사 입장에서는 성가신 이야기다. 사업은 한창 호황이었다. 아서 로더가 운영하는 기업은 미 해군과 육군 항공대뿐만 아니라 많은 병원을 비롯해 의사들과도 계약을 체결한 상태였다. 언다크는 이제 정부에서 사용하는 표준물질처럼 여겨지게 되었다. 기업은 잘 나가고 있는 사업에 걸림돌이 생기지나 않을까 염려했다. 배리가 소문을 퍼뜨리고 다닌다는 얘기가 들리자, 그들은 1924년 1월, 보험회사에 상황을 정리해 달라는 내용의 서신을 보냈다. "최근 들어 몇몇 사람들이, 특히 치과의사들이 괴상한 소문과 낭설을 퍼뜨리고 다닌다고 합니다. 그들은 우리 회사 도장작업 부서에서 하는 일이 인체에 유해하다고, 이 때문에 전에 회사를 다닌 직원[마거리트 카러프]의 건강이 나빠졌다고 주장하고 있으며 다른 직원들에게 회사를 그만둘 것을 권유하고 있습니다."

여기에 몰리 매기아, 헬렌 퀸랜, 아이린 루돌프, 캐서린 오도넬의 죽음이 언급되지 않은 건 눈여겨봐야 할 대목이다. 네 여성은 사망하기 전에 공장을 그만뒀으므로 기업은 그들의 죽음에 아예 관심이 없었거나 애써 무시하고 싶었을 것이다. 혹여 다른 것들은 몰랐다고 하더라도 아이린의 사례 정도는 틀림없이 들어봤을 것이다. 하지만 의사들은 그 원인을 인산 괴사라고 생각했고 기업은 페인트에 인이 들어 있지 않다는 것을 알았기 때문에 근거 없는 혐의일 뿐이라고 자신 있게 일축했을 것이다. 그들은 아이린이 어쨌든 부모를 일찍 여읜 고아였고 그러한 유전형질 때문에 일찍 죽을 운명이라고 생각했다.

다른 이들의 경우, 전 직원들의 의문스러운 죽음에 대해 기업 차원의 조사가 이루어졌다손 치더라도, 공식적 사인은 이미 나온 상태였다. 캐서린은 결핵으로, 헬렌은 뱅상구협염으로, 몰리 매기아는 모두가 알듯 매독으로 죽은 거였다. 기업은 창업 이후 지금까지 천 명이 넘는 여성을 고용했는데, 그중 4명이 죽은 건 그렇게 대단한 일이 아니었다. 따라서 기업은 자신 있게 결론 내렸다. "우리는 이 일이 전혀 위험하다고 생각하지 않는다."

하지만 스튜디오에서 일했던 도장공들은 이 말에 동의하지 않았다. 1월 19일, 배리 의사의 진료실에서 회의가 소집되었다. 캐서린 샤웁, 스미스 자매, 마거리트 카러프가 참석했다. 그들은 자신들의 상태를 점점 더 걱정스럽게 지켜보고 있는 의사와 함께 그들 모두가 겪고 있는 동일한 증상에 관해 얘기 나눴다. 캐서린이 말했다. "우리는 라듐 공장에서 한 일에 관해 토론했어요. 직업병에 관해서도 대화가 오갔죠." 소녀들은 한목소리가 되었다. "틀림없이 뭔가 문제가 있다!!"

그렇다 한들… 그들이 무엇을 할 수 있었으랴? 캐서린이 이미 정부 당국에 항의를 했지만 아무런 조치가 취해지지 않은 상태였다. 공장에 문제가 있다는 지적들은 있었지만 정확한 원인은 아무도 몰랐다. 게다가 그들에게 시급한 건 원인보다는 해결책이었다. 치료법을 찾는 것, 그게 어렵다면 최소한 통증을 덜어 줄 방법이 절실했다. 그들의 일차적인 관심사는 건강이었다. 헤이즐 쿠저는 이제 고통이 너무 심해 진통제를 거의 달고 살았다. 마거리트 카러프는 턱을 치료할 수 있다는 희망을 품고 배리 의사를 찾아갔지만 실망할 수밖에 없었다. 배리는 훗날 이렇게 말했다. "나는 마거리트 카러프 양의 시술을 거부했습니다. 캐서린 샤웁과 아이린 루돌프를 치료한 경험을 통해 시술할 때마다 상황이 악화된다는 것을 알게 되었기 때문이죠." 결국 여성들은 고통에 시달렸지만 의사는 이를 뽑아주지 않았다. 그가 할 수 있는 건 그저 그들을 계속해서 관찰하는 것뿐이었다.

달리 할 수 있는 일이 없었다. 의사는 다른 이들에게 도움을 요청했다. 뛰어난 실력의 소유자로 알려진 해리슨 마트랜드에게 자문을 구해 보기도 했다. 뉴어크에서 활동하고 있는 의사였다. 하지만 그 역시 여성들을 진찰한 뒤 당혹감을 감출 수 없었다. 마트랜드는 훗날 이렇게 말했다. "치과에서 몇 명의 여성을 살펴본 뒤 이 문제에 흥미를 잃었습니다."

여성들은 의지할 데 없이 홀로 버텨나가야 했다.

한편 오렌지 정형외과에 간 그레이스 프라이어는 운이 따르지 않았다. 부모님과 약속한 대로 그녀는 로버트 험프리스 박사를 만나 등과 발을 진찰받았다. 험프리스는 병원의 수장으로 '실력이 출중했다.' 사십 대의 캐나다인인 그는 그레이스의 말을 귀담아들은 뒤 만성 관절염 진단을 내렸다. 험프리스는 그레이스의 발에 몇 주 동안 붕대를 감아두었으나, 차도가 거의 없었다고 걱정스레 의무 기록에 써 놓았다.

험프리스는 그해 여름 제니 스토커라는 또 다른 젊은 여성을 치료했는데, 그녀를 은행원인 그레이스 프라이어와 연관 지을 생각은 하지 못했다. 제니는 1922년까지 도장공으로 일했고 그레이스와도 전쟁 기간 동안 함께 일한 바 있다. 제니의 무릎은 처음부터 그를 의문에 휩싸이게 한 '아주 기이한 상태'였다.

뉴저지주의 여러 의사들이 1924년 1월 혼란에 휩싸였다. 하지만 그들은 환자의 진료기록을 공유하지 않았으므로 결국 각 사례는 따로따로 취급되었다. 1월이 끝나갈 무렵, 시어도어와 헤이즐 쿠저 부부는 다른 병원을 찾아가기로 마음먹었다. 뉴저지주는 뉴욕과 아주 가까운 곳으로 뉴욕에는 전 세계적으로 실력이 뛰어난 의사와 치과의사들이 활동하고 있었다. 1월 25일, 헤이즐은 고통을 가까스로 참아가며 '빅 애플', 뉴욕에 위치한 시어도어 블럼 의사의 사무실을 찾았다.

블럼은 미국 최초의 구강외과 의사 중 한 명으로 엑스레이 치료로 유명한 전문의였다. 진료비는 어마어마했지만 헤이즐의 남편은 그에게 진료를 받아보자고 했다. 그는 가구를 저당 잡아 돈을 빌리면 된다고 말했다. 헤이즐을 고통에서 벗어나게 할 수 있다면, 블럼 의사가 아내의 입이 썩는 걸 막을 수 있다면 그 무엇도 감수할 각오가 되어 있었다.

시어도어 쿠저는 기계공이었고 그다지 부유하지 않았다. 그의 가족 역시 마찬가지였다. 같은 이름의 아버지는 우체부였다. 아버지는 노후에 집을 사기 위해 모아둔 돈 중 일부를 며느리의 치료비로 내주었다. 아들은 그 돈을 감사히 받았고 그렇게 진료 예약이 이루어졌다.

대머리의 블럼 박사는 넓은 이마에 안경을 썼으며 콧수염은 깔끔하게 다듬은 모습이었다. 그는 헤이즐에게 자신을 소개하고 진찰을 시작했다. 그 역시 이러한 사례는 난생처음이었다. 헤이즐의 얼굴은 '고름 덩어리'로 부푼 상태였지만 가장 당혹스러운 건 턱뼈였다. 헤이즐의 턱뼈는 '좀 먹은' 것처럼 보였다. 말 그대로 안에 구멍이 숭숭 나 있었다.

블럼 박사는 원인이 도대체 무엇인지 궁금해졌다.

블럼은 돈값을 했다. 후에 그는 야광 페인트에 포함된 화학성분을 정확히 파악해내려 시도했던 것이다. 그 노력이 실패로 돌아간 것이 아쉽기는 해도…. 헤이즐을 진찰하고 그녀의 근로내역과 병력을 살펴본 의사는 헤이즐이 '방사성 물질에 의한 중독'을 겪고 있다고 잠정적인 진단을 내렸다. 그는 뉴욕의 플라워 병원에 헤이즐을 입원시킨 뒤 턱을 수술했다. 헤이즐은 그 후로도 수차례에 걸쳐 그러한 수술을 받아야만 했다.

블럼 박사는 병을 진단해냈으며 전문가답고 신속하게 치료해 주었으나 시어도어가 원하던 단 한 가지는 주지 못했다. 바로 희망이었다. 사실 그가 원하는 건 그뿐이었다. 터널 끝에 빛이 있을 거라는, 이 터널만 뚫고 나가면 반대쪽 저편이 나올 거라는, 그곳에서는 밝고 화창한 하루하루를 맞이할 수 있을 거라는 희망 말이다.

그런 희망 대신, 블럼 박사는 그에게 "회복될 가능성은 희박합니다."라고 말했다.

이 세상의 돈을 전부 다 가져다줘도 아내를 살릴 수는 없었다.

마을 사람들은 라듐 소녀의 고통을 못 본 체하지 않았다. 같은 달, 시민 의식이 투철한 주민들은 노동부에 오렌지 공장에 대해 우려를 제기하는 편지를 보냈다. 이번에는 존 로치_{노동부 차관}[1]의 상사인 앤드루 맥브라이드 장관이 개입했다. 그는 레노어 영에게 1년 전 여름 도대체 무엇을 했는지 엄하게 질책했다. 영은 '다소 태만했던' 것을 사죄한 후, 소녀들을 인터뷰했고 공중위생국이 추가조사를 시행할 것을 권고했다.

하지만 맥브라이드 장관은 영장을 발부할 증거가 충분하지 않다고 생각했다. 그의 판단은 다분히 정치적이었을지도 모르겠다. 노동부는 친기업적 성향이 강했던 것이다. 뉴저지주법에 따르면, 산업 공정이 아무리 해로울지라도 노동부는 이를 중단하도록 명령할 수 있는 권한이 없었다. 이런 여러 요인으로 해서 노동부는 공장에 아무런 문제가 없다고 결론짓

---

1. [역주] 이 작품에는 많은 등장인물이 나오므로 원문에는 없으나 독자들의 편의를 위해 인명 설명을 작은 글씨로 첨부합니다.

고 도장공들의 병을 더 이상 조사하지 않았다. 점점 더 많은 여성이 동일한 증상에 시름 하게 된 시점에 이러한 결정을 내린 것이다.

교착상태에 빠지고 말았다. 진단은 없었다. 원인을 파악할 수 있는 단서도 없었다. 오렌지 라듐 스튜디오에서 정말로 무슨 일이 일어나고 있는지 알아보기 위해 손가락 하나 까딱하는 사람도 없었다.

하지만 바로 그때, 예상치 못한 곳에서부터 교착상태가 종결되고 만다. 바로 문제의 근원인 회사 내부였다.

점점 더 많은 소녀가 병에 걸리자 회사는 전시에 잘 나가던 때와는 정반대로 직원을 채용하는 데 '심각한 어려움'에 직면하게 되었다. 수많은 소녀가 그만두었으며 아무도 이들을 대신해 공장에 들어오려 하지 않았다. 생산이 지연되고 있었다. 제네비브 스미스는 가장 친한 친구인 마거리트가 고통에 시달리자 충격에 빠져 1924년 1월 20일, 사직서를 제출했다. 지푸라기가 낙타의 등을 부러뜨린 격이었다. 부사장 비트 씨는 제네비브가 그만둔 이유를 알아내라고 명령했고 그녀는 치과의사 배리의 최후통첩에 대해 실토했다. 의사가 고집스레 기이한 소문을 퍼뜨린 것이었다.

근로자가 부족한 건 기업 입장에서는 큰 문제였다. 하지만 그즈음 잠을 설칠 일이 또 터졌다. 퇴직한 노동자들에게 무슨 일이 일어나고 있는지 면밀하게 추적해야 할 또 다른 골치 아픈 악재가 터진 것이다. 헤이즐의 엄마, 그레이스 빈센트는 자신의 딸이 고통에 시달리는 것을 3년 넘게 지켜보았다. 가만히 있을 수 없었다. 블럼 박사는 이제 아무런 희망이 없다고 말했다. 빈센트 부인은 더 이상 잃을 게 없었다. 그녀는 오렌지 스튜디오에 가 편지를 한 장 놓고 나왔다. 기업을 상대로 '딸의 병에 관해 손해배상을 청구할 거'라는 내용이었다.

이 편지에 회사는 신경이 쓰였다.

부사장 비트는 뉴욕 본사에 이 사건을 보고했다. 얼마 안 가 USRC의 임원들은 작업장에 위험 요소가 있는지 살펴보기 위해 조사에 착수하기로 했다. 너무 오랫동안 의구심과 소문이 난무했다. 더 이상은 안 되었다. 결국, 이제는 사업에 나쁜 영향을 끼치고 있으니까.

12

공장 운영에 차질이 생기자 이를 심각하게 생각한 사장 아서 로더는 직접 조사에 나섰다. 1924년 3월, 그는 하버드 보건대학원의 생리학 교수인 세실 K. 드링커 박사에게 연락을 취해 오렌지 공장을 조사해 달라고 부탁했다. 드링커는 자격이 충분한 의학박사일 뿐만 아니라 직업병 분야에서 정평이 난 인물이었다. 로더는 조금도 주저하지 않고 최고의 권위자를 섭외한 것이다. 그는 박사에게 편지를 보냈다. "우리가 사용하는 물질이 해로운지 확실히 알고자 합니다."

드링커 박사는 로더의 편지에 '큰 관심'을 보였고 4월에 만나 자세한 얘기를 나누자고 제안했다. 로더는 그에게 두 가지 사례를 언급했는데, 하나는 아이린 루돌프로 추정되는 치명적인 사례였고 다른 하나는 '아주 많이 좋아진' 사례였다. 로더는 후자를 강조하며 아는 체 덧붙였다. "그녀의 가족은 결핵을 심하게 앓아 왔다고 들었습니다."

드링커 박사는 자신만큼이나 똑똑한 아내 캐서린 드링커 박사를 비롯해 캐슬 박사와 함께 연구를 진행하고 있었다. 그는 로더의 편지에 이렇게 답했다. "우리는 당신이 언급한 두 사례가 우연이라고 생각합니다." 하지만 박사는 이렇게 덧붙였다. "그렇기는 하지만 연구를 마치기 전까지는 그 어떤 결론도 내릴 수 없을 것 같습니다." 연구는 1924년 4월에 시작될 예정이었다.

로더가 '아주 많이 좋아진' 사례로 언급한 대상이 누구였는지는 확실치 않다. 마거리트 카러프였을 수도 있다. 가장 최근에 회사를 나간 사람이 그녀였기 때문이다(사실 마거리트는 아직까지도 극심한 고통에 시달리고 있었다). 아니면 그동안 꼬박꼬박 낸 값비싼 의료보험의 혜택을 드디어 누리고 있는 그레이스 프라이어일 수도 있었다. 험프리스 박사는 붕대를 감아 놓은 그녀의 등과 발을 살펴보기 위해 여전히 일주일에 한 번 그레이스를 진찰하고 있었다. 다행히도 이제 그레이스의 등과 발은 차도를 보였다.

하지만 험프리스 의사는 그레이스의 몸 전체를 잘 살펴보지 않았다. 이제 그녀를 가장 고통스럽게 만드는 건 바로 턱이었다. 로더가 드링커 박사에게 편지를 쓴 3월에 그레이스는 뉴욕 병원에 일주일 동안 입원했다. 최근에 찍은 엑스레이 결과 '턱에 만성 염증'이 있는 게 보였고 그 결과, 전문의인 프란시스 맥커프리 박사가 그녀를 치료해 주기로 했다. 그는 수술하면서 그레이스의 턱뼈를 일부 잘라냈다. 하지만 크네프와 배리가 발견한 것처럼 한 번 수술하면 또 다른 수술을 해야 했고 그것은 또 다른 수술로 이어졌다. 그레이스는 훗날 이렇게 말했다. "병원에 너무 자주 가서 병원이 마치 제2의 집처럼 느껴졌죠."

다른 동료들처럼 그레이스 역시 수술을 할 때마다 의료비 청구서가 차곡차곡 쌓여가는 악순환에 빠지고 말았다. 얼마 안 가 그레이스는 자존심을 억누르고 부모님에게 돈을 빌려달라고 요청해야 했다. 하지만 얼마 안 가 값비싼 진료비 때문에 그레이스가 저축해 놓은 돈뿐만 아니라 가족의 통장 잔액까지 바닥나고 말았다.

그해 여름, USRC 역시 재정적인 문제를 겪고 있었다. 드링커 박사가 연구를 시작하기로 한 4월은 다소 먼 시기처럼 느껴졌다. 반면 생산 지연은 시급한 문제였다. 비트가 가까스로 여섯 명의 소녀를 더 고용했지만 그것만으로는 부족했다. 임원진은 지금 스튜디오에 번지고 있는 '심리적 히스테리 상태'를 잠재워야 했다.

그래서 이들은 드링커 박사가 연구를 시작하는 것을 기다리는 동안 라이프 익스텐션 연구소를 고용해 현재 일하고 있는 도장공들을 상대로 자체적인 조사를 시행하기로 결정했다. 소녀들은 비밀을 전제로 검사를 받았으나 검사 보고서는 회사에 공유되었다. 비트는 사장에게 이렇게 보고했다. "직원들은 우리에게 검사 보고서 사본이 있다는 사실을 모릅니다. …검사 내용은 기밀이기 때문에 우리가 이 자료를 가진 것에 대해 반발할 가능성이 있습니다." 라이프 익스텐션 연구소는 일부 직원에게서 치아 염증이 발견되었지만 이 병은 '특정한 직업병이 아니다.'라고 결론 내렸다. 사장은 크게 안도하며 비트에게 말했다. "내가 예상한 결과야."

하지만 스튜디오의 상황을 더 잘 알았던 비트는 그리 안심할 수 없었다. "저는 사장님만큼 긍정적으로 이 문제를 바라보지 않습니다. 라이프 익스텐션 연구소가 보고서를 작성하기는 했지만 작업자 모두를 만족시키지는 못할 거라고 봅니다. 해로운 성분이 없다는 것을 그들에게 확신시켜 주려면 드링커 박사의 최종 보고서를 기다려야 합니다."

이 말에 로더는 자신의 의견을 덧붙였다. "우리는 분위기를 조성해야 하오." 그는 비트에게 단호하게 말했다. "신뢰하는 분위기 역시 불안에 떨고 의심하는 분위기만큼이나 전염성이 있소." 이어서 그는 비트에게 조언했다. "지금 시점에서 가장 중요한 건 배리 의사를 비롯해 제대로 된 사고나 지식 없이 무모한 결론을 내린 이들을 찾아가는 거요."

비트는 사장의 말대로 1924년 3월 말, 의사 배리와 데이비슨을 찾아갔다.

치과의사들은 그를 냉랭하게 맞았다. 그들은 환자들이 그러한 증상을 겪는 것은 USRC에서 일했기 때문이라고 확신했다. 그들은 회사의 냉혹한 태도에 분노했다.

"당장 공장을 닫아야 합니다." 데이비슨 박사가 비트에게 화를 내며 말했다. "5백만 달러나 벌고 있지 않습니까? 왜 사람들을 죽이면서까지 더 많은 돈을 벌려고 하는 거죠?"

비트는 대꾸하지 않았다.

데이비슨 박사는 그에게 비통하게 말했다. "내 마음대로 할 수 있다면 당장 당신네 공장을 폐쇄하겠소."

소녀들의 상태에 상심한 건 의사들뿐만이 아니었다. 오렌지 보건소 담당자인 레노어 영은 공중위생국에서 조사를 시행해야 한다는 자신의 권고에도 노동부가 아무런 조처를 하지 않자 직접 나서기로 했다. 1924년 4월 4일, 그녀는 소비자연맹의 비서실장 캐서린 와일리에게 비밀리에 편지를 썼다. 소비자연맹은 여성에게 더 나은 근무 환경을 제공하기 위해 노력하는 전국적인 단체였다. 영은 와일리에게 이렇게 털어놓았다. "노동부는 주저하고 있습니다. 조치가 취해지려면 [소비자연맹]이 나서야 합니다."

와일리는 똑똑하고 진취적인 여성으로 소비자연맹의 뉴저지 지사를 책임지고 있었다. 30대 초반의 와일리는 수수한 검은색 머리에 큰 얼굴 치고는 이목구비가 상당히 작았다. 와일리는 집요하고 의욕이 넘치는 사람으로, 영이 도움을 요청하자 즉시 행동에 착수했다. 그녀는 노동부의 존 로치 차관으로부터 도움을 받고 있었다. 로치는 상사 맥브라이드에게 알리지 않은 채 와일리에게 아픈 여성들의 명단을 주었고 와일리는 그 덕분에 자체 조사를 시행할 수 있었다.

이 조사는 다소 늦은 감이 있었다. 1924년 4월 15일, 또 다른 여성이 사망한 것이다. 험프리스 박사가 '기이한 무릎'을 보고 치료해 주려 했던 제니 스토커였다. 제니는 스무 살의 나이에 짧은 투병 끝에 세상을 떠나고 말았다.

제니가 사망한 다음 날, 사장 로더는 드링커 박사 부부와 만났다. 그는 박사 부부에게 공장을 보여 주었고 그들은 스튜디오로 가서 작업자 몇 명과 대화를 나눴다. 그중에는 마거리트 카러프도 있었다. 마거리트가 그곳에 있다니 깜짝 놀랄 일이었다. 그녀는 이미 공장을 퇴직했었을 뿐만 아니라 1923년 크리스마스이브 이후, 배리 의사를 만나러 갈 때를 제외하고는 한 걸음도 집 밖에 나오지 않았었기에 더욱 놀라웠다. 마거리트가 병에 걸린 게 공장에서 일했기 때문이라는 소문을 잠재우기 위해 회사에서 특별히 부탁한 것 같았다. 드링커 박사 부부가 오는 날 공장에 와서 그들을 만나달라고.

그녀와 동행한 건 언니 사라 메일레퍼였다. 사라는 이제 걸을 때 지팡이에 의존해야 했지만 여전히 공장에서 일하고 있었다. 카러프 가족은 가난했다. 마거리트가 더 이상 일하지 못하게 된 데다 의료비가 솟구치자 누구든 한 푼이라도 더 벌어야 했다. 물론 사라의 증상은 마거리트와는 상당히 달랐다. 사라의 절뚝거리는 다리는 동생 마거리트의 입속에서 번지는 끔찍한 병과는 확실히 달라 보였다.

세실 드링커 박사는 풍성한 금발 머리의 잘생긴 남자였다. 그는 마거리트에게 자신을 소개하며 즉시 그녀의 건강 상태를 물었다. 마거리트의 갸름한 얼굴은 아주 창백했다. 푹 꺼진 뺨에 감은 붕대를 움켜쥔 채 '얼굴 뼈가 아프다고 하소연했다.' 한눈에 봐도 아주 아파 보였다.

캐서린 드링커는 로더에게 오늘 방문만으로는 제대로 된 조사를 시행할 수 없다고 말했다. 공장과 근로자에 대한 종합적인 조사를 시행하려면 박사 부부가 반드시 오렌지 공장을 다시 찾아야 했다. 그리하여 1924년 5월 7일과 8일, 이틀에 걸쳐 전면적인 조사가 시행되었다. 라듐에 관한 문헌을 전부 읽은 부부는 동료인 캐슬 박사를 데리고 공장을 다시 찾았고 세부적인 조사를 했다. 세 명의 박사는 부사장 비트의 도움으로 공장 운영의 다양한 측면을 조사했다.

그들은 공장의 책임 화학자 에드윈 레먼 씨를 만났는데 그의 손에는 '심각한 병변[1]'이 보였다. 하지만 그들이 이 사실을 언급하자 '별거 아니

---

1. [역주] 병이 원인이 되어 일어나는 생체의 변화

다'라며 콧방귀를 뀌었다. 그는 공장의 책임자가 자신감 넘치는 분위기를 퍼뜨려야 한다는 사장의 말을 의식했을 것이다.

드링커 부부는 곧 이런 안이한 태도가 '공장 책임자들 사이에 만연하다는 사실'을 깨달았다. 세실 드링커 박사는 훗날 이렇게 말했다. "그들은 취급 물질의 위험성을 전혀 깨닫지 못하고 있는 듯했습니다." 로더는 그에게 "라듐 때문에 악성 종양이 발생한 적은 없었고 그런 주장은 반박할 가치조차 없는 터무니없는 것입니다"라고 말하기까지 했다.

스튜디오로 올라간 박사들은 근로자들을 의학적으로 철저히 검사했다. 스물다섯 명의 노동자가 대표로 선발되었다. 지명된 도장공들은 한 명씩 초조하게 화장실 문을 두드렸다. 그들은 그곳에서 검사를 받은 뒤 박사들과 면담을 했다.

사라 메일레퍼도 그중 한 명이었다. 사라는 그들이 이를 찔러 볼 수 있도록 요청대로 입을 크게 벌렸다. 그들이 코와 목구멍 주위를 세게 눌러도 가만히 있었고 피를 뽑을 수 있도록 팔의 안쪽을 내밀었다. 검사는 암실에서도 이루어졌다. 그곳에서 캐서린 드링커는 '여러 여성을 살펴보았다. 라듐이 어둠 속에서 어느 정도까지 반짝일 수 있는지 살펴보기 위해 은밀한 부위까지도 검사가 이루어졌다.'

오! 그 발광체! 맹렬히 빛을 쏘아대는 그 물질! 캐서린 드링커는 경악했다. 여성들이 암실에서 옷을 벗자 박사는 그들의 가슴과 속옷, 허벅지 안쪽까지 가루가 어슬렁거리고 있는 걸 목격했다. 가루는 그들의 몸속 깊숙한 곳까지 흩뿌려져 있었고 마치 연인의 은밀한 입맞춤처럼 팔과 허리 주위로, 그리고 뺨과 목덜미를 따라 자취를 남기고 있었다. 깃털처럼 가벼운 가루가 춤추듯 내려앉아 평소 눈에 띄지 않는 부드러운 부위를 샅샅이 어루만지고 있었다. 장관이었다. 그리고 그것은 집요했다. 일단 그것이 여성들의 옷 속으로 침투하게 되면 절대 포기를 모른다. 드링커 박사 부부는 아무리 열심히 닦아내도 "그것은 피부에 들러붙어 있었다."고 기록했다.

드링커 부부의 연구는 공장에만 국한되지 않았다. 그들은 배리 의사를 찾아갔고 그레이스 프라이어처럼 비슷한 증상을 보이는 도장공도 몇 명 더 만나 보았다. 하지만 뉴욕의 맥커프리 의사 덕분에 그레이스는 다른 여성들과는 달리 차도를 보였다. 드링커 부부는 그레이스가 '만족스러울 만큼 회복되었다'는 사실에 기뻐했다.

하지만 마거리트 카러프에 관해서는 기뻐할 수 없었다. 배리 의사가 치료를 거부하자 마거리트는 몰리 매기아를 치료했던 크네프 의사를 찾아갔다. 인상적인 깃털 모자와 화려한 패션을 좋아하던 그녀의 모습은 이제 처참했다. 하지만 송장처럼 창백한 피부와 수척한 몸에도 불구하고 진짜 고통은 바깥이 아니라 안에 있었다. '입안에서 악취 나는 고름이 계속해서 나오고 있었던 것이다.' 고통은 이루 말할 수 없었다.

크네프는 최선을 다해 마거리트를 치료했다. "나는 최소한 하루에 한 번 마거리트의 집을 방문했지요." 크네프가 회고했다. 그의 진료실에서 메인 스트리트에 위치한 그녀의 집까지는 30킬로미터 내외의 거리지만 하루에 두 번에서 많게는 여섯 번까지 찾아가기도 했다. "때로는 3일 내내 밤낮으로 마거리트의 곁을 지키기도 했습니다." 하지만 카러프 가족은 그만한 의료비를 낼 여력이 되지 않았다. 그래서 크네프 의사는 사실상 무료로 진료를 해 주었다. 그로서는 호의를 베푼 것이었지만 그렇다고 해서 마거리트가 최고의 검증된 진료를 받았다고 보긴 어렵다.

크네프는 대부분의 다른 의사들보다 이 병에 관해 잘 알았다. 물론 당시에는 자신의 커져가는 지식이 그 얼마나 중대한 의미가 있는지를 100퍼센트 알고 있진 못했다.

그는 뼛속까지 의사였다. 몰리 매기아의 턱뼈가 자신의 손이 닿자마자 부서진 것을 보고 매료된 그는 기이하게 좀먹은 듯 보기 흉한 뼈를 보관해 두었다. 그러고는 몰리가 죽은 뒤 이따금 그 뼈를 살펴보았다. 뒤집어도 보고 요리조리 살펴보았지만 여전히 이해가 되지 않았다. 게다가 어쨌든 몰리는 매독으로 죽지 않았던가. 그는 결국 뼈를 엑스레이 필름을 보관하는 책상 서랍에 넣어둔 채 망각 속에 묻어뒀다.

그러던 어느 날, 그는 엑스레이 필름을 찾으려고 복잡한 서랍을 뒤져야 했다. 크네프는 그곳에 넣어둔 잡동사니들을 뒤지기 시작했다. 결국 필름을 찾았는데, 놀랍게도 필름은 더 이상 칠흑같이 까만색이 아니었다. 무언가가 뿜어진 것처럼 '안개가 서려 있었다.' 하지만 서랍 안에는 오래된 서류와 한동안 잊고 있던 뼈밖에 없었다.

크네프는 엑스레이 필름을 이리저리 돌려 보았다. 확실히 필름의 상태가 변해 있었다. 도무지 알쏭달쏭하긴 했으나 그것은 메시지가 분명했다. 이건 도대체 무슨 의미일까.

이 모든 일이 있고 난 뒤에도 몰리 매기아는 여전히 대답이 없었다.

13

크네프는 왜 필름이 뿌옇게 되었는지 아직 몰랐지만 마거리트 카러프는 그의 사려 깊은 관심이 고마웠다. 마거리트는 '최근 들어 조금 나아진 것 같아요'라며 일말의 희망을 내비치기도 했다. 하지만 마거리트를 방문한 의사들은 '그녀의 실제 모습과는 일치하지 않는 진술'이라고 기록했다. 소비자연맹의 캐서린 와일리는 1924년 5월, 자체 조사를 위해 마거리트를 만났을 때 충격에 휩싸였다. 와일리는 마거리트를 '창백하다 못해 투명해 보이는 불쌍한 여자'라 묘사했다. 마거리트가 얼마나 큰 고통을 겪고 있는지 차마 지켜보기 힘들 정도였다. 와일리는 훗날 이렇게 기록했다. "나는 희생자 한 명을 만나고부터 다시는 이러한 일이 일어나지 않을 거라고 확신할 수 있는 조치가 취해질 때까진 편히 쉴 수 없을 것이다. 나는 끝까지 싸워나갈 것이다."

와일리는 정말로 끈질겼다. 와일리는 더 많은 소녀들을 인터뷰했다. 그중에는 조지핀 스미스도 포함되어 있었다. 조지핀 스미스는 '회사에서 일하는 동안에는 이 문제를 논의하고 싶지 않다'고 했다. 와일리는 뒤집어 까보지 않은 돌멩이가 없을 만큼 철저히 파헤쳐나갔다. 그러던 중 캐서린 샤웁도 만나게 되었고 몰리 매기아를 간호했던 이디스 미드도 마주하게 되었다. 이디스는 몰리를 잊지 않았다. 와일리는 이렇게 기록했다. "미드 씨는 그 누구도 다시는 이러한 비극을 겪지 않도록 막을 수만 있다면 무엇이든 하고 싶다고 했다."

와일리의 심정도 바로 그러했다. 헤이즐의 어머니가 손해배상 청구소송을 진행하고 싶어 한다는 얘기를 들은 그녀는 지역 판사를 찾아가 헤이즐의 가족이 어떠한 법적인 조치를 취할 수 있는지 조언을 요청했다. 하지만 뉴저지주법은 여성에게 불리하다는 걸 알게 되었다. 사실 뉴저지주에는 다소 선구적인 법이 제정된 게 있었다. 산업재해로 인한 피해를 보상받을 수 있는 법이 1월부터 시행되었던 것이다. 하지만 9개 질병만 해당되었으며 공소시효가 5개월밖에 되지 않았다. 상해를 입은 시점부터 5개월 내에 손해배상을 청구해야 한다는 의미였다. '라듐 중독'—만약 여성들이 고통받는 원인이 그것이라면—은 9개의 질병에 포함되지 않았을 뿐더러 여성들은 대부분 USRC에서 5개월이 아니라 수년간 일을 한 상태였다. 판사는 와일리에게 솔직히 말했다. "라듐 중독이 보상 가능한 질병이 된다 할지라도 소급력이 있지는 않아요. 결국 이들은 아무런 보상도 받을 수 없다는 말입니다."

환자를 비롯한 가족들도 똑같은 장벽에 부딪혔다. 빈털터리가 된 마거리트 카러프 역시 진료비를 낼 돈을 마련하기 위해 법적인 조치를 고려 중이었지만 그녀와 헤이즐 쿠저의 가족은 선불 수임료 없이 이 사건을 맡으려는 변호사를 찾을 수 없었다. 와일리는 우울한 어조로 "그들이 할 수 있는 일은 아무것도 없었다."고 기록했다.

1924년 5월 19일, 와일리는 노동부에 자신의 조사 결과를 보고했다. 그녀는 맨 꼭대기 앤드루 맥브라이드 장관에게 곧바로 찾아갔다. 장관은 소비자연맹이 이 문제에 코를 들이민 것에 '분개했다.' 로치가 여성들의 이름이 담긴 자료를 건네주었다는 사실을 알게 되자 그는 화를 발끈 내며 천장에 닿을 듯 길길이 날뛰었다. 맥브라이드 장관은 당장 로치를 호출했다. 와일리는 당시의 상황에 대해 이렇게 말했다. "장관은 내가 있는 자리에서 고래고래 소리를 지르며 그를 꾸짖었습니다." 하지만 와일리는 장관의 흉포한 행동에 겁먹지 않았으며 계속해서 그에게 반박했다. 자신을 귀찮게 하는 여자 때문에 피곤해진 장관은 와일리에게 원하는 게 뭐냐고 물었다.

"미국 공중위생국이 조사를 시행하는 겁니다." 와일리는 곧바로 대답했다.

"공중위생국에 서신을 보내시오." 장관은 마지못해 대답했고, 와일리는 곧바로 행동에 옮겼다.

와일리가 여성들의 대의명분을 쟁취해 나가는 동안에도 모든 문제의 근원인 유나이티드 라듐 코퍼레이션 역시 모종의 계획을 진행하고 있었다. 드링커 부부는 온갖 테스트들의 결과를 분석하느라 바쁜 나날을 보낸 끝에 1924년 6월 3일, 드디어 최종 보고서를 회사에 전달했다.

그로부터 15일 후인 6월 18일, 부사장 비트는 박사들의 연구 결과를 공유하기 위해 노동부의 로치 차관에게 서신을 보냈다. 비트는 그러나 보고서 전체를 노동부로 보내지 않았다. 드링커 박사의 최종보고서 원문은 분량이 꽤나 길었다. 비트는 그 대신 노동자를 상대로 진행한 의료검사 결과를 정리한 표 하나를 덜렁 첨부해서 보냈는데, 그 표에는 근로자들의 피는 '거의 정상'이라고 쓰여 있었다. 비트는 자신 있게 말했다. "이 표를 보면, 우리 공장 근로자들의 상태를 살펴본 검사 결과는 일반적인 산업 노동자들을 상대로 한 비슷한 검사 결과와 크게 다르지 않다는 것을 알 수 있습니다." 노동부 역시 동의했다. 그 표에 따르면, "여성들은 전부 완벽한 건강상태였다."

기업은 혐의에서 벗어난 것이다. 사장 로더는 한순간도 허비하지 않고 이 반가운 소식을 전했다. 한 관측자의 말이다. "그는 자신에겐 절대로 잘못이 없다고 모든 이들에게 말했습니다. 여성들의 병과 관련해 자신이 아무런 혐의가 없다는 것을 보여 주는 연구 결과를 손 안에 들고 있기 때문이라 했습니다." 그의 바람대로, 그 즉시 공장의 상황이 개선되었다. 회사의 내부 문서는 만족한 듯 기록하고 있다. "소문은 잠잠해졌다."

따라서 헤이즐 쿠저를 도와달라는 시어도어 블럼 박사의 애걸에 기업이 귀 기울였을 리가 없었다. 타이밍이 좋지 않았다. 헤이즐은 의사를 처음 찾아온 1월 이후로 두 번이나 수혈을 받았고 수차례 병원에 입원해 수술을 받았지만 상태가 급속도로 악화되었다. 진료비 청구서들은 시어도어 쿠저와 그의 아버지의 지급능력 속도보다 더 빠르게 날아 왔다. 헤이즐의 기이한 증상에 흥미를 느낀 부유한 의사들이 여러 차례 무료로 진료를 해 주었지만 진료비는 수천 달러에 치닫고 있었다. 시어도어는 자신이 소유한 물건을 전부 저당 잡혔고, 그의 아버지가 노후에 대비해 저축한 돈은 은행에서 인출되자마자 마치 재정적인 블랙홀로 빨려 들어가듯 순식간에 사라지고 말았다.

그녀는 당장 치료를 받아야 할 상태였지만 헤이즐의 가족에게는 돈이 없었다. 그래서 의사는 회사에 연락을 취해 호소한 것이다. 그는 회사 문 앞에 비난의 보따리를 갖다 놓을 생각이 없다는 입장을 확실히 밝혔다. 최소한 지금은 아니었다. 의사는 숫자판 도장에 사용되는 물질 때문에 병이 발생한 것이 틀림없다고 말하고 싶었지만 이번만큼은 꾹 참았다. "회사에 책임이 있는지 여부를 따지자는 게 아닙니다."라고 조심스럽게 썼다. "회사가 여유가 된다면 헤이즐의 가족들에게 어떤 식으로든 돈을 전달해 주기를 바랍니다." 그는 범인을 색출해내는 데는 관심이 없었다. 이건 당장에 목숨이 달린 문제였으니까.

USRC는 신속하게 응답했다. 드링커 박사의 보고서 덕분에 두려울 게 없었던 기업은 어떤 식으로든 돕기를 거부했다. '현명하지 않은 선례'를 남길지도 몰랐다. 5년 전, 그들은 세탁물이 손상된 여성에게 5달러를 보상해 주었다가 호되게 당한 경험이 있었다. 똑같은 실수를 되풀이하고 싶지는 않았다. "당신이 우리 공장에서 일한 결과 발생했다고 주장하는 이 병에 관해 철저히 조사했지만 우리 작업장에서는 병의 원인이라 여겨질 만한 것이 전혀 발견되지 않았습니다." 편지는 다소 성의 없이 끝났다. "도움을 드리지 못해 죄송합니다."

의사는 어안이 벙벙했다. 그는 다시 편지를 썼다. "저는 이 불쌍한 여인을 돕기 위해 무엇을 할 수 있는지 알아보려고 경영진의 인간적인 감정에 호소한 것뿐인데, 이 부탁의 인간적인 측면을 보지 못하다니 놀라울 따름입니다."

하지만 기업은 이러한 모욕적인 말 따위에는 신경 쓰지 않았다. 그들은 무죄였다. 그들에게는 그 사실을 입증해 준 보고서가 있었다.

캐서린 샤웁은 여름휴가를 목 빠지게 기다렸다. 지난 1년은 끔찍했다. 사촌 아이린은 작년 6월에 세상을 떠났다. 거의 1년 전이었다. 캐서린 역시 11월부터 이가 아팠다. 캐서린은 의사의 말마따나 '신경과민' 상태였다. 자신이 처한 상황을 생각하지 않으려고 아무리 노력해도 쉽지 않았다. 최근에는 마음을 다른 데로 돌리기 위해 일을 하고 있었다.

그 결과, 캐서린의 경력은 다소 경망스러워 보이기까지 했다. 건강 문제나 불안증 때문에, 혹은 주의를 딴 데로 돌릴 수 있는 또 다른 일을 찾아 직장을 자주 옮겼다. 롤러 베어링 회사에서 보험 회사로, 자동차 회사로, 그러다가 다시 처음 회사로 돌아갔으며, 이런 저런 이유로 늘 회사를 그만두는 등 한 곳에 진득하게 머물지 못했다. 어디에서 일하든 수입의 대부분은 의료비로 써야 했다.

아버지 윌리엄은 딸의 정신 상태가 걱정이었다. 그는 늘 딸의 기분을 좋게 만들기 위해 애썼고 자신의 월급으로 진료비를 내주기도 했다. 공장 경비원인 그는 벌이가 신통치 않았고 가족은 우중충한 3층 아파트에 살았다. 하지만 그는 딸의 건강을 위해서라면 기쁜 마음으로 모든 것을 내어줄 수 있었다.

그해 여름, 캐서린은 휴식을 취할 계획이었다. 휴식이 절실했다. 이제 겨우 스물두 살밖에 되지 않았다. 아이린은 절대로 도달하지 못한 나이였다는 생각이 들자 슬퍼졌지만 그녀는 젊다는 게 어떤 느낌인지 되찾고 싶었다. 온갖 걱정이 몸과 마음을 잡아 끌어내리는 듯했다.

하지만 1924년 7월이 되자 계획에 차질이 생기고 말았다. 캐서린은 일기에 이렇게 적었다. "나는 떠날 수 없었다. 턱 상태가 너무 걱정돼 대신 뉴욕의 유명한 치과의사를 만나보기로 했다. 마련해 놓은 휴가비는 엑스레이를 새로 찍는 데 써야 했다."

캐서린이 선택한 의사는 우연히도 블럼 의사였다. 하지만 그의 명성을 생각했을 때 꼭 우연만은 아니었을 것이다. 그 당시 그는 헤이즐 쿠저도 치료하고 있었다. 캐서린은 5월에 다른 치과의사를 찾아가 이를 또 뽑았다. 안타깝지만 다른 환자들처럼, 치아가 빠진 부위는 낫지 않았다. 고통은 어마어마했다. 캐서린은 말했다. "치과의사가 내 신경에 매시간, 매일, 매달 구멍을 뚫는 것과도 같은 고통이었어요." 블럼 의사는 1924년 7월에 캐서린을 진찰했는데, '캐서린의 몸이 수술을 받을 만한 상태가 되었을 때 수술을 하는 게 낫겠다'고 말했다. 결국 캐서린은 아무런 치료도 받지 못한 채 집으로 돌아가야 했다.

캐서린은 무엇이 문제인지 모르는 게 가장 괴로웠다. "저는 건강을 회복하기 위해 어떤 일도 서슴지 않았죠. 하지만 지금까지는 실패였어요.

아무도 절 도와줄 수 없었죠." 캐서린은 낙담한 목소리로 회상했다.

캐서린은 그해 여름 블럼 의사의 진료실을 계속해서 찾았다. 그녀가 계획한 여름휴가는 이게 아니었는데…. 한번은 오른쪽 머리가 너무 아파 응급 진찰을 받아야 했다. 캐서린은 금발 머리를 턱 뒤로 넘겨 의사에게 아픈 부위를 보여 주었다.

의사는 캐서린의 부푼 턱을 조심스럽게 찔러 보았다. 그가 누르자마자 이가 빠진 부위로 고름이 새어나왔다. 고름이 입으로 튀자 캐서린은 구역질이 났다. 캐서린은 훗날 스스로에게 물었다. "내가 왜 이런 고통을 받아야 하는 걸까? 나는 한 번도 다른 생명체에 피해를 준 적이 없는데…. 이렇게 벌을 받을 만큼 내가 뭘 잘못한 걸까?"

어느 날 캐서린은 병원에서 우연히 헤이즐을 만났다. 헤이즐 역시 치료를 받기 위해 병원을 방문한 참이었다. 헤이즐의 얼굴은 알아보기 힘든 상태였다. 일부 환자에게서는 얼굴이 축구공 크기만큼이나 기괴하게 부풀어 오르며 턱에서 고름이 흘러나오는 기이한 증상이 나타났는데, 헤이즐 역시 그러한 증상을 겪고 있는 것 같았다. 어머니와 함께 병원을 찾은 헤이즐은 말을 할 수 있는 상태가 아니었다. 딸을 대신해 헤이즐이 지난 6개월 동안 블럼 의사에게 치료를 받고 있다고 말한 건 어머니 그레이스 빈센트였다.

치과의사의 명성에 좋은 영향을 미치는 사례는 아니었을 것이다. 헤이즐은 여름이 끝나갈 무렵 뉴욕 병원에 급히 실려 가기도 했다. 그녀는 가족들과 멀리 떨어진 그곳에 3개월 동안 입원해 있었다. 헤이즐의 남편은 병원비를 마련하기 위해 집을 최대한 저당 잡힌 상태였다.

의사를 찾아간 건 헤이즐과 캐서린뿐만이 아니었다. 퀸타 맥도날드는 어린 자식들을 돌보는 일이 점차 힘에 부치고 있었다. 딸 헬렌은 이제 다섯 살이었고 아들 로버트는 막 두 살이 되었다. 그녀의 문제는 엉덩이였다. 엉덩이가 아픈 바람에 오른쪽 다리까지 불편했다. 퀸타는 이제 심하게 절뚝거리고 있었다. 한발씩 내딛을 때마다 휘청거리는 것 같았다. 이상한 일이었다. 퀸타는 "한쪽 다리가 다른 쪽 다리보다 짧은 것처럼 느껴졌어요."라고 말했다.

상상이 빚어낸 착각임이 분명했다. 지난 24년 동안 멀쩡했던 다리가 이제 와서 갑자기 짧아지다니?

그럼에도 불구하고 엄청 빠른 속도로 집안을 기어 다니는 로버트를 따라잡을 수 없게 되자 힘이 빠진 퀸타는 결국 오렌지 정형외과의 험프리스 박사를 찾아갔다. 아마도 그레이스 프라이어가 추천해 주었던 모양이다. 1924년 8월, 험프리스 박사는 엑스레이를 찍은 뒤 꼼꼼히 살펴보았다. 험프리스는 퀸타의 신체검사기록부에 적었다. '엉덩이를 제대로 움직일 수 없는 것 같다.' 그래서 그는 특히 퀸타의 엉덩이 관절 주위를 자세히 들여다보았다.

뭔가가 보였다. 아! 그런데 이게 도대체 뭐란 말인가?

험프리스 박사의 표현에 의하면 엑스레이 이미지에는 '흰색 그림자'가 있었다. '뼈 전체를 따라 흰색 반점'이 보였다. 생전 처음 보는 모습이었다. 존 로치노동부 차관는 훗날 이 황당한 질병에 관해 이렇게 기록했다. "모든 상황이 당혹스럽고 이해할 수 없다. …이 이상하고 파괴적인 [힘]은 의학계에 알려진 바가 없다."

사실 문제의 원인을 정확히 파악한 사람이 딱 한 명 있었다. 자마톨스키 박사는 이미 오래 전에 "문제는 라듐 때문이다."라고 말한 바 있었지만 그보다 한 단계 더 나아간 사람은 블럼 의사였다. 헤이즐 쿠저를 8개월째 치료하고 있던 그는 1924년 9월, 미국치과협회에 턱 괴사에 관해 보고했다. 그는 헤이즐의 사례만을 인용해, 그것도 주석에만 간략히 언급했다. 하지만 의학 저널에 '라듐 턱'이라는 용어를 처음 사용한 건 그였다. 박사는 기업이 결백하다는 주장을 믿지 않았다. 환자를 도와달라는 자신의 요청에 냉정한 반응을 보인 기업에 정이 떨어진 그는 '회사를 상대로 법적인 조치가 취해질 경우 헤이즐에게 필요한 도움을 제공하겠다고 약속했다.'

'라듐 턱'이라는 새로운 용어와 블럼 의사의 획기적인 진단이 의료계의 흥미를 끌었다고 생각할지도 모르겠다. 하지만 이는 의학 저널을 쉽게 접할 수 없었던 도장공들은 물론 다른 치과의사나 일반 의사들로부터도 거의 주목받지 못했다. 험프리스 박사도 그중 한 명이었다.

1924년 여름, 험프리스는 퀸타 맥도날드의 엑스레이를 보며 몹시 당황했지만 어쨌든 환자에게 진단 결과를 알려야 했다. 퀸타가 기억을 끄집어냈다. "저더러 엉덩이 관절염이라더군요."

험프리스 박사는 한 달 동안 퀸타의 다리에 붕대를 감아 주었지만 그레이스 프라이어와는 달리 전혀 차도가 없었다. 그래서 그해 여름, 퀸타 맥도날드는 몸을 고정시키기 위해 횡격막부터 무릎까지 깁스 속에 갇히게 되었다. 의사는 그 방법이 효과가 있기를 바랐다. "지팡이를 짚으면 비틀거리긴 했지만 걸을 수는 있었어요." 퀸타는 말했다.

하지만 뒤뚱거리며 걷는 건 두 어린 아이가 있는 엄마에게는 그다지 바람직한 상황이 아니었다. 깁스를 한 뒤에는 당연히 헬렌과 로버트를 돌보는 게 더욱 힘들어졌다. 언니 알비나가 큰 도움이 되었다. 이제 두 자매는 서로 15분 정도 떨어진 거리에 살고 있었다.

'다행히도 극적인 조치는 효과가 있는 것 같았다.' 깁스를 한 뒤로는 통증이 조금 덜해졌다. 퀸타는 깁스 안에서 벌어지고 있는 일은 생각하지 않으려 했다. '한쪽 다리가 쭈글쭈글해져 다른 다리보다 짧아지기 시작할 거라는 생각'을 되도록 떠올리지 않으려 했다. 퀸타는 그렇게 9개월 동안이나 깁스를 했다. 여름이 지나 가을이 되자 병은 차도를 보였고 퀸타는 험프리스 의사의 치료가 도움이 된 것 같다며 감사의 인사를 전했다.

바야흐로 감사의 시기였다. 11월 27일 추수감사절에 헤이즐 쿠저는 드디어 뉴욕 병원에서 퇴원해 남편과 어머니가 있는 뉴어크로 돌아가게 되었다. 가족들이 다 함께 모이자 그들은 적어도 헤이즐이 집에 있다는 사실에 감사하려 했다.

하지만 헤이즐은 완전히 다른 사람이 되어 있었다. 헤이즐은 '오랜 고통에 시달려 정신도 피폐한 상태였다.' 위안을 주고자 그녀의 집을 방문한 칼 큄비 신부는 "헤이즐이 끔찍한 고통에 시달렸습니다."라고 말했다.

따라서 1924년 12월 9일 화요일, 헤이즐이 마침내 숨을 거둔 건 그녀의 인생에서 아마 가장 큰 축복이었을 것이다. 헤이즐은 남편과 어머니가 지켜보는 가운데 자신의 집에서 새벽 3시에 눈을 감았다. 스물다섯 살의 나이였다. 사망했을 당시 헤이즐의 몸은 너무 비참한 상태라 가족들은 장례식장에서 친구들이 그녀를 보지 못하도록 했다.

사망신고를 한 건 남편 시어도어였다. 그는 아내의 지친 몸을 방부 처리한 뒤 12월 11일, 로즈데일 묘지에 묻기까지 온갖 절차를 주관했다. 어린 시절부터 사랑한 여자를 위해 그가 마지막으로 할 수 있는 일이었다.

시어도어는 미래를 생각하고 싶지 않았다. 담보대출을 받은 집은 차압당한 상태였고 아버지는 자신과 헤이즐을 돕는 과정에서 빈털터리가 되었지만 그는 아무것도 생각하고 싶지 않았다. 헤이즐이 사망했을 당시 빈센트의 아버지는 노후를 위해 저축한 돈을 전부 써버린 상태였다. 병원비, 엑스레이 촬영비, 구급차 호출비, 진료비, 왕진비, 약값, 뉴욕까지 후송비 등 빚은 거의 9천 달러(현 12만 5천 달러)에 달했다. 그들은 파산을 무릅썼지만 모든 게 수포로 돌아갔다.

소비자연맹의 캐서린 와일리는 이 상황을 그냥 보고만 있을 수 없었다. 와일리는 도장공들을 위해 싸우면서 가족들과 계속해서 연락을 취하고 있었다. 노동부가 아무런 조치를 취하지 않은 것에 화가 난 와일리는 두 가지 공격을 감행하기로 결심했다. 와일리는 우선 앨리스 해밀턴 박사에게 편지를 썼다. 산업 독성학의 창시자이자 직업병의 희생자를 위해 애쓰는 명석한 과학자였다. 해밀턴은 하버드 대학 최초의 여성 교수로 그녀가 몸담고 있는 부서의 학과장은 우연히도 세실 드링커였다.

해밀턴은 드링커 박사가 오렌지 공장에 관한 보고서를 작성했다는 사실을 전혀 알지 못했다. 사장인 로더는 이 보고서를 이용해 두려움에 떠는 직원들을 안심시켰고 병에 걸린 여성들의 도움 요청 거부를 정당화하기도 했지만 드링커는 아직 공식적인 간행을 위한 보고서를 제출하지 않은 상태였다. 따라서 와일리의 편지를 받은 해밀턴은 이해의 충돌을 알지 못한 채, 소비자연맹이 '이 사례를 철저히 조사해 주기를 바란다는 열망을 적극적으로 내비치면서 최대한 협조하겠다고' 답장에 썼다. "듣자 하니 기업의 태도가 상당히 매몰찬 것 같군요." 해밀턴은 '특별 조사관' 으로서 자체 조사에 착수하겠다고 제안하기도 했다.

와일리는 두 번째 공격으로 프레드릭 호프만 박사에게 연락을 취했다. 그는 산업재해를 전문으로 하는 쉰아홉 살의 통계학자로 프루덴셜 보험 회사에서 일했다. 호프만 박사는 와일리의 편지를 읽은 뒤 조사에 착수 했는데, 와일리의 재촉에 우선 마거리트 카러프를 찾아가기로 했다.

마거리트가 크리스마스이브에 치과의사를 만나러 간 지 거의 1년이 지난 뒤였다. 1924년 12월 호프만이 방문했을 때 마거리트는 '안타깝게 도 삶과 죽음 사이 갈림길에서 서성일 뿐 미래에 대한 희망이 전혀 없어 보였다.' 그는 가만히 있을 수 없었다. 재해 분야에서 나름 권위자인 호 프만은 새해가 오기 전에 USRC의 사장 로더에게 엄중한 어투로 서신을 보냈다. "이 병이 법적으로 보상 가능하다면 당신네 회사는 절대로 책임 에서 벗어나지 못할 거요." 그는 비난하듯 말한 뒤 한마디 덧붙였다. "또 다른 피해자가 발생할 게 분명하기 때문에 시간이 충분히 흐르면 이 병 은 보상 가능해질 거요."

경고 사격이 가해졌다. 오렌지 공장의 도장공들은 이것은 그저 시작에 불과하다고 결의를 굳혔다. 마거리트는 특히 자신이 회사를 위해 모든 것을 다 바쳤다는 생각을 지울 수 없었다. 기업은 그 노력을 이런 식으로 보상하는 거였다. 엄동설한 허허벌판에 내팽개치기였다. 회사는 자신의 고통을 덜어 주기 위해 단 1센트도 내 주지 않았다. 비단 그녀뿐만이 아니었다. 친구들에게도 푸대접으로 일관했다.

마거리트는 이미 오래전부터 통증 때문에 제정신이 아니었지만 자신이 한때 어떤 사람이었는지 희미하게나마 떠올릴 수 있었다. 마거리트는 근사한 모자를 쓴 채 몸에 꼭 맞게 재단한 맵시 있는 옷을 입고 다니던 젊고 명랑한 소녀였다. 그해 겨울, 새해가 시작되면서 마거리트는 용기를, 그리고 얼마 남지 않은 힘을 끌어모았다. 그녀는 가족들에게 도움을 청했다. 혼자서는 할 수 없었다. 하지만 중요한 일이었다. 이 세상에서 하게 될 마지막 일이 될지언정 이것만은 반드시 하고 말겠다고 생각했다.

마거리트 카러프는 수소문 끝에 자신의 사건을 맡아 줄 변호사를 구했다. 1925년 2월 5일, 그녀는 USRC에 7만 5천 달러(현 100만 달러)의 손해배상금을 청구했다.

도장공들의 반격이 시작된 것이다.

15

일리노이주, 오타와
1925년

마거리트의 소송은 뉴어크 지역 신문에 실렸다. 따라서 오타와의 라듐 다이얼 공장에서 일하는 소녀들은 이 사실을 알지 못했다. 하지만 그들의 고용주는 이 소식을 접했다. 라듐 업계는 그다지 크지 않았고, 라듐 다이얼은 해당 분야의 대표적인 기업이었다.

1925년, 오타와 스튜디오는 하루에 4,300개의 시계 숫자판을 생산하면서 미국에서 가장 큰 시계 숫자판 공장이 되었다. 뉴저지주에서 퍼진 소문 때문에 경쟁사가 공장 운영에 차질을 빚는 것을 본 라듐 다이얼은 똑같은 일을 겪고 싶지 않았다.

그래서 이를 예방하기 위해 종합적인 계획을 구상했다. 기업은 오타와에서 26킬로미터쯤 떨어진 스트리터(지명)에 두 번째 공장을 열었다. 라듐에 대해 덜 알려진 지역이었다. 두 공장 모두 9개월 동안 동시에 운영되었다. 하지만 오타와에서 일하는 노동자들이 회사를 떠나지 않는 것으로 보아 동부의 소식을 접하지 못한 게 확실해지자 기업은 두 번째 스튜디오를 닫아버렸다. 일부 직원은 오타와로 옮겨갔지만 다른 이들은 직장을 잃고 말았다.

라듐 다이얼은 USRC처럼 연말에 근로자들을 건강검진 하기로 결정했다. 검진은 사내 의사가 맡았으며 포스트 스트리트에 위치한 리드 씨의 집에서 진행되었다. 모든 여성이 검진 대상은 아니었다. 캐서린 울프는 검진을 받지 못했다. 안타까운 일이었다. 최근 들어 캐서린은 몸이 별로 좋지 않았기 때문이었다. 라듐 다이얼에서 일한 지 2년이 지난 뒤부터 캐서린은 '왼쪽 발목이 아팠다. 통증은 엉덩이까지 번졌다.' 통증이 심할 때면 조금씩 절뚝거리기도 했다.

검진을 받지 못한 또 한 명의 도장공이 있었으니 그의 이름은 델라 하비스튼이었다. 캐서린, 샬럿, 매리 비치니, 엘라 크루즈, 이네즈 코코란과 함께 초창기 입사 동기였던 그녀는 결핵으로 작년에 세상을 떠나고 말았다.

하지만 빨간 머리 페그 루니는 검진을 받으러 리드 씨의 집으로 갔다. 동료들이 검진결과가 어땠냐고 물었을 때 페그는 잘 모르겠다고 대답할 수밖에 없었다. 오렌지 공장에서 건강검진 결과는 여성들 몰래 기업에 공유되었다. 하지만 오타와 공장에서는 아예 중간관리자 단계를 배제해 버리고 기업이 곧바로 검사 결과를 전달받았다. 페그를 비롯해 검사를 받은 직원들은 자신의 검진결과를 듣지 못했다. 하지만 페그는 작업실로 돌아와 아무 걱정 없이 계속해서 립 포인팅을 했다. 문제가 있으면 회사가 말해 줄 거라 생각했다.

오타와의 소녀들은 여전히 립 포인팅을 하고 있었다. 그들은 1,300킬로미터 떨어진 곳에서 립 포인팅이 금지되었다는 사실을 전혀 몰랐다. 하지만 라듐 다이얼 본사의 임원진들은 뉴저지주에서 진행 중인 소송을 의식해 페인트를 칠할 다른 방법을 고안 중이었다. 만약의 경우에 대비해서였다. 샤모아 가죽[1]을 사용해 보았지만 흡수성이 너무 컸다. 고무 스펀지도 사용해 보았지만 이 역시 별로였다. 하지만 라듐 다이얼의 부사장 러퍼스 포다이스가 훗날 인정했다시피 그 모든 것은 미온적인 시도에 불과했고, "립 포인팅을 대체할 다른 방법을 찾기 위해 적극적으로 노력한 건 아니었다."

기업은 결국 리드 씨에게 대안을 찾는 임무를 맡겼다. 그는 스위스에서 사용되던 유리 막대에 착안해 다양한 디자인을 시도해 보았다. 그러는 동안 소녀들은 계속해서 붓을 입에 넣고… 페인트에 담그고… 칠하기를 반복했다.

즐거운 시절도 계속되었다. 소녀들은 대부분 연애를 시작했고 남자친구와 팔짱을 끼고 다녔다. 고등학교 시절, 자주적인 경향이 물씬 풍기는 노래, '나는 누구의 연인도 아니야(I Ain't Nobody's Darling)'를 즐겨 들었던 페그 루니 역시 이제 자신의 곡조를 바꾸고 척이라는 똑똑한 남자와 사귀었다. 뇌가 반이라도 있는 사람은 모두 그가 곧 페니에게 청혼하리라는 사실을 알았을 것이다.

척은 사실 별명이었다. 그의 진짜 이름은 그보다는 훨씬 더 멋진 찰스 핵켄스미스였다. 금발에 곱슬머리인 그는 큰 키에 넓은 어깨를 가진 건장한 청년으로 고등학교 졸업앨범에 실린 글에 따르면 "전설 속의 운동

---

1. [역주] 염소·양 등의 가죽으로 만든 부드러운 가죽

선수가 차가운 대리석을 뚫고 세상에 나온 듯한” 남자였다. 하지만 똑똑한 페그 루니의 연인이 힘만 세고 머리는 텅 빈 남자일 리가 없었다. 그는 아주 명석했다. 고등학교를 최고 우등생으로 졸업한 척은 이제 의젓한 대학생 신분이었다. 페그의 동생 진은 “척은 교육 수준이 높았어요. 게다가 무엇 하나 못난 구석이 없었죠. 우아하고 끝내주게 잘생겼죠.”라고 말했다. 그는 어린 시절, 페그네 집에서 불과 몇 블록 떨어진 곳에 살았다. 대학에 다니느라 주중에는 가족의 곁을 떠나 있지만 주말이면 집으로 돌아왔다. 두 연인이 느긋하게 즐길 수 있는 시간이었다.

척의 집에는 오두막이 있었다. 그는 그곳에서 파티를 열었고 낡아빠진 축음기로 음반을 틀었다. 손님들이 손뼉을 치며 집에서 제조한 불법 루트 비어[1]를 마시면 춤 파티가 시작되었다. 척이 페그를 끌어당겨 안을 때면 둘 사이에는 한 치의 틈도 없었다. 둘의 몸은 서로 꼭 달라붙은 채 최신 재즈 음악에 맞춰 춤을 추었다. 척은 바람둥이 기질이 있었지만 이 소녀는 특별한 존재라는 걸 알았다.

모두가 오두막을 찾았다. 마리 베커는 그곳에서 열리는 파티를 대단히 좋아했고 흡사 나팔수같이 굴었다. 파티가 열릴 때면 친구들 사이를 재빠르게 돌아다니며 모두에게 참석하라고 일러 주고 다녔다. 마리는 패트릭 로지터와 사귀고 있었다. 큰 코와 더불어 이목구비가 뚜렷한 노동자였다. 마리는 국립 무기고에서 스케이트를 타다가 그를 만났다. 그의 가족은 그를 ‘말썽꾸러기’라 불렀고 ‘그는 짓궂은 장난을 좋아했다.’ 캐서린 울프 역시 페그의 친한 친구였기에 파티에 참석했다. 당시에 그녀는

---

1. [역주] 생강과 다른 식물 뿌리로 만든 탄산음료

싱글이었다. 페그의 가족도 파티에 참석하곤 했다. "가족 모두 갑니다! 10명 모두요!" 진페그의 동생은 이렇게 외쳤다.

1925년 봄, 오타와에서는 참으로 많은 일이 있었다. 그래서 정부에서 나온 조사관이 스튜디오를 방문했을 때 소녀들은 이를 거의 알아차리지 못했다. 라듐 다이얼이 원하던 바였다. 뉴저지주에서 일이 터진 후 워싱턴 D.C.에 위치한 노동통계국의 주관하에, 전국적으로 산업 유해물질에 대한 조사가 시행되었다. 노동통계국을 이끄는 건 에설버트 스튜어트였으며, 현장에서 그의 명령을 수행하는 요원은 스벤 키예르였다. 키예르는 오타와 스튜디오를 점검하기 전에 라듐 다이얼의 부사장인 러퍼스 포다이스를 만났는데, 당시에 부사장은 그에게 '노동자들이 놀라지 않도록 조용하게 일을 처리해 달라고' 요청했다. 3명의 작업자만을 인터뷰한 건 아마 그 때문이었을 것이다.

키예르는 1925년 4월에 조사를 시작했다. 그는 우선 라듐 다이얼의 시카고 본사를 찾아가 러퍼스 포다이스와 실험실 근로자를 만났다. 키예르는 실험실에서 일하는 사람들의 손가락에 병변이 나타난 것을 보았다. 직원들은 라듐이 '적정한 안전장비 없이' 다뤄서는 안 되는 위험한 물질이라는 사실을 인정했다. 그래서 라듐 다이얼 실험실에서 일하는 사람들에게는 안전장비가 지급되었다. 키예르는 그들이 '납으로 만든 차단기'를 착용하고 있었으며 납에 노출되는 시간을 제한하기 위해 이따금 휴가를 간다고 기록했다.

4월 20일, 키예르는 오타와라는 작은 마을에 도착했다. 오타와 스튜디오를 살펴보기 위해서였다. 그는 우선 감독관인 머레이 양을 만날 예정이었다.

머레이 양은 그에게 말했다. "일 때문에 병에 걸릴 수 있다는 얘기는 전혀 들어 본 적이 없어요. 건강에 해롭기는커녕, 여기서 일한 뒤 오히려 더 건강해진 친구도 본 걸요."

키예르는 립 포인팅에 관해 물어보았다. 머레이 양은 '붓을 씻는 용도로 제공된 물에 반드시 붓을 깨끗이 씻은 뒤 입에 넣으라고 충고하기는 하지만 어쨌든 립 포인팅은 계속 시행 중'이라고 말했다.

키예르는 그날 공장을 돌면서 이 광경을 직접 목격할 수 있었다. 모든 소녀가 립 포인팅을 하고 있었다. 하지만 그들 모두 '건강하고 활기 넘쳤다.' 그가 공장을 둘러본 날에는 소녀들이 붓을 씻을 수 있는 물이 작업대에 놓여 있었다. 하지만 포다이스가 그 후에 보내준 다른 시기에 찍은 사진 속에는 작업대 위에 물이 없었다.

키예르는 조사의 일환으로 오타와에서 영업 중인 치과의사들도 인터뷰했다. 환자들의 입에서 독특한 증상을 발견한 적이 있는지 알아보기 위해서였다. 뉴저지주에서 가장 먼저 경고를 한 이들은 배리와 데이비슨, 두 치과의사였다. 오타와에서도 문제가 발생했다면 치과의사들이 가장 먼저 알아차릴 게 분명했다. 그래서 그는 4월의 어느 날 오후, 세 명의 치과의사에게 전화를 걸었다. 그중에는 마을에서 가장 큰 진료소를 운영하고 있는 치과의사도 있었다. 그는 공장에서 일하는 소녀 몇 명을 진료한 적이 있었다. 그는 키예르에게 '악성 질환으로 보이는 사례'는 없었다고 말했다. 의사는 그러한 일이 나타날 경우 노동통계국에 즉시 통보하겠다고 약속했다. 다른 치과의사들 역시 소녀들의 건강에는 아무런 문제가 없다는 소견을 말했다. 그들은 공장 근로자들의 치아는 사실 아주 건강한 상태라고 말했다.

키예르가 조사를 시행한 건 고작 3주뿐이었다. 미국이라는 국가의 규모와 이 사안의 경중을 생각했을 때 믿기 어려울 만큼 짧은 기간이라 할 수 있다. 3주 후 조사는 갑자기 중단되고 말았다. 키예르의 상사인 에설버트 스튜어트는 훗날 이러한 결정을 내린 이유를 이렇게 설명했다. "라듐 페인트에 황린이 들어 있다면 관심을 두는 게 맞다. 인은 우리의 주요 관심사이기 때문이다. 하지만 야광 페인트에 들어가는 물질에는 인이 사용되지 않는다는 사실이 밝혀졌다." 알고 보니 이번 조사는 단지 산업 유해물질에 대한 폭넓은 연구의 일환으로 시행되었을 뿐이었다.

하지만 조사가 중단된 데에는 다른 이유도 있었다. 스튜어트는 훗날 이렇게 고백했다. "조사를 거기서 중단한 건 다른 라듐 기업에 문제가 없는 게 확실했기 때문은 아니었다. 조사를 이어갈 예산이 노동통계국에 충분하지 않았기 때문이었다."

3주라는 짧은 시간 동안이었지만 키예르는 그럼에도 불구하고 확고한 결론에 도달했다. 라듐은 위험하다.

단지 아무도 소녀들에게 이 사실을 말해 주지 않았을 뿐….

16

USRC 본사
뉴욕, 처치 스트리트 30
1925년

아서 로더는 일진이 좋지 않았다. 마거리트 카러프가 소송을 건 이후로 하루하루가 고역이었다. 그간의 언론 보도는 참담했다. 회사의 명예가 진흙탕 속에 곤두박질쳤다. 이게 다 이 풋내기 소녀가 회사 때문에 '일상생활을 할 수 없는 상태'가 되었으며 '심각한 상해를 입었다'고 회사를 고소하면서 벌어진 일이다. 이러한 사실이 알려지면서 기업 운영에도 차질이 생겼다. 이제 스튜디오에 남은 도장공은 몇 명 안 되었다.

로더는 몰랐지만 이러한 스캔들은 USRC의 도움으로 워터베리 클락 컴퍼니가 사내에 설립한 스튜디오에도 영향을 미쳤다. 카러프의 소송 사건이 지역 신문에 보도된 뒤, 이 시계 회사는 립 포인팅을 전면 금지했다.

이 시계 회사는 인정하지 않겠지만 립 포인팅을 금지한 데에는 사실 다른 이유도 있었을 것이다. 1925년 2월, 프란시스 스플렛스토쳐라는 도장공이 극심한 고통에 시달린 지 불과 몇 주 뒤에 사망하고 만 것이다. 그녀는 죽기 직전 턱 괴사로 인해 뺨에 구멍이 뻥 뚫려 버렸다. 프란시스의 죽음이 일 때문이라는 공식적인 진단은 없었지만 동료들은 그렇게 생각했다. 워터베리 공장에서 일하던 한 소녀는 '프란시스가 죽는 것을 보고는 겁에 질려서 천금을 준다 해도 다시는 공장에서 일하지 않겠다'고 했다.

프란시스의 아버지 역시 그 회사에서 일하고 있었다. 그는 딸이 공장에서 일한 것 때문에 사망했다고 '확신'했지만 해고될까 봐 '감히 얘기를 꺼내지도 못했다.'

어찌나 순종적인 근로자였던지.

로더는 유능하고 비싼 사내 변호사들을 이용해 마거리트 카러프의 소송에 맞섰다. 그들은 마거리트의 소송을 기각하기 위한 신청서를 제출했다. 변호사들은 이 사건이 노동자보상국에 회부되어야 하며, 노동자보상국의 기준에 따르면 이 병은 보상 가능한 9개 질병에 속하지 않기 때문에 그곳에서 역시 소송이 불가능하다고 주장했다. 하지만 아직까진 그들의 술책이 먹혀들지 않았다. 판사는 배심원의 결정을 따르겠다고 했다.

로더의 입장에서 상황은 날이 갈수록 악화되고 있었다. 헤이즐 쿠저의 가족이 소송에 합류해 1만 5천 달러(현 20만 3천 달러)의 손해배상금을 청구했던 것이다. 돈이 되겠다 싶은 변호사는 소송을 유도하기 위해 헬렌 퀸랜의 어머니인 넬리에게도 연락을 취했다. 하지만 그녀는 의사가 인정한 딸의 사인을 믿었기 때문에 굳이 소송을 진행할 이유가 없다고 생각했다. 회사로선 그나마 다행이었다.

로더는 소송이 시작될 무렵, 마거리트의 언니 사라 메일레퍼가 스튜디오를 그만둔 게 생각났다. 소송이 진행되는 상황에서 사라가 그곳에서 계속 일할 수는 없었다. 그는 잠시 메일레퍼에 관해 골똘히 생각에 잠겼다. 비트부사장의 말에 의하면 그녀는 3년 동안 지팡이에 의지해 절뚝거리면서도 일을 포기하지 않을 만큼 끈덕진 여자였다고 했다. 그래서 회사는 사라가 계속해서 일할 수 있도록 편의를 봐 주었다고 했다. 로더는 생각 끝에 자기 나름의 결론에 도달했다. "사과는 나무에서 가까운 곳에 떨어지게 마련이지!" 자매가 아팠던 건 집안 내력일 수도 있다고 생각한 것이다.

로더는 일이 이렇게까지 커진 건 골칫덩이 '여성 클럽' 때문이라고 생각했다. 캐서린 와일리는 올해 초부터 그에게 편지를 보내 왔다. 로더는 와일리가 이 문제에 '지나치게 관심'을 보이는 게 못마땅했다. 그는 와일리를 몰아내려고 온갖 수단을 동원했지만 뜻대로 되지 않았다. 로더는 "당신이 속한 소비자연맹이 이 사안에 관심을 갖는 건 아주 지당한 일"이라며 아첨도 떨어봤지만 와일리는 한 번도 논점을 비껴가지 않았다. 와일리는 이제 성가신 존재를 넘어서 골칫거리가 되었다.

그뿐만이 아니었다. 조사 통계관인 호프만 박사도 문제였다. 그는 로더에게 '아무 이유 없이 논쟁을 일으키고 싶지는 않다'고 편지에 썼지만 그 서신에는 회사를 극도로 비난하는 글로 가득했다. 호프만은 또 다른 편지에서 마거리트 카러프를 언급하며 그녀가 '아주 안타까운 상황에 처해 있다'면서 로더나 기업의 대리인이 마거리트를 직접 만나 볼 것을 촉구했지만 로더는 그럴 마음이 없었다.

로더는 이러한 구걸 편지쯤은 쉽게 처리하는 방법을 알았다. 일전에 환자를 도와달라는 블럼 의사의 요청도 쉽게 내치지 않았던가. 하지만 진짜 고민거리는 호프만 박사의 조사였다. 박사는 조사 결과를 공개까지 할 작정이었다. 발표 대상으로는 권위 있는 미국의학협회를 생각하고 있는 것 같았다. 하지만 의사도 아니고 라듐에 관해 전문 지식도 없는 호프만이 어떻게 그렇게 할 수 있는 위치인지 로더는 의구심이 들었다. '막중한 권위를 지닌 의학협회에서 특정 주제에 관해 발표하려면 광범위한 연구나 조사를 시행해야 할 것'이라는 게 그의 생각이었다. '그러한 조사는 최소한 미국 전역을 아울러야 하며 스위스 전체와 독일, 프랑스를 일부 포함하지 않고는 완성될 수 없을 터이다.' 미국의 일부 지역만을 대상으로 짧은 기간의 연구를 근거로 결론을 내릴 수 있다고 생각하는 것일까? (참고로 호프만은 조사연구의 일환으로 라듐 다이얼의 오타와 스튜디오를 비롯해 롱 아일랜드의 도장 공장도 방문했었다.) 조사를 제대로 시행하려면 앞으로도 최소 몇 년간은 철저히 연구하고 다른 나라까지 살펴본 뒤에야 권위 있는 협회에서 발표를 받아 줄 것이라고 로더는 생각했다.

호프만 박사는 피해 여성들을 돌본 의사와 치과의사들에게 설문지를 보내고 피해 여성들을 인터뷰한 게 다였다. 호프만 박사는 훗날 이렇게 기록했다. "모두에게서 동일한 얘기를 들을 수 있었다. 그들은 같은 환경에서 똑같은 일을 했다. …그리고 그 결과 동일한 일을 겪게 되었다." 호프만 박사는 빈약한 연구였지만 공개할 의지가 확고한 듯 보였다.

로더는 호프만 박사가 공장을 방문조차 하지 않은 이유를 생각했다. 로더가 자신의 조사를 방해할 거라고 생각했던 게 분명했다. 로더는 호프만 박사를 회유해 보고자 "우리는 당신이 언급한 병이 라듐 때문에 발생한 게 아니라고 생각합니다. 공통된 원인이 있다면 그건 우리 공장 밖에 존재한다고 봅니다."라는 내용의 서신을 보냈다. 하지만 호프만은 연구를 멈추지 않았다. 로더는 그의 고집불통을 이해할 수 없었다.

기업의 사장인 로더는 몰랐지만 호프만 박사가 집요하게 연구를 진행한 것은 페인트를 처음 만든 사람조차 여성들의 병이 일 때문이라는 사실을 인정했기 때문이기도 했다. 1925년 2월, 사빈 폰 소쇼키는 호프만에게 "작업자들이 앓고 있는 병은 당연히 직업병입니다."라는 내용의 서신을 보냈다.

로더는 한숨을 내쉰 뒤 책상에 다시 앉았다. 그는 검은 머리를 매만지며 자신에게 온 서신들을 읽기 시작했다. 늘 그렇듯 머리는 포마드로 납작하게 누른 상태였다. 로더는 우아한 나비넥타이를 의식적으로 고쳐 맸다. 하지만 자신 앞에 놓인 편지를 보자 또다시 가슴이 철렁했다. 와일리 양이 보낸 편지였다.

"친애하는 로더 씨에게. 알고 보니 드링커 박사가 작년 봄에 조사를 시행했더군요. 아직 그 결과를 들어 보지는 못했습니다만 결과가 발표되는 날을 기대하고 있습니다. …"

아서 로더의 둥근 얼굴에 곤란한 표정이 드리워졌다. 드링커 박사의 조사는 또 다른 눈엣가시였다. 그는 작년 6월, 박사의 보고서를 목 빠지게 기다렸었다. 이 우울한 질병과 죽음이 그의 회사와 아무런 관련이 없다는 사실을 입증해 줄 수 있는, 그 누구도 반박 못 할 과학적인 증거가될 터였다.

하지만 막상 드링커 박사가 보고서에 동봉한 편지를 읽자 당혹감을 감출 수 없었다. "문제는 라듐 때문이라고 생각합니다." 드링커 박사는 거의 1년 전인 1924년 6월 3일, 이렇게 썼었다. "제 소견으로는 귀하께서 다른 공격적 방법으로 이 사태를 처리하려는 건 합리적 방법이 될 수 없다고 봅니다."

예상 밖의 결과였다. 드링커 부부는 사실 초기 연구를 진행한 뒤 4월 29일에 잠정적인 의견을 전달한 적이 있었다. '라듐이 문제의 원인인 것 같다'는 내용이었다. 하지만 그때는 그들이 공장을 다시 방문하기도 전이었기 때문에 로더는 추가 연구가 진행되면 그들이 틀렸다는 사실이 입증될 거라고 생각했다.

하지만 최종 보고서 역시 별반 다르지 않았다. "비정상적인 질병에 걸린 노동자들의 사례는 …우연이 아니며 업무 환경에서 발생한 특정 유형의 뼈 손상으로 보입니다."

드링커 부부는 페인트의 성분을 꼼꼼히 분석했다. 그들은 다른 성분들은 전부 무독성이나 라듐의 경우 지나치게 노출되면 위험할 수 있다는 증거가 '충분히' 발견되었다고 말했다. 그들은 "야광 페인트 성분 중 유일하게 위험한 물질은 라듐이 틀림없다."고 결론 내렸다.

박사들은 라듐에 노출된 여성들의 몸에서 무슨 일이 일어나고 있는지에 관해 그들이 생각하는 가설을 구체적으로 제시했다. 그들의 기록에 따르면, 라듐은 칼슘과 '비슷한 화학 성질'을 지니고 있다. 그 결과 '인체에 흡수될 경우 뼈를 최종 정착지점으로 삼는 경향이 있다.' 인체는 뼈를 튼튼하게 만들기 위해 칼슘을 뼈로 보내도록 설계되어 있는데, 라듐 역시 칼슘과 마찬가지로 골 친화성[1]을 보였다. …칼슘으로 위장한 라듐은

---

1. [역주] 체내에서 뼈로 향하는 경향

여성들의 몸을 속여 인체가 뼈 안에 이 물질을 축적하도록 만든 것이다. 라듐은 조용한 스토커였다. 가면 뒤에 숨은 채 위장술을 이용해 여성들의 턱과 치아에 깊이 잠입한 것이다.

드링커 박사가 과학 문헌에서 읽은 것처럼 20세기 초 이래로 라듐은 피부에 심각한 상처를 입힌다고 알려져 있었다. 그래서 다량의 라듐에 노출되는 작업자들은 납으로 만든 앞치마를 입고 끝부분이 상아로 된 집게를 사용했던 거였다. 라듐 다이얼의 실험실에서 일하는 사람들이 라듐을 다루는 시간에 제한을 둔 것 역시 이 때문이었다. 폰 소쵸키 박사의 왼쪽 검지 끝이 잘려나간 이유였으며 레먼 박사의 손에 병변이 나타났던 이유이자 폰 소쵸키의 파트너인 윌리스 박사의 엄지가 잘려나간 이유였다. 피에르 퀴리가 1903년에 언급한 것처럼 라듐이 인체의 외부에 미치는 영향은 사람의 목숨도 쉽게 앗아갈 수 있을 만큼 치명적이었다.

하지만 그건 외부에 미치는 영향에 불과했다. 라듐이 교묘하게 뼈 안으로 침투했을 때 체내에 미치는 영향은 이루 말할 수 없었다.

드링커 박사는 보고서에 이렇게 적었다. "라듐은 뼈 안에 일단 축적되면 매우 심각한 피해를 줄 수 있다. 인체 외부에서 미치는 영향보다 수천 배나 큰 파괴력을 가진다고 볼 수 있다."

몰리 매기아의 뼈에 숨어서 턱을 부식시킨 것은 라듐이었다. 헤이즐 쿠저의 몸에 들어간 뒤 두개골을 갉아 먹어 턱뼈를 벌집처럼 만든 것 역시 라듐이었다. 계속해서 광선을 쏘아대며 마거리트 카러프의 입을 지금까지도 공격하고 있는 것 역시 라듐이었다.

아이린, 헬렌을 비롯한 수많은 여성의 목숨을 앗아간 건 전부 라듐이었다.

이 모든 게 라듐이 문제였다고 드링커 부부가 말하고 있는 것이다.

박사들은 노동자들의 건강검진 검사결과가 담긴 표를 동봉했으며 거기에는 그 표에 대한 철저한 분석도 들어 있었다. "USRC 노동자의 혈액은 모두 비정상이었다. 라이프 익스텐션 연구소가 발견했던 것과 동일한 검사결과였지만 당시에 연구소는 검사결과가 의미하는 바를 잘 몰랐었던 것 같다." 일부 노동자의 경우 혈액 성분의 현저한 변화가 감지되었으나 혈액 이외의 다른 검사 항목에서는 '지극히 정상'으로 나타났다. 하지만 혈액 수치가 정상인 사람은 단 한 사람도 없었다. 2주에서 3주 정도밖에 일하지 않은 여성조차 혈액 수치가 비정상적이었다.

드링커 부부는 특히 마거리트 카러프의 사례를 언급했다. 그들이 처음 스튜디오를 방문했을 때 인터뷰했던 사람이었다. 로더가 작금의 곤경을 겪게 만든 장본인이기도 했다. 박사 부부는 마거리트의 사례를 언급할 때만큼은 보고서의 다른 부분에서 유지하던 제삼자적인 태도에서 벗어나 이렇게 말했다. "카러프 양의 심각한 현재 상황은 당신 공장에서 수년간 일한 결과로 보입니다. 이 여성을 살리려면 최상의 의료 시술을 제공해야 한다는 사실을 반드시 명심하기 바랍니다."

거의 1년 동안, 회사는 마거리트를 돕기 위해 손가락 하나도 까딱하지 않았었다.

보고서는 다양한 안전 권고 사항으로 마무리되었다. 드링커의 표현대로 '지금 당장 시행해야 하는 예방책'이었다. 사실 이 문제가 로더의 뺨따귀를 후려치기 시작한 이후 그가 취할 수 있는 조치는 이러저러한 안전대책들뿐이었다. 그렇지 않아도 그는 최근 비트_{부사장}에게 예방책을 일부 시행하도록 명령했었다. "이게 7만 5천 달러의 손해배상금을 물어내는 것보다 훨씬 더 경제적이오."

로더는 드링커의 보고서를 다 읽은 뒤 아연실색했다. 사실일 리가 없었다. 그는 며칠간 생각을 정리한 뒤 1924년 6월, 몇 주에 걸쳐 드링커 박사와 추가로 서신을 주고받았다. 그는 자신이 애초에 박사를 불러들인 이유가 박사의 반박 불가한 명석함 때문이었음을 잊은 사람처럼 이제 그는 드링커 박사의 결론이 '혼란스러우며 결과를 받아들이기 어렵다'고 말했다. 로더는 드링커 박사가 이 사안에 관해 더 논의하자고 제안할 거라 생각해, 자신이 요새 너무 바빠 만나기 힘들 것 같다고 강조했다. 그는 여름이면 토요일마다 늘 해안가에서 휴식을 취했는데 요즘은 너무 바쁜 터라 주말을 다 반납하고 일을 해야 할 지경이라고 말했다.

1924년 6월 18일, 해럴드 비트가 드링커 박사의 논문 요약본을 교묘하게 조작해 노동부에 보고했던 날에도 로더와 드링커 박사는 편지로 논쟁 중이었다. 로더는 그날 드링커 박사에게 오만하게 말했다. "당신들이 작성한 예비 보고서는 정황에 근거한 증거를 바탕으로 잠정적인 결론을 내린 일종의 문제 제기에 가깝습니다."

박사는 물론 이러한 주장에 가만히 있지만은 않았다. "우리가 작성한 보고서가 정황에 근거한 예비 보고서 같다는 느낌을 주었다니 유감입니다. 반복해서 말해 봤자 그런 느낌에서 벗어나는 데 도움이 될 것 같지는 않군요." 하지만 박사는 다시 한번 자신의 관점을 제시했다. "공장 노동자의 상당수에게서 혈액의 변화가 감지되었습니다. 다른 이유로는 설명이 불가능합니다."

두 사람은 계속해서 편지를 주고받으며 열띤 토론을 벌였다. 로더는 단호했다. "저는 여전히 진짜 원인을 찾아내야만 한다고 생각하고 있습니다."

놀랍게도 드링커 박사는 개인적으로 사장의 입장을 이해했다. 그는 동료에게 이렇게 말했다. "회사가 처한 좋지 않은 경제 상황을 고려해 보면, 사장은 라듐이 무해하며 우리 모두가 최대한 가까이 두고 지내야 하는 이로운 물질이라는 입장을 취할 수밖에 없을 걸세. 여성들에게 일어난 일에 대해서 회사를 나무랄 수만은 없어 보이네."

드링커 박사의 이러한 태도는 '산업 위생'이라는 그가 속한 전문 분야 때문이기도 할 것이다. 드링커 박사가 소속된 하버드 대학 부서는 1922년까지 대기업들의 자금 지원에 전적으로 의존하며 연구를 진행했다. 1924년 당시에도 이윤을 추구하는 기업들이 특정 프로젝트에 자금을 대는 일이 비일비재했다. USRC 같은 명망 있는 기업을 건드리는 것은 현명하지 못한 처신일 터였다. 한 산업 보건의는 이렇게 말했다. "우리는 듣기엔 좋으나 어리석은 사회 정책에 기여하기 위해 산업에 종사하는 것인가? 피고용인들의 환심을 사기 위해 산업에 종사하는 것인가? 아니다. 우리는 돈을 벌기 위해 산업에 종사하는 것이다."

로더는 아마도 드링커 박사의 진격을 이쯤에서 저지할 생각에서였는지 '박사의 논문이 공개되면 사업 운영에 차질이 생겨 결국 공장이 완전히 문을 닫게 될 것'이라고 공언했다. 박사와 로더는 최종적으로 서로의 의견을 주고받았고 그걸로 모든 논란은 끝이 났다. 최종 보고서는 공개되지 않았다. 노동부는 기업이 혐의에서 벗어난 것에 만족했고 도장공들은 히스테리 같은 소문에 더는 귀 기울이지 않은 채 일터로 돌아갔다. 아서 로더는 평소 때처럼 계속해서 공장을 운영할 수 있었다.

지금까지는 그랬다.

캐서린 와일리가 아무도 원치 않는 곳에 코를 들이밀고 나서기 전까지는….

로더는 몰랐겠지만 와일리는 일전에 앨리스 해밀턴 박사에게 협조를 요청한 바 있었다. 드링커 박사와 같은 부서에서 일하던 앨리스 해밀턴은 와일리의 요청을 흔쾌히 받아들였다. 그녀는 드링커 박사의 보조 조사역들로부터 정보를 캐내면서 이 문제를 낱낱이 파헤치고 있었다. 해밀턴은 드링커 부부의 보고서가 공개되지 않은 것은 세실 드링커가 먼저 로더의 동의를 구해야 한다고 생각했기 때문이라는 사실을 알게 되었다. 하지만 기업은 진실을 숨기고 있었으므로 이러한 일은 발생할 리가 없었다. 와일리는 드링커 박사의 입장이 '아주 비윤리적'이라며 그가 '정직하지 못하다'고 말했다.

두 여자는 종합적인 계획을 세웠다. USRC가 이미 조작된 요약본을 노동부에 보고했다는 사실을 몰랐던 그들은 존 로치_{노동부 차관}더러 로더에게 보고서를 제출하라고 요구해 달라고 부탁했다. 그들은 로치의 공식적인 요구를 거절할 수 없는 로더가 결국 보고서를 제출할 수밖에 없을 터이고 보고서 내용은 만천하에 공개될 거라고 판단했던 것이다.

로치가 와일리에게 사실은 드링커 부부의 보고서를 받아 보았으며 그 결과 그들의 무죄가 밝혀졌다고 말하자 그녀는 깜짝 놀랐다. 와일리는 이 사실을 곧장 해밀턴 박사에게 전했다. 드링커 부부를 개인적으로 알았던 해밀턴이었기에, 박사 부부가 그들의 보고서가 왜곡되었다는 사실을 알면 크게 불쾌해할 거라 생각해 당장 캐서린 드링커에게 서신을 보냈다.

해밀턴은 조롱 섞인 말투로 다음과 같이 썼다. "로더가 당신들의 이름으로 위조된 보고서를 제출했다는 사실을 아시나요?"

캐서린 드링커는 곧장 답을 보냈다. 그녀와 남편은 로더가 자신들의 연구 결과를 왜곡했을 수도 있다는 생각에 '크게 분노했다'고 말했다. 캐서린은 몹시 화를 내며 '로더는 진짜 악당'이 분명하다고 했다. 아내의 재촉에 세실 드링커는 로더에게 또다시 서신을 보냈다. 그는 여전히 사장을 달래는 듯 친숙한 말투로 전체 연구 결과를 공개할 것을 제안했다. "연구보고서를 공개하는 것은 당신에게 이로운 일일 것입니다. …공장의 문제를 샅샅이 조사하기 위해 인간으로서 할 수 있는 모든 조치를 취했다고 대중을 설득하면 유리한 입장에 설 수 있을 것입니다."

그렇게 해서 바퀴는 이제 막 굴러가기 직전이었다. 드디어 와일리의 노력이 결실을 보게 된 것이다. 해밀턴은 와일리에게 이제는 상황이 거의 종결될 걸로 믿는다는 내용의 서신을 보냈다. "로더가 드링커 박사의 보고서 공개요구를 거절할 만큼 멍청하지는 않을 겁니다."

하지만 해밀턴은 이 배짱 두둑한 사장을 과소평가했다.

17

약삭빠르고 교활한 사업가가 아니었다면 아서 로더는 USRC의 사장이 되지 못했을 것이다. 그는 협상의 달인이었고 자신에게 유리하게 상황을 조작하는 데 능숙했다. 로더는 친구를 가까이 둬야 하지만 적은 더 가까이 두어야 한다고 생각했다.

1925년 4월 2일, 그는 프레드릭 호프만을 오렌지 공장에 초대했다.

이 통계학자는 사실 공장을 두세 번 방문했는데, 그때마다 립 포인팅의 위험성을 알리는 경고판이 붙어 있지 않은 것을 눈여겨보았다. 로더가 그의 메모를 넘겨다 본 것인지, 아니면 그저 비트에게 시행하라고 명령한 안전 예방책의 일환이었는지, 1925년 성(聖) 금요일[1], 호프만이 공장을 마지막으로 방문한 날, 스튜디오에는 립 포인팅을 금하는 공지문이 붙어 있었다. 호프만은 "상황이 개선된 것을 보고 깊은 인상을 받았다."고 훗날 말했다.

---

1. [역주] 부활절 전의 금요일. 예수가 십자가에 못 박힌 날을 기억하기 위한 날

로더는 눈치가 빠른 사람이었다. 둘 사이에 신뢰가 두터워지자 기회를 틈타 호프만에게 서신을 보냈다. "'라듐 괴사'에 관한 논문을 공개하는 걸 미루도록 선생님을 설득할 수 있으면 좋겠습니다." 그는 호프만이 '이 주제에 관해 좀 더 철저히 조사할 시간'을 가졌으면 좋겠다고 했다.

호프만은 친절하게 회신했다. "공장을 방문하는 동안 베풀어 주신 친절에 진심으로 감사를 전하고 싶습니다. 또한 당신이 처한 곤란한 상황에 동정을 표하는 바입니다." 하지만 로더의 제안은 너무 늦고 말았다. 호프만은 계속해서 이렇게 말했다. "파일을 검토하던 중 제 논문 초록이 인쇄용 안내 책자에 실리기 위해 며칠 전 미국의학협회에 제출되었다는 사실을 알게 되었습니다. …논문은 현재 제 손을 떠났습니다." 호프만 박사는 에설버트 스튜어트가 이끄는 노동통계국에도 보고서를 보내기로 약속했다고 덧붙였다.

노동통계국의 우려를 잠재우기 위해 노심초사 애를 썼음에도 불구하고 예상을 빗나간 이 소식에 로더가 어떠한 반응을 보였을지는 상상에 맡기겠다. 그로부터 얼마 후 스벤 키에르가 마거리트 카러프의 소송 건에 관해 로더를 인터뷰했을 때, 로더는 '공장은 질병의 원인과는 상관이 없으며 이 소송은 그저 회사에 책임을 덮어씌우려는 엉뚱한 수작에 불과하다'고 까놓고 말했다.

로더는 존 로치_{노동부 차관}의 보고서 원본 제출 요구를 거부할 변명거리로 마거리트의 소송을 들먹이기도 했다. 로치는 기업이 제출한 보고서가 눈가림용이었다는 것을 알게 되자 그 즉시 로더에게 보고서 전문을 요청했었다. 이에 대해 로더는 마거리트의 소송 건 때문에 '뉴저지주 로펌인 린다베리, 데퓨&포크스가 현재 이 문제를 처리하고 있으며 그 로펌의 소속 변호사인 스트라이커 씨에게 당신의 요청사항을 전달한 상태'라고 말했다. 그는 전문을 공개하라는 드링커 박사의 요구에도 똑같은 핑계로 둘러댔다. "소송 중인 사안임을 고려해 우리는 당신의 논문 제출을 미뤄 왔을 뿐입니다. 현재 법률자문단의 조언에 따라 그 어떤 보고서도 제출할 계획이 없습니다."

하지만 이제 상황은 걷잡을 수 없이 빠른 속도로 로더의 통제권에서 벗어나고 있었다. 로더가 계속해서 논문을 공개하지 않자 드링커 박사는 인내심이 바닥났다. 그는 로치에게 직접 서신을 보내 기업이 자신의 연구에 대해 정확히 뭐라고 말했는지 물었다. 로치는 1924년 6월 18일, 비트공장운영 책임자, 부사장가 보낸 편지를 박사에게 보여 주었다. 편지를 본 박사는 경악했다. 해밀턴이 아내에게 말한 대로 기업은 거짓말을 했던 것이다. 그는 로치에게 말했다. "우리 둘 다 USRC에게 기만당한 것 같습니다." 기업의 망동에 충격을 받은 그는 뉴욕에서 로더를 직접 만나기로 결심했다.

로더는 여전히 사태를 수습하기 위해 애쓰고 있었다. 드링커 박사가 "이 사안에 있어 기업의 행동은 도덕적으로 지탄받아 마땅하다"고 단호하게 말하자 로더는 '자신들의 의도는 정반대였다며 로치에게 진짜 보고서의 전문을 보내도록 하겠다'고 말했다. 드링커 박사는 그 말에 조금은 안심이 되었지만 분노가 완전히 가라앉지는 않았다. 그래서 그는 로더 사장과 거래를 했다. 로더가 약속을 지키는 한, '자신이 직접 나서서 보고서를 공개하지는 않겠다'고 약속했다.

로더에게 유리한 거래였다. 이제 게임의 승부는 로치의 손으로 넘어갔다. 논문이 대중에게 공개되지 않으면 마거리트 카러프의 변호사는 이 보고서를 입수할 길이 없어질 것이고 따라서 소송에도 활용할 수 없을 것이기 때문이었다. 이 논문은 그녀의 질병이 일과 직접적으로 관련되어 있다는 사실을 확인해 줄 중요한 보고서였다. 이 거래는 최후통첩이기도 했다. 하지만 아서 로더는 자신이 고용한 사람들의 협박에 굴복할 만큼 나약한 성격이 아니었다.

사실 그는 전혀 흔들림이 없어 보였다. 박사의 협상 시도는 미수에 그치고 만 듯 보였다. 사장은 드링커 박사의 요구사항을 사내 변호사인 스트라이커에게 전달했다. 로더는 스트라이커에게 높은 보수를 지급하고 있었기 때문에 그가 최근 사태를 해결해 주리라 믿었다. 그러는 동안 로더는 비장의 카드를 만지작거렸다. 그는 이 지역에 전문가가 드링커 박사 한 사람만 있는 것은 아니라고 생각했다.

프레드릭 플린 박사! 입장하시오!

플린 박사는 드링커 박사와 마찬가지로 산업위생 전문가였다. 그는 컬럼비아 대학교 공중보건 연구소에서 생리학과 부교수로 재직 중이었으며 그 전에는 광업회사 몇 군데에서 이사로 일하기도 했다. 플린은 40대 후반의 진중한 남자로 얇은 머리카락에 은테 안경을 썼다. 박사는 방사능 페인트의 위험성에 대해 조사해 달라는 요청을 받은 지 며칠 후, 연구 자금을 대기로 약속한 로더와 만났다.

USRC와 거래하는 게 이번이 처음은 아니었다. 그는 작년에도 이 기업과 일한 적이 있었다. 기업은 오렌지 공장에서 나오는 매연과 관련된 손해배상 청구 소송에서 자사를 변론하기 위해 박사를 고용했던 것이다. 당시에 소송을 제기한 주민들은 여전히 회사를 상대로 소송 중이었다. 기업은 플린 박사가 1925년 초에 에틸 코퍼레이션과 거래한 것도 잘 알고 있었다. 에틸 코퍼레이션은 납이 함유된 가스가 안전하다는 증거를 찾기 위해 박사를 고용했다.

플린 박사는 다음 날 아침 오렌지 공장을 방문하는 것을 시작으로 조사에 착수했다. 하지만 그의 소관은 거기에서 끝나지 않았다. 그는 USRC의 주선으로 워터베리 클락 컴퍼니 등 다른 기업의 시계 숫자판 공장도 방문해 그곳에서 일하는 소녀들을 상대로 신체검사를 시행했다. '첫 신체검사는 무료로 시행되었으나' 나중에는 소녀들을 고용한 회사들로부터 검사비용을 받았다.

그와 거래한 라듐 회사 중에는 뉴어크에 위치한 루미나이트 사도 있었다. 그곳에서 플린은 전쟁 기간 동안 오렌지 공장에서 일했던 에드나 볼즈 허스만을 만났다. '드레스덴 인형'이라 불리던 어여쁜 소녀였다. 에드나는 1922년 9월에 루이스와 결혼을 한 뒤 아주 가끔씩 공장에서 일했다. 그녀가 버는 돈은 배관공으로 일하는 남편의 월급에 조금 보탬이 되는 정도였다. 부부는 아이가 없었기에 돈이 많이 필요하지는 않았다. 그들은 아이 대신 작은 흰색 테리어를 키웠다.

플린 박사가 진찰을 좀 해도 되겠냐고 물었을 때 에드나는 루미나이트 공장에 고용된 상태였다. 에드나는 '누구의 소관으로 이 진찰이 진행되는 것인지 몰랐으며 자신이 요청한 적도 없었지만' 어쨌든 진찰을 받았다. 플린 박사는 그녀의 우아한 몸을 꼼꼼히 살펴본 뒤 피를 뽑았다.

당시에 에드나는 무릎 통증이 조금 있었다. 하지만 별로 신경을 쓰지 않았으며 박사에게 이 사실을 언급했는지는 알려진 바가 없다. 하지만 에드나는 마거리트가 소송 중이라는 소식은 들었을 것이다. 따라서 플린 박사가 검사 결과를 알려 주었을 때 상당히 안심했으리라. 에드나는 훗날 이렇게 말했다. "그는 제가 아주 건강한 상태라고 말했어요."

에드나와 함께 일했던 동료들도 그랬으면 좋았으련만. 캐서린 샤웁은 끔찍한 시간을 보내고 있었다. 캐서린은 '아주 우울한 겨울을 보내고 있다'고 일기에 적었다. 이제는 위가 문제였다. 통증이 너무 심해 단단한 음식을 먹을 수 없었을 뿐만 아니라 수술도 받아야 할 처지였다. 캐서린은 치과의사에게 갔다가 내과 의사에게 갔다가 이리저리 치이고 있다는 느낌이 들었지만 아무도 문제의 원인을 찾지 못했다. 캐서린은 좌절감에 젖어 말했다. "의사를 처음 방문한 이후로 계속해서 이 의사, 저 의사 찾아다니고 있어요. 훌륭한 의사로부터 치료를 받았지만 아무런 차도가 없다는 사실이 가장 견디기 힘들었죠." 캐서린의 병은 삶 전체를 덮쳐오고 있었다. 일을 해야만 하는 처지였지만 병 때문에 이제는 어떤 일도 할 수 없게 되었다.

그레이스 프라이어는 달랐다. 그녀는 여전히 은행에서 일하고 있었다. 맥커프리 의사의 보살핌 덕택에 이제 턱 염증은 가라앉은 것 같아 보였다. 하지만 그레이스는 염증이 다시 도질까 봐 불안에 떨었다. 게다가 입은 괜찮아졌지만 등을 짓누르는 통증은 여전했다. 험프리스 의사는 그녀의 등에 붕대를 감아 주었지만 그 역시 별로 효과가 없었다. 그레이스는

'뉴욕과 뉴저지주에 있는 모든 의사를 찾아갔다.' 하지만 그 누구도 병의 원인을 밝히지 못했다. 그들의 치료는 대개 상황을 더욱 악화시키기만 했다. "특히 척추 지압 치료는 너무 고통스러웠고 결국 치료를 그만둬야 했습니다."

그레이스의 친구 퀸타 맥도날드 역시 상황은 마찬가지였다. 1925년 4월, 퀸타는 9개월 동안 그녀의 몸을 감싸고 있던 갑갑한 깁스를 드디어 풀게 되었다. 하지만 의사의 갖은 노력에도 불구하고 상태는 악화되어 있었다. 이제 퀸타는 걸을 때마다 극심한 통증에 시달렸다. 그해 말까지 퀸타의 가족은 주치의를 아홉 번이나 불렀고, 의료비는 270달러(현 3,660달러)에 달했다.

끔찍한 시기였다. 퀸타는 언니가 자신을 가장 필요로 하던 때, 15분밖에 떨어지지 않은 언니 알비나의 집에도 갈 수 없게 되었다. 퀸타가 살고 있는 하이랜드 애비뉴는 철도역을 향해 급경사를 이루고 있었는데 알비나의 집은 그 어귀에 있었다. 퀸타는 지팡이에 의지하더라도 내리막길을 걸을 수 없었다. 한편, 알비나 래라이스는 4년 동안 노력한 끝에 드디어 임신했다. 좋은 소식이 드물었던 당시에 가족 모두를 기쁘게 만든 희소식이었다.

매기아의 가족은 그해 봄, 최소한 축하할 소식이 하나라도 있었지만 바로 아랫마을 메인 스트리트에 사는 카러프 자매의 가족들은 그런 소식 하나 없이 여전히 괴로움에 몸부림치고 있었다. 그들은 없는 돈을 끌어다 마거리트의 치료비를 댔다. 1925년 5월, 의료비는 1,312달러(현 1만 8천 달러)에 달했다. 사라 메일레퍼는 동생의 상태에 미쳐버릴 지경이었다. 사라는 동생에게 계속해서 말을 걸어 보았다. 동생의 기분을 좋게 만들기 위해 농담을 하거나 위로의 말을 건넸다. 하지만 마거리트는 얼굴뼈에 난 염증 때문에 양쪽 귀 모두 거의 청력을 잃은 상태였고 언니의 말이 잘 들리지 않았다. 고통은 끔찍했다. 오른쪽 아래턱이 골절된 데다 이는 전부 빠졌으며, 무엇보다도 그녀의 머리뼈는 '거의 다 썩어버린' 상태였다. 하지만 마거리트는 최소한 살아 있었다. 아직은…. 머리뼈 전체가 부패하고 있었지만 아직까지는 목숨을 부지하고 있었다.

마거리트의 상태를 본 조지핀 스미스는 결국 일을 그만두었다. 마거리트에게 일어나고 있는 일을 목격한 사람 가운데 충격을 받지 않은 이는 없었다. 프레드릭 호프만통계학자과 크네프치과의사는 여전히 그녀의 편에서 싸우고 있었다. 상태가 급속도로 악화되는 것을 본 그들은 이제 USRC의 창립자인 사빈 폰 소쵸키라는 예상 밖의 인물에게 구원을 요청했다.

폰 소쵸키는 이제 회사에 몸담고 있지 않았다. 그는 회사와 그 모든 관계를 청산한 상태였고 오히려 회사가 그딴 식으로 자신을 쫓아낸 것에 못마땅해할 만한 입장이었다. 어쩌면 그 역시도 어느 정도 책임감을 느꼈을지도 모른다. 피해 소녀들의 동맹군 중 한 사람은 훗날 그에 대해 기록했다. "박사가 아무런 편견 없이 무슨 수를 써서라도 소녀들을 지원하고자 나서서 정말 다행이었습니다."

폰 소쵸키는 이제 소녀들의 지원군에 합류했다. 그는 호프만 박사, 크네프 의사와 함께 오렌지에 위치한 세인트 메리 병원에 마거리트를 입원시킨 뒤 문제의 원인을 살펴보기로 했다. 입원할 당시 그녀는 빈혈 증상을 보였으며 40킬로그램밖에 나가지 않았다. '희미한 맥박은 불규칙적으로 빠르게 뛰었다.' 마거리트는 가까스로 버티고 있었다.

　마거리트가 병원에 입원한 지 일주일이 지났을 때쯤, 호프만은 도장공들에게 큰 선물을 안겨 주었다. 미국의학협회에 드디어 논문을 발표하게 된 것이다. 여성들의 질병을 일과 연관 짓는 최초의 주요 연구로 대중에게 공개되는 것도 처음이었다. 그의 의견에 따르면, "여성들은 소량의 방사성 물질을 체내에 축적한 결과 천천히 이 물질에 중독되었다."

　여기에서 '소량'이라는 단어가 아주 중요했다. 라듐 기업들은 페인트에 라듐이 미량 함유되어 있기 때문에 시계 숫자판을 칠하는 일이 안전하다고 생각해 왔기 때문이다. 하지만 호프만은 라듐의 양이 아니라 여성들이 매일 매일, 그리고 숫자판 하나하나를 칠할 때마다 페인트를 흡입함으로써 체내에 페인트가 축적된 것이 문제라고 말했다. 페인트에 함유된 라듐의 양은 적어 보일지 모르지만 3, 4년 연속으로 매일 라듐을 삼키다 보면 피해를 당할 만큼 충분한 양이 체내에 축적되는 것이다. 드링커 박사 부부가 이미 파악했다시피, 라듐은 몸에 들어가면 뼈로 직행해 체내에 큰 피해를 주었다.

　1914년에도 전문가들은 라듐이 뼈로 들어가 혈액의 성분을 변화시킬 수 있다는 사실을 알았다. 이러한 효과를 연구하는 라듐 클리닉에서는 라듐이 골수를 자극해 적혈구의 생산을 돕는다는 믿음이 일반적이었다. 적혈구가 많이 생산되는 것은 몸에 좋은 일이었다. 그들의 말은 어떤 측면에서 옳았다. 그리고 바로 그 일이 실제로도 일어났다. 라듐은 아이러니하게도 처음에는 침투 대상의 건강을 증진시켰다. 적혈구가 많이 생산되었기 때문에 건강하다는 착각을 불러일으켰다.

하지만 착각일 뿐이었다. 적혈구의 생산을 담당하는 골수는 곧 지나치게 자극을 받게 되고 신체가 이를 따라잡을 수 없게 된다. 호프만의 주장에 따르면, "[라듐의] 축적 효과는 매우 참혹한 결과를 일으킨다. 적혈구세포를 파괴해 빈혈을 일으키고 괴사와 같은 재앙적 질병을 야기한다." 호프만은 단호한 말투로 말했다. "이것은 완전히 새로운 형태의 직업병이고 우리는 여기에 큰 관심을 기울여야 합니다." 그리고 더디게 진행되고 있는 마거리트의 소송을 의식한 듯 이 질병이 근로자보상법에 신속히 포함되어야 한다고 덧붙였다.

이것은 바로 소비자연맹의 캐서린 와일리가 하려던 일이었다. 라듐 괴사를 보상 가능한 질병의 명단에 올리는 것, 그것이 와일리의 목표였다. 한편 마거리트의 유일한 희망은 연방법원이었다. 하지만 그녀의 사건은 그해 가을 전에는 연방법원에 도달하지 못할 것 같았다. 앨리스 해밀턴 박사는 안타까운 말투로 "카러프 양은 그때까지 살아 있지 못할 것입니다."라고 말했다.

호프만 박사는 계속해서 자신의 조사결과를 발표했다. 그는 미국에 있는 다른 공장들에서도 라듐 중독 사례를 살펴보았지만 '이 공장 외에는 그런 사례가 없었다'고 말했다. 그는 부지불식간에 그 이유를 정확히 공개했지만 자신이 내뱉은 말의 진정한 의미를 모르고 있었다. "이 병의 가장 교활한 면은 그 파괴적인 모습을 드러낼 때까지 수년간 잠복해 있다는 사실입니다."

수년간! 이었다. 오타와의 라듐 다이얼 스튜디오는 운영된 지 3년이 채 되지 않았다.

호프만과 그가 논문을 작성할 당시 자문을 구했던 폰 소쵸키, 두 사람 모두 다른 사례가 부족한 것을 이상하게 생각했다. 물론 USRC 입장에서는 여성들의 질병이 직업병일 수 없다는 확실한 증거였다. 하지만 호프만과 폰 소쵸키는 시계 숫자판 도장 일이 여성들이 아픈 원인이라 확신했고 과학자답게 이유를 찾아 나섰다. 폰 소쵸키가 호프만에게 일급비밀이었던 페인트의 공식을 알려 주면서 드디어 이유가 밝혀졌다. 호프만은 훗날 이렇게 말했다. "[폰 소쵸키] 덕분에 오렌지 공장에서 사용되는 물질과 다른 곳에서 사용되는 물질은 차이가 있다는 것을 알게 되었습니다. 그것은 메소토륨이었습니다."

라듐-228로 알려진 메소토륨은 라듐과는 달랐다. 최소한 강장제와 약에 사용되던 라듐-226은 아니었다. 그것이 바로 답인 듯했다. 호프만은 블럼 의사의 연구를 바탕으로 자신의 논문에 이렇게 적었다. "'라듐(메소토륨) 괴사'라는 용어를 사용하는 게 적합할 것으로 보인다."

결국 정확히 말하면 원인은 라듐이 아니었다.

하지만 호프만의 보고서가 발표되자 라듐 산업에서 반격을 가했다. 라듐은 여전히 경이로운 물질로 이를 활용한 새로운 물질이 계속해서 출시되고 있었다. 그중 하나가 바로 그곳 오렌지에서도 출시되었다. 1925년 초에 나온 '라디터(Radithor)'라는 방사능 건강식품이 그것이었다. USRC의 고객사였던 베일리 라듐 실험실의 윌리엄 베일리가 생산한 제품이었다. 베일리를 비롯한 다른 산업관계자들은 라듐을 도공들의 죽음과 연관시키려는 시도를 대놓고 비판했다. 베일리는 말했다. "근거 없는 발표 때문에 대중들이 이 만병통치약에 등을 돌리는 건 매우 안타까운 일입니다."

라듐맨들이 이처럼 재빠르고 강력하게 맞서긴 했지만 사실 호프만의 논문은 전문가용 간행물이었다. 일부 대중의 관심을 끌기는 했어도 그들은 틈새 독자에 불과했다. 《미국의학협회지》를 구독하는 사람이 많지는 않았다. 게다가 프레드릭 호프만이 도대체 누구란 말인가? 그는 진실을 알 만한 전문가인 의사가 아니었다. 여성들을 지지하는 이들조차도 그가 권위가 부족하다는 걸 익히 알았다. 앨리스 해밀턴은 와일리에게 이렇게 서신을 보냈다. "이 문제를 공론화하는 사람이 호프만 박사라는 사실이 안타깝습니다. 그는 의사처럼 신뢰감을 주기 어렵습니다. 게다가 그가 수행한 조사는 철저하지 않을뿐더러 상대편 공격을 막아내기도 역부족일 겁니다."

여성들에게 필요한 사람은 챔피언이었다. 그들의 병을 정확히 진단할 수 있을 뿐만 아니라 권위까지 갖춘 의학전문가였다. 블럼 의사와 배리 의사 역시 나름 의심을 했지만 둘 다 라듐이 원인이라는 사실을 입증해내지는 못했다. 이 상황에서 무엇보다도 필요한 건 기업의 호주머니로부터 자유로울 수 있는 의학박사였다.

신은 때때로 신비한 방식으로 이 세상을 관장한다. 1925년 5월 21일, 뉴어크의 전차가 마켓 스트리트에서 멈춰 서자 타고 있던 사람들 사이에서 한바탕 소동이 있었다. 혼잡한 저녁 통근시간에 퇴근하던 사람들은 갑자기 바닥으로 쓰러진 남자를 위해 물러섰다. 전차가 멈춰 서자 그들은 남자가 바람을 좀 쐴 수 있게 문을 열자고 외쳤다. 친절한 승객들은 몸을 숙여 그의 이마를 닦아 주었다.

하지만 모두 허사였다. 남자는 바닥에 쓰러진 지 불과 몇 분 만에 숨을 거두고 말았다. 그의 이름은 조지 L. 워렌으로 에섹스 카운티의 수석의료원장이었다. 그는 에섹스 카운티 전 주민의 건강을 책임지던 의학계의 거물이었다. 지금 현재 전직 도장공들이 끊임없이 죽어가고 있는 뉴어크와 오렌지 지역 역시 이 카운티에 속해 있었다.

워렌이 사망하면서 그의 자리가 공석이 되었다. 수석의료원장이라는 고위 직책이 비게 된 것이다. 그의 자리를 채울 사람이 누가 되느냐에 따라 이 사건의 해결 방향이 달려 있었다.

18

임명은 만장일치로 이루어졌다. 이사회는 수긍하는 듯 고개를 끄덕이며 힘찬 악수를 건넸다.

'해리슨 마트랜드 박사, 자리에서 일어나 주시기 바랍니다.'

마트랜드 박사는 도공들의 사례에 진작부터 관심을 보인 바 있었다. 그는 배리의 환자들을 잠깐 만난 적이 있었다. 당시에는 문제의 원인을 파악할 수 없어서 "흥미를 잃었다."고 훗날 고백했지만 그 사례는 줄곧 그의 머릿속을 떠나지 않았다. 전하는 바에 의하면, 헤이즐 쿠저가 사망한 뒤 그는 사망 원인을 밝히기 위해 부검을 하려 했다고도 한다. 하지만 헤이즐의 남편 시어도어가 사랑하는 아내의 마지막 가는 길에만 온 정성을 기울이는 바람에 마트랜드가 관련 당국에 연락을 취하기도 전에 헤이즐의 시신은 묘지에 묻히고 말았다.

마트랜드는 지역 정치 세력의 방해도 받았을 것이다. 과거에 그의 조사 권한은 뉴어크 지역에 한정되어 있었다. 게다가 공장은 물론 많은 희생자들 역시 오렌지에 분포해 있었기 때문에 조사를 굳이 다른 지역으로 확대할 필요도 없었다. 하지만 새로 맡게 된 역할 덕분에 관할 영역이 넓어진 지금, 그는 문제의 뿌리를 들춰낼 힘을 얻게 되었다.

마트랜드는 특출한 능력의 소유자로 뉴욕 의과대학을 졸업했으며 자신이 수석 병리학자로 있는 뉴어크 시립병원에서 직접 실험실을 운영하고 있었다. 그는 아내와 두 자녀가 있었지만 여러모로 볼 때 일과 결혼한 사람 같았다. '주중과 주말 가리지 않고 일을 했고' 그것도 매일 밤늦게까지 일했다. 마트랜드는 마흔한 살로 턱 아래 살이 축 처진 '육중한 모습이었지만 기품이 있었다.' 머리는 밝은 갈색으로 관자놀이 부분만 회색이었으며 늘 납작하게 눌린 상태였다. 박사는 둥근 안경을 썼으며 '넥타이를 매지 않은 와이셔츠 차림'을 즐겼다. 패션 감각이 있던 그는 오픈카를 몰았으며 매일 아침 '축음기에서 나오는 시끄러운 스코틀랜드 백파이프 음악에 맞춰 운동했다.' 모두가 그를 해리슨이나 해리가 아니라 마트, 혹은 마티라고 불렀다. 공교롭게도 그는 셜록 홈스의 광팬이었다.

라듐 소녀들의 사건은 그처럼 뛰어난 의료계의 탐정에게도 미스터리였다.

마트랜드는 자신에게 주어진 새로운 역할을 진지하게 받아들였다. 그는 "검사관의 주요 역할 중 하나는 사람 목숨의 낭비를 막는 것이다."라고 말했다. 하지만 냉소적인 입장을 취하는 사람들은 이러한 선언은 그가 당시에 라듐 사건에 관심을 보인 이유와는 아무런 관련이 없다고 주장할는지도 모른다. 고위 공직자 지위의 전문가가 원인을 밝히려 발 벗고 나선 데는 달리 이유가 있었다고 말하고 싶을지도 모르겠다.

1925년 6월 7일, 처음으로 USRC의 남성 직원이 사망한 것이다.

마트랜드는 훗날 이렇게 진술했다. "내 관심을 끈 첫 사례는 레먼 박사였다."

레먼 박사는 USRC의 수석 화학자로 드링커 부부가 지난해 그의 손에서 검은 병변을 발견했을 때 그들의 걱정에 '코웃음을 치던' 사람이었다. 그는 서른여섯의 나이에 악성 빈혈로 사망했다. 병에 걸린 지 고작 몇 주밖에 되지 않아서였다. 레먼은 일반 빈혈 사례치고는 너무 빨리 사망하고 말았고 결국 마트랜드는 그의 부검을 시행해 달라는 요청을 받았다.

마트랜드는 라듐 중독을 의심했다. 하지만 레먼의 사체를 화학 분석한 결과 라듐은 발견되지 않았다. 전문적인 검사가 필요했다. 마트랜드는 크네프와 호프만이 불과 얼마 전에 그랬던 것처럼 라듐 분야의 권위자인 사빈 폰 소쵸키에게 협조를 요청했다. 그가 도움을 요청한 대상은 또 있었다. 그 지역에서 최고의 라듐 전문가를 어디에서 찾을 수 있을까? USRC는 어느 정도 알고 있지 않을까?

그리하여 마트랜드와 폰 소쵸키는 USRC의 호워드 바커와 함께 라듐 공장의 실험실에서 레먼의 조직과 뼈를 검사했다. USRC는 협조의 대가로 검사 결과를 비밀에 부칠 것을 약속받았다.

검사는 성공적이었다. 박사들은 레먼의 뼈를 재로 만든 뒤 전위계라는 장치로 이 뼈를 검사했다. 그들은 이 과정에서 의학계에 새로운 역사를 쓰게 된다. 최초로 체내의 방사선량을 측정한 것이다. 그들은 레먼이 라듐 중독으로 사망했다는 사실을 밝혀냈다. 그의 시신은 방사능으로 가득 차 있었다.

폰 소쇼키는 마트랜드에게 도공들을 도와달라고 요청했다. 크네프 의사 역시 비슷한 요청을 했다. 그리하여 레먼이 사망하고 난 뒤 며칠 후 마트랜드는 세인트 메리 병원을 방문해 마거리트 카러프라는 용감한 젊은 여성을 만났다.

그녀는 나약한 모습으로 병원 침대에 누워 있었다. 축 처진 검은색 머리가 놀랄 만큼 창백한 얼굴을 감싸고 있었다. 당시 '마거리트의 구개[1]는 너무 심각하게 썩어 문드러진 상태라 비강[2]까지 휑하니 드러나 있었다.' 언니 사라 메일레퍼 역시 마거리트를 방문한 참이었다.

사라 메일레퍼는 이젠 통통한 편이 아니었다. 지난 몇 년 사이에 체중이 부쩍 줄었다. 걱정이었다. 사라는 심하게 앓고 있는 동생도 걱정이었다. 이제 열네 살인 딸도 걱정이었다. 모든 엄마들이 그렇듯 그녀는 자신에 대해서는 좀처럼 걱정하지 않았다.

사라는 일주일 전부터 몸에 쉽사리 멍이 들었다. 정확히 말하면 그게 다가 아니었다. 몸 전체에 검푸른 반점이 생겼다. 이렇듯 자신도 무척 아팠지만 방문 시간을 놓치고 싶지 않았던 그녀는 기어코 동생을 보러 왔다. 쓰러질 것 같았지만 지팡이에 의존한 채 절뚝거리며 계단을 걸어 올라갔다. 사라는 이도 아팠다. 하지만 자신보다 훨씬 더 아픈 동생이 있었다. 사라는 잇몸에서 고통스레 피가 나기 시작했음에도 자기보다 죽음의 문턱에 훨씬 더 가까이 다가간 동생 생각뿐이었다.

마트랜드는 카러프 집안 소녀들을 만났을 때 마거리트가 사라보다 훨씬 더 아프기는 했지만 사라 역시 상태가 꽤 심각한 것을 알아차렸다. 사

---

1. [역주] 구강에서 코와 입을 분리하는 위쪽 천장부분
2. [역주] 얼굴의 가운데, 코의 등 쪽에 있는 코 안의 빈 곳

라에게 물어보자 그녀는 검푸른 반점 때문에 너무 아프다고 털어놓았다.

마트랜드는 검사를 시행했다. 사라의 빈혈 증상은 심각했다. 박사는 사라에게 검사 결과를 말해 주었다. 턱 상태에 대해서도…. 마침내 자신의 상태가 얼마나 심각한지 깨닫게 된 사라는 '급속도로 악화되었고' 결국 병원에 입원하게 되었다. 하지만 최소한 혼자가 아니었다. 사라와 마거리트는 같은 병실에 입원했다. 자매는 같은 병실에 나란히 누운 채 그들 앞에 다가올 미래와 맞섰다.

병원의 주치의는 사라의 상태가 급속도로 악화되는 것을 염려해 그녀를 꼼꼼히 진찰했다. 사라는 왼쪽 얼굴이 부어 있었으며 분비샘이 뜨겁게 달아올라 터질 듯 말랑말랑한 상태였다. 열은 39도에 달했고 저녁에는 41도까지 올라갔다. 이제 입안에서도 병변이 보였다. 사라는 '대단히 위독해' 보였다.

마트랜드는 라듐이 병의 원인인지 살펴보기 위해 이 두 자매를 검사하고 싶었다. 하지만 그가 아는 유일한 검사 방법, 즉 그와 폰 소쵸키, 바커가 시행한 방법을 사용하려면 뼈를 태워서 재로 만들어야 했다. 살아 있는 환자에게 그럴 수는 없는 노릇이었다.

방법을 고안해낸 건 폰 소쵸키였다. 여성들의 몸에 방사능이 있다면 그들은 이를 입증할 수 있는 검사 방법을 고안하기만 하면 됐다. 마트랜드와 폰 소쵸키가 주축이 되어 발명한 이 검사는 도공들의 신체를 검사하기 위한 특수한 목적으로 만들어졌다. 이제까지 이런 방법으로 살아 있는 환자를 검사하려 시도한 의사는 아무도 없었다. 훗날 마트랜드는 한 전문의가 그보다 앞서 이와 비슷한 방법을 시도한 적이 있다는 사실을 알게 되었다. 하지만 1925년 6월, 마거리트 카러프의 목숨이 촌각을 다투는 상황에서 그는 다른 과학자 발명품의 존재를 모르는 상태에서 새로운 검사 방법을 창조한 것이다. 정말로 특출한 재능을 지닌 사람이었던 게 분명하다.

이들은 두 가지 방법을 고안했다. 하나는 감마선 테스트였다. 전위계 앞에 환자를 앉혀놓고 환자의 골격에서 나오는 감마선을 읽는 방법이었다. 또 다른 방법은 호기(呼氣) 검사였다. 환자가 호흡관을 통해 전위계에 숨을 불어 넣으면 전위계로 라돈[1]의 양을 측정하는 방법이었다. 라듐이 부패하면 라돈 가스가 되기 때문에 여성들의 턱뼈에 라듐이 있다면 그들이 숨을 내쉴 때 독성 가스가 내뿜어질 거라는 생각에서 탄생한 방법이었다.

박사들은 그들이 발명한 장치를 마거리트에게 시험하기 위해 병원으로 가져갔다. 하지만 그곳에 도착했을 때 그들이 첫 검사 대상으로 지목한 것은 사라 메일레퍼였다.

병원에 입원해 있었지만 사라의 상태는 호전되지 않았다. 사라는 6월 14일에 수혈을 받았지만 상태가 급격히 안 좋아졌고 동생과 함께 쓰던 병실에 더는 머물 수가 없었다. 마거리트가 언니의 행방을 묻자 간호사들은 그녀가 '특별 치료를 받기 위해' 옮겨졌다고 말했다.

틀린 말은 아니었다. 사라가 받으려는 검사는 특별했다. 사라는 체내에 라듐이 있는지 파악하기 위해 검사를 받는 최초의 도공이었다. 온갖 추측의 옳고 그름 여부를 판명할 수 있는 최초의 여성이 될 터였다.

---

1. [역주] 유해 방사성 분자

진실의 순간이었다.

마트랜드와 폰 소쵸키는 세인트 메리 병원의 병실에 장비를 설치했다. 그들은 우선 사라의 몸을 검사했다. 사라가 침대에 힘없이 눕자 마트랜드는 전위계를 그녀의 가슴에서 46센티미터가량 떨어진 곳에 들고 그녀의 뼈를 검사했다. '정상 누출치'는 60초에 10이었다. 사라의 몸에서 감지된 양은 동일한 시간에 14였다. 라듐이 있는 게 확실했다.

그들은 이제 사라의 호흡을 측정했다. 정상 수치는 30초에 5였다. 하지만 이 검사는 사라의 약한 몸 위에 측정 장비를 들고 있는 것처럼 단순하지가 않았다. 이 검사를 하려면 그녀의 도움이 필요했다.

사라는 아주 나약해진 상태였기에 이 검사를 시행하는 게 쉽지 않았다. "환자는 거의 빈사 상태로 죽어가고 있었다."고 마트랜드는 기억했다. 사라는 제대로 숨을 쉴 수 없었다. '5분 동안 계속해서 숨을 내쉬기란 더욱' 그랬다.

하지만 사라는 포기할 줄 몰랐다. 그녀가 검사 목적을 알았는지는 확실치 않았다. 자신의 주위에서 무슨 일이 일어나고 있는지 알기나 했는지 의문이다. 하지만 마트랜드가 기계에 숨을 쉬라고 요청하자 사라는 최선을 다해 숨을 뱉었다. 들이쉬고… 내쉬고… 들이쉬고…내쉬고. 사라는 계속해서 반복했다. 맥박이 빨라지고 잇몸에서 피가 나고 다친 다리가 아프고 쑤셔도 멈추지 않았다. 들이쉬고… 내쉬고… 들이쉬고… 내쉬고. 사라 메일레퍼는 숨을 쉬었다. 그녀는 지친 상태로 다시 침대에 누웠고 의사는 결과를 확인했다.

검사 결과, 수치는 15.4였다. 사라가 내쉬는 숨마다 라듐이 들어 있었다. 그녀의 고통스러운 입을 통해 라듐이 흘러나왔다. 라듐은 그녀의 치아 사이를 회오리쳐 혀 전체를 휘감으며 속삭이고 있었다. 끝없는 라듐의 속삭임.

사라 메일레퍼는 전투적인 여자였다. 하지만 사라가 이길 수 없는 싸움도 있었다. 검사를 마친 박사들은 1925년 6월 16일, 그녀의 병실을 떠났다. 그들은 사라의 패혈증이 악화되는 것을 보지 못했다. 새로운 멍이 사라의 몸에 우후죽순으로 생겨나며 혈관이 터지기 시작했다. 입에서 계속해서 피가 나왔고, 잇몸에서는 고름이 새어 나왔으며, 아픈 다리는 계속 통증을 유발했다. 모든 것이 끊임없는 고통의 근원이었다. 사라는 더 이상 견딜 수 없었다. 결국 사라는 '의식이 혼미'해지더니 정신을 잃고 말았다.

하지만 그 상태는 얼마 가지 않았다. 6월 18일 새벽, 병원에 입원한 지 겨우 일주일 만에 사라는 사망하고 만다.

그날, 마트랜드는 부검을 시행했다. 결과는 몇 주 후에 나올 예정이었다. 이번에는 비밀로 유지해야 할 필요가 없었다. 그는 사라가 사망한 날, 최근 사망 사건에 대한 소식을 듣기 위해 모인 기자들에게 말했다. "현재로서는 추측밖에 할 수 없습니다. 메일레퍼 양의 사체에서 뼈와 장기를 추출해 재로 만든 뒤 방사성 물질을 측정하는 최고의 장비를 투입해 광범위한 실험을 시행할 것입니다." 그는 사라의 전 고용주를 겁에 질리게 만들려는 듯 말을 이어갔다. "제 추측이 맞는다면 이 중독은 서서히 퍼지는 습성이 있어서 때로는 그 모습을 드러내기까지 아주 오랜 시간이 걸리기도 합니다. 따라서 이제까지 발견되지 않고 시간이 흘러 왔을 수 있습니다." 그 시간이 이제 종착지에 다다르고 있었던 것이다. 하지만 마트랜드는 성급하게 결론을 내리지 않았다. "현재로서는 이론상으로밖에 말씀드릴 수 없습니다. 확실히 입증되기 전까지는 상업적 분야에서 '라듐 중독'이 존재한다고 공식발표는 하지 않겠습니다." 하지만 이 마지막 말에 내포된 말은, 일단 입증만 되면…이었다.

그의 인터뷰는 전국적으로 보도되었다. 사라의 사망 소식은 《뉴욕타임스》 전면에 실렸다. 하지만 전 세계가 그녀의 죽음을 알게 된 가운데 이 사실을 모르던 한 사람이 있었다.

사라의 동생 마거리트였다. 마거리트는 언니가 함께 쓰던 병실을 떠난 6월 15일 이후로 언니를 보지 못했다. 마거리트는 간호사들에게 언니의 상태를 몇 번이나 물었다. 언니가 무너져 내리는 걸 보았지만 희망을 놓지 않았던 게 분명했다. 사라는 늘 강했던 언니다. 게다가 마거리트가 오랫동안 투병해온 것에 비교하면 기껏해야 며칠 정도 아팠었지 않은가.

언니에 관해 물었을 때 간호사들은 대답을 회피했다. 하지만 6월 18일, 신문들이 사라의 죽음을 앞다투어 보도하던 날, 마거리트는 아무 생각 없이 간호사에게 신문을 보여 달라고 했다.

"안 돼요." 간호사는 마거리트가 끔찍한 소식을 접하게 하고 싶지 않았다.

"왜요?" 이유를 묻는 건 당연했다.

결국 간호사들은 사라가 죽었다는 사실을 말해 줄 수밖에 없었다. "마거리트는 이 소식을 용감하게 받아들였고 언니의 장례식에 참석하지 못한 것을 안타까워했습니다." 장례식에 참석할 수 있을 만한 몸 상태는 전혀 아니었지만….

사라의 사망신고를 한 건 아버지 스테판이었다. 장례식을 주관하고 아직 미성년자인 손녀 마거리트를 돌본 것도 그였다. 그는 사라의 시신이 담긴 관이 6월 20일 토요일, 오후 2시가 조금 지나 로렐 그로브 묘지에 묻히는 광경을 묵묵히 지켜보았다.

사라는 서른다섯 살이었지만 그에게는 늘 어린 소녀였다. 그런 딸이 죽었다.

19

사라가 묘지에 묻히기도 전에 회사는 책임을 회피하고 나섰다.

비트_{부사장}는 언론을 통해 진술서를 공개했다. "'라듐 중독'의 위험이 존재할 가능성이 아주 조금은 있다."는 내용이었다. 비트는 USRC가 새로 고용한 플린 박사를 언급하며 말했다. "저희는 신뢰할 수 있는 전문가를 고용해 조사를 시행했습니다." 또한 그는 사라가 공장에서 일하는 동안 라이프 익스텐션 연구소에서 시행한 검사를 받았었다고 덧붙였다. USRC가 드링커 박사의 보고서를 무시하기로 한 1924년 6월 당시의 태도를 고수하며 "검사 결과, 사라의 상태는 평범한 산업 노동자와 별다를 바 없었다."고 주장했다. "레먼 박사와 사라 메일레퍼의 사망 원인이 동일하다고 생각하는 것은 말도 안 됩니다. 사라는 레먼 박사가 1년 동안 다룬 라듐의 절반도 안 되는 양을 백 년 동안 다룬 정도입니다. 그건 너무 극소량이라 위험할 수가 없습니다."

하지만 아무리 극소량이라 할지라도 그 흔적이 여전히 남아 있었다.

마트랜드가 발견한 바로 그 흔적 말이다. 사라가 사망한 지 9시간 후에 부검이 시행되었다. 사라는 부검이 되는 최초의 시계 숫자판 도공이었다. 의문의 죽음을 밝히기 위해 전문가의 손에 낱낱이 파헤쳐질 최초의 라듐 소녀였다.

검시관은 사라의 사체를 머리부터 발끝까지 꼼꼼히 살펴보며 기록을 했다. 그는 사라의 입을 크게 벌린 뒤 입안을 들여다보았다. '오래되어 딱딱하게 굳은 검붉은 피'로 가득했다. 그는 사라의 왼쪽 다리도 살펴보았다. 사라가 3년 동안 절뚝거리던 왼쪽 다리는 오른쪽 다리보다 4센티미터나 짧았다.

박사는 사라의 장기를 꺼내 무게를 재고 치수를 측정했고, 뼈에서 살을 벗겨내 검사를 시행했다. 그는 뼛속을 들여다보았다. 혈액 생산의 중심인 골수도 살펴보았다. 건강한 성인이라면 골수가 보통 노란색을 띤 지방질이기 마련인데, '사라의 경우 골수 전체가 검붉었다.'

마트랜드는 의사였다. 그는 병원에서 암을 치료하는 데 라듐이 사용되는 것을 본 적이 있었고 작동 원리를 잘 알고 있었다. 라듐은 3가지 유형의 광선을 계속해서 방출했다. 알파, 베타, 감마선이었다. 알파선은 파장이 짧은 광선으로 얇은 종이판으로도 차단할 수 있었다. 베타선은 침투율이 조금 더 높아서 납 판(현대 과학에서는 알루미늄 판)으로 차단이 가능하다. 감마선은 침투율이 아주 높다. '라듐 전문가들이 마술이라고 말하는 건 바로 이 감마선이다.' 라듐이 의학적인 가치를 지니는 이유 역시 감마선 때문이다. 감마선은 우리 몸 안을 돌아다니며 암까지 직행할 수 있다. 실험실에서 근무하는 직원들이 납으로 만든 앞치마를 입고 일하는 이유는 감마선과 베타선 때문이었다. 알파선은 걱정할 필요가 없었다. 피부를 뚫을 수 없기 때문에 신체에 피해를 줄 수 없었다. 그러나 동시에 전체 광선의 95퍼센트를 차지하는 이 '알파선은 생리학적으로, 생물학적으로 베타선이나 감마선보다 훨씬 자극적'이었다. 즉, 최악의 광선인 것이다.

마트랜드는 이제 깨달았다. 사라 메일레퍼의 몸에 침투한 알파선은 얇은 종이나 피부에 의해 차단되지 않았다. 그 어떤 것에 의해서도 차단되지 않았다. 라듐은 바로 뼛속 한가운데로 직행하여 그녀의 골수 가까이 어딘가에 잠복하고 있었던 것이다. 사라의 골수는 방사선 저장고에서 뿜어나오는 광선의 폭격을 끊임없이 받고 있었다. 마틀랜드는 훗날 "방사선 침적물과 혈액이 만들어지는 골수 간의 거리가 0.25밀리미터 정도밖에 되지 않았다."고 말했다.

라듐의 공격을 피할 수 없었던 것이다.

'알파선의 강력한 힘, 우리가 아직 이해하지 못했지만 눈에 보이지 않는 강력한 힘'을 목격한 마트랜드는 사라가 취급했던 라듐의 양이 얼마나 '극소량'이었는지는 중요하지 않다는 사실을 깨닫게 되었다. 마트랜드는 검사를 통해 사라의 몸에 180마이크로그램의 라듐이 들어 있다고 추측했다. 아주 소량이었다. 하지만 그걸로 충분했다. '인체에 영향을 미치지 않는다고 여겨졌던 광선 때문'이었다.

그는 계속해서 검사했다. 그리고 그 누구도 감지하지 못했던 새로운 사실을 발견했다. 모든 도공들이 괴사를 겪은 턱과 치아뿐만 아니라 사라의 장기와 뼈에 대한 검사를 통해서였다.

사라의 **뼈**와 장기 모두 방사능으로 뒤덮여 있었다.

사라의 비장과 간, 불구가 된 왼쪽 다리 모두! 사라의 몸 전체에서 방사능이 감지되었지만 특히 다리와 턱**뼈**에서 '상당량의 방사능'이 감지되었다. 그녀의 증상이 보여 주듯 가장 심하게 피해를 본 부위였다.

이것은 아주 중요한 발견이었다. 험프리스 박사는 자신이 목격한 사례들을 연결짓지 못했었다. 여성들 모두 아픈 부위가 각기 달랐기 때문이었다. 어떻게 그레이스 프라이어의 아픈 등을 제니 스토커의 무릎에 나타난 기이한 병변이나 퀸타 맥도날드의 엉덩이 관절염과 연관 지어 생각할 수 있었겠는가? 하지만 여성들을 괴롭힌 범인은 전부 한 가지였다. 그들의 **뼈**로 직행한 라듐이었다. 일단 **뼈**로 들어간 라듐은 거의 충동적으로 주요 정착지를 결정하는 것 같았다. 그 결과 어떤 여성들은 발이 아팠고 또 어떤 여성들은 턱이나 척추가 아팠던 거였다. 의사들을 철저히 속였지만 모든 것의 원인은 동일했다. 라듐이었다.

이제 최종 실험만 남은 상태였다. 마트랜드 박사는 훗날 이렇게 기억했다. "나는 메일레퍼 부인의 대퇴골을 비롯한 여러 부위의 **뼈**를 일부 떼어내 그 위에 덴탈 필름[1]을 올려놓았다. **뼈**의 다양한 부위에 필름을 감고 상자에 넣어 암실에 두었다." 정상인의 **뼈**를 갖고 똑같은 실험을 했을 때는 서너 달 동안 필름을 올려놓아도 사진이 현상되지 않을 것이다.

하지만 사라의 **뼈**는 60시간 만에 필름에 현상이 되었다. 새카만 필름 위에 흰색의 안개 같은 뿌연 부분이 보였다. 소녀들이 오렌지 거리를 따라 퇴근할 때 어둠 속에서 반짝였던 것처럼 사라의 **뼈**는 검은 필름 위에

---

1. [역주] 치과용 X - 선 필름의 일종으로 치아 촬영에 이용된다

환한 이미지를 남겼다. 어둠 속에서 으스스한 광채가 빛나고 있었다.

마트랜드는 이 이상한 흰색 안개로부터 새로운 사실을 알게 되었다. 사라는 죽었지만 그녀의 뼈는 살아 있는 것처럼 보였다. 아무렇지도 않다는 듯 다량의 방사능을 뿜어내며 사진 건판에 이미지를 새겨 넣고 있었다. 물론 전부 라듐 때문이었다. 사라 자신의 생명은 짧았지만 그녀의 몸 안에 있는 라듐은 반감기가 1,600년이나 된다. 사라의 뼈 안에 들어 있는 라듐은 사라가 죽은 뒤에도 수 세기 동안 광선을 쏘게 될 거다. 라듐은 사라를 죽인 후에도 계속해서 그녀의 몸을 '매일, 매주, 매달, 매년' 폭격하고 있을 터다.

폭격은 오늘날까지도 계속되고 있다.

마트랜드는 작업을 멈추고 깊은 생각에 잠겼다. 사라뿐만 아니라 동생 마거리트를 비롯해 배리의 진료실에서 본 다른 소녀들을 떠올렸다. 그리고 '이 라듐 침적물을 제거하거나 변화시키거나 중성화시킬 방법에 관해 아직 알려진 바가 없다는 사실'을 떠올렸다.

크네프 의사의 생각도 같았다. "라듐은 파괴할 수 없습니다. 며칠이나 몇 주, 몇 달 동안 라듐에 불을 지펴 봐도 아무런 변화가 없을 것입니다." "이것이 사실이라면… 인체에서 그걸 어떻게 제거해야 한단 말인가?"라는 데까지 마트랜드의 생각이 옮겨갔다.

소녀들은 지난 수년 동안 진단을 기다려 왔다. 무엇이 문제인지 말해 줄 그 누군가를 찾고 또 찾아왔던 것이다. 그들은 문제의 원인만 파악되면 의사들이 치료해 줄 수 있을 거라고 믿어 의심치 않았다.

하지만 마트랜드 박사가 지금 알고 있는 바와 같이 라듐 중독은 치유가 불가능하다.

마트랜드 박사는 검사를 마친 뒤 자신이 입증한 사망 원인을 공개했다. 그는 "사라가 야광 페인트를 흡입한 뒤 급성 빈혈로 사망한 게 확실하다."고 말했다.

이는 적절한 방법으로 검사를 마친 최초의 사례였으므로 의사들 사이에서 큰 화젯거리가 되었다. USRC의 기업 의사인 플린 박사는 마트랜드에게 즉시 서신을 보냈다. "메일레퍼의 조직을 일부 받아 볼 수 있을까요? 실험실 동물의 조직과 비교해 보고 싶습니다. 이 동물들은 몇 주 후에 안락사시킬 예정입니다." 드링커 박사 또한 이 사례를 흥미롭게 지켜보고 있었다. 그는 USRC와의 싸움을 끝내지 않은 상태였다. 아서 로더가 약속을 지키지 않았기 때문이다.

드링커 박사와 노동부를 상대로 한 골치 아픈 문제의 처리를 맡은 사람은 회사 변호사 조셉 스트라이커였다. 그는 보고서를 갖고 로치(노동부 차관)를 방문하기는 했다. 하지만 로치에게 복사본을 주지는 않았다. 변호사는 대수롭지 않다는 듯 말했다. "언제든 제 사무실에 오시면 보실 수 있습니다." 스트라이커는 보고서를 건네주지 않은 채 로치의 사무실을 나섰다. 그는 "노동부가 복사본을 정 원한다면 한 부 주겠다."고 덧붙였다.

노동부는 당연히 복사본을 요청했다. 하지만 기업은 로치가 아닌, 그의 상사 맥브라이드(노동부 장관)에게 복사본을 보냈다. 캐서린 와일리가 개입한 것에 분노해 로치를 질책했던 인물이었다.

이 사실을 알게 된 드링커 박사는 분노했다. 그는 사라 메일레퍼가 사망한 날 로더에게 서신을 보냈다. "내 보고서를 즉시 공개하겠소." 그는 이제 속된 말로 '죽이 되든 밥이 되는' 출간할 계획이었다. 출간하고 욕 보더라도. 하지만 스트라이커는 이에 곧바로 대응했다. 출간하면 고소당할 거라고.

로더와 스트라이커가 드링커 박사를 쫄게 만들었다고 생각했다면 완전히 착각한 거였다. 드링커 박사의 남동생도 유명한 기업 변호사였다. 드링커 박사는 동생에게 기업의 협박에 대해 어떻게 생각하느냐고 물었고, 동생은 '고소하라고. 그럼 욕볼 거라고' 말하라고 조언해 주었다. 그래서 드링커 박사는 한번 해 볼 테면 해 보라며 보고서를 공개하기로 결정했다.

그리하여 1924년 6월 3일에 작성된 드링커 박사의 보고서는 1925년 8월에 드디어 세상의 빛을 보게 되었다. 게시날짜는 호프만통계학자이 자신의 연구를 공개하기 5일 전인 5월의 어느 날로 했다. 여성들의 병과 방사능 페인트 사이의 관계를 먼저 발견한 인물이 드링커 박사라는 사실을 인정받기 위해서였다. 구체적 날짜야 어쨌든, USRC에 보낸 지 거의 1년 만에 공개된 거였다. 논평가들은 이 보고서에 관해 훗날 이렇게 말했다. "하버드 연구진이 작성한 이 보고서는 이 공장의 상황을 개선하는 데 이용할 수 있는 아주 중요한 과학 문서로, 동일한 라듐 배합물을 활용하는 다른 제작업체들에게 잠재적으로 치명적일 수 있는 라듐의 독성에 관해 경각심을 줄 것으로 기대된다. 과학적인 측면에서, 그리고 인류의 건강을 지킨다는 측면에서, 이 보고서는 진작 공개되었어야 했다. …하지만 이는 철저히 비밀에 부쳐져 왔다."

기업은 이제까지 모두를 어둠 속에 가둬 두고자 했던 것이다. 노동부와 의학계, 그리고 그들이 죽음의 파멸로 이끈 여성들까지… 그 모두를! 하지만 드디어 그 어둠을 헤치고 진실의 빛이 홍수처럼 밀려오고 있다. 라듐 지지자들의 방해에도 불구하고 여성들을 위한 노력은 마침내 탄력을 받고 있었다. 소녀들을 위해 싸워 준 걸출한 챔피언 마트랜드 박사는 최초의 총알받이가 기꺼이 돼 주었다. 라듐 찬성론자들은 마트랜드의 명성을 깎아내리기 위해 갖은 애를 썼다. '라디터'를 개발한 윌리엄 베일리는 "라듐에 관해 일자무식하며 초등학생보다도 아는 게 없는 의사들이 라듐이 해로운 영향을 미친다고 주장하며 언론의 환심을 사려 한다. 그들의 주장은 터무니없다!"며 신랄한 비난을 퍼부었다. 베일리는 "나는 공장에서 사용되는 라듐을 한 달 동안 기꺼이 마셔 보이겠다."고 덧붙였다.

USRC 역시 재빨리 조치를 취했다. 회사 대변인은 오만하게 말했다. "라듐은 미스터리한 특성 때문에 상상력을 불러일으키기 쉽다. 작금의 소란스러운 대중의 반응은 사실에 근거한 것이 아니라 라듐의 이러한 속성 때문인 것으로 보인다." 로더 역시 이러한 논쟁에 끼어들었다. 그는 여성들 중 상당수가 일을 시작할 때부터 '건강하지 못한' 상태였으며 그렇기 때문에 회사를 비난하는 것은 불공평한 처사라고 주장했다. USRC가 공격한 대상은 여성 희생자들뿐만이 아니었다. 대변인은 레먼 박사역시 "공장에서 일을 시작할 때 건강이 양호한 상태는 아니었다."고 말했다.

하지만 호프만의 보고서에서부터 사라의 죽음, 그리고 드링커의 보고서에 이르기까지 이제 상황은 걷잡을 수 없이 돌아가고 있었다. 예전에는 진상 규명을 꺼리던 앤드루 맥브라이드_{노동부 장관}조차 태도를 바꿔 맞장구를 쳐댔다. 그는 오렌지 공장을 손수 방문해 드링커 박사의 안전 지침이 왜 시행되고 있지 않은지 물었다. 회사는 "드링커 박사의 안전 지침에 전부 동의하는 것은 아니며, 그중 상당수는 이미 시행 중이었던 것도 있고 일부는 비현실적인 것들이었다."라고 말했다.

맥브라이드는 굴하지 않았다. 그는 "인간의 목숨은 경시하거나 낭비하기에는 너무도 중요하다. 보호할 수 있다면 반드시 그렇게 해야 한다."고 말했다. 그리하여 기업이 드링커의 안전 지침을 시행하지 않을 경우 "공장을 폐쇄하도록 명령할 것이다. …어떤 대가를 치르더라도 안전 지침을 따르거나 아니면 공장을 닫도록 만들 것이다."라고 선언했다.

오랫동안 여성들을 지원해온 사람들이 바라던 대로 상황이 완전히 뒤집혔다. 헤이즐 쿠저에게 영적인 위안을 주었던 칼 쿰비 신부는 권위 있는 누군가가 드디어 개입하는 것을 보고 안도했다. 마트랜드 박사의 보고서가 동부 지역에 널리 보도되자 그는 박사에게 서신을 보내 이렇게 말했다. "훌륭한 일을 해 주신 것에 관해 제가 얼마나 감사한지 모르실 겁니다. 성공을 빌며 수많은 사람을 대신해 감사를 전합니다."

하지만 가장 큰 변화를 겪은 건 당연히 도장공들이었다. 사라가 세상을 떠난 직후, 마트랜드는 측정 장비를 다시 세인트 메리 병원으로 가져갔다. 이제 마거리트 카러프가 검사받을 차례였다. 마트랜드는 그녀의 뼈에도 라듐이 숨어 있을 거라 확신했다.

마거리트는 검사 당일 '최악의 상태'였다. 늘 그렇듯 입이 가장 큰 문제였다. 마트랜드 박사는 이제 라듐의 알파선이 그녀의 턱뼈에 천천히 구멍을 뚫고 있다는 사실을 알았다. 마거리트는 통증에도 불구하고 호흡

관에 입을 대고 숨을 내쉬었다. 언니가 그랬던 것처럼 안간힘을 다해 멈추지 않고 숨을 쉬었다. 들이쉬고… 내쉬고. 마거리트가 검사를 받던 날, 정상 수치는 50분에 8.5였다(정상치는 습도를 비롯한 기타 요인에 따라 바뀐다). 검사 결과, 그녀의 수치는 동일한 시간에 99.7이었다.

'최소한 소송에는 도움이 되겠구나.' 마거리트는 생각했다.

그녀는 승소해야 할 이유가 이제 더 많아졌다. 사라가 사망한 후 가족들은 사라의 사례 역시 소송에 추가했다. USRC는 이제 세 가지 소송에 맞서 싸우고 있었다. 마거리트, 헤이즐, 사라의 소송이었다. 그중 마거리트는 유일한 생존자였기 때문에 소송에 도움이 될 수 있는 일이라면 뭐든 하고 싶었다. 자신뿐만 아니라 언니를 위한 일이기도 했다. 그것이 마거리트가 살아야 할 이유, 싸워야 할 이유, 고통을 참고 견뎌야 할 이유였다. 마거리트가 세인트 메리 병원에 있는 동안 캘릿치&캘릿치의 이시도어 캘릿치 변호사는 병상에 누워 있는 그녀를 인터뷰했다. 무슨 일이 일어나더라도 소송을 계속 진행하려면 공식적인 증언을 남겨두어야만 했다.

하지만 고통받고 있는 여성은 헤이즐, 사라, 마거리트뿐만이 아니었다. 마트랜드는 그 사실을 알았지만 이들이 전면에 나서도록 연락할 방법을 몰랐다. 일부는 치과의사나 내과 의사를 통해 겨우 연락이 닿았지만 일부는 캐서린 와일리라는 젊은 여성을 통해 연락을 취할 수 있었다.

캐서린 샤웁은 훗날 이렇게 회상했다. "1925년 여름, 고통에 신음하고 있을 때, 와일리 양이 다시 집으로 전화를 했어요. 그녀는 제 사례에 관심이 많았지요. 제가 아프다는 소식을 들었던 거죠. [그녀는] 저더러 에섹스 카운티의 조사관을 만나 진찰을 받아 보라고 말했어요."

캐서린은 이미 오랫동안 병에 시달리고 있었다. 아이린에게 일어난 일을 직접 목격했고, 사라의 죽음도 신문에서 읽었다. 캐서린은 어리석지 않았다. 와일리 양이 전화한 이유뿐만 아니라 마트랜드 박사가 뭘 찾아내고자 하는지도 알았다. 캐서린은 동생 조지핀에게 나직이 말했다. "나도 라듐 중독인 것 같아."

캐서린은 새로운 옷을 입어보듯 이 단어를 마음속으로 음미해 보았다. 라듐은 피부처럼 그녀에게 딱 들러붙어 있었다. 하지만 이상했다. 캐서린은 그해 여름을 잘 보내고 있었기 때문이었다. 캐서린은 이제 더는 아파 보이지도 않았다. 턱 통증도 없었고 입의 염증은 전부 사라진 상태였다. 수술한 뒤에는 위의 상태도 훨씬 나아졌다. '캐서린의 건강은 전반적으로 괜찮았다.' 그럴 리가 없다. 라듐 중독일 리가 없다. 친구들은 전부 죽었지만 자신은 여기 이렇게 살아 있지 않은가. 확인할 방법은 단 한 가지였다. 결국 캐서린 샤웁은 마트랜드 박사를 찾아가기로 했다.

캐서린뿐만이 아니었다. 퀸타 맥도날드 역시 최근 자신의 건강 상태가 점점 더 걱정되었다. 그녀가 가장 자신 있게 내보이던 치아는 점차 헐거워지더니 저절로 빠져나왔다. 손 위로 툭 하고 떨어졌다. 아이러니하게도 그녀의 딸 헬렌 역시 젖니를 가는 중이었다. 퀸타는 훗날 이렇게 말했다. "고통은 참을 수 있어요. 하지만 이가 빠지는 게 너무 싫어요. 윗니는 너무 헐거워 금방이라도 떨어질 것 같아요."

새로 나타난 문제를 해결하고자 퀸타는 크네프 의사를 찾아갔다. 몰리 언니를 치료해 주었던 친절한 치과의사였다. 크네프는 마트랜드 박사와 함께 마거리트를 치료하고 있었다. 그는 퀸타가 마트랜드의 특별 진료를 받을 수 있도록 주선해 주었다. 퀸타의 뒤를 이어 그레이스 프라이어도 왔다. 그레이스는 이제 턱은 괜찮았으나 등의 통증이 갈수록 심해지고 있었다.

하나둘씩 마트랜드 박사를 찾아갔다. 캐서린, 퀸타, 그레이스. 그들은 사라나 마거리트, 레먼 박사처럼 심각한 상태는 아니었다. 죽음의 문턱에 선 상태도 아니었다. 그들은 마트랜드 박사가 전위계로 그들의 몸을 스캔할 때도, 호흡관에 숨을 불어넣으라고 요청할 때도, 그리고 그들의 뼈 안에서 무슨 일이 일어나고 있는지 고자질해 줄 빈혈 증상을 검사할 때도 미동 없이 가만히 앉아 있었다.

그들 모두에게 박사는 똑같이 말했다. 그레이스는 이렇게 기억했다. "박사님은 제 몸 안에 방사성 물질이 있다고 말했어요." 퀸타가 말했다. "박사님은 라듐이 몸 안에 있기 때문에 제가 이렇게 아픈 거라고 말씀하셨어요."

그는 치료방법이 없다고 말했다.

이러한 소식을 받아들이려면 숨을 깊이 들이쉬어야 했다. 들이쉬고… 내쉬고.

그레이스는 이렇게 기억했다. "진단 결과를 들었을 때, 그리고 치료할 수 없다는 얘기를 들었을 때…" 그녀는 말꼬리를 흐렸다가 결국 다시 말을 이어갔다. "저는 충격에 빠졌죠. …주위 사람들을 떠올리며 스스로에게 말했죠. '널 다시는 볼 수 없겠구나.'"

그들 모두 같은 생각이었다. 퀸타는 아이들을 보러 집으로 가면서 같은 생각이 들었다. '너희를 다시는 못 보겠구나.' 캐서린은 아버지에게 처음으로 소식을 전하면서 생각했다. '아버지를 이제 다시는 못 보겠구나.'

하지만 캐서린은 진단을 통해 위안도 얻었다. "제 몸속에서 방사성 물질이 감지되었다는 말을 들었을 때, 생각보다는 겁이 덜 났어요. 최소한 이제는 어둠 속에서 헤매는 일은 없을 테니까요."

어둠 대신 이제는 빛이 있었다. 환하게 빛나는 영예로운 빛. 영롱하게 반짝이는 빛. 미래로 그들을 안내해 주는 빛이었다. 캐서린 샤웁은 통찰력 있게 말했다. "마트랜드 박사의 진단은 소송에 필요한 완벽한 법적 증거였죠."

여성들은 오랫동안 진실을 기다려 왔다. 상황은 드디어 그들에게 유리해졌다. 여성들은 사망선고를 받았지만 자신의 명분을 위해, 정의를 위해 싸우는 데 필요한 수단도 함께 부여받은 것이다.

캐서린 샤웁은 그 진단으로 "드디어 희망을 얻었습니다."라고 말했다.

2부

권력

20

해야 할 일이 많았다. 여름이 가기도 전에 마트랜드 박사는 산업재해 보상법을 개정하려는 캐서린 와일리의 노력에 힘을 보태 주었었다. 하지만 법을 바꾸는 것은 해야 할 일의 일부일 뿐이었다. 회사가 자신들의 목숨이 달린 문제를 얼마나 태만하게 다루어 왔는지 알게 된 여성들은 용서할 수 없었다. 그들도 인간일진대 기업 임원들이 어떻게 그럴 수 있었는지, 소녀 도장공들을 어떻게 소모품처럼 취급할 수 있는 것인지 이해가 가지 않았다. 인간이라면 양심상 립 포인팅 기법만큼은 금지했어야 했던 것 아닌가?

영리한 그레이스 프라이어는 자신에게 일어난 일들을 하나하나 되짚어보았다. 화가 치밀었다. 기업의 유죄를 확증하는 순간의 장면이 그레이스의 뇌리를 생생하게 스쳤다.

"그러지 마시오." 사빈 폰 소쵸키는 그녀에게 그렇게 말했었다. "아파질 거요."

그로부터 7년 후… 그레이스는 뉴어크 시립 병원 신세를 지고 있었다.

그레이스는 이제 깨달았다. 폰 소쵸키 씨는 알았었다. 그는 그때부터 지금까지 시종일관 알았던 것이다. 그 사실을 알고도 어떻게 도장공들이 숫자판을 칠하면서 서서히 스스로를 파괴해 나가도록 내버려 둘 수 있었단 말인가?

얼마 안 가 그레이스가 당사자에게 직접 이 질문을 할 기회가 생겼다. 1925년 7월, 마트랜드 박사가 그레이스와 퀸타를 상대로 방사능 검사를 시행할 때 그곳에 참석한 의사는 마트랜드만이 아니었다. 폰 소쵸키 역시 검사 장비 옆에 잠자코 앉아 여성들에게 내려지는 '사형선고'를 듣고 있었다. 마트랜드 박사의 입에서 "이 모든 문제는 …방사성 물질 때문"이라는 말이 들려오자 그레이스는 폰 소쵸키의 경고가 불현듯 떠올랐다.

그레이스는 아직 충격에 휩싸인 상태였지만 결연한 자세로 턱을 치켜든 채 한때 자신의 사장이었던 남자를 바라보았다.

"왜 말씀 안 해 주셨나요?" 그레이스가 물었다.

폰 소쵸키는 고개를 떨궜다. 그는 '라듐이 위험하다는 사실을 알았고 회사의 다른 직원들에게 이 사실을 경고했지만, 소용없었다'고 더듬더듬 말했다. 이보다 앞서 올해 초 폰 소쵸키는 '상황을 해결하려고 노력했지만 인사 담당 경영진이 반대했다'고 호프만통계학자에게 털어놓았었다.

폰 소쵸키는 그레이스에게 말했다. "이 문제는 제 손을 떠났습니다. 이제 로더 씨의 몫이죠. 그가 모든 문제를 관리하기 때문에 제가 할 수 있는 일이 없을 것 같네요."

소녀들도 할 수 있는 일이 없었다. 치명적인 병에 관해 할 수 있는 일이 없었다. 그건 확실했다. 그건 폰 소쵸키 역시 마찬가지였다. 그는 마트랜드 박사와 함께 그해 여름에 발명한 장치로 자신의 호흡을 실험해 보았다. 호기심에 그랬을 수도 있고 건강 상태가 좋지 않아 미심쩍어 그랬을 수도 있다. 어쨌든 검사 결과, 그의 숨결에는 그 어떤 환자보다도 더 많은 라듐이 함유되어 있는 것으로 나타났다.

그레이스는 처음부터 진단 결과를 용감하게 받아들였다. 마트랜드 박사의 진단 때문에 갑자기 다른 인생을 살고 싶지는 않았다. 그레이스는 늘 자신의 인생을 사랑했고 병에 걸린 것을 안 지금은 오히려 더욱 소중히 여기게 되었다. 그래서 진단 결과를 덤덤히 받아들인 채 평소처럼 지냈다. 일을 그만두지 않았고 습관도 바꾸지도 않았다. 계속해서 수영하러 다녔고 친구들과 어울렸으며 극장을 찾았다. "저는 포기 따위는 하지 않습니다."

퀸타 역시 친구 그레이스와 마찬가지로 '용감하게도 미소를 지으며' 이 소식을 담담하게 받아들였다고 한다. 정이 많았던 퀸타는 자신보다는 다른 친구들을 걱정했다. 시누이 에셀 브렐리츠는 이렇게 기억했다. "퀸타는 친구들이 자신처럼 고통받고 있다고 걱정했어요." 최소한 그녀에게는 자신을 꾸준히 돌봐 주는 크네프 의사가 있었다. 퀸타의 치아는 여름 내내 상태가 더욱 안 좋아졌고 퀸타는 크네프 의사의 진료에 더욱 의존하게 되었다.

그레이스와 퀸타, 캐서린 샤웁은 진단 결과를 듣자마자 USRC를 상대로 소송을 제기 하고 싶어졌다. 주체할 수 없을 정도로 쌓여가는 의료비를 충당하는 데 도움이 되지 않을까 하는 마음에서였다. 마거리트 카러프가 올해 초 성공적으로 소송을 진행했기 때문에 별로 어려운 일이 아닐 거라 생각했다. 정의를 구현하기 위한 싸움의 출발점은 마거리트의 변호사 이시도어 캘릿치였다. 퀸타가 가장 먼저 그를 만나러 갔다. 소송 같은 건 처음이었던 터라 퀸타는 약간의 두려움을 안은 채 절뚝거리는 다리를 이끌고 그의 사무실로 향했다. 퀸타는 자신의 사건을 간략하게 설명했다. 변호사는 그녀의 말을 주의 깊게 들은 뒤 나쁜 소식을 전했다. 공소시효 때문에 안 될 것 같다는 얘기였다.

새로 싸움을 시작하려는 소녀들은 고리타분한 문제에 부딪힌 것이다. 회사 측에서는 기존에 제기된 소송이 노동자보상국에서 다루어져야 한다고 주장하고 있고 노동자보상국이 속한 뉴저지주에서 적용하고 있는 공소시효는 5개월이었다. 마거리트는 USRC를 떠난 지 13개월 후에 소송을 진행했기 때문에 공소시효가 2년으로 조금 더 긴 연방법원으로 사건을 가져갔다. 마거리트는 다른 친구들이 떠난 뒤에도 오랫동안 회사에 남아 있었기 때문에, 즉 발병했을 때 회사의 직원이었기 때문에 소송이 가능했다. 하지만 퀸타는 1919년 2월까지만 회사에 다녔다. 이제 6년이 훨씬 지난 뒤에 소송하려는 거였다. 증상이 나타난 건 1923년이었고 라듐 중독이라는 진단을 받은 건 고작 몇 주 전이었지만 현행법에 따르면 4년이나 늦은 거였다.

법은 이 새로운 질병이 발현하는 데 수년이 걸린다는 사실 따위는 고려하지 않았다. 법은 법이었다. 법에 따르면 퀸타나 그레이스, 캐서린은 정의에 호소할 수 없었다. 적어도 이시도어 캘릿치의 해석은 그랬다. 퀸타는 그레이스와 캐서린에게 '할 수 있는 게 아무것도 없다'는 소식을 전했다.

모두가 억울하고 화나는 소식이었다. "다른 사람이 저지른 일에 왜 내가 대가를 치러야 한단 말인가…." 그레이스 프라이어는 이렇게 생각하고는 다른 변호사를 찾아가기로 했다. 한때 거래한 적이 있던 헨리 고트프리드였다. 하지만 고트프리드는 '소송을 진행하려면 상당히 많은 돈이 들 것'이라고 말했다. 그는 선불로 현금을 주지 않으면 아무것도 할 수 없다고 말했다. 그레이스는 막막했던 그때를 이렇게 기억했다. "하지만 전 돈이 없었어요! 계속해서 의사의 진료를 받아야 했거든요. 먼저 돈을 쥐여주지 않으면 변호사들은 이 문제에 아무런 관심을 보이지 않았어요. 무척이나 상심했죠."

변호사들이 이 사건을 맡지 않으려는 이유는 당연히 USRC가 지닌 막강한 영향력 때문이기도 했을 것이다. 법적인 문제도 문제였지만 상대는 막대한 재력에 연줄이 풍부한 기업이었다. USRC는 공무원들과 잘 알고 지냈으며 소송을 최대한 오래 끌 수 있을 만큼 자금도 풍부했다. 캐서린 샤웁은 말했다. "제가 연락한 변호사들은 모두 라듐 기업을 상대로 손해배상금을 받으려는 건 소용없는 짓이라고 했어요."

이 병에 언제 걸렸는지, 얼마나 최근에 걸렸는지도 문제였다. 라듐 테라피 사업이 이렇게 오랫동안 승승장구하고 있는데, 라듐이 여성들의 건강을 해쳤다는 주장을 곧이들어야 할까? 로더가 말한 것처럼 여성들이 기업에 '책임을 전가'하려는 책동일 수도 있지 않은가.

회사가 드링커 박사의 논문을 공개하지 않은 탓에 라듐과 여성들이 걸린 병의 연관 관계에 대한 연구가 대중들에게 공개된 건 고작 몇 주밖에 되지 않았다. 변호사들은 라듐 중독에 관해 들어본 적이 없었다. 해리슨 마트랜드 박사를 제외하고는 라듐 중독에 관해 아는 사람도 없었다.

마트랜드 박사는 여름 내내 여성들에게 직접 연락을 취해 최대한 많은 도움을 제공했다. 하루는 캐서린 샤웁이 아주 중요한 얘기를 나누기 위해 그의 연구실로 찾아 왔다. 캐서린은 늘 무언가를 쓰고 싶어 했다. 캐서린과 마트랜드 박사는 주제가 다소 섬뜩하기는 했지만 일단 함께 쓰기로 했다. 이들이 써 내려간 것에는 시간이 지나면서 훗날 이름이 붙었다.

'죽음의 명단'

마트랜드는 부검 보고서의 빈 페이지 뒷면에 명단을 적었다. 연필로 깔끔한 표를 그린 뒤 만년필을 집어 들어 검은색 잉크로 캐서린이 부르는 대로 받아적었다.

1. 헬렌 퀸랜
2. 몰리 매기아
3. 아이린 루돌프
4. 헤이즐 쿠저
5. 사라 메일레퍼
6. 마거리트 카러프…

명단은 계속되었다. 캐서린은 천천히, 그리고 꼼꼼히, 기억할 수 있는 한 최대한 많은 이름을 떠올렸다. 아프거나 죽은 동료뿐만 아니라 아직 아프지 않은 동료들까지 50명의 동료들을 기억해냈다.

그 후로 마트랜드 박사는 도장공이 죽었다는 소식을 들을 때마다 이 명단을 꺼내보곤 했다. 오싹할 정도로 정확했다. 1925년 여름에 캐서린과 함께 작성해 놓았던 명단에서 어김없이 그 이름을 찾을 수 있었다. 그는 사망한 여성의 이름 옆에 붉은색으로 D라고 적었다.

D는 사망(Death)을 의미했다.

당시에 캐서린의 건강 상태는 양호했다. 하지만 공식적인 진단이 내려진 후 캐서린은 그 진단이 알려준 자신의 미래가 자꾸만 떠올랐다. D는 사망을 의미했다. 캐서린은 아이린이 사망한 뒤 이미 정신적으로 흔들리고 있는 상태였다. 이제 어디든 아프기 시작하면 이는 곧 갑작스러운 죽음을 의미할 수 있었다. "제가 죽는다는 걸 알아요." 캐서린이 말했다. 캐서린은 마치 새로 산 옷을 입어보듯 이 단어를 입 밖으로 내뱉어 보았다. "죽다. 죽는다. 아닌 것 같아요. 맞지 않아요." 요즘 거울을 보면 예전과는 다른 자신의 모습이 보였다. 한 신문 기사는 당시의 그녀에 관해 이렇게 기록했다. "한때 아름다웠던 캐서린의 얼굴은 고통으로 일그러져 있었다. 걱정과 긴장감으로 정신 상태가 무척 불안정했다."

그거였다. 걱정. 이로 인해 캐서린은 "정신 상태가 위태로워졌다." 계속해서 그녀를 주시하던 회사는 더욱 매몰찬 표현을 사용했다. 캐서린을 '정신 이상자'라 불렀다.

캐서린은 이렇게 말했다. "아픈 데다 잘 돌아다닐 수 없게 되면 상황이 달라져요. 친구들도 절 다르게 대하죠. 친절하기는 하지만 자기네들과 똑같이 취급하지는 않아요. 너무 우울해서 때로는 차라리 그냥… 음, 즐거운 일을 바라지는 않아요."

캐서린의 '정신 상태는 몹시 심각해졌고' 캐서린은 결국 신경 전문의를 수차례 만나 보았다. 하지만 벨링 의사 역시 그녀의 머릿속에서 퍼져 나가는 생각을 멈출 수는 없었다. 캐서린의 머릿속 은막 위에 유령 소녀들의 영화 필름이 불빛을 반짝이며 끊임없이 돌아가는 것을 멈추게 할 수는 없었다. 캐서린은 늘 사교적이고 활기 넘치는 소녀였다. 하지만 이제는 그녀의 동생이 말하는 것처럼 '완전히 다른 사람이 되어 있었다.'

캐서린은 생리가 멈췄다. 먹을 수도 없었고 외모도 완전히 달라졌다. 눈은 마치 자루 눈[1] 처럼 툭 튀어나왔고 더 커졌다. 자신의 얼굴에 드리운 죽음을 보았을 때 일어나는 현상이었다. 캐서린은 "밤과 비 오는 날이 최악이에요."라고 중얼거렸다.

1925년이 가기 전에 캐서린 샤웁은 정신 질환으로 병원에 입원하고 말았다. 고통받는 친구들의 모습을 보며 받은 충격을 생각했을 때 놀랄 일도 아니었다. 오히려 더 많은 도장공들이 그녀처럼 되지 않은 게 놀라울 따름이다.

세인트 메리 병원에 입원한 마거리트 카러프를 방문한 이들의 눈에 그녀의 상태는 별로 나아 보이지 않았다. 마거리트의 피는 거의 흰색으로 적혈구 수가 20퍼센트밖에 되지 않았다(정상치는 100퍼센트로 사람마다 조금씩 다르다). 하지만 문제는 머리와 얼굴이었다. 엑스레이 결과, 라듐이 마거리트의 아래턱을 갉아 먹어 '밑동 부분만 남은 상태였다.' 몰리 매기아의 사례에서처럼 크네프 의사는 턱이 썩는 것을 막을 수가 없었다.

---

1. [역주] 새우·게·가재·달팽이의 눈처럼 긴 눈자루 끝에 달려서, 눈자루의 운동으로 자유롭게 여러 방향을 볼 수 있는 눈

알비나 매기아 래라이스 역시 1925년 8월, 세인트 메리 병원에 입원했다. 하지만 훨씬 행복한 이유에서였다. 알비나의 배는 임신으로 볼록한 상태였다. 뺨은 자부심으로 붉게 달아올랐다. 알비나와 제임스는 거의 4년 동안 아이를 갖기 위해 노력했다. 매달 좋은 소식이 들리지 않을 때마다 씁쓸한 기분이었다. 몸이 자신을 계속해서 배신하는 느낌이었다. 다음 달에는 될 거라고 생각했지만 다음 달이 되면 또다시 실망감에 젖어야 했다.

이제 더는 아니었다. 알비나는 부푼 배를 사랑스러운 손길로 문지르며 자신도 드디어 엄마가 된다는 생각에 만족감에 젖었다. 아이를 포근히 감싸 안아서 침대에 편히 뉜 뒤 안전하게 보호해 줘야지….

진통이 시작되자 알비나는 세인트 메리 병원으로 향했다. 알비나는 자신의 배를 움켜쥔 채 소리를 지르지 않으려고 애썼다. 하지만 무언가가 이상했다. 아이를 낳는 게 어떠한 느낌인지 몰랐지만, 무언가 잘못된 기분이었다. 그냥 그런 느낌이 들었다.

의사들은 그녀를 병실로 데리고 간 뒤 침대에 눕혔다. 알비나는 의사의 말대로 계속해서 힘을 주었다. 아기가 자신의 몸 밖으로 빠져나가는 게 느껴졌다. 아들이었다. 알비나는 자기 아들이 느껴졌다. 하지만 아이의 울음소리는 듣지 못했다.

사생아였다.

21

알비나 래라이스의 증상은 동생 퀸타와는 달랐다. 그녀는 퀸타처럼 엉덩이에 관절염이 생기거나 이가 흔들리지는 않았다. 알비나는 제임스와 결혼하기 직전 류머티즘으로 무릎이 아팠지만 결국 회복되었고 그 후로는 별문제 없었다. 하지만 세인트 메리 병원에서 사생아를 낳은 지 2주 후 미어지는 가슴에 딱 어울리는 손님처럼 다리를 타고 심한 통증이 찾아왔다. 그리고 그때부터 알비나의 왼쪽 다리가 짧아지기 시작했다. 알비나는 가족 주치의의 치료가 도움이 되지 않자 1925년 10월, 정형외과 병원의 험프리스 의사를 찾아갔다. 알비나는 그곳에서 의사들이 자신에 관해 얘기하는 것을 엿들었다. 한 의사가 그녀의 증상을 언급하며 라듐 중독 사례라고 말했다.

또 하나의 충격이었다. 불행의 연속이었다. "너무너무 슬펐어요." 알비나는 훗날 심정을 털어놓았다.

의사들은 퀸타의 다리처럼 차도가 있기를 바라며 알비나의 다리에도

4개월 동안 깁스를 해 두었다. 하지만 알비나의 다리는 별로 호전되지 않았다. 알비나는 맥없이 웅얼거렸다. "제가 약해지고 있다는 걸 알아요. 점점 더 약해지고 있죠…."

병원 복도를 사이에 두고 다른 병실에는 또 다른 전직 도장공 에드나 허스만이 누워 있었다. 한때 드레스덴 인형이라 불리던 에드나는 1925년 10월부터 류머티즘 치료를 받고 있었다. 하지만 치료는 도움이 되지 않았고 에드나는 결국 험프리스 의사를 찾아 왔던 것이다.

증상은 지난 7월부터 시작되었다. 에드나는 훗날 이렇게 말했다. "처음에는 엉덩이에서 통증이 시작됐어요. 걸을 때면 찢어질 것 같은 통증이 있었죠. 거의 늘 그랬어요. 집 안에서 이것저것 닥치는 대로 붙잡은 채 절뚝거리며 걸었죠. 그렇게밖에는 움직일 수가 없었어요."

험프리스 의사는 에드나의 왼쪽 다리가 오른쪽 다리보다 2~3센티미터가량 짧은 것을 본 뒤 엑스레이를 찍었다. 에드나는 남편 루이스의 도움을 받아 병원에 직접 걸어온 터였다. 그래서 의사는 그녀의 상태가 심각하지 않다고 생각했다. 하지만 엑스레이 사진을 보자 그렇지 않다는 것을 알 수 있었다. 에드나의 다리는 부러진 상태였다. 비틀거리던 중에 다리가 부러진 거였다. 하지만 아주 살짝 발을 헛디뎠을 뿐 심하게 넘어진 것이 아니었기에 에드나는 다리가 부러진 사실조차 모르고 있었다.

험프리스 의사는 에드나의 사례를 이렇게 기억했다. "대퇴골[허벅지뼈]의 목 부분이 자연골절 된 상태였지요. 보통 젊은 사람들한테서는 거의 일어나지 않는 현상이었죠. 골절이 그렇게 쉽게 일어나는 젊은 여성은 여태 본 적이 없었습니다."

한 번도 없었다. 지금까지는.

험프리스 박사는 계속해서 말을 이어갔다. "부인이 라듐 공장에서 일했다는 것을 알았을 때 무언가 비정상적인 사례라는 생각이 들었죠. 하지만 엑스레이 촬영 결과 흰색 그림자 같은 것은 보이지 않았고 골절만 보였죠."

라듐 중독이 아니었다. 플린 박사가 에드나를 진찰했을 때 했던 말과 일치했다. 에드나는 더 이상 걸을 수 없게 될지도 몰랐지만 플린 박사는 불과 얼마 전에 그녀가 아주 건강한 상태라고 안심시켜 주었던 것이다. 그래서 에드나는 괜찮은 줄로만 알았다.

험프리스 의사는 엑스레이 진단 결과에 따라 부러진 다리만 치료해 주었다. 에드나는 이렇게 기억했다. "의사는 깁스해 주었죠. 1년 내내 그 상태로 있어야 했어요." 루이스는 작은 흰색 개가 있는 그들의 작은 방갈로로 아내를 데리고 갔다. 삶은 계속되었다.

플린 박사 역시 연구를 계속했다. 그는 우연히 귀중한 정보를 얻게 되었는데, 캐서린 와일리가 무의식중에 정보를 제공해 준 것이다. 와일리는 훗날 회상했다. "저는 플린 박사를 찾아갔죠. 그는 이 문제에 아주 큰 관심을 보였어요. 아픈 여성들의 이름과 주소를 기꺼이 받아보겠다고 했습니다."

와일리는 플린 박사가 USRC를 위해 일하고 있다는 사실을 몰랐다. 그가 밝히지 않았기 때문이었다. 와일리는 회사가 '플린 박사에게 여성들을 살펴본 뒤 의학적인 조언을 해 달라고 요청한 사실'도 몰랐다.

이렇게 해서 플린 박사는 캐서린 샤웁의 집 주소를 알게 되었고, 1925

년 12월 7일, 캐서린 샤웁은 한 통의 편지를 받게 된다.

"친애하는 샤웁 양에게, 제 사무실로 오거나 사우스 오렌지에 위치한 저희 집에 오시면 저의 솔직한 견해를…" 플린 박사는 의과대학이라고 적힌 편지지에 이렇게 적었다.

하지만 캐서린 샤웁은 '정신 상태가 매우 불안정했고' 플린 박사를 볼 수 있는 상황이 아니었다. 캐서린은 기억했다. "편지를 받았을 때 저는 아픈 상태였어요. 침대 밖으로 나갈 수가 없었죠."

캐서린은 답장을 보내 자신의 곤궁한 상황을 설명했다. 플린 박사는 당시를 이렇게 기억했다. "나는 그녀에게 답장을 보내지 않았다. 내 집이나 사무실로 오지 않는다면 그걸로 끝이었다. 내가 그 집에 직접 찾아가는 일은 없을 것이기 때문이다. 천한 신분의 소녀가 도움을 감사히 여길 줄 몰랐다."

플린 박사는 캐서린을 검진하지 못하게 되었지만 전혀 개의치 않았다. 아픈 여성은 많았다. 그는 훗날 허풍을 떨면서 말했다. "나는 라듐 산업 분야에서 일하는 거의 모든 여성들을 검진했다." USRC, 루미나이트, 워터베리 클락 컴퍼니 등 수많은 회사와 계약을 맺은 그는 도장공들에게 손쉽게 연락을 취할 수 있었다. 하지만 이러한 허풍에도 불구하고 그는 공장에서 일하다 퇴직한 전직 도장공 소녀들은 그리 많이 검진하지 못한 것 같았다.

만약 그랬다면 워터베리 클락 컴퍼니에서 일하던 또 다른 여성 엘리자베스 던이 최근 병에 걸린 사실을 알았을 것이다. 엘리자베스는 춤을 추다가 살짝 미끄러지면서 다리가 부러지는 바람에 1925년 초에 공장을 그만두었다(플린 박사가 연구를 시작하기 전이었는지 후였는지는 확실하지 않다). 소위 자연골절이었다. 플린 박사가 그녀의 사례나, 동료였던 프란시스 스플렛스토쳐의 죽음에 대해 알았더라면 그 사례들을 도장공들의 병이 오렌지 공장에 국한된 것이 아니며 직업에서 기인한 병이라는 사실을 입증하는 중요한 증거로 봤을 것이다.

플린 박사 역시 마트랜드 박사의 평판을 깎아내리느라 바빴다. 1925년 12월, 마트랜드와 크네프는 또 다른 의사인 콘론 박사와 함께 그해 여성들을 진료한 결과를 토대로 합동 의료 연구결과를 발표했다. 그들이 내린 결론에 따르면, 라듐 중독은 '지금까지 알려지지 않은 유형의 직업병'이었다. 그들의 연구는 훗날 의료계의 미스터리를 해결해 낸 고전적인 사례로 손꼽게 된다.

하지만 1925년 당시에는, 이러한 선구적인 연구발표가 존중받지 못했다. 마트랜드 박사가 내린 결론은 너무 급진적이라 치열한 논쟁의 대상이 되었다. 마트랜드 박사의 의견을 비판한 건 플린 박사뿐만이 아니었다. 라듐 의약품 전문가인 제임스 유잉 박사는 뉴욕 병리협회 모임에서 무미건조한 말투로 말했다. "우리가 라듐 테라피의 부작용을 말하기에는 아직 너무 이르다."

그는 그럴지도 몰랐다. 하지만 마트랜드 박사는 그렇지 않았다. 사실 마트랜드 박사는 의료 목적으로 라듐을 마시거나 주입하는 것은 위험하다고 콕 집어 말한 뒤 "알려진 방사성 물질 중 치료 효과가 있는 것은 없다."고 말했다.

이 발언은 황소처럼 승승장구하던 라듐맨들의 코앞에 붉은 망토를 휘두르는 격이었다. 그들은 분노했다. 박사는 일부 도장공의 사망 사건을 알리는 데서 한 단계 더 나아가 이제 엄청나게 수익성 높은 산업을 공격하고 있었기 때문이다. 마트랜드 박사는 훗날 이렇게 말했다. "라듐 분야의 권위자들은 대부분 제 연구를 비웃었죠. 저는 대중을 보호하고자 애썼고 장애를 입었거나 죽음을 목전에 둔 여성들이 조금이나마 보상받을 수 있도록 노력했지만 끊임없이 공격 대상이 되었죠. 특히 라듐 제작업체들은 저의 명성을 깎아내리기 위해 혈안이 되어 있었습니다."

라듐 기업들 입장에서는 그럴 만한 이유가 있었다. 〈라듐 광석 레비게이터〉 사는 마트랜드 박사에게 서신을 보내 그의 기사 때문에 '지난 분기 대비 판매량이 절반 이상 줄어들었다'고 으르렁댔다.

하지만 그의 주장에 의혹을 제기한 건 라듐 판매에 따른 사업적인 이해관계가 있는 기업들뿐만이 아니었다. 1914년 라듐을 '새로운 비공식적인 치료제' 명단에 공식적으로 올린 미국의학협회도 회의적이었다. 상황이 이렇다 보니 여성들의 주장은 그들이 도움을 요청하려는 변호사들의 눈에 더욱 의심스럽게 비춰질 수밖에 없었다.

USRC는 마트랜드 박사의 주장에 대한 대중의 반응이 아주 만족스러웠다. 회사는 얼마 안 가 자체 의료 연구 자료로 마트랜드 박사의 의견에 반박했다. 부사장인 바커는 신이 난 기분을 조금도 숨기지 않은 채 이렇게 주장했다. "우리의 친구 마트랜드 박사는 여전히 우리가 [도장공]들을 수십 명씩 죽이고 있다고 주장한다. 그가 쓴 기사는 이러한 허위 선전의 일환일 뿐이다. [하지만] 곧 플린 박사의 보고서가 공개될 것이다. 그의 연구 결과에 따르면 라듐은 무해하다. 플린 박사의 보고서는 하나의 명작으로 남을 것이다." 그는 이렇게 덧붙였다. "플린 박사의 연구가 지속될 수 있도록 자금을 지원할 계획이다."

기업 입장에서 플린 박사는 그저 대중에게 내세우기 위한 수단에 불과했다. 그가 전 조사자인 드링커 박사에게 뭐라고 서신을 보냈는지 알게 되면 USRC는 경악할 게 분명했다. 플린 박사는 이렇게 썼었다. "공식적으로 말하지는 않겠지만 소녀들이 이 지경까지 오게 된 것은 페인트가 그 원인이라는 생각을 지울 수 없습니다."

과학자들이 병의 원인을 두고 공공연하게 논쟁을 벌이는 동안에도 고통을 참아가며 안간힘을 다해 병마와 싸우고 있는 한 여성이 있었다. 마거리트 카러프는 몇 주 동안 '거반 죽은' 상태였다. 호프만^{통계학자}은 그녀의 상태에 관해 '그 어떤 기록에서도 찾아볼 수 없는 가장 비극적인 사례'라고 의견을 말했다. 면역 체계가 대단히 약화된 마거리트는 결핵까지 걸린 상태였다. 하지만 마거리트는 크리스마스 때까지 어떻게든 버텼고 부모님을 비롯해 조카와 시간을 보냈다. 이를 뽑으면서 모든 문제가 시작되었던 재작년 크리스마스이브로부터 벌써 2년이 지났고, 언니 사라가 세상을 떠난 지는 6개월이 다 되어 갔다.

1925년 복싱데이[1], 스물네 살의 마거리트는 결국 언니의 뒤를 따랐다. 메인 스트리트 자택에서 새벽 3시에 눈을 감았다. 마트랜드는 훗날 말했다. "엑스레이 필름을 마거리트 시신에 감싸놓았더니 그녀의 뼈가 필름에 '선명하게 현상' 되었습니다."

그로부터 이틀 후, 마거리트의 부모는 6개월 만에 두 번째로 로렐 그

---

1. [역주] 크리스마스 뒤에 오는 첫 평일로 당시에는 공휴일이었다.

로브 묘지의 평온한 고요 속에 딸을 묻게 된다. 하지만 마거리트는 조용히 죽지 않았다. 그녀는 소송을 건 최초의 도장공이자 자신의 목숨을 앗아간 기업을 상대로 싸울 수 있다는 것을 보여 준 최초의 여성이었다. 마거리트는 세상을 향해 있는 힘껏 소리치며 눈을 감았다.

그녀가 죽은 지 한참이 지난 뒤에도 메아리칠 소리였다. 그녀가 땅속에 묻힌 지 한참이 지난 뒤에도, 그녀의 부모가 장례식을 마치고 천천히 집으로 돌아가 세상으로 향하는 문을 닫아버린 지 한참이 지난 뒤에도.

그 소리는 메아리칠 것이다.

22

　그레이스 프라이어는 지역 신문을 넘기며 생각했다. 자신이 원하는 건 그저 조그마한 희소식일 뿐이라고. 1926년 이후로 희소식은 단 하나뿐이었다. 와일리 양이 추진하는 새로운 법이 통과되었다는 소식이었다. 라듐 괴사는 이제 공식적으로 보상 가능한 병이 되었다. 법을 통과시키는 일은 와일리가 예상한 것보다 순조롭게 진행되었다.

　하지만 그것 외에는 우울한 봄이었다. 턱의 통증이 다시 도졌다. 아래턱에는 이제 치아가 세 개밖에 남아 있지 않았다. 그레이스는 일주일에 세 번 맥커프리 의사를 만나야 했다. 등의 통증은 여전히 심했다. 하지만 그녀는 한동안 의사를 찾아가지 않았다. 진료비가 너무 비쌌기 때문이었다. 그녀는 통증에도 불구하고 여전히 매일 출근을 했다. "일해야 기분이 더 좋아졌어요." 실제로 그레이스는 은행에서 상냥하게 고객들을 맞이했다고 전해진다.

　하지만 일을 해야 하는 이유는 그것 말고도 또 있었다. 퀸타는 그레이스가 '가족들에게 부담이 되지 않으려고 일을 한다'고 말했다. 그레이스가 내야 할 의료비는 2천 달러(현 26,800달러)에 달했는데 부모님은 이를 대신 내줄 여력이 없었다. 또한 그레이스가 버는 일주일에 20달러(현 268달러)를 전부 의료비로 충당한다 해도 그녀가 진 빚을 다 갚으려면 2년이 걸릴 터였다. 그 돈을 어디에서 구할 수 있을지 막막했다. …단 한 가지 방법밖에 없었다. 그레이스는 지난 1년 동안 수많은 변호사를 혼자서 찾아다녔다. 만나는 변호사마다 사건을 맡기를 거부하자 다른 동료들은 소송을 포기한 것 같았다.

알비나 역시 상태가 별로 좋지 않았다. 그녀는 가까운 친구들만 만났으며 엉덩이에 깁스를 한 뒤로는 집 밖에 나가지도 못했다. 제임스 래라이스는 아내를 웃게 만들기 위해 최선을 다했다. 알비나는 말했다. "그이는 제 기분을 좋게 만들려고 애썼죠. 자신 있다면서." 하지만 별로 효과가 없었다. "저는 그이에게 짐이었어요." 알비나는 실의에 빠져 울부짖었다. 동생 퀸타는 모든 것을 체념한 듯 보였지만 퀸타의 증상 역시 악화되고 있었다. 이제 퀸타의 양쪽 다리에서 '흰색 그림자'가 보였다. 게다가 크네프는 퀸타의 아픈 이를 낫게 할 수 없었다.

캐서린 샤웁의 경우 이제 아무도 그녀를 보지 못했다. 캐서린은 집 밖에 나가지 않았다. 캐서린은 슬픔에 젖어 말했다. "다른 친구들이 무도회장이나 극장에 가고 연애를 하거나 결혼을 하는 동안 저는 집에서 고통스러운 죽음이 다가오는 걸 기다릴 뿐이었죠. 너무 외로웠어요." 캐서린은 성당에 갈 때만 집 밖을 나섰다. 캐서린은 이전에는 그다지 독실한 신자가 아니었지만 이제는 미사를 드리며 큰 위안을 받았다. 캐서린이 일을 할 수 없게 되자 가족들이 의료비를 부담해야 했다. 60대 중반인 아버지 윌리엄은 최선을 다해 딸을 도왔다. 하지만 캐서린의 동생은 '언니의 의료비가 아버지에게 큰 부담이 되었고 아버지는 예전만큼 일하기도 힘들어했다'고 말했다.

의료비는 계속해서 쌓여 갔지만 그들은 시간이 지나면서 소송을 하는 게 올바른 방법인지 의구심이 들었다. 회사를 비난하는 게 부당한 일일 수도 있지 않을까? 캐서린은 결국 플린 박사에게 진찰을 받았는데, 그의 '공정한 의견'에 따르면 '라듐은 그녀를 해칠 수도 없으며 그런 적도 없었다.' 캐서린은 다른 여성들에게 이 사실을 전했다. 모두가 혼란스러워졌다. 알비나는 이렇게 말했다. "우리를 치료한 의사들 가운데 마트랜드 박사만이 방사성 물질 때문에 우리가 병에 걸린 거라고 했어요. 이상하다고 생각했죠." 건강이 악화된 데다 기업에 죄가 있는지 의문이 들기 시작하자 소송하겠다는 생각은 점점 멀어져 갔다.

다른 소녀들은 그랬을지도 모른다. 하지만 그레이스 프라이어는 아니었다. 그레이스는 깊은 생각에 잠긴 채 지역 신문의 페이지를 천천히 넘겼다. 그러다가 한쪽 구석에 파묻혀 있는 작은 기사를 보고는 깜짝 놀랐다. 자신의 눈을 믿을 수 없었다. 기사의 제목은 '라듐 사망 소송 건 합의'였다.

뭐라고? 그레이스는 재빨리 기사를 훑어보았다. 제목 그대로였다. USRC는 마거리트 카러프, 사라 메일레퍼, 헤이즐 쿠저의 소송에 합의했던 거였다. 이들은 기업을 상대로 싸워 기업이 저지른 일에 대해 보상을 받아낸 것이다. 믿을 수 없었다. 이는 기업이 죄를 인정한 것 아닌가?

자신과 동료들을 위한 길이 열리는 것 아닐까? 그레이스는 흥분한 채 계속해서 기사를 읽어 내려갔다. "[카러프 자매의 아버지] 카러프 씨는 마거리트 카러프의 사망보상금으로 9천 달러(현 12만 679달러)를, 사라 메일레퍼의 사망보상금으로 3천 달러(현 4만 226달러)를 받았으며 쿠저 씨는 아내의 사망보상금으로 천 달러(현 13,408달러)를 받았다."

큰돈은 아니었다. 특히 시어도어 쿠저의 합의금은 그와 그의 아버지가 헤이즐의 치료 때문에 진 빚 8천 904달러(현 12만 달러)의 8분의 1도 안 되는 금액이었다. 게다가 변호사가 45퍼센트의 수임료를 가져가고 나면 남는 돈은 거의 없었다. 변호사가 이렇게까지 많이 가져가는 경우는 드물었지만 캘릿치는 이 사건을 맡아 줄 유일한 변호사였기에 가족들은 동의할 수밖에 없었다. 시어도어의 수중에 들어온 돈은 겨우 550달러(현 7,300달러)에 불과했지만 아무것도 못 받는 것보다는 나았다.

그레이스는 기업이 거의 18개월 동안 땡전 한 푼 내줄 수 없다는 각오로 싸워 오다가 대체 왜 갑자기 합의금을 냈는지 궁금해졌다. 사실 USRC에게도 몇 가지 이유가 있었을 것이다. 특히 카러프 자매의 사건은 싸워볼 만한 사례였다. 기업은 동정심에 흔들린 배심원들 앞에서 패소할 확률이 높았다. 법적인 관점에서 보더라도 여성들의 사건은 승소할 확률이 높았다. 2년이라는 공소시효를 넘기지도 않았고 캐서린 와일리의 노력으로 개정된 법은 여성들이 라듐 괴사라는 산업재해로 사망했다는 주장에 힘을 보태 줄 터였다. 게다가 드링커 박사의 보고서도 있었다. 사라 메일레퍼는 기업이 이 보고서를 은폐하려 했을 당시 여전히 USRC에서 근무하고 있었다. 그녀의 목숨을 살릴 수도 있었을, 혹은 최소한 피해를 줄일 수 있었을 정보를 갖고 있었으면서도 조치를 취하지 않았다면 기업이 잘못한 게 틀림없었다.

흥분한 그레이스는 행동을 취하기로 했다. 이거야말로 자신이 기다려 온 희소식이었다. 그레이스는 헨리 고트프리드 변호사에게 다시 연락을 취했다. 그리하여 그레이스가 기사를 읽은 지 이틀 만에 그녀의 소송도 활기를 띠게 되었다. 1926년 5월 6일, USRC는 고트프리드로부터 다음 과 같은 서신을 받았다. "1926년 5월 10일까지, 프라이어 양의 손해배 상 건과 관련해 저에게 연락을 취하지 않으면 소송을 진행하겠습니다."

USRC는 늘 그렇듯 기업 변호사 스트라이커에게 이 문제를 넘겼다. 스트라이커는 고트프리드에게 원하는 액수를 말하라고 했고 6월 8일, 고트프리드는 그레이스가 5천 달러(현 6만 7천 달러)에 합의할 거라고 말했다.

큰돈은 아니었다. 그레이스가 이미 지출한 의료비에 차후에 필요할 의 료비를 포함한 액수였다. 그레이스는 욕심이 많은 사람이 아니었으며 큰 소송을 시작하고 싶지는 않았다. 기업이 적당한 제안을 한다면 이를 받 아들인 뒤 끝낼 생각이었다.

USRC가 제안을 고려하는 데에는 일주일이 걸렸다. 스트라이커는 일 주일 후인 6월 16일 '의뢰인에게 이 제안을 받아들이라고 조언할 수 없 다'는 내용의 서신을 보냈다. 기업은 소송을 제기하지 않은 상태에서 그 레이스에게 손해배상금을 지급할 생각이 없었다.

그레이스는 이 소식을 들었을 때 가슴이 철렁했을 것이다. 혼란스럽기 도 했을 것이다. 기업이 불과 한 달 전에 동료들에게 손해배상금을 지급했을 뿐만 아니라 와일리 양 덕분에 새로운 법이 시행 중이었기 때문이었다. 이쯤 되면 뭔가 달라져야 하는 것 아닌가?

하지만 알고 보니 그렇지 않았다. 바로 여기서 와일리가 라듐 괴사 관련 법안을 쉽게 통과시킬 수 있었던 이유가 드러난다. 우선 이 법안은 소급 적용되지 않았다. 따라서 1926년 이전에 피해를 본 사람은 소송할 수 없었다. 게다가 개정안은 기존 법의 일부이기 때문에 자동적으로 5개월의 공소시효를 따르게 되는데, 5개월은 라듐 중독이 발현되기에 턱없이 부족한 시간이었다. 그리고 가장 중요하게도 라듐 괴사, 특히 몰리 매기아와 마거리트 카러프를 죽음으로 이끈 턱 괴사만이 이 법안에 포함되었다. 라듐 중독 때문에 발생한 심각한 빈혈, 등이나 엉덩이 통증, 대퇴골 골절, 치아 손실 등 다른 증상들은 보상받을 수 없었다. 뉴저지주 라듐 제작자 협회에서는 새로운 법안에 크게 반대하지 않았는데, 이제 그 이유가 명확해졌다. 아무도 손해배상금을 받을 수 없도록 법이 제정된 거였다.

와일리는 곧 자신의 실수를 깨달았다. 소비자연맹은 심기일전해 라듐 중독을 법률서에 포함시키기 위한 노력에 착수했다. 하지만 이 싸움은 훨씬 더 오랜 시간이 걸릴 터였다. 1926년 6월, 자신의 집에 우울하게 앉아 있던 그레이스 프라이어를 돕기에는 너무 늦을 것이다.

기업이 합의를 거부하려는 데에는 또 다른 이유가 있었을지도 모른다. 당시에 기업의 재정 상태가 좋지 않았다는 것을 보여주는 증거자료가 있다. 한 임원은 당시의 상황을 '목구멍에 풀칠하는 수준'이었다고 했다. 직원 채용에도 문제가 있었다. 남아 있는 직원들은 '초조해하고 안절부절못했으며' 새로운 직원을 채용하기는 더욱 힘들었다. USRC는 1926년이 가기 전에 손실을 막기 위해 오렌지 공장을 닫은 뒤 매각하려고 내놓았다. 그렇다고 해서 사업을 접어버릴 만큼 완전히 빈털터리 신세는 아니었다. 그저 뉴욕으로 공장을 옮긴 거였다.

그레이스 프라이어 역시 길거리에 나앉을 만큼 빈털터리는 아니었다. 하지만 USRC의 반응 때문에 이중으로 타격을 받고 말았다. 기업이 합의를 거절하자 고트프리드 변호사 역시 그녀의 사건을 맡지 않기로 했다. 하지만 그레이스는 그 어느 때보다도 의지가 확고했다. 그레이스는 아버지의 딸이었다. 조합 대표자의 자녀가 죄를 지은 회사를 상대로 벌이는 싸움에서 쉽게 물러설 수는 없었다. 그레이스는 "우리 소녀들이 희망의 끈을 놓아선 안 됩니다."라고 말했다.

그레이스는 적어도 두 명의 변호사를 더 만나 보았다. 하지만 안타깝게도 아무도 사건을 맡으려 하지 않았다. 여성들이 아픈 건 라듐 중독 때문이 아니라는 내용의 전문 간행물 때문에 상황이 USRC에 유리하게 돌아가고 있었다. 기업이 의도한 대로였다. 플린 박사가 1926년 12월에 쓴 기사에 특히 세간의 이목이 집중되었다.

그는 "야광 시계의 숫자판을 칠하는 데 사용된 페인트에는 그 어떤 산업재해의 위험도 존재하지 않는다."고 거침없이 기술했다. 그러면서 여성들이 병에 걸린 건 세균성 감염 때문이라고 말했다. 호프만은 이 보고서가 '과학이 아니라 편견'에 지나지 않는다고 말했다.

하지만 이는 편견에 불과한 정도가 아니었다. 플린 박사는 새빨간 거짓말을 이 사이로 내뱉고 있던 거였다. 그가 이번에 쓴 기사는 예전에 드링커 박사에게 자기 입으로 "소녀들이 이 지경까지 오게 된 것은 페인트가 그 원인이라는 생각을 지울 수 없습니다."라고 했던 것과는 완전히 상반된 내용이 아닌가. 그뿐만 아니라 연구 결과가 공개되기 6개월 전인 1926년 6월, 플린 박사는 결국 워터베리 클락 컴퍼니에서 두 건의 라듐 중독 사례를 발견했었다. 여성들을 죽인 건 그 어떤 단일 스튜디오에서 퍼진 세균성 감염증이 아니라는 사실을 결정적으로 입증하는 사례였다. 여성들을 사망으로 이끈 건 그들의 직업이었다는 사실 말이다.

플린 박사는 이 사례를 이미 오래전에 접했지만 자신의 보고서를 수정하거나 철회하지 않았다. 그는 오히려 자신의 보고서가 출간되는 것을 허락함으로써 USRC가 계속해서 책임을 부인하는 데 이용할 수 있는 전문적인 자료를 제공한 셈이었다. 훗날 플린 박사는 자신의 결정을 후회한다고 말했다. 하지만 그의 훗날 행동으로 미루어 봤을 때 그다지 크게 후회하지는 않은 것 같았다….

플린 박사는 여성들의 병이 감염 때문이라고 주장하면서도 오렌지 소녀들에 대한 진찰을 멈추지 않았다. USRC가 그레이스의 합의 시도를 묵살한 지 한 달이 지난 1926년 7월, 박사는 그레이스를 속여 직접 검사를 시행했다. 묘한 시기는 아마 우연이었을 수도 있겠다. 플린 박사는 그레이스가 모르는 다른 남자를 데리고 나타나서는 그녀의 피를 뽑고 엑스레이 촬영을 했다. 결과가 나오자 플린 박사는 미소를 지으며 "당신 피는 내 것보다 낫네요."라고 말했다.

그레이스는 훗날 이렇게 기억했다. "박사님은 내 건강 상태가 자신보다 낫다며 나한테 아무 문제가 없다고 말했어요."

하지만 그레이스의 몸은 다르게 말하고 있었다.

플린 박사는 그레이스, 캐서린, 에드나 허스만의 건강이 양호하다고 주장했지만 여성들은 그해 여름 심각한 상태였다. 퀸타 맥도날드는 흔들리는 이 때문에 아직도 크네프를 찾아가고 있었다. 그런데 이제 라듐 회사와 만나기로 약속을 잡은 건 바로 그 크네프 의사였다. 1926년 여름날 아침, 그는 USRC의 뉴욕 본사에서 이사회 임원진과 회의를 가졌다. 사장 로더와 곧 부사장으로 취임할 클라렌스 B. 리도 참석했다. 여성들을 돌보느라 골머리를 앓고 있던 크네프는 회사가 거절할 수 없을 제안을 하려고 했다.

그는 임원들에게 말했다. "나에게 협조한다면 나도 기꺼이 협조하겠소. 여성들의 명단을 건네주면 최대한 비밀로 해 드리리다. 상당수가 자연사할 거요. 나는 이 여성들을 4년이나 5년 정도 버티게 할 수 있소. … 이게 내 제안이오. 이에 대한 적절한 보상을 받고 싶소."

이 의사가 환자들을 동정해서 골머리를 앓았던 게 아니라 자신도 보상을 받고 싶어 했다는 사실에 유념하라. 카러프 자매의 소송에 자극을 받았거나 자신이 무료로 제공한 진료비를 보상받고 싶어 안달이 났던 것일지도 모른다. 그는 "그 돈이 전부 내 주머니에서 나간 거란 말이요!"라며 짜증 난 목소리로 소리쳤다. 그가 회사에 돈을 요구하는 것은 지극히 정당한 일인지도 몰랐다. 회사의 페인트 때문에 걸린 병을 그가 치료해 주었기 때문이다. 하지만 그가 제안하고 있는 계획, 즉 여성들에게 거짓말을 하고, 그들이 아무것도 모른 채 사망하게 함으로써 기업을 보호하겠다는 계획은 단지 빌려준 것을 되받겠다는 것과는 거리가 먼 이야기다.

도가 지나쳤다. 여성들에 대한 의리는 전부 사라졌다.

"당신이 원하는 액수가 얼마요?" 호기심을 느낀 임원진이 물었다.

"로더 씨에게 만 달러(현 12만 4천 달러)를 제안했소. 단돈 1센트만큼 도 과하다고 생각하지 않소."

USRC는 그의 제안을 충분히 생각해 보았다. "여성들이 전부 당신에 게 올 거라고 확신합니까?"

"거의 대부분이 나를 찾아올 거라고 생각하오." 의사는 여성들이 자신 을 친구로 여길 거라고 확신하며 이렇게 대답했다.

"그들에게 회사가 내는 돈으로 진료를 해 주는 거라고 말할 건가요?"

"당신네들과 관련이 있다는 사실은 일절 말하지 않겠소." 그는 능글맞 게 웃으며 답했다.

회의가 긍정적인 방향으로 잘 풀려나가자 이에 자극을 받은 듯 크네프 는 또 다른 제안을 했다. 자신의 생각을 강조하려는 듯 회의실 책상 너머 로 몸을 기울인 채 그는 이렇게 말했다. "증인석에 서서 증언할 수도 있 소. …'이 여성이 방사능 때문에 아픈 거라고 생각하시오?'라는 질문에 '아니오'라고 말하겠소. 나는 믿고 싶은 대로 말할 수 있소. 달이 파란 치 즈로 만들어져 있다고도 말할 수 있소."

"이렇게도 하고 저렇게도 할 수 있다는 말인가요?" 임원들이 물었다.

"마음만 먹으면 할 수 있소. 당신들을 위해 일한다면. 돈을 지급하는 사람들을 위해 전문가가 증언하는 건 관례적인 일이오."

그에게는 돈이 제일 중요했다. 그래서 아마도 바로 그 지점에서 치명 적인 실수를 저지르고 말았던 것 같다. 평생 뉴어크에서 치과 진료만을 한 그가 대기업의 거물들과 거래를 하려고 한 거였다. 그는 위협하듯 말했다. "나는 이렇게도 저렇게도 할 수 있소. 나와 친구가 되겠소, 내 적이 되겠소? 당신들과 합의를 하지 못하면 난 여성들을 고소할 거요. 그러면 그들은 돈을 얻기 위해 당신네 회사를 고소할 거요. 미리 말하는데, 나는 한번 싸움을 시작하면 사자처럼 미친 듯이 싸운다오. 당신들 편에 두는 게 훨씬 나을 거요."

그는 회의가 순조롭게 진행되었다고 생각했을 것이다. 상대를 낚았다고 확신해 이렇게 마무리하며 미소 지었을 것이다. "나는 최대한 합리적으로 말하는 거요. 바가지를 씌우거나 당신들을 등쳐먹으려고 여기 온 게 아니오."

임원들은 그의 입장을 요약 정리했다. "당신에게 만 달러를 주지 않으면 우리에게 큰 골칫거리가 되겠다. 하지만 돈을 주면 기꺼이 우리를 도와주겠다, 이거요?"

"그렇소, 도와줄 수 있소." 의사는 간절히 대답했다.

다른 임원이 말을 꺼냈다. "앞으로의 일, 즉 여성들로부터 진료비를 잘 받고 그들이 소송하는 것을 막는 것만으로 충분한 거 아니요? 만 달러를 꼭 받아야겠소?"

크네프는 건방진 말투로 말했다. "아까 말했다시피, 나도 보상을 받아야겠소."

그는 강력한 한마디를 날렸다. 하지만 그는 회사가 플린 박사를 이미 채용한 상태고 플린이 일 처리를 잘 해내고 있다는 사실을 몰랐을 것이다. 로더가 그의 말을 무시하려는 듯 재빨리 자리에서 일어났다. "당신의 제안은 비도덕적이오. 우리는 그 제안을 받아들이지 않겠소."

"비도덕적이라고요? 그게 다입니까?" 그가 외쳤다.

그런 것 같았다.

그가 이러한 제안을 했다는 사실이 공개되면 USRC는 치과의사의 제안을 거절했다는 사실 덕분에 도덕적 우위를 차지하게 될 터였다.

회의는 정확히 55분 만에 끝났다.

23

일리노이주, 오타와
1926년

세인트 콜럼바 성당의 종소리가 오타와 전역에 흥겹게 울려 퍼졌다. 도장공들이 하나, 둘 결혼을 하면서 요새는 이 작은 마을에서 격주로 결혼식이 열리는 것 같았다. 그들은 서로 들러리를 서 주었다. 프란시스 글라시스키는 존 오코넬과 결혼을 했고 매리 더피는 프란시스 로빈슨이라는 목수와 결혼했다. 마리 베커는 패트릭 로지터와 약혼한 상태였으며 매리 비치니는 조셉 토니엘리와 연애 중이었다. 페그 루니와 척 핵켄스미스는 1930년 6월에 결혼할 예정이었고 1923년에 공장을 그만둔 샬럿 네빈스 역시 사랑에 빠졌다. 샬럿은 예전 직장동료들과 계속해서 연락하고 지냈는데, 행복한 목소리로 친구들에게 연인 알버트 퍼셀의 매력을 전하고 다녔다. 그들은 시카고에 위치한 아라곤 무도회장에서 만났다. 샬럿은 찰스턴 춤 솜씨를 뽐내던 중 캐나다 출신의 노동자, 알의 눈을 사로잡았던 것이다. 가까운 친척은 그들이 참 잘 어울리는 한 쌍이었다고 말했다. 2년이 채 되지 않아, 샬럿 네빈스는 가장 최근에 세인트 콜럼바 성당 통로를 따라 웨딩마치를 한 신부가 되었다.

수많은 결혼식이 열리던 성당은 회색 석면 지붕과 아름다운 제단이 있는 흰색 석조 건물로 지역 주민들의 선망의 대상이었다. 전체적으로 인조 대리석이 깔린 이 성당은 꽤 좁았지만 아치형 천장이 건물 폭에 비해 상당히 높아 웅장한 느낌이 났다. 캐서린 울프는 이 결혼 행렬에 동참하지 않은, 몇 안 되는 신자 중 한 명이었다. 하지만 성당에서 그녀의 눈길을 사로잡은 한 남자가 있었으니, 바로 토마스 도노휴였다.

토마스는 서른한 살로 스물 셋인 캐서린보다 여덟 살이 많았다. 그는 체구가 작았으며 텁수룩한 눈썹에 콧수염을 길렀고, 검은색 머리에 은색 안경을 썼다. 토마스는 기술자, 도장공 등 다양한 직업을 갖고 있었다. 마을 안내책자에서는 업무의 매력을 인정해 시계 숫자판 도장공이라는 직업을 '예술가'에 포함시켜 놓았던 터라 어느 모로 보나 둘은 잘 어울리는 한 쌍이었다. 그는 알 퍼셀, 패트릭 로지터와 함께 지역 유리 공장인 리비-오웰스에서 일했다.

톰은 '말이 별로 없는 아주 조용한 남자'였다. 가정환경 때문이었을 것이다. 그는 대가족으로 이루어진 아일랜드 이민자 가정에서 태어났다. 한 친척은 이렇게 말했다. "톰은 일곱 명의 자식 중 여섯째로 평소 때 말을 할 기회가 별로 없었죠." 가족 모두 도노휴 농장에서 자랐다. 오타와에서 북쪽으로 조금 떨어진 윌리스라는 마을에 위치한 농장이었다. 비옥한 농지가 끝없이 펼쳐져 있으며 하늘이 뭐든 집어삼킬 것만 같이 드넓은 곳이었다. 매일 묵주 기도를 올리는 캐서린처럼 토마스 역시 독실한 신자였다. 그는 신부가 될 생각으로 남성 카톨릭 학교에 다니기도 했었다. 토마스는 캐서린처럼 세인트 콜럼바 성당을 다녔다. 그의 조부는 교회가 지어질 당시 스테인드글라스 유리창 한 개의 비용을 헌납하기도 했다. 하지만 도노휴 가족은 시내를 자주 방문하지는 않았다. 토마스의 조카 제임스는 이렇게 말했다. "당시 사람들은 지금처럼 여행을 자주 다니지는 않았죠. 거물급 인사가 아니고서는 일주일에 한 번 이상 시내에 가지 않았어요."

토마스 도노휴는 당연히 거물이 아니었다. 그는 '외향적인 사람도 아니었다.' 그는 사실 캐서린과 비슷했다. 그들의 조카 매리는 이렇게 말했다. "둘 다 아주 조용했어요. 수줍음이 많았죠."

그래서 그들은 1932년까지 결혼을 미뤘을지도 모른다.

캐서린은 함께 일하던 이네즈 코코란에게 톰에 대해 말했을 것이다. 이네즈 역시 주유소를 소유한 빈센트 로이드 발라트와 약혼한 상태였기 때문에 할 얘기가 많았다. 그들은 그해 말 결혼할 예정이었다.

결혼한 도장공들이 모두 공장을 그만둔 것은 아니었다. 회사는 숙련된 노동자를 잃고 싶지 않아 했다. 그래서 업계 최초로 결혼한 뒤 아이를 낳은 사람에게 시간제 일자리를 제공했다. 한 직원은 이렇게 기억했다. "저는 열 번인가 열두 번 그만두었어요. 하지만 회사는 저를 늘 다시 받아줬죠. 새로운 직원을 훈련하려면 너무 오래 걸리거든요." 기업은 숙련된 직원이 필요했다. 사업은 여전히 호황이었기 때문이다. 웨스트클록스는 1926년, 150만 대의 야광 시계를 생산하며 신기록을 달성했는데, 이 시계를 칠한 건 라듐 다이얼 공장에서 일하는 소녀들이었다.

새신랑들은 아내가 직장에서 돌아오면 집 안에서 무언가 이상한 느낌을 받았다. 한 남편은 훗날 이렇게 말했다. "아내는 침실에 작업복을 걸어놓았죠. 작업복은 북극광처럼 빛이 났어요. 처음에 그걸 보았을 때는 으스스한 기분이 들었죠. 유령이 벽에서 튀어나온 것 같았거든요."

다른 누군가가 집에 있는 것 같았다. 누군가가 그들을 끊임없이 지켜보며 후려치기 좋을 때를 기다리고 있는 것 같았다.

좋은 시절이 끝날 것 같은 기미는 보이지 않았다. 오타와 공장에서 일하는 소녀 중 아픈 사람은 아무도 없었다. 얼굴에 반점이 생긴 직원이 한 명 있었고 배가 아파 일을 그만둔 소녀도 한 명 있었지만 이러한 증상은 일과는 아무런 관련이 없었다. 1925년 말에 스튜디오를 그만둔 한 여성은 '엉덩이 관절이 너무 아팠다'고 했다. 하지만 통증은 결국 사라졌다. 그녀는 "의사를 여러 명 만나 보았지만 아무도 진단을 내리지 못했어요."라고 말했다. 그녀는 다시 공장에 돌아가지 않았지만 그곳에 남아 수년 동안 일한 친구들 중에서 병에 걸린 사람은 없었다고 말했다.

병에 걸린 직원은 없었지만 기업 임원들은 뉴저지주에 위치한 경쟁사의 사례를 절대 잊지 않았다. 그들은 USRC가 사업에 차질을 겪은 데다 소송을 건 전 직원에게 합의금을 지급해야 했던 사건을 예의주시하고 있었다. 그리하여 라듐 다이얼은 리드 씨_{보조감독관}가 개발한 유리 막대를 직원들에게 나누어 주었다. 하지만 소녀들에게는 이유를 알리지 않았다. 소녀들은 동부에서 무슨 일이 발생하고 있는지 전혀 알지 못했다. 마거리트 카러프의 소송 기사는 1,300킬로미터나 떨어진 뉴저지주의 지역 신문에만 조그맣게 실렸다. 마트랜드 박사가 작년에 진행한 급진적인 연구는 뜨거운 논쟁거리가 되었지만… 의료 전문 간행물에서뿐이었다. 물론 뉴욕과 뉴저지주 지역에서는 그의 연구 결과가 일반 매체에 보도되었지만 중서부의 5대호에는 조금도 파문을 일으키지 않았다. 오타와에 살고 있는 소녀들은《뉴욕타임스》를 읽지 않았다.

따라서 라듐 다이얼은 굳이 변화를 꾀할 필요가 없었다. 소녀들은 립 포인팅을 거부하지 않았다. 그렇다고 해서 현 관행을 바꾸기를 요구하는 외부 압력도 없었다. 스벤 키예르^{통계국 조사관}가 라듐 페인트가 위험하다고 결론 내렸고 동일한 내용이 담긴 의료 연구 결과가 공개되었지만 그 어떠한 단체도 노동자들을 보호하기 위한 전국적인 조치에 나서지 않았다.

라듐 다이얼 사는 립 포인팅을 대체하기 위해 유리 막대를 도입했지만 유리 막대는 제구실을 하지 못했다. 겁에 질린 회사는 새로운 도구를 나누어 주는 데에만 급급했다. 소녀들은 이 새로운 도구가 별로 마음에 들지 않았다. 캐서린 울프가 보기에 유리 막대는 '어색하고 다루기 불편했다.' 또한 유리 막대가 보급되기 시작했을 때 붓도 계속해서 사용되었던 터라 도장공들은 색칠의 삐져나온 부분을 없애기 위해 계속해서 립 포인팅을 했다. 정교하지 못한 새 도구 때문에 삐져나오는 부분이 전보다도 많아졌던 것이다.

처음에 직원들은 붓을 사용하지 못하도록 철저히 감시당했다. 하지만 이러한 감시는 오래가지 않았다. "감독관이 그렇게 꼼꼼히 살펴보지는 않았어요."라고 한 도장공이 훗날 털어놓았다.

막대 대신 붓을 사용하는 것은 해고의 사유가 될 수 있었다. 하지만 이 규칙이 곧이곧대로 지켜지는 건 아니었다. 한 소녀는 자신을 포함해 예닐곱 명의 직원이 비효율적인 유리 막대 때문에 다른 친구들에 비교해 뒤처지고 있었다고 했다. 그래서 하루는 붓을 사용해 동료들을 따라잡으려고 했고, 이를 본 리드 씨는 그들을 해고했다. 하지만 그녀는 사죄한 뒤 곧바로 복직되었고 다른 소녀들 역시 며칠 후에 다시 돌아왔다.

몇 달이 지나자 유리 막대 사용은 점차 뜸해졌다. 캐서린 울프는 말했다. "우리는 유리 막대든, 일본 붓이든, 각자 잘 맞는 도구를 사용할 수 있게 되었죠." 그런 기준 아래에서는 선택의 여지가 없었다. 훗날 일부 평론가들은 여성들이 다시 붓을 사용한 것을 두고 비난을 퍼부었다. 한 명은 이렇게 말하기도 했다. "그들은 욕심이 많았다. 빠르게 숫자판을 칠하고 싶어 했고 숫자판을 가장 빨리 칠하는 방법은 입을 사용하는 거였다." 하지만 이들은 월급이 아니라 작업한 숫자판의 개수에 따라 돈을 받았다. 막대를 사용하는 것은 경제적으로 큰 차이를 가져 왔을 것이다.

물론 그들이 내린 선택으로 이득을 보는 사람은 그들뿐만이 아니었다. 라듐 다이얼 회사 역시 이득을 보았다. 리드 씨가 개발한 유리 막대가 비효율적이라는 게 확실해지자 기업은 규칙을 완화해 소녀들의 립 포인팅을 다시 허락했다. 더는 간섭하지 않기로 한 거였다. 1926년, 웨스트클록스의 생산량은 또다시 신기록을 갈아치우던 터라 기업은 새로운 방법을, 그것도 아주 비효율적인 방법을 고집할 수만은 없었을 것이다.

캐서린 울프는 이렇게 회상했다. "회사는 우리가 무엇을 사용하든 신경 쓰지 않았어요. 저는 붓이 더 편했죠. 다른 것들은 어색했거든요. 붓을 입에 넣는 게 위험하다고는 생각조차 하지 못했죠."

그래서 캐서린과 이네즈, 그리고 또 다른 초기 직원인 엘라 크루즈는 1926년 내내 립 포인팅을 했다. 캐서린은 숫자를 한 개 칠할 때마다 붓을 입으로 가져갔다.

1926년 말이 되자 캐서린은 친구 이네즈에게 특별한 작별 인사를 건네기 위해 붓을 내려놓았다. 그날은 이네즈가 마지막으로 출근하는 날이었다. 1926년 10월 20일 수요일, 이네즈 코코란은 빈센트 로이드 발라트와 결혼식을 올렸다. 행복한 커플은 제단 앞에 서서 결혼 서약을 했다. 미래의 등불이 되어 줄 서약이었다. 온갖 꿈과 행복, 일상의 등불이 되어 줄 서약이었다.

그들의 목소리가 차가운 성당 벽을 따라 나직이 메아리쳤다. "죽음이 우리를 갈라놓을 때까지…."

24

뉴저지주, 오렌지
1927년

그레이스 프라이어는 다리를 절면서 험프리스 의사의 진찰실로 들어 갔다. 고통 때문에 소리를 지를 뻔했지만 가까스로 참았다. 의사는 그레 이스의 상태가 악화된 것을 보고 충격에 휩싸였다. 그는 한동안 그레이 스를 보지 못했었다. 그레이스의 '척추가 심하게 손상된 상태'라며 그녀 를 험프리스 의사에게 보낸 건 마트랜드 박사였다.

험프리스 박사가 엑스레이를 새로 찍으려고 그녀를 방사선실로 데려 가는 동안 그레이스는 생각에 잠겼다. 마트랜드 박사와 호프만 박사 모 두 자신을 돕고자 했다. 특히 호프만 박사는 그레이스에게 아주 친절했 다. 그레이스의 건강이 급속도로 악화되는 것을 본 그는 그녀 대신 사장 로더에게 서신을 보내 '정의와 공정성'을 언급하며 그레이스를 도와달라 고 요청했다.

호프만 박사는 USRC의 답변에 깜짝 놀랐다. USRC는 '로더가 이제 회사와 관련 없는 인물'이라고 했다.

그들은 합의해야 하는 상황에 놓인 것이 달갑지 않았던 모양이었다. 드링커 박사의 보고서를 은폐하려던 범죄적 과정에 로더의 지문이 여기저기 남아 있었다. 이런 상황에서 어쩌면 새로운 목초지로 이동해서 풀을 뜯는 것도 하나의 좋은 방책 같아 보였으리라. 그는 1926년 7월, 사임했다. 더 이상 기업의 얼굴은 아니었지만 임원 자리는 지키고 있었다.

이러한 변화에도 불구하고 한때 그 회사에서 일했던 병든 직원에 대한 기업의 태도는 조금도 달라지지 않았다. 새로 취임한 사장 클라렌스 B. 리는 협조를 바라는 호프만의 요청을 단박에 거절했다. 호프만 박사는 그레이스에게 이 소식을 알리며 이렇게 덧붙였다. "지금 당장 법적인 조치를 취해야 하오."

그레이스는 줄곧 노력했다고 속으로 답했다. 나쁜 건강상태에도 불구하고 계속해서 변호사를 찾아보았으며 지금은 은행에서 추천해 준 법률 회사로부터 답변을 기다리는 중이었다. 그러던 와중에 그레이스는 아픈 등 때문에 험프리스 의사를 찾아간 거였다.

의사가 그날 진단 결과를 말해 주었다면 그레이스가 어떻게 반응했을지 감히 상상이나 할 수 있을지. 험프리스 의사는 훗날 "그레이스의 엑스레이 촬영 사진을 보니 척추뼈가 으스러져 있었다."고 말했다.

그레이스의 척추는 라듐 때문에 산산이 조각난 상태였다. 발뼈 역시 전체적으로 '뭉개지고 가늘어져' 있었다. 이루 말할 수 없는 고통이었을 것이다.

그레이스는 훗날 인터뷰를 통해 "라듐은 불이 나무를 태우는 것처럼 꾸준히, 그리고 차근차근 뼈를 갉아 먹었죠."라고 말했다.

험프리스 의사가 할 수 있는 일이라고는 그레이스의 고통을 덜어 주기 위한 방법을 찾는 것뿐이었다. 그레이스가 어떻게든 살아갈 방법을 찾아야 했다. 그래서 1927년 1월 29일, 그는 당시 스물일곱 살이었던 그레이스 프라이어에게 단단한 강철로 만든 척추 교정기를 채워 주었다. 교정기는 어깨에서부터 허리까지 내려왔으며 강철로 만든 가로막대 두 개로 지지가 되었다. 그레이스는 매일 이 교정기를 착용해야 했고 한 번에 단 2분 동안만 벗을 수 있었다. 견디기 힘든 치료 방법이었으나 의사의 지시를 따를 수밖에 없었다. 그레이스는 훗날 이렇게 고백했다. "교정기 없이는 자리에서 일어날 수도 없었어요." 그레이스는 발에도 교정기를 착용했다. 어떤 날에는 그녀를 흐트러지지 않게 하나로 묶어 주는 것, 그녀가 계속해서 살아갈 수 있도록 해 주는 유일한 것이 아마 교정기일 거라는 생각까지 들었다.

최근에 연락을 취했던 변호사들로부터 마침내 결과를 전달받은 3월 24일, 그레이스는 그 어느 때보다도 교정기가 필요했다. "유감스럽지만 공소시효 때문에 USRC를 그만둔 지 2년이 지난 뒤부터는 소송을 거는 게 힘들다고 봅니다."

또다시 막다른 골목에 몰리고 말았다.

이제 그레이스에게는 마지막 한 장의 카드밖에는 남아 있지 않았다. 호프만 박사가 전해 준 카드였다. "마트랜드 박사 역시 법적인 조치를 취하는 게 가장 시급하다는데 동의했습니다. 당신이 포터 앤 베리 법률사무소를 찾아가 볼 것을 제안하더군요."

그레이스는 더 이상 잃을 게 없었다. 이젠 뭘 하든 밑져야 본전이었다.

스물여덟의 나이에 턱이 산산이 조각나고 등과 발이 으스러지게 된 그레이스는 1927년 5월 3일 화요일, 새로운 법률 회사와 약속을 잡았다. 레이몬드 H. 베리라는 변호사는 다른 이들이 주지 못한 도움을 줄 수 있을지도 몰랐다.

알아낼 방법은 딱 하나였다.

그레이스는 신중하게 옷을 골랐다. 운명을 좌우할 결정적인 순간이었다. 교정기를 착용한 뒤로는 옷을 전부 새로 사야 했다. "뚫린 부위가 없는 옷을 입기는 정말 힘들어요. 예전에 입던 원피스는 도통 입을 수가 없었죠."

그레이스는 짧은 검은색 머리를 깔끔하게 손질한 뒤 거울을 보고 옷매무시를 가다듬었다. 그레이스는 은행에서 매일 VIP 고객들을 상대했다. 당시의 경험을 통해, 첫인상이 진짜 중요하다는 사실을 알았다.

그녀의 새로운 로펌 역시 첫인상을 중시하는 것 같았다. 포터 앤 베리는 소규모 법률 회사였지만 뉴어크에 들어선 최초의 마천루 중 하나인 밀리터리파크 빌딩에 위치하고 있었다. 당시만 해도 뉴저지주 전 지역에서 가장 큰 건물이었으며 완공된 지 1년밖에 지나지 않았다. 그레이스는 인사를 건네는 변호사를 보는 순간, 그가 이 사무실만큼이나 어리다는 걸 눈치챘다.

레이몬드 허스트 베리는 아직 서른 살도 안 된 젊은 변호사였다. 하지만 금발에 푸른 눈을 지닌 동안의 얼굴에 어울리지 않게 명석한 두뇌를 지니고 있었다. 그는 예일 대학교를 갓 졸업했으며 그 전에는 블레어 아카데미를 수석으로 졸업했다. 현재 다니고 있는 포터 앤 베리에서는 이미 주니어 파트너의 자리까지 오른 상태였다. 그가 지금 법률회사 외에 일한 곳이라고는 린다베리, 데퓨&포크스뿐이었다. 하지만 이 회사는 USRC의 법률 자문 회사였고 그곳에서 일한 경험 덕분에 그는 USRC에 대해 어느 정도 내부자 정보를 갖고 있었을지도 모른다. 베리는 그레이스의 긴 진술을 주의 깊게 들었다. 그레이스는 친구들에게 이 새로운 소식을 전했을 터였고, 불과 3일 후, 캐서린 샤웁 역시 베리에게 연락을 취했다.

베리는 섣불리 결정을 내리는 사람이 아니었다. 변호사라면 누구나 그렇듯, 그는 우선 여성들의 주장을 샅샅이 살펴보았다. 마트랜드의 연구실을 찾아갔고 폰 소쵸키를 인터뷰했다. 5월 7일, 그는 마침내 그레이스와 캐서린을 다시 사무실로 불렀다. 그는 초기 조사를 마쳤고 충분히 살펴보았다고 말했다. 그러더니 사건을 맡겠다고 했다. 베리는 결혼을 했고 세 명의 어린 딸이 있었다. 내년엔 네 번째 딸이 태어날 예정이었다. 딸이 네 명이나 있는 게 결정에 영향을 미쳤을지도 모른다. 베리는 세계대전 당시 군인으로 참전하기도 했었다. 그는 이 사건이 전쟁이나 마찬가지라는 걸 직감했다. 베리는 관행대로 손해보상금의 1/3을 변호사 수임료로 계약서에 써 넣으려 했으나 그레이스는 협상을 통해 이를 1/4로 낮췄다.

베리는 명석한 두뇌로 공소시효 문제에 대한 해결책을 마련했다. 그의 논리는 다음과 같았다. 여성들은 기업에 책임이 있는지 알기 전까지는 소송할 수 없었다. 회사가 그들을 오도하기 위해 그 어떤 적극적 활동을 벌였다면 회사는 그로 인해 소송이 미뤄진 것을 변론 근거로 내세울 수는 없다. 여성들은 기업의 오도 때문에 1925년 6월, 마트랜드 박사의 공식적인 진찰을 받기 전까지는 자신들이 병에 걸린 사실을 몰랐다. 따라서 2년이라는 공소시효의 시곗바늘은 바로 그 시점부터 비로소 움직이기 시작한 것이다.

이제 1927년 5월이었으므로 아직 공소시효가 지나지는 않은 거였다.

1분 1초도 허비할 수 없었던 베리는 곧바로 소송 준비에 착수했다. 그레이스의 사건을 우선 접수할 예정이었다. 그레이스가 그에게 먼저 연락을 취하기도 했지만 그녀의 정신 상태가 캐서린보다 나았기 때문이었을 것이다. 호프만통계학자의 말마따나 그레이스는 '뉴어크의 가장 큰 기업에서 일하는 믿을 만한 사람'이기도 했다. 베리는 USRC의 변호사들이 아주 작은 약점까지도 물고 늘어질 걸 잘 알고 있었다. 그레이스의 훌륭한 성품은 그들에게 맞서 싸울 수 있는 강력한 무기였다. 1927년 5월 18일, 라듐 기업을 상대로 한 그레이스의 공식적인 소송이 접수되었다.

USRC 입장에서는 다소 듣기 거북했을 것이다. 베리는 그들이 '부주의하고 태만하게' 그레이스를 위험에 처하게 만들었으며 그 결과 '방사성 물질이 원고의 몸에 침투해 계속해서 원고의 조직을 공격하고 망가뜨릴 뿐만 아니라 …극심한 고통을 안겨 주고 있다.'고 주장했다. 결론은 "원고는 첫 기소 항목으로 12만 5천 달러(현 170만 달러)를 요구한다."였다.

두 가지 기소 항목이 있었다. 그레이스는 전 회사를 상대로 총 25만 달러(현 340만 달러)를 요구했다.

기업 입장에서는 자업자득이었다.

그레이스의 사건이 접수되자마자 그녀의 소송을 지지하는 가슴 미어질 듯한 표제의 기사들이 넘쳐났다. 그레이스가 고소장을 접수하기 위해 법정에 나타나자 《뉴어크 이브닝 뉴스》에는 '온몸이 만신창이가 된 그레이스, 회사를 고소하다: 강철 프레임으로 몸을 지지한 채 법정에 나타난 여인'이라는 제목의 기사가 실렸다. 이러한 언론 보도가 있고 난 뒤 서로 연락하고 지내던 도장공들 사이에 소식이 돌면서 다른 이들도 나섰다. 퀸타 맥도날드는 언니 알비나와 함께 나타났다.

베리는 이 여성들과 새로운 소송을 시작했다. 이번에는 여성들뿐만 아니라 그들의 남편들도 소송에 포함시켰다. 베리는 퀸타의 남편에 대해 "제임스 맥도날드는 더 이상 아내의 보살핌을 받을 수 없다. 게다가 향후 아내로부터 그 어떤 위안이나 도움도 받을 수 없을 뿐만 아니라 아내를 치료하기 위해 막대한 금액을 지출해야 한다. 원고 제임스 맥도날드는 2만 5천 달러(현 34만 천 달러)를 요구한다."는 내용의 소장을 작성했다.

남편을 소송에 포함시키는 건 지나친 처사가 아니었다. 사실 퀸타는 자신이 원했던 모습의 아내나 엄마가 되는 게 점점 불가능해졌다. 퀸타는 "요새는 힘닿는 만큼이라도 집안일을 하고자 애쓰지만 많이는 못 해요. 몸을 구부릴 수도 없죠."라고 말했다. 퀸타와 제임스는 그녀의 몸 상태 때문에 최근에 가정부를 고용해야 했다. 또 다른 지출이 불가피해진 것이다.

언니 알비나 역시 도움이 절실한 상태였다. 이제 알비나의 왼쪽 다리는 오른쪽 다리보다 거의 10센티미터나 짧아졌다. 알비나는 불구 상태로 침대에 누워 있었다. 알비나와 제임스 래라이스는 가정을 일군다는 꿈을 포기하지 않았지만 유산의 아픔을 겪은 이후로 알비나는 줄곧 예전 그 어느 때보다도 기분이 울적했다. 알비나는 "남편과 제게 삶은 따분하고 공허할 따름이에요."라고 느릿느릿 말했다.

고통받는 이는 또 있었다. 에드나 허스만은 1년 동안 했던 깁스에서 드디어 벗어났지만 다리 상태는 호전되지 않았다. 왼쪽 다리는 8센티미터가량 짧아졌고 오른쪽 어깨는 너무 뻣뻣해 팔을 움직일 수조차 없었다. 또한 혈액 검사 결과 빈혈 증상이 발견되었다. 1926년 12월에 어머니가 사망한 뒤로는 정신마저도 검게 타들어 간 상태였다.

하지만 에드나는 희망을 잃지 않았다. 기업 의사인 플린 박사가 자신의 건강이 아주 좋다고 말하지 않았던가? 에드나는 빈혈 치료제를 먹으며 의사의 지시를 따랐다. 그러던 중 1927년 5월의 어느 날 밤, 에드나는 약을 찾기 위해 어둠 속을 더듬다가 거울 속에 비친 자신의 모습을 보게 되었다. 처음에 그녀는 돌아가신 엄마 미니의 혼령이 무덤을 뚫고 나타난 줄 알았다. 한밤중, 칠흑 같은 어둠 속 거울에서 소녀 유령이 빛나고 있었다.

에드나는 비명을 지른 뒤 기절했다. 에드나는 자신의 피부 아래에서 희미하게 빛나는 뼈가 무엇을 예언하고 있는지 정확히 알고 있었다. 그 빛을 익히 알고 있었다. 지구상에서 그렇게 반짝일 수 있는 물질은 딱 하나였다. 라듐이다.

에드나는 험프리스 의사를 다시 찾아가 자신이 본 것에 대해, 자신을 짓누르고 있는 고통에 대해 말했다. 에드나는 그곳 오렌지 정형외과 병원에서 험프리스 의사가 다른 의사와 얘기하는 것을 들었다. "험프리스 의사는 그에게 제가 라듐 중독 때문에 고통받고 있다고 말했어요. 그렇게 해서 제 병을 처음으로 알게 되었죠."

에드나는 '평화롭고 차분한 여자'였다. 그녀는 훗날 말했다. "저는 신자에요. 그렇기 때문에 저에게 일어난 일을 두고 다른 사람에게 화를 내지는 않을 거예요." 하지만 그렇다고 해서 부당하다는 생각을 하지 않은 건 아니었다. 에드나는 계속해서 이렇게 말했다. "누군가 우리에게 경고했어야 했어요. 우리는 페인트가 해로운 줄 몰랐어요. 겨우 열다섯 살, 열여섯 살, 열일곱 살밖에 안 된 아이들이었다고요." 이것이 너무도 부당하다는 생각에 에드나 허스만과 루이스 허스만은 라듐 중독 진단을 받은 지 한 달 만인 1927년 6월, 레이몬드 베리를 찾아갔다.

이렇게 해서 다섯 명의 소녀가 모였다. 정의를 위해 힘껏 외쳐댈 다섯 명의 소녀, 명분을 위해 끝내 싸우기로 결의한 다섯 명의 소녀. 그들의 이름은 그레이스, 캐서린, 퀸타, 알비나, 에드나였다. 신문 기사는 광분한 듯, 이들에게 온갖 상징적인 이름을 고안해 갖다 붙이면서 이 오중주단을 앞다퉈 집중적으로 보도했다. 1927년 여름, 마침내 모든 것이 공식화되었다.

'죽음을 앞둔 다섯 여성들의 소송'이 시작된 것이다.

25

　다섯 건의 소송은 기업 임원진에겐 예기치 못한 습격처럼 느껴졌을 것이다. 그들은 곧 이 소송을 '베리가 꾸린 무리들'에 의해 조작된 '음모'일 뿐이라고 치부했다. 관용을 베풀어 달라는 모든 요청을 그들이 자신 있게 거절했던 것은 공소시효 때문이었다. 임원진이 보기에 이 공소시효는 자신들의 변론을 뒷받침하는 강력의 논거였다. 하지만 이제 베리가 이 법을 교묘하게 해석하는 바람에 그들은 서둘러 새로운 변론 거리를 찾아야 했다.

　기업이 누구에게 비난의 화살을 돌릴지 뻔했다. 그들은 답변서를 통해 "원고는 안전에 주의를 기울이지 않음으로써 태만에 공조했다."고 말했다. 기업은 한발 더 나아가 소녀들에게 립 포인팅을 하도록 지시했다는 사실 자체를 부인했다. 스튜디오에서 립 포인팅을 한 직원은 없다고 했다. 라듐 가루가 그들의 몸에 붙은 적도 없다고 했다. 답변서 각 페이지는 그 모든 것들을 부인하는 난해한 법률 용어들로 가득 채워졌다. 그들이 인정한 사실은 단 하나였다. '경고하지는 않았다'는 거였다. '라듐이 해롭다는 사실 자체를 부인'했기 때문이었다.

법적 절차 상 이처럼 명백한 거짓말로 가득한 서면 답변서를 제출하기는 했지만 이는 사실 기업이 주도권을 쥐려는 시도의 일환일 뿐이었다. 기업은 법정에서 당당히 맞서 싸우려는 여성들의 등 뒤에서 몰래 반격을 시도했다. USRC에서 감독관으로 일했던 루니 양은 에드나 허스만과 친하게 지냈는데, 어느 날 전 상사가 그녀의 현 직장인 루미나이트 사에 갑자기 나타나 얘기 좀 하자고 했다. 그의 갑작스러운 방문이 놀랍기는 했으나 루니 양은 자신이 관리하던 소녀들에 대해 그와 즐겁게 얘기 나눴다. 그들이 어떻게 지냈는지 상세히 말해 주었다. 신이 난 임원은 루니 양이 '상당히 유용한 정보'를 주었다고 기록했다.

기업뿐 아니라 전직 감독관 모두 그레이스 프라이어의 의지력을 과소평가한 것처럼 보인다. 기업 내부 문서에 따르면, "루니 양은 그레이스 프라이어가 변호사에게 설득당해 소송을 건 게 분명하다고 말했다."고 한다. 그들은 그레이스가 변호사를 찾기 위해 2년 동안 애쓰지 않았더라면 이런 소송은 일어나지도 않았을 거라는 사실을 전혀 몰랐다.

사실 기업은 베리 변호사뿐만 아니라 한때 같은 편이었던 인물까지도 등 뒤에서 칼을 꽂았다고 의심했다. 기업 내부 문서를 보면, "루니 양이 이 모든 사건의 배후에 폰 소쵸키 박사가 있다고 생각하는 데는 충분한 근거가 있어 보인다."고 나와 있다. "폰 소쵸키가 어디서 무엇을 하고 다니는지 확인해야 할 필요가 있다."

루니 양과 사적인 대화를 나누는 척한 이 임원은 한두 번도 아니고 세

번이나 그녀의 직장을 찾아가 여성들에 대한 정보를 캐내려고 했다. 그가 세 번째로 방문하자 루니 양은 무슨 일인지 알아챈 것 같았다. 임원의 최종 기록에는 이렇게 나와 있다. "오늘 아침에 루니 양은 더 제공할 정보가 없다고 말했다. 친구들에게 해가 될까 봐 그렇게 말한 것 같다."

하지만 아무런 소득이 없었던 건 아니었다. 필요한 정보를 충분히 얻었을 뿐만 아니라 사실 쉽게 정보를 캐낼 수 있는 다른 루트도 있었다. 기업은 이제 사립 탐정을 고용해 다섯 명의 여성을 미행했다. 법정에서 활용할 수 있을 만한 약점을 찾기 위해서였다. 하지만 그레이스의 소송을 맨 먼저 접수하기로 했던 것을 상기해 볼 때, 베리 역시 기업이 이러한 야비한 전술을 쓸지도 모른다고 의심했었던 것 같다.

그레이스 프라이어는 백합처럼 순수했지만 털어서 먼지 한 톨 안 나는 사람은 없었다. 오래전부터 나돌던 소문이 있었다. 어찌 보면 그것은 소문이 아니라 명명백백한 사실일 수도 있다. 아멜리아 매기아의 사망 증명서에 문자로 뚜렷이 기록되어 있으니까. 그녀는 **매독**으로 사망했다. 따라서 '그런 부류의 여성과 한때 함께 어울려 일했던 여성들 역시 똑같은 **큐피드 병**에 안 걸렸다고 누가 장담할 수 있겠는가?' 오렌지 거리를 따라 무성해진 이 같은 소문은, 라듐 가루가 한때 그랬던 것처럼 그들의 피부 깊숙이 스며들었다. 그레이스의 한 친척은 훗날 이렇게 말했다. "작은 마을에서는 사람들 사이에 소문이 얼마나 삽시간에 퍼지는지…."

USRC는 그레이스가 한때 5천 달러의 합의금을 제안했다는 사실을 잊지 않고 있었다. 그들은 베리 측에 답변서를 제출하면서 마지막에 이렇게 덧붙였다. "최저 합의 금액을 제안해 주면 감사하겠소. 흥정하려 하지 말고 최선 안을 제안해 주시오."

베리는 자신의 의뢰인에게 이 사실을 전했다. 그레이스가 어떠한 반응을 보였을지는 상상에 맡기겠다. 이에 따라 베리는 USRC의 법률팀에 답신을 보냈다. USRC의 법률팀은 세 회사로 이루어져 있었다. 그중에는 여성들이 승소하면 돈을 지급해야 할 보험사를 대변하는 팀도 있었다. 베리의 서신은 이랬다. "[그레이스는] 어떠한 배상금액도 제시할 마음이 없습니다." 법정에서 보자는 거였다.

베리는 즉시 사건의 변론 전략 구상에 들어갔다. 그는 우선 여성들의 아군을 만나 보았다. 캐서린 와일리, 해밀턴 박사, 호프만 박사, 마트랜드 박사, 험프리스 박사, 폰 소쵸키였다. 그들이 남긴 기록을 읽고 그들을 인터뷰하는 데 많은 시간을 할애했다. 와일리는 자신이 알게 된 사실을 숨김없이 전했다. "기업은 직원들이 아픈 것을 알고도 아무런 조치를 취하지 않았어요. USRC는 이 문제를 은폐하는 데만 온 힘을 쏟았고 병든 직원들에 대해선 그 어떤 도움도 거부했습니다."

기업이 드링커 박사의 보고서를 은폐한 사실을 알게 된 베리는 이 사건에 내재한 기만행위가 판결에 결정적 영향을 줄 것이라 판단했다. 그는 세실 드링커에게 서신을 보내 여성들을 도울 수 있도록 증언해 달라고 요청했다. 하지만 드링커 박사는 비서를 통해 '증언하지 않겠다'는 의사를 밝혔다. 베리는 여름 내내 그의 마음을 바꿔보려고 노력했지만 결국 법원의 공식 출석요구서 발급 절차를 밟을 수밖에 없었다.

증언을 꺼린 건 드링커 박사뿐만이 아니었다. 마트랜드 박사는 "여성들이 처한 어려움에 십분 공감하지만 민사소송에서 그들의 편을 들 수는 없다."고 했다. 마트랜드는 변호사들을 싫어했으며 법정 다툼에 휘말리고 싶지 않았다. 그는 셜록 홈스의 소설을 즐겨 봤지만 법정 드라마 팬은 아니었다.

베리는 마트랜드를 계속해서 설득했지만 그가 증언을 선다는 확신이 없자 다른 전문가를 수소문했다. 여성들의 호흡을 검사해 방사성 물질이 들어 있다는 것을 입증해 줄 전문가였다. 하지만 그 어떤 노력에도 그 끝이 닿은 곳은 막다른 골목이었다. 보스턴에서 기꺼이 협조해 주겠다는 전문가를 찾아내긴 했지만 여성들은 그곳까지 갈 수 있는 건강상태가 아니었다.

한편 반대 진영에 있는 USRC는 그러한 문제를 겪지 않았다. 그들에게는 플린 박사라는 전문가가 있었기 때문이었다. 베리가 곧 알게 되겠지만, 플린이 자문역할을 하던 곳은 USRC뿐만이 아니었다.

베리는 워터베리 클락 컴퍼니에서도 라듐 중독 사례가 있었다는 사실을 최근에 알게 되었다. 그곳에서도 비슷한 사례가 있었다는 것은 의뢰인들의 질병이 직업에 기인한다는 증거였다. 베리는 해당 기업이 위치한 코네티컷주의 노동자보상국에 연락을 취했다. 법정에서 활용할 수 있는 증거를 찾기 위해서였다. 하지만 노동자보상국은 뜻밖의 반응을 보였다. 담당자는 이렇게 잘라 말했다. "이곳에서 직업병을 앓은 사람은 없습니다. 수년 전부터 이곳 코네티컷주 노동자보상국에서는 직업병에 대해 보상을 해 주고 있으므로 만약 그러한 사례가 있었다면 제가 알았을 겁니다. 그러한 사례가 접수된 적은 없습니다. 당신이 말한 것과 비슷한 소문은 여러 번 들었지만 실제 보고된 사례는 없습니다."

알 수 없는 일이었다. 코네티컷에는 5년이라는 훨씬 관대한 공소시효가 적용되고 있었다. 도장공들이 라듐 중독을 발견해 소송을 제기할 수 있을 만큼 충분히 긴 시간이었다. 워터베리 클락 컴퍼니에서는 최소한 3명의 도장공이 사망했으며 병에 걸린 이들도 있었다. 그들 가족 중 단 한 명도 소송을 제기하지 않았단 말인가?

그들은 소송하지 않았다. 그럴 만한 이유가 있었다. 프레드릭 플린 박사 때문이었다. 플린 박사는 워터베리 공장에서 일하는 소녀들이 아프기 시작할 때부터 그들에게 쉽게 접근할 수 있었다. 그는 기업 의사라는 직책 덕분에 아무 때나 공장에 들어갈 수 있었다. 게다가 여성들은 그를 신뢰했다. 그가 그들의 건강이 아주 양호하다고 말하면 그들은 그의 말을 그대로 믿었다. 라듐 중독 사례가 발견되는 경우에는 플린 박사가 '두 얼굴의 사나이 역할'을 기꺼이 수행했다. 도장공들에게는 그들의 건강을 염려하는 의학 전문가의 모습으로 다가가는 한편, 기업을 위해서는 도장공들을 설득해 합의를 받아냈다. 덕분에 기업은 향후 책임에서 벗어날 수 있었다.

이것이 노동자보상국에 단 한 건의 사례도 접수되지 않은 이유였다. 신고되었을 수도 있을 법한 사건을 회사가 사전에 조용히 처리한 것이다. 워터베리 클락 컴퍼니의 접근 방법이 USRC와 달랐던 이유가 있었다. 그 단서는 이름에서 찾을 수 있다. 워터베리는 시계회사였으므로 정확히 말하면 라듐 기업은 아니었다. 따라서 합의를 함으로써 페인트 때문에 소녀들이 피해를 보았다는 사실을 인정한다 할지라도 전반적인 사업에 영향을 미치지는 않았다. 라듐을 팔아서 수익을 올리는 게 아니었기 때문이다. 따라서 직원들이 사망하기 시작하자 기업은 일이 터질 때마다 플린 박사의 중재를 통해 유족과의 합의를 통해 일을 무마하고 넘어갔다. 한 평론가는 이렇게 말했다. "플린 박사는 이 협상에서 우위를 차지했다. 그는 자신이 원하는 바를 정확히 알고 있었으며 상대는 어린 여성들이었다. 법적인 조언을 받을 데도 없는 때 묻지 않고 순박한 여성들이었다." 워터베리 공장에서 일한 여성들이 법적인 조언을 받았더라면 쉽게 알게 되었을 것이다. 베리 같은 법률가들은 익히 아는 사실이니까. 코네티컷주에서는 5년이라는 관대한 공소시효 덕분에 상당수가 정의의 품에서 보호받을 수 있었을 거다. 하지만 주목할 점은 라듐 중독이 처음 발견되었을 당시에만 공소시효가 5년이었고, 그 후 법이 재개정되어 공소시효가 짧아졌다.

기업은 친절한 플린 박사의 개입 덕분에 한 사람당 평균 5,600달러(현 7만 5천 달러)의 합의금으로 문제를 덮을 수 있었다. 하지만 이 평균 금액은 큰 액수를 받은 한두 명의 사람들 때문에 높아진 것일 뿐 대부분의 희생자는 이 평균 금액보다 낮은 금액을 받았다. 어처구니없게도 두 자릿수의 금액을 받은 이들도 있었다. 회사는 사망 보상금으로 43.75달러(현 606달러)라는 말도 안 되는 액수를 지급하기도 했다.

얼핏 보면, 그리고 정말 좋게 봐 주려 애쓴다면 플린 박사가 워터베리 공장에서 일하던 소녀들에게 도움을 준 거라고 생각할 수도 있을 것이다. 플린 스스로는 틀림없이 그렇게 생각했을 것이다. 여성들이 소송이라는 번거로운 절차를 겪지 않도록 중재에 나서준 거라고. 하지만 모든 카드가 기업과 플린 박사의 손에 쥐어져 있었다. 마트랜드 박사의 말마따나 '속임수를 쓰는 딜러이자 이중인격자' 플린은 장난질을 아직 끝내지 않은 상태였다. 플린 박사는 라듐 중독의 존재를 마지못해 인정할 수밖에 없었지만, 그렇다고 해서 아픈 소녀들이 전부 라듐 중독 때문인 것은 아니지 않겠느냐고 항변했다. 플린 박사는 워터베리 공장에서 일하는 소녀들을 상대로 계속해서 검사를 시행했지만 라듐 중독 양성 판정은 한 번도 나온 적이 없었다. 1925년에도, 1926년에도, 1927년에도 단 한 건도 없다고 했다. 1928년이 끝나갈 무렵이 되어서야 그는 다섯 명의 소녀가 라듐 중독에 걸렸을 수도 있다고 인정했다. 그는 캐서린 모어라는 한 노동자를 여덟 번이나 검진했었는데 단 한 번도 라듐이 발견된 적이 없었다고 했다. 그녀는 훗날 라듐 중독으로 사망했다.

플린 박사가 워터베리 클락 컴퍼니를 위해 일하고 있다는 걸 까맣게 모른 채, 오로지 노동자보상국의 말에 의존했던 베리는 증거가 거의 없다는 사실이 당혹스러웠다. 하지만 그의 새로운 친구 앨리스 해밀턴 박사가 그 이유를 일깨워 주었다. 플린 박사가 사건을 조용히 처리했기 때문에 증거가 남아 있을 리가 없었던 것이다. 정보는 공개되지 않았다. 노동부가 시계 만드는 기업을 찾아가 문을 두드린 적도 없었으며, 변호사가 나선 적도 없었다. 약간의 돈이 책상 너머로 건네졌을 뿐. 그리고 감지덕지하는 마음으로 그것을 받은 사람만 있을 뿐이었다. 모두가 쉬쉬했던 거였다.

레이몬드 베리에게 호의적이지 못한 상황이었다.

그는 처음부터 플린 박사에게 호기심이 일었다. 여성들은 박사로부터 그들의 건강이 양호하다는 말을 들었다고 했다. 그러한 진단 때문에 여성들은 혼란스러워졌고 일부는 기껏 소송 직전까지 와서 망설이다 뱃머리를 돌려버리기도 했다. 베리는 1927년 8월, 플린 박사에 대해 조금 더 깊이 파보기로 했다. 조사 결과 충격적인 사실이 땅속에서 모습을 드러냈다.

플린 박사는 분명 여성들을 줄곧 진찰해 왔다. 그녀들의 피를 뽑고 엑스레이 결과도 판독해 주었다. 그는 여성들의 진료를 주선하기도 했으며 '의과대학'이라고 적힌 편지지에 편지를 써 여성들에게 보냈다. 그레이스가 플린 박사에게 검진받을 수 있도록 주선한 맥커프리 의사는 이렇게 말했다. "플린은 의학박사인 걸로 알고 있습니다."

하지만 베리는 플린이 누구인지 정확히 알아보기 위해 당국에 문의했고 뉴저지주 의학협회 이사회로부터 다음과 같은 편지를 받았다. "기록에 따르면 우리는 프레드릭 B. 플린에게 약을 처방하거나 수술을 시행할 수 있는 자격증을 발급한 적이 없습니다."

플린은 의학박사가 아니었던 것이다. 그의 전공은 철학이었다.

소비자연맹의 표현에 따르면, 플린은 "사기꾼들의 등을 치는 사기꾼이었다."

26

일리노이주, 오타와
1927년 8월

엘라 크루즈는 클린턴 스트리트에 위치한 집을 나섰다. 칸막이 문을 쾅 닫고 충계를 몇 칸 내려온 뒤 어머니 넬리에게 다녀오겠다는 인사를 건넸다. 하지만 그녀의 목소리는 예전만큼 활기차지 않았다.

엘라는 자신의 몸이 왜 그런지 알 수 없었다. 늘 '튼튼하고 건강한' 그녀였건만 이제는 항상 피곤했다. 엘라는 지친 몸을 이끌고 공장으로 향했다. 늘 그렇듯 집에서 겨우 한두 블록 떨어진 세인트 콜럼바 성당의 첨탑을 지나갔다. 엘라와 엄마 넬리, 아빠 제임스, 남동생 존은 그녀의 동료 대부분이 그렇듯 정기적으로 이 성당 미사에 참석했다.

엘라의 인사에 엄마 넬리 역시 조용히 답했다. 당시에 넬리는 딸이 스튜디오에서 일하는 게 탐탁지 않았다. 넬리는 고개를 저으며 말하곤 했다. "저는 엘라가 그곳에서 일하는 걸 원하지 않았어요. 하지만 깨끗한 곳이었고 쾌활한 소녀들이 많이 근무했죠."

공장은 엘라의 집이 있는 클린턴 스트리트에서 불과 몇 블록밖에 떨어져 있지 않았다. 따라서 아픈 몸 때문에 거북이걸음처럼 느릿느릿 걸어도 금세 공장에 도착할 수 있었다. 엘라가 학교 건물 계단에 올라설 무렵 다른 친구들도 속속 도착했다. 그중에는 캐서린 울프도 있었다. 그녀는 절뚝거리며 걸었다. 최근 들어 점점 더 심해졌다. 마리 베커는 여느 때처럼 재잘대고 있었다. 매리 비치니, 루스 톰슨, 새디 프레이도 있었다. 엘라가 스튜디오에 도착했을 때 페그 루니는 늘 그렇듯 이미 작업대에 앉아 있었다. 엘라는 동료들에게 아침 인사를 건넸다. 그녀는 '인기 있는 소녀'였다.

매리 엘렌 ('엘라') 크루즈는 부모님이 정해준 세례명이었다. 1927년, 그녀는 캐서린 울프와 마찬가지로 스물네 살이었다. 그녀는 윤기 있는 밤색 머리를 최신 유행하는 단발로 잘랐다. 머리카락 끝이 광대뼈에 닿을 만큼 짧은 길이였다. 깨끗한 피부 주위로 독특한 모양의 앞머리가 흘러내리고 있었으며 눈썹은 가지런히 정리한 상태였다. 수줍게 미소를 지으면 왼쪽 뺨에는 자그마한 보조개가 생겼다.

엘라는 나무 작업대에 앉아 붓을 집어 들었다. 입에 넣고… 페인트에 담근 뒤… 칠을 했다. 스무 살 때부터 그곳에서 일해 온 터라 이제는 숟가락질처럼 익숙했다. 한 달 중 25일을 하루에 8시간씩 유급휴가 없이 일해왔다.

하지만 이제는 휴가를 좀 내고 싶었다. 피곤하고 지친 데다 턱이 아팠다. 이상한 일이었다. 엘라는 늘 아주 건강했었기 때문이다. 6개월 전에 처음으로 의사를 찾아간 후로 다른 의사들도 만나 봤지만 전혀 도움이 되지 않았다. 페그 루니도 마찬가지였다. 페그는 최근에 이를 뽑았지만 이를 뽑은 부위가 아물지 않아 치과의사도 손을 쓸 수 없었다고 말했다.

리드 씨가 소녀들을 감시하기 위해 작업실을 이리저리 돌아다니는 소리에 엘라는 고개를 들었다. 최근 들어 그는 다소 으스대며 걸었다. 왜 안 그러겠는가? 머레이 양이 7월에 암으로 사망한 뒤 그는 드디어 책임 감독관이 되었던 것이다. 엘라는 다시 숫자판을 칠하는 데 집중했다. 낭비할 시간이 없었다.

하지만 오늘은 일에 집중하기가 쉽지 않았다. 그해 여름 내내 팔과 다리가 아팠다. 게다가 손가락이 너무 아파 섬세한 칠 작업이 쉽지 않았다. 엘라는 잠시 숨을 돌린 뒤 얼굴에 손을 갖다 댔다. 하지만 그 부위 역시 문제였다. 턱 아래를 따라 볼록하고 딱딱한 종기가 길쭉하게 났던 것이다. 그게 뭔지, 왜 갑자기 지난 몇 주 사이에 생겼는지 몰랐지만 느낌이 이상했다.

그래도 최소한 오늘은 금요일이었다. 다른 친구들이 주말에 무슨 계획이 있는지 궁금했다. 페그의 남자친구 척이 오두막에 사람들을 초대하거나 모두들 록시에서 영화를 보겠지. 엘라는 아무 생각 없이 자신의 완벽한 피부에 이틀 전 즈음에 생긴 작은 여드름을 손가락으로 만져 보았다. 왼쪽 뺨, 보조개 바로 옆에 있었다. 여드름을 처음 발견했을 때 엘라는 손가락으로 여드름을 짰고 여드름은 그 즉시 부풀어 올랐다. 이제 손가락 끝에 닿은 부위는 뻐근하고 쓰라렸다. 파티가 시작되기 전에 피부가 가라앉았으면 싶었다.

엘라는 아침 내내 일에 집중하려고 했지만 점점 더 힘들어질 뿐이었다. 이번 주말에는 파티에 가지 못할 게 분명했다. 사실 일도 더는 못할 것 같았다. 오늘은 더 이상…. 엘라는 리드 씨에게 쟁반을 가져간 뒤 아파서 집에 가야겠다고 말했다. 10분도 채 지나지 않아 엘라는 클린턴 스트리트로 돌아왔다. 세인트 콜럼바 성당에서 정오를 알리는 종소리가 울려 퍼지고 있었다. 엘라는 엄마에게 몸이 좋지 않아 침대에 누워 있어야겠다고 말했다.

"다음날 딸을 데리고 의사를 찾아갔습니다." 엘라의 엄마 넬리가 그날을 회상했다. 엘라는 부풀어 오르는 작은 여드름을 진찰받고 싶었다. 하지만 심각한 상태는 아니었고 의사는 유쾌한 분위기 속에서 모녀와 대화를 나누었다. 엄마는 딸이 라듐 다이얼에서 일하는 게 늘 걱정스럽다고 의사에게 하소연했다. 의사는 껄껄 웃으며 대답했다. "말도 안 되는 소리 마세요. 그곳보다 깨끗한 데는 없을 겁니다."

그래서 엘라와 넬리는 안심하고 집으로 돌아갔다.

엘라는 일요일에 미사 참석을 못 했다. 월요일 아침에도 출근할 만한 상태가 아니었다. 8월 30일 화요일, 엄마는 엘라를 다른 외과 의사에게 데려갔다. 의사는 여드름을 짜봤지만 아무것도 나오지 않았다. 그대로 둘 수밖에 없었다. 엘라를 아프게 하는 원인이 뭔지 알 수 없었다. 미스터리였다.

원인을 알 도리가 없으니 당연히 미스터리처럼 보였을 것이다. 그 여드름, 그 작은 여드름은 자꾸자꾸 부풀어 올랐다. 말도 못 하게 고통스러웠다. 엘라나 엄마는 물론이고 의사조차도 멈추게 할 수 없었다. 아무도 염증을 막을 수 없었다. 엘라의 얼굴은 심하게 부어올랐으며 열도 났다.

넬리는 이렇게 회상했다. "다음날, 의사는 다시 엘라의 얼굴을 본 뒤 입원하라고 했죠."

엘라는 8월 31일, 오타와 시립 병원에 입원했다. 하지만 여드름은 계속해서 커져만 갔다. 이제 여드름이라 부를 수도 없었다. 종기도 아니었다. 그보다 훨씬 더 심각했다. 엘라의 세련된 단발머리는 여전히 깔끔했지만 그 아래 있는 얼굴은 불과 며칠 만에 알아볼 수조차 없는 상태가 되었다. 패혈성 중독으로 증세가 악화되었고 엘라의 어여쁜 얼굴은 이제 검게 변해 있었다.

넬리는 당시를 회상하며 고통스러워했다. "엘라는 끔찍한 고통을 겪었죠. …그 누구도 그렇게 끔찍한 고통을 겪는 걸 본 적이 없었어요."

엘라는 그녀의 외동딸이었다. 넬리는 의사가 허락하는 한 계속해서 병상을 지켰다. 병실에 누워 있는 사람은 엘라처럼 보이지 않았지만 그래도 여전히 엘라였다. 여전히 그녀의 딸이었다. 엘라는 아직 살아 있고 엄마를 필요로 했다.

9월 3일 토요일 자정. 토요일은 이제 막 일요일 새벽으로 미끄러져 갔고 엘라는 상태가 악화되었다. 패혈증으로 엘라의 얼굴은 검게 부풀어 올라 알아볼 수 없는 지경이 되었다. 엘라의 몸속에 있는 독성이 최고치에 달했다. 9월 4일 일요일 새벽 4시 반, 죽음이 갑자기 찾아 왔다. 엘라는 불과 지난주만 해도 공장에서 시계 숫자판을 칠하고 있었다. 증상이라고는 얼굴에 난 작은 여드름뿐이었다. 그런 엘라에게 죽음이 어떻게 이렇게도 갑작스럽게 찾아올 수 있단 말인가?

의사들이 엘라의 사망신고서에 적은 사인은 '얼굴에 발생한 염증으로 인한 연쇄상구균 중독'이었다.

9월 6일, 넬리 크루즈와 제임스 크루즈는 딸을 묻기 위해 낯익은 길을 따라 세인트 콜럼바 성당으로 향했다. 지역 신문에는 "크루즈 양의 사망은 가족과 친구 모두에게 충격으로 다가왔다."라는 기사가 실렸다.

충격이었다. 이 충격으로 가족들의 가슴속에는 텅 빈 구멍이 생겼다. 그 무엇으로도 영원히 채울 수 없는 구멍이었다. 수년이 지난 뒤 그녀의 부모는 "딸이 세상을 떠난 뒤로는 내 삶의 모든 것이 달라졌습니다."라고 한탄했다.

오타와에서 대부분의 시절을 보낸 단발머리 소녀, 친구들에게 인기가 많았던 소녀, 성당 첨탑 아래에서 너무나도 짧은 생애를 보낸 소녀, 엘라의 부고에는 단 한 가지 세부 사항만이 언급되었다.

"엘라는 라듐 다이얼에서 일했었다."

27

뉴저지주, 뉴어크
1927년

플린에게 의학 박사 학위가 없다는 사실은 모두에게 충격으로 다가왔다. 와일리는 그에게 속았다는 생각에 치를 떨며 그가 '진짜 악마'나 다름없다고 했다. 해밀턴 박사는 플린에게 서신을 보내 '그의 입장을 아주 진지하게 생각해 볼 것'을 촉구했다. 하지만 플린은 끄떡도 하지 않았다. 그는 해밀턴 박사에게 답장을 보내 "당신이 나의 '최근 행동'을 운운하는데 그것이 도대체 무엇을 뜻하는지 이해하지 못하겠다."고 했다. 그는 베리 변호사가 자신의 진짜 학위를 알아낸 것에 개의치 않는 것 같았다. 통계학자인 호프만 박사를 산업 위생학 분야의 전문가라고 부르는 것처럼 자신 역시 이 분야의 전문가이며 자신은 잘못한 게 아무것도 없다고 했다.

해밀턴은 플린의 능구렁이 같은 답변에 어이가 없었다. 박사는 그를 가리켜 "답이 없는 사람"이라고 말했다. 한편 베리는 플린이 자격증 없이 의사 노릇을 한다며 당국에 신고했다.

해밀턴은 플린 문제와는 별도로 베리에게 아주 중요한 비밀 병기를 제공했다. 그녀는 《월드》 지와 연줄이 있었으며 소속 기자, 월터 립맨과는 개인적인 친분이 있었다. 《월드》 지는 당시 미국에서 가장 영향력 있는 신문으로 '가난한 이들의 입장에서 민생을 위해 늘 헌신하는' 매체였다. 따라서 도장공들의 사례는 이 신문이 촉각을 기울일 만한 중대 사안이었다. 립맨으로 말할 것 같으면 그로부터 2년 후 이 신문사의 편집자가 되었으며 훗날 일각에서는 그를 20세기에 활동한 가장 영향력 있는 기자로 평가하기도 했다. 그가 여성들의 편에 선다면 천군만마를 얻은 거나 다름없었다.

립맨의 능력은 즉시 진가를 발휘했다. USRC는 예상대로 공소시효를 들먹였다. 기업은 죄가 들춰지기 전에 소송을 기각하려 했다. 하지만 립맨은 《월드》 지를 통해, 법망을 피하려는 기업의 교묘한 술수에 대해 자신의 견해를 밝혔다. 그는 공소시효를 들먹이는 것은 '비열하고 야비한' 행동이라 지적하며 "법원이 피고 측 변호사의 말에 동의할 리가 없다."고 말했다.

그의 말은 어느 정도 맞았다. 법원은 기업의 주장에 동의하지 않았다. 그 대신 여성들의 소송은 재판을 이중으로 열어야 하는 번거로움을 피하고자 하나의 사건으로 통합되어 형평법 법원으로 이송됐다. 베리가 해석한 공소시효의 유효성 여부는 그곳에서 판가름 날 예정이었다. 공소시효와 관련하여 법원이 베리와 여성들의 손을 들어 줄 경우 기업의 유죄 여부를 가릴 두 번째 재판이 열리게 될 것이다. 사람들은 형평법 법원을 가리켜 '왕의 양심이 다스리는 법원'이라 불렀다. 법의 엄격한 해석만으로는 정의가 응답해 줄 수 없는 문제들에 대해 선처를 호소하는 곳이었다. 재판 날은 1928년 1월 12일로 정해졌다.

그 전까지 할 일이 많았다. 베리는 마침내 방사능 검사를 새롭게 시행해 줄 전문가를 찾았다. 엘리자베스 휴즈였다. 그녀는 폰 소쵸키의 조수로 일한 적이 있는 물리학자였다. 검사는 1927년 11월로 예정되었다. 하지만 베리는 휴즈의 검사 결과가 어떻게 나오든, 피고 측은 그 결과를 문제 삼을 걸 알았다. USRC는 이미 "피고 측에서 선임한 의사가 [원고의] 신체검사를 시행해야 한다."고 주장한 바 있다. 베리는 검사 결과를 두고 논쟁이 있을 거라고 예상했다. 검사 결과는 당연히 다를 수 있었다. 예컨대 습한 날씨는 검사에 영향을 미칠 수 있었으며 동일한 결과도 의사마다 다르게 해석할 수 있었다.

베리가 맞닥뜨린 문제는 1925년 마트랜드 박사가 고심하던 문제와 똑같았다. 도장공들의 목숨을 앗아가고 있는 게 라듐이라는 사실을 어떻게 입증할 것인가? 입증 방법은 단 한 가지뿐이었다. 하지만 베리는 의뢰인에게 이것을 요청할 수는 없었다. 희생자의 뼈에서 라듐을 추출하는 유일한 방법, 즉 라듐이 그들의 몸에 존재한다는 사실을 확실히 증명하기 위한 유일한 방법은 뼈를 갈아 재로 만드는 것뿐이었다. 마트랜드 박사는 "[라듐] 침전물은 뼈를 태운 뒤 재를 염산 속에 끓여야만 분리해 낼 수 있다."고 말했다.

그레이스나 에드나, 캐서린, 두 명의 매기아 자매가 도움을 줄 수 있는 일이 아니었다. 하지만….

또 다른 한 명의 소녀, 매기아는 도움을 줄 수 있을지 몰랐다.

바로 몰리였다.

1927년 10월 15일 오전 9시 무렵, 한 무리의 인부들이 로즈데일 묘지에 도착했다. 그들은 수많은 무덤을 지나 어떤 무덤 앞에 섰다. 그러더니 그 위에 천막을 치고 비석을 제거한 뒤 무덤을 파기 시작했다. 흠뻑 젖은 흙을 퍼내자 아멜리아 '몰리' 매기아의 시신이 담긴 평범한 나무 상자가 모습을 드러냈다. 매독으로 죽었다던 소녀 아멜리아 몰리 매기아를 품은 관이었다. 인부들은 관 아래에 밧줄을 걸고 단단한 은색 쇠사슬을 매달아 들어 올렸다. 몰리의 관은 '최근에 내린 비 때문에 주위에 스며든 물에서 벗어나지 못해 바둥대다가' 겨우 중력을 이겨냈다. 거기까지 일을 마친 인부들은 담당자들이 오기를 기다렸다. 베리는 라듐 기업 측과 정확히 오후 3시 반까지 모두 모이기로 조율해 두었다.

오후 3시, 기업 측 전문가들이 몰리의 무덤에 도착했다.

모두 여섯 명이었다. 부사장 바커와 어디든 빠지지 않고 나타나는 플린 박사도 있었다. 매사에 신중한 베리는 특별 조사관이 참석하도록 미리 조치를 취해 두었다. 베리는 천막 밖에서 서성거리고 있는 기업 측 사람들을 유심히 바라보았다. 오후 3시 반이 되자 베리는 휴즈 박사와 마트랜드 박사, 그리고 부검을 시행할 뉴욕 의사들과 함께 무덤으로 향했다. 총 열세 명의 담당자가 몰리의 시신을 발굴하는 현장에 증인으로 참석했다.

의사와 변호사들 사이에 어색하게 서 있는 세 명의 남자가 있었다. 몰리 자매의 배우자들인 제임스 맥도날드와 제임스 래라이스, 그리고 몰리의 아버지 발레리오였다. 가족들은 베리의 의견에 반대하지 않았다. 몰리의 시신은 도장공들의 법정 싸움에서 강력한 증거가 될 수 있었다. 몰리 매기아는 몇 년 전에 사망했지만 여전히 자매들을 도울 수 있었던 것이다.

베리의 팀이 도착한 뒤 관을 들어 올리기 위한 준비가 시작되었다. 커튼이 쳐졌고 모두가 천막 안으로 들어갔다. 인부들은 밧줄과 쇠사슬을 끌어 올렸다. 몰리는 천천히 2미터가량 깊이 속에서 지면 위로 올라왔다. "바깥쪽 상자는 상태가 안 좋아 쉽게 떨어져 나갔고 그 안에 든 관 역시 부서져 내리기 직전이었다." 어둑한 가을날이었지만 관에서는 이상한 빛이 나는 것 같았다. "라듐의 징표가 뚜렷했다. 관 속에는 라듐 복합체가 은은히 빛을 발하고 있었다."

누군가가 반짝이는 관 쪽으로 몸을 구부려 썩은 나무에서 은색 명판을 떼어냈다. 아멜리아 매기아라고 적혀 있었다. 그들은 신원을 확인하기 위해 발레리오에게 명판을 보여 주었다. 그는 고개를 끄덕였다. 맞았다. 그것이 부부가 딸에게 붙여 주었던 이름이다.

몰리의 신원이 확인되자 인부들은 관의 상단과 측면을 제거했다. 드디어 몰리가 모습을 드러냈다. 1922년 당시, 가족들이 입혔던 그대로 흰색 원피스에 검은색 가죽 펌프스를 신은 채였다.

'시신은 보존이 잘 된 상태였다'고 한다.

그들은 몰리의 시신을 관에서 조심스럽게 들어 올려 나무 상자에 천천히 뉜 다음 차에 실어 인근 시술실로 가져갔다. 오후 4시 50분에 부검이 시작되었다. 그렇다. 그날 오후 4시 50분 아멜리아 매기아는 드디어 발언할 기회를 얻게 된 것이다.

　죽음에는 존엄성이 없다. 의사들은 몰리의 위턱뼈부터 시작했다. 그들은 턱뼈를 떼어내 여러 조각으로 나누었다. 아래턱뼈는 그럴 필요가 없었다. 살아 있을 당시 이미 들어낸 상태였기 때문이었다. 그들은 몰리의 척추와 머리, 갈비뼈를 톱으로 잘랐다. 그다음에는 칼로 뼈를 긁어내 다음 단계를 준비했다. '몰리의 뼈를 뜨거운 물에 씻고 말린 뒤 회백색의 재로 만드는' 일종의 의식이 기다리고 있었다. 뼈 일부는 엑스레이 필름 검사를 하는 데 사용되었으며, 나머지는 가루로 만들어 방사선 검사를 시행하는 데 이용되었다.

　며칠 후 엑스레이 필름을 검사하자 몰리 매기아가 무덤 속에서 전하고자 했던 메시지가 나타났다. 그녀는 오랫동안 하고 싶은 말이 있었다. 마침내 들어 줄 사람이 생겼다. 몰리의 뼈는 칠흑 같은 필름 위에 흰색 이미지를 남겼다. 몰리의 척추뼈는 수직으로 솟은 흰 빛의 그림을 필름 위에 그려놓았다. 천천히 검게 타들어 가는 한 무리의 성냥개비들처럼. 그것은 퇴근길에 떼 지어 밝게 빛나던 도장공들의 모습과도 흡사했다. 아래턱뼈가 없는 두개골 사진 속의 입은 마치 비명을 지르고 있는 것처럼 쩍 벌어져 있었다. 지난 몇 년 동안 무덤 속에서 줄곧 정의를 부르짖고 있었던 것 같았다. 한때 눈이 있었던 곳에는 검은색 얼룩이 있었다. 자신의 이름을 더럽힌 거짓말을 바로잡아 주려는 듯 책망하는 눈빛으로 정면을 빤히 응시하고 있었다.

　검시관들은 질병의 증거, 특히 '매독의 증거는 없다'고 말했다.

무죄였다.

의사들은 결론 내렸다. "뼈와 조직의 모든 부분을 검사한 결과 방사능이 감지되었다."

소문을 퍼뜨리기를 좋아하는 사람들의 입방아와는 달리 큐피드의 질병 때문이 아니었다. 범인은 라듐이었다.

의사들의 부검 결과는 언론의 큰 관심을 받았다. 정의를 구현하려는 여성들의 싸움은 서서히 유명세를 타고 있었다. 언론에서 큰 관심을 보이자 또 다른 여성이 베리의 사무실로 찾아 왔다. 하지만 그녀는 베리와 곧바로 계약하지는 않았다.

몰리 매기아의 친구, 엘라 에커르트였다. 금발의 곱슬머리를 휘날리며 회사 소풍 때마다 늘 깔깔대며 웃던 명랑한 소녀였다. 엘라는 1927년 가을, 베리에게 전화를 걸었다. 그녀는 다섯 명의 친구들보다는 나은 상태였지만 베리에게 이렇게 말했다. "저는 엑스레이 촬영, 혈액 검사, 약, 진료비 등에 최소한 200달러(현 2,724달러)를 썼어요. 하지만 아무런 효과가 없었죠." 엘라는 작년에 밤베르크 백화점에서 일하다가 넘어졌는데 어깨가 낫지 않아 회사를 그만두어야 했다. 한눈에 봐도 팔은 '어깨부터 손까지 심하게 부어 있었다.' 엘라는 고통을 호소하며 도와달라고 애원했다.

자신을 위한 도움만은 아니었다. 막돼먹기 이를 데 없는 잘못된 사랑에 빠졌던 엘라는 유부남과의 사이에서 아들을 낳았는데, 남자가 자취를 감춘 터라 이제 혼자서 아이를 키워야 했다. 직장을 잃거나 아플 여유가 없었다. 엘라에게는 돌봐야 할 아들이 있었다.

베리는 언젠가는 행로가 마주치게 될 거라 생각하며 일단은 엘라를 돌려보냈다. 한편, 그의 재판 준비는 속도가 붙었다. 1927년 11월 14일은 중요한 날이었다. 진술의 일환으로 첫 증언이 이루어지는 날이었다. 베리는 드링커 박사에게 공식 출석요구서를 발부했다. 마지못해 법정에 모습을 드러낸 박사는 증인 선서를 했다.

베리는 이 단계에서 큰 난관에 부딪혔다. 에드워드 A. 마클리였다. 그는 라듐 기업의 보험 회사를 대변하는 변호사로 USRC 사건의 피고 측 대표 변호사이기도 했다. 182센티미터가 넘는 그는 갈색 머리에 안경을 썼다. 그의 아버지는 전직 판사였으며 그는 그러한 집안의 맏아들답게 침착하고 자신감 넘쳤다. 또한 베리보다 여섯 살 많았던 터라 그만큼 경험도 풍부했다.

베리는 증인심문이 시작되는 순간, 쉽지 않은 싸움이 될 것을 깨달았다. 베리는 드링커 박사 관련 증거들을 모두 채택시키려 노력했다. 로더가 박사의 보고서를 은폐한 이유를 합리화하기 위해 보냈던 가증스러운 편지, 노동부에 거짓으로 신고한 것 등. 하지만 USRC의 변호사는 모든 질문과 증거에 이의를 제기했다.

마클리가 소리쳤다. "해당 질문에 이의 있습니다. 목적이 불분명합니다."

뒤이어 스트라이커가 말했다. "증인이 로더 씨와 나눴다는 얘기에 이의 있습니다."

그들은 드링커 박사의 말을 저지하기까지 했다.

"이 사안과 관련해 제 입장을 말씀드리겠습니다."

"당신이 말하기 전에 이의 있습니다." 마클리는 드링커 박사가 증언을 시작하기도 전에 막아섰다.

변호사들은 드링커가 보낸 진짜 서류들을 '소문에 근거해 작성한 악의적인 진술'에 불과하다고 깎아내린 뒤 선구적인 과학자와 그의 동료들에게 예리한 질문을 퍼부었다. 그들은 드링커 박사 논문의 공동저자인 세 명의 박사 한 사람 한 사람에게 차례로 물었다. "라듐 중독을 조사해 본 경험이 있었습니까?"

물론 세 명 다 "아니오."라고 대답했다. 질문의 요지는 경험이 없는 '전문가'의 말을 어떻게 인정할 수 있느냐는 뜻이었다. 캐서린 드링커만이 '이 병이 발견된 게 이번이 처음'이라는 명백한 사실을 지적했다.

하지만 베리는 이 같은 공격에 위축되지 않았다. 그는 드링커 박사의 보고서를 제출하며 "원고 측에서 제시할 수 있는 최고의 증거로, 로더 씨가 원본을 '어디 두었는지 찾지 못할' 경우 사용될 수 있을 것입니다."라고 자신 있게 말했다.

기업 변호사들은 막무가내였다. '원본이 증거로 채택될 경우 당연히 이의를 제기할 것'이라고 반박했다.

1월 내내 힘겨운 싸움이 계속될 게 뻔했다. 하지만 예상치 못한 일이 일어나 모두를 충격에 빠뜨렸다. 그간 베리는 그해 초 자신을 방문했던 엘라 에커르트의 상태가 걱정스러웠다. 그녀는 몇 주 째 정형외과 병원에 입원한 채 '죽음을 목전에 둔' 상황이라는 소식을 들었기 때문이었다. 엘라는 빈혈, 뼈에 나타난 흰색 그림자 등 라듐 중독의 증상을 보였다. 하지만 이 같은 명백한 증상에도 불구하고 마트랜드 박사는 "이 사례는 무척이나 혼란스러우며 다른 사례처럼 명확하지가 않다."고 말했다.

1927년 12월 13일, 엘라 에커르트는 사망했다. 마트랜드는 그녀의 이름을 '죽음의 명단'에서 찾을 수 있었다. 그는 그 옆에 D라고 써넣었다.

엘라는 그날 죽기 전에, 부은 어깨 때문에 수술을 받았었다. 바로 여기에 미스터리의 해답이 숨어 있었다. 의사들이 그녀의 어깨를 열어 보니 '석회 물질이 형성되어 어깨뼈 전체에 스며들어' 있었다. 이미 상당한 크기로 자라나 있었다. 그렇게 커진 석회 물질은 마트랜드 박사를 비롯해 모두가 처음 보는 것이었다. 도장공 중에서 그러한 증상을 보인 사례는 아직 없었다.

라듐은 똑똑한 독성 물질이었다. 희생자의 뼈에 몰래 침투했으며 숙련된 의사조차도 혼란스럽게 만들었다. 게다가 숙련된 연쇄 살인범처럼 작업 방식이 이젠 진화하기까지 한다. 엘라는 뼈에 생기는 악성 종양인 '육종'에 걸린 거였다. 엘라는 그러한 증상으로 죽은 최초의 도장공이었다. 하지만 마지막은 아니었다.

엘라의 죽음은 소송 중인 다섯 명의 여성들에게 충격으로 다가왔다. 그녀의 죽음은 너무 갑작스럽게 찾아왔던 것이다. 하지만 그들은 엘라의 죽음에 더욱 자극을 받았고 다가오는 싸움에 대한 의지를 더욱 세차게 불태우게 되었다.

1928년 1월 12일, 10년에 걸친 재판이 시작되었다.

28

"공판 전날 잠을 거의 잘 수 없었죠. 수년 동안 오직 이날만을 기다려 왔으니까요." 캐서린 샤웁은 이렇게 말했다.

캐서린뿐만이 아니었다. 매서운 추위가 강타한 1월의 어느 날, 다섯 명의 여성이 형평법 법원에 도착하자 수많은 신문 기자들이 그들을 향해 카메라 플래시를 터뜨렸다. 참관석은 사람들로 가득 메워졌다.

베리는 여성들이 준비되어 있기를 바랐다. 그는 이틀 전 다섯 명의 여성들에게 전화를 걸어 증언을 철저히 준비시켰다. 하지만 그들의 정신력만으로 헤쳐 나갈 수 있는 문제는 아니었다. 누가 보더라도 이제 여성들의 몸 상태는 만신창이였다. 지난 6개월은 그들에게 힘든 시기였다. 베리는 "몇몇은 신체 상태가 정말로 처참했다."고 기록했다.

알비나 래라이스의 상태가 가장 걱정이었다. 알비나는 왼쪽 다리를 10센티미터도 뻗지 못했으며 몸을 구부릴 수 없기에 혼자서는 신발이나 스타킹도 신지 못했다. 에드나 허스만과 더불어 그녀의 예후가 가장 나빴다. 하지만 알비나를 괴롭힌 건 잃어버린 건강만은 아니었다.

알비나는 비탄에 젖어 이렇게 말했었다. "저는 아이를 둘이나 잃었어요. 제가 이 모양 이 꼴이니까요." 작년 가을, 베리는 의사를 통해 알비나가 세 번째 아이를 또다시 잃었다는 소식을 접했다. 상황이 이렇지 않았더라면 건강하게 살아 있을 아이였다. 알비나는 임신했다는 소식을 들었을 때 그 누구보다도 기뻤다. 하지만 행복은 오래 가지 않았다. 그녀의 상태를 본 의사들은 임신을 계속 유지해서는 안 된다고 했다. 그들은 알비나에게 '치료 목적의 유도 유산'을 명령했다.

알비나는 "너무 우울한 나머지 가스를 마시고 모든 것을 끝내버릴까도 이따금 생각했어요."라고 고백했다.

험프리스 의사는 라듐 중독 때문에 [환자들이] 삶에 대한 의지를 잃었다고 말했다. 베리는 오늘만큼은 이 여성들에게 싸울 의지가 남아 있기를 바랐다.

에드나 허스만이 처음으로 증인석에 섰다. 에드나는 남편 루이스에게 거의 기대다시피한 채 증인석으로 향했다. 아름다운 금발의 에드나, 모델처럼 다리를 꼰 채 사진사를 향해 포즈를 취하곤 했던 에드나였다. 하지만 겉모습은 기만적이다. 그녀는 엉덩이가 '비정상적인 각도'로 뒤틀리는 바람에 이제 다리를 벌릴 수 없었다. 오른팔 역시 제대로 사용할 수 없게 되었고, 선서하기 위해 팔을 들어 올릴 수조차 없었다.

담당 판사는 존 백스 부대법관이었다. 60대 중반의 노련한 판사였다. 베리는 판사의 아버지가 압연 공장에서 입은 상해로 사망했기 때문에 그의 동정심을 사뭇 기대했을 것이다. 텁수룩한 콧수염에 안경을 쓴 판사는 에드나가 증언을 준비하는 동안 애틋한 눈길로 그녀를 바라보았다.

베리는 예행연습한 대로 천천히 에드나의 긴장을 풀어 주었다. 에드나는 베리를 쳐다보면서 어디에 살고 있으며 어떻게 해서 모든 일을 그만두고 현재 가정주부로 살고 있는지 따위의 쉬운 질문에 답했다. "저는 자그마한 저희 집 살림도 할 수 없어요. 최대한 하려고 애써보지만 남편이 대부분의 집안일을 하고 있지요."

에드나는 벌써 지친 기색이 역력했다. "엉덩이 통증 때문에 밤에 잠들 수 없는 게 가장 힘들어요." 에드나가 여덟 개의 질문에 답한 뒤 USRC에서 하던 일의 성격을 간략하게 설명하려 하자, 기업 변호사들이 이의 제기를 퍼붓기 시작했다. 베리가 예상한 바였다. 1월 4일, 그는 기업 변호사들이 참석한 가운데 3시간에 걸쳐 진술을 듣던 도중, 뉴어크 치과의사인 월터 배리의 차례가 되었었다. 그들은 당시에도 온갖 것에 이의를 제기했었다. 아이린 루돌프의 치과 진료기록에는 "회복 여부는? OK"라고 쓰여 있었다. 배리는 그녀가 마취제에서 깨어난 걸 의미한다고 말했다. 하지만 변호사들은 "여기서 '회복'은 치료를 받은 뒤 회복되었다는 뜻 아닌가요?"라고 집요하게 파고들었다.

그들은 똑같은 질문을 순서와 표현만 바꿔 최소한 여덟 번쯤 반복한 후에야 다음 질문으로 넘어갔다.

하지만 에드나 허스만은 치과의사처럼 전문가가 아니었다. 그녀는 스물여섯 살밖에 되지 않은 데다 다리를 절고 있는 가정주부일 뿐이었다. 기업 변호사들의 공격적인 질문에 에드나는 어쩔 줄 몰랐다. 그들이 침을 튀기며 그녀더러 통증이 시작된 날과 얼마나 자주 다리를 절뚝거렸는지 기억해내라고 들볶기 시작하자 판사가 끼어들었다. 그는 날카롭게 물었다. "그 질문이 왜 중요합니까?" 에드나의 증언이 계속될수록 그녀에 대한 판사의 동정심은 커졌다. 에드나는 허공에 대고 "늘 통증이 있어요."라고 답했다.

재판이 진행될수록 베리의 불충분한 법정 경험이 티가 났다. 그는 명석하기는 했으나 아직 경험이 부족했다. 하지만 판사가 그를 돕고 싶어 하는 것 같았다. 에드나 다음으로 호프만 박사가 증인석에 서자 백스 판사는 "정보를 얻기 위해 무엇을 했으며 그 결과 무엇을 알게 되었나요?"라고 물으면서 베리가 적절하게 질문을 이어갈 수 있도록 거들어 주기도 했고 상대측이 이의를 제기하려 할 참이면 적시에 끼어들어 그를 도와주기까지 했다.

기업 변호사들은 호프만을 반대 심문할 때에도 드링커 박사 때와 동일한 전략을 시도했다.

"라듐 괴사라는 분야를 다룬 게 처음이시죠?" 마클리가 질문했다. 그는 큰 몸으로 법정을 서성거리며 질문을 퍼부었다.

"그렇습니다. 완전히 새로운 분야죠."

"아무런 지식이 없었다는 말씀인가요?"

"이 분야에서 지식이 있는 사람은 아무도 없습니다만…." 호프만 박사가 지적했다.

마클리가 심각한 목소리로 말했다. "저는 지금 박사님에 관해서 묻고 있습니다. 해당 사례를 다룬 게 처음이시죠?"

"그렇습니다." 호프만 박사는 동의할 수밖에 없었다.

그러자 마클리는 호프만의 증거를 완전히 일축하려고 했다. 그는 잘난 척하는 말투로 박사를 비웃으며 말했다. "존경하는 재판장님, 통계학자가 법정에서 판단을 내릴 만한 자격이 있다고 보지 않습니다."

하지만 판사는 그의 말에 동의하지 않는 것 같았다.

판사가 응수했다. "제 생각에 호프만 박사는 그 이상인 것 같은데요. 당신은 박사를 조금 과소평가하는 것 같군요."

다섯 명의 여성은 자신들 앞에서 펼쳐지는 드라마를 숨죽인 채 지켜보았다. 법정에는 회사 측 증인도 참석했다. '팔색조' 플린 박사는 그들 반대편에 앉아 있었다. 그레이스는 자신의 차례가 다가오자 마음이 차분해졌다. 그레이스 전담 기자 한 명은 그녀에 대해 이렇게 썼다. "프라이어 양은 병에 대해 말하는 데 상당히 익숙했다. 눈 한 번 깜빡하지 않고도 그들이 겪어온 질병과 죽음에 관해 얘기할 수 있었다."

하지만 제아무리 대범한 여자였다 할지라도 법원 경위가 그녀를 친절하게 증인석까지 데려다주는 동안 그레이스 역시 법정 안에 나비가 날아다니는 듯 비몽사몽이었을 것이다. 드디어 때가 왔구나, 그레이스는 생각했다. 드디어 자신이 얘기할 기회가 온 것이다.

그레이스는 의자에 어색하게 앉았다. 철제 교정기 때문에 피부가 쓰라렸다. 최근에 받은 수술로 턱에 붕대를 새로 감은 상태였다. 하지만 호리호리한 몸에, 검은 머리, 지적인 눈을 지닌 그레이스는 마음을 가다듬고 차분히 말을 꺼냈다. "저희는 입술로 붓끝을 뾰족하게 만들라는 지시를 받았습니다."

"[모든 소녀들이] 그렇게 했나요?" 판사가 물었다.

"제가 본 소녀들은 전부 그렇게 했습니다." 그레이스가 답했다.

"붓을 입에 넣지 말라는 얘기를 들어본 적이 있나요?" 베리가 문제의 핵심을 파고들며 질문을 던졌다.

"딱 한 번 있었습니다." 그레이스가 대답했다. "폰 소쵸키 박사가 지나가다가 제가 입에 붓을 넣는 것을 보고는 저더러 그래서는 안 된다고 했어요."

"그가 또 뭐라고 말했나요?"

"그렇게 하면 아파질 거라고 했어요."

그녀의 답은 정확했을 뿐만 아니라 유익한 정보를 담고 있었다. 그레이스와 베리는 재치 있는 질문과 답을 매끄럽게 주고받았다. 그가 계획한 대로였다. 하지만 베리는 기업이 저지른 짓을 생생하게 전하기 위해 고통에 대한 설명 부분은 그레이스에게 맡겼다.

그레이스는 말했다. "저는 턱을 열일곱 번 긁어내 턱뼈를 제거했죠. 치아는 거의 다 뽑혀나간 상태고요. 척추는 계속 썩고 있는 데다, 발뼈 하나는 완전히 으스러졌어요."

듣기 힘든 진술이었다. 법정에 있던 수많은 사람이 눈물을 흘렸다. 마클리가 교묘한 언변으로 토를 달려고 들자 판사가 맞받아친 것도 압권이었다. "당신들이 유죄라는 게 밝혀지면 미안한 마음이 들 것 같소만."

마클리는 판사의 경고를 유념한 듯 그레이스를 반대 심문할 때 조심스러운 모습이었다. 그 역시 그녀가 쉬이 쓰러질 상대가 아니라는 것을 틀림없이 알았을 것이다. 그레이스는 결코 만만한 사람이 아니었다.

이 형평법 법정에서 USRC 변호사들의 핵심 사안은 공소시효와 더불어 여성들이 무엇을 언제 알게 되었냐는 거였다. 일 때문에 병에 걸렸다는 사실을 그들이 1925년 7월 이전에 알았다면 그 무렵에 소송을 했어야 했다. 따라서 마클리는 그레이스가 일과 병의 관련성을 그 전에 이미 알았었다고 말하도록 밀어붙이려고 했다.

"치과의사가 당신이 아픈 게 일 때문인 것 같다고 말한 적이 있나요?" 변호사는 재판장을 기고만장한 자세로 걸어가면서 물었다.

"없습니다."

그는 똑같은 질문을 반복했다.

하지만 그레이스는 현명하게 대답했다. "이유가 궁금하신가요? 의사를 찾아갔을 당시 저는 피델리티 유니언 트러스트 사에서 일하고 있었거든요."

그들은 그레이스가 접촉했던 수많은 변호사에 관해서도 그녀를 심문했다. 베리 얘기가 나오자 그들은 그레이스에게 이렇게 질문했다. "베리가 당신이 연락한 첫 변호사였나요?"

"아닙니다." 그레이스가 젊은 변호사를 고마운 눈으로 응시하며 대답했다. "소송을 맡아 준 유일한 변호사였죠."

캐서린 샤웁은 진행되는 상황을 열심히 지켜보았다. 캐서린은 훗날 이렇게 말했다. "모든 것이 아주 매끄럽게 진행되고 있다고 생각했죠." 캐서린은 퀸타가 절뚝거리며 증인석에 서는 것을 바라보았다. 판사가 그 모습에 걱정을 표하자 캐서린은 흐뭇했다. 판사는 베리가 질문을 던지기도 전에 퀸타에게 말을 걸었다. "다리를 심하게 저는 것 같은데, 괜찮은

가요?"

퀸타는 대답했다. "엉덩이가 많이 아파요. 양쪽 엉덩이 모두 문제가 있어요. 발목도 너무 아파 신발을 오래 신지 못합니다. 무릎이랑 팔, 어깨도 너무 아프고요."

캐서린은 친구의 증언을 경청하며 느꼈던 바를 기록으로 남겼다. "내일, 그리고 모레… 또 다음날도 재판은 열리겠지. 모든 사례를 들을 때까지 재판은 계속될 테고. 그러고 나면 판결이 나겠지. 그런 후엔 이 모든 것에서 벗어날 수 있을 거야. 기억에서 지워버릴 수 있을 거야." 캐서린은 퀸타의 말을 반쯤 흘려들으며 그 후 자신의 삶을 그려 보았다. 얼마나 행복할지 상상해 보았다. 1월이 지나면… 공판이 몇 번만 더 진행되면 어떤 결과가 나오든 모든 게 끝날 거라고 생각했다.

하지만 그렇지 않았다. 캐서린은 훗날 이렇게 말했다. "판사가 판사 봉을 두드리는 소리에 꿈에서 깨어났죠. 판사는 다음번 재판은 4월 25일에 있을 거라고 말했어요. 눈물이 날 것 같았죠. 하지만 울어봤자 아무런 도움이 되지 않는다는 걸 알았어요. 최대한 용기를 내 싸워나갈 수밖에요."

기다리는 건 짜증 나는 일이었지만 시간은 빠르게 지나갔다. 여성들이 별다른 치료를 받지 못하자 걱정이 된 베리는 뉴욕 의사들을 설득해 여성들을 병원에 입원시켰다. 그들은 한 달 동안 병원에 머물며 치료를 받았다. 의사들은 여성들의 뼈에서 라듐을 제거할 방법이 있을지도 모른다고 생각했다.

그레이스는 이렇게 기억했다. "한 러시아 의사는 납 치료[납 중독 사례에서 사용되는 치료]로 저희를 도울 수 있을지 모르겠다고 생각했지만 그 방법으로도 우리 몸에서 라듐을 제거할 수는 없었나 봐요. 그 어떤 방법도 도움이 되지 않았죠." 희망이 없다는 것을 알아챈 그레이스는 베리에게 연락해 비록 가족에게 남길 것이 별로 없었지만 공식적으로 유서를 작성하겠다고 했다.

치료는 실패했지만 여성들은 대부분 긍정적이었다. 퀸타는 말했다. "저는 불가피한 상황을 용감하게 받아들이고 있어요. 어쩌겠어요? 언제 죽을지 모르는걸요. 죽음이 조금씩 가까워진다는 걸 생각에서 지우려고 해요." 퀸타에게 죽음은 조금 더 멀게 느껴졌다. 그녀의 병은 친구들보다 조금 더 더디게 진행되었다. 언니 알비나보다는 상태가 나았다. 그래서 퀸타는 늘 그렇듯 '자신에 대한 연민에서 벗어나 그저 언니의 고충을 위로할 뿐'이었다.

상당수가 뉴어크에서 벗어나 조용한 병원에 입원한 것만으로도 큰 도움이 되었다고 말했다. 병원에 입원한 첫날, 캐서린은 일기에 이렇게 적었다. "아직까지 한 거라고는 목욕뿐이다. 하지만 아주 좋았다. 다른 사람이 도와줘서 그런 것 같다. 아플 때는 옆에서 도와주는 사람이 있다는 게 큰 위안이 된다."

뉴욕 병원에 입원해 있는 건 다른 면에서도 도움이 되었다. 캐서린의 말처럼 그들은 마침내 '원하지 않는 조언자들의 간섭에서 벗어날' 수 있었다.

원치 않는 조언자이자 어디든 모습을 드러내는 플린 박사는 베리의 만류에도 불구하고 계속해서 그들에게 연락을 취했다. 최근에는 험프리스

의사에게 자신은 '여성들 편'이라고 요변을 떨어 그를 설득해내기도 했었다. 하지만 이제 플린 박사가 라듐 기업에서 고용한 의사라는 사실을 알았으므로 이 말을 전해 들은 여성들은 베리에게 곧장 연락을 취했다. 그들은 '은밀한 전주곡'처럼 슬그머니 다가오는 플린의 말을 더 이상 믿지 않았다. 베리는 박사에게 서신을 보내 여성들을 농락하는 짓을 그만두라고 경고했다. 이에 대해 플린은 베리가 신중하지 못한 것 같다며 그의 편지에서 부정확한 부분에 대해서는 굳이 답하지 않겠노라고 그에게 답장을 보내 왔다.

하지만 여성들은 플린 박사를 계속해서 피할 수는 없었다. 재판이 재개되기 사흘 전인 4월 22일, 그들은 기업 의사들이 시행하는 의무 검진을 받기 위해 소환되었다. 플린 박사를 비롯한 다른 전문가들이 검사를 시행할 예정이었다. 부사장 바커와 '아주 가까운 친구 사이'인 허먼 슈룬트 박사도 있었다.

그레이스는 그들이 혈액을 채취하기 위해 바늘을 찌르자 움찔했다. 그레이스는 이제 상처나 멍을 남길 만한 일이면 뭐든 겁이 났다. 상처 부위가 낫지 않기 때문이었다. 몇몇 도장공들의 피부는 '손톱으로 긁기만 해도 찢어질 만큼 그야말로 종잇장처럼 얇아져' 있었다. 일주일 후 그레이스의 걱정은 사실로 드러났다. 의사들이 바늘을 찔러 생긴 상처 주위로 피부가 검게 변해 있었다.

기업은 방사능 검사도 시행했는데, 의사들은 일부러 '환자의 몸과 측정 장비 사이를 진찰대로 가로막아 놓았다.' 플린은 심지어 '환자들의 몸에서 60~90센티미터가량 떨어진 곳에 측정 장비를 놓아 방사능 성분이 기계에 닿기도 전에 사라지도록 만들었다.' 당연히 검사 결과, 여성들의 몸에서는 방사능이 검출되지 않았다.

하지만 여성들의 소송은 아직 끝나지 않았다. 사흘만 지나면, 그들은 목숨을 건 투쟁을 위해 다시 증인석에 오를 것이다.

29

드디어 캐서린 샤웁의 차례였다.

캐서린은 당시의 경험에 대해 이렇게 기록했다. "나는 증인석으로 향하는 계단을 하나씩 올랐다. 증인석에 서니 무척이나 이상한 기분이 들었다. 예상했던 것보다 훨씬 더 어색했다. 어쨌든 선서를 했다."

베리는 그녀의 친구들에게 그랬던 것처럼 캐서린의 긴장을 풀어 주기 위해 쉬운 질문부터 시작했다. 캐서린은 1917년 2월 1일, 추운 겨울날 아침을 떠올렸다. 흥분한 마음으로 처음 스튜디오에 출근했던 날을. "감독관은 저에게 붓을 입에 넣으라고 가르쳐 주었습니다."

베리의 요청에 캐서린은 자신이 겪고 있는 고통에 대해 말했다. 캐서린은 자신이 '아주 불안한' 상태라고 밝혔다. USRC 변호사들은 당연히 그녀의 정신 상태를 주요 약점으로 보았다. 아마 그래서 캐서린을 마치 지옥에서 온 사자처럼 들볶았을 것이다.

캐서린은 때로는 시계 숫자판 하나당 네 번이나 다섯 번, 혹은 그보다 더 자주 립 포인팅을 했다고 말했다. 바로 그때 마클리가 자리에서 일어나 반대 심문을 시작했다.

"그보다 더 자주 하기도 했죠?" 그가 말을 꺼냈다.

"그렇습니다."

"그보다 덜 자주 하기도 했고요."

"그렇습니다."

"때로는 입에다 전혀 붓을 넣지 않기도 했죠?" 캐서린을 교란시키려는 작전이 시작됐다. 캐서린은 머뭇거릴 수밖에 없었을 것이다. "기억나지 않아요?" 마클리는 못 믿겠다는 듯 답을 재촉했다.

"기억하려고 노력 중이에요." 캐서린이 초조하게 대답했다.

"붓의 상태에 따라서 말이죠, 그렇지 않나요? …붓이 지급되었죠, 그렇죠?"

"그렇습니다."

"원하는 만큼 붓을 사용할 수 있었죠?"

"아닙니다."

"붓이 필요할 땐 감독관에게 가면 되지 않았나요?" 그는 질문을 점점 좁혀 들어갔다.

"그렇습니다. 하지만 낭비하면 안 되었습니다."

"물론 낭비하면 안 되었었죠. 하지만 충분히 지급받지 않았나요?"

질문은 빨랐고 농도가 짙었다. 마클리는 조금도 주저하지 않았으며 캐서린이 더듬거리는 순간에도 다음번 공격을 준비했다.

기업 변호사들은 그레이스에게 그랬던 것처럼 그녀의 초기 치과 치료에 대해, 그리고 그녀가 1920년대 초반에 병의 원인을 알았었는지에 대해 샅샅이 캐물었다. 열띤 반대 심문 탓에 초초해진 캐서린은 삐끗 실수하고 말았다. 캐서린은 배리 의사의 진료실에서 다른 친구들과 했던 대화를 떠올리며 말했다. 인 중독 때문인 것 같다는 얘기가 나왔었다. "산업재해에 관해 얘기를 나누기는 했어요….."

마클리는 그 말을 놓치지 않았다. "얘기를 나누기는 했다는 게 무슨 말입니까?"

캐서린은 자신이 실수했다는 것을 깨달았다. "어쨌든 회사에서 일한 것 때문이라고는 생각하지 않았어요." 캐서린은 서둘러 대답했지만 마클리는 그렇게 쉽게 넘어갈 사람이 아니었다. 그는 1923년에 사망한 그녀의 사촌 아이린을 언급했다. "배리 의사가 산업재해일지도 모른다고 아이린에게 말했던 걸 알고 있죠?"

"의사는 무언가 잘못되었다고 약간 의심을 하기는 했어요." 캐서린이 힘없이 고백했다.

"의사가 당신에게 그렇게 얘기했나요?" 마클리가 물었다.

"저에게 직접 얘기하지는 않았어요…. 동네 사람들이 하는 얘기를 들었을 뿐입니다."

"그들이 당신에게 언제 얘기했나요?" 마클리는 캐서린의 소송을 일단락 지을 수도 있는 답변을 기대하며 물었다.

"모르겠어요. 제 사촌은 오랫동안 아팠어요. 기억이 안 납니다." 다시 정신을 차린 캐서린이 대답했다.

질문은 끝나지 않을 것 같았다. 이쯤 되자 캐서린은 상당히 지쳤다. 결국 곧 쓰러질 것 같은 증인을 예의주시하고 있던 판사가 끼어들었다. "증인, 피곤한가요?"

하지만 캐서린은 단호히 대답했다. "아닙니다. 최대한 꼿꼿이 앉으려고 노력 중이에요. 척추에 힘이 없어서요."

캐서린은 그 자리에 모인 기자들이 자신의 증상을 구체적으로 받아적는 것을 보고 다행이라고 생각했을 것이다.

1월 공판에서와 마찬가지로 수많은 기자가 참석했다. 여성들의 이야기는 이제 국제적으로 큰 관심을 받고 있던 터라 그 어느 때보다도 많은 기자들이 몰렸다. 이 기자들은 캐서린, 알비나, 퀸타의 증언에 대한 감동적인 기사를 쓸 터였다. 언론에서는 이들을 '슬픈 미소를 짓는 여인들'이라 부르며, '최대한 쾌활한 태도를 유지하려고 노력했다'고 썼다.

여성들의 태도는 재판을 참관하는 사람들의 태도와는 대조적이었다. 한 신문 기사에 따르면, "여성들은 수심에 잠긴 채 차분하게 앉아 있었지만 평소에는 감정을 잘 드러내지 않는 참관인들은 흘러내리는 눈물을 닦느라 연신 손수건을 얼굴로 가져갔다. 청중들은 눈물을 흘리는 걸 부끄러워하지 않는 것 같았다."

베리의 요청에 퀸타 맥도날드는 친구들의 죽음에 대해서도 진술했다. 그 말에 눈물을 흘리지 않을 사람이 어디 있겠는가?

"아이린 루돌프와 알고 지냈습니까?" 베리가 물었다.

"그렇습니다. 라듐 공장에서 일할 때요."

"헤이즐 쿠저는요?"

"알았습니다."

"사라 메일레퍼는요?"

"알았습니다."

"마거리트 카러프는요?"

"알았습니다."

"엘리너 에커르트는요?"

"알았습니다."

"모두 죽었죠?"

"그렇습니다."

그레이스는 다시 증언하고 싶다는 의사를 베리에게 전달했던 모양이다. 그녀가 증인석에 섰다. 그레이스는 법정에 모인 USRC 임원진을 바라보았다. 그중 한 명의 얼굴이 확실히 기억났다.

베리는 그레이스와 잠시 논의를 한 뒤 질문을 던졌다. "프라이어 양. 당신은 1926년 여름, 프레드릭 플린 박사의 검진을 받았죠? 누군지 알 수 없는 또 다른 의사도 검진에 참석했고요. 그 이후로 그 의사를 본 적이 있습니까?"

"네, 그렇습니다."

"그 사람이 오늘 이 법정에 있습니까?"

그레이스는 임원들을 쳐다봤다. "그렇습니다."

베리는 그레이스가 지목한 남자를 가리켰다. "바로 저분, 바커 씨 맞습니까?"

"그렇습니다." 그레이스가 확신에 찬 목소리로 말했다.

"바커 씨가 USRC의 부사장이라는 사실을 알고 있습니까?"

"당시에는 몰랐습니다." 그레이스가 날카롭게 답했다.

플린 박사가 그녀의 건강이 자신보다 더 낫다고 말한 날, 바커 역시 그곳에 있었다. 플린이 그레이스의 건강에 아무런 문제가 없다고 진단을 내릴 때 바로 그 옆에 서 있었다. 플린 박사의 활동에 USRC가 깊이 관여하고 있었다는 증거다. 여성들의 건강 검진에 부사장이 직접 참석한 거였다.

베리가 고용했던 호흡 테스트 전문 의사인 엘리자베스 휴즈가 다음으로 증인석에 섰다. 의사는 '작업자들이 라듐 광선에 노출되지 않도록 보호해야 하는 건' 잘 알려진 사실이라고 증언했다. 이 분야에서 일하는 대부분의 사람이 상해를 입었기 때문이다. 신문 기자들은 그녀의 증언에 대해 "엘리자베스 휴즈는 해당 사안과 관련해 충분한 지식을 선보였고 최소한 자신이 해당 분야의 전문가라는 사실을 백스 판사에게 납득시켰다."고 기록했다.

USRC의 변호사들은 물론 가만있지 않았다. 그들은 어떻게든 여의사의 신임을 깎아내려야 했다.

"현재 직업이 무엇인가요?" 마클리가 답변을 예상하며 이렇게 질문했다.

"가정주부입니다." 그녀는 대답했다. 현재는 집에서 어린 자녀를 돌보고 있었기 때문이었다.

그러자 마클리는 시동을 걸었다. 그녀가 라듐에 대해 아는 게 없다는 걸 암시할 수 있는 질문을 계속해서 퍼부었다. 휴즈의 의사로서의 경륜뿐만 아니라 호흡 검사를 시행하는 기술까지도 집요하게 걸고넘어졌다.

결국 그녀를 끝까지 몰아붙여 그녀가 '문제가 될 만한 라듐의 정확한 양'을 모른다고 인정하게 만들었다.

"좋습니다." 마클리가 의기양양하게 말했다. "모른다는 걸 인정하시니 다행입니다."

바로 이때, 백스 판사가 다시 끼어들었다. "저는 증인이 알고 있는 사실을 듣고 싶네요. 증인이 모른다고 답변한 것에 대해 당신이 어떻게 생각하는지가 아니라요. 증인은 당신이 주장하는 것보다 더 많은 사실을 말한 것 같은데요."

휴즈의 증언 도중 판사가 휴회를 선언하자 그녀와 베리 둘 다 안도하는 것 같았다. 점심 식사가 끝난 후, 마클리는 여전히 호전적인 태세로 되돌아 왔다. 이제 몰리 매기아의 부검을 시행한 의사가 증인석에 섰다. 그가 몰리의 사망 원인이 라듐이라고 증언하자 마클리는 몰리와 관련된 증거가 법정에 제출되는 것을 막으려고 했다. 하지만 판사는 증거를 들어 보겠다고 했다.

"존경하는 재판장님, 이 소녀의 사망신고서에 기록된 사인은 매독입니다." 마클리가 판사의 결정에 언짢아하며 위협적인 목소리로 말했다.

마클리가 회사를 이렇게 열심히 대변하는 데에는 나름의 이유가 있었다. USRC는 오렌지 공장을 닫은 이래로 이제 재정적으로 원상 복구한 상태였다. 며칠 전 USRC가 체결한 단 한 건의 계약만 해도 금액이 50만 달러(현 700만 달러)에 달했다. 변호사들은 당연히 이번 사건에서 꼭 승소하기를 원했다.

4월 25일 법정에 선 마지막 증인은 여성들을 오랫동안 돌봐온 험프리스 의사였다. 그는 여성들의 특이한 증상에 대해 전문가다운 진술을 했다. 험프리스는 '모든 환자에게서' 동일한 증상이 나타났다고 말했다. 그들뿐만 아니라 제니 스토커를 비롯해 그가 한때 진료한 적이 있는 다른 여공들 모두 동일한 증상을 보였다고 증언했다. 험프리스는 각고 끝에 드디어 그녀의 '특이한 무릎'이 던진 수수께끼를 해결해냈던 것이었다. 이제 법정에 선 그가 선언했다. "제니 스토커는 라듐 중독으로 사망했다고 생각합니다."

그의 증언은 길었다. 다섯 명의 여성들에게는 인내심 시험이나 다름없었다. 의사는 그들이 이 당혹스러운 고통을 안고 처음에 어떻게 자신을 찾아 왔는지, 자신이 그들의 치료 방법을 어떻게 '선택'했는지, 오늘날 그의 환자들이 어째서 다리를 절뚝거리게 되었는지 각 사례를 구체적으로 진술했다. 여성들은 의사의 진술을 들으며 우울해지지 않으려고 애썼지만 몸이 말을 듣지 않았다. 캐서린은 당시를 떠올리며 이렇게 말했다. "듣기 힘든 끔찍한 증언은 절대로 끝나지 않을 것만 같았죠." 하지만 그녀는 용감하게 참아냈다. "그래도 꼭 필요한 증언이었어요. 누군가는 전해야 했죠. 안 그러면 정의를 위한 싸움을 어떻게 계속할 수 있겠어요?"

그렇게 다섯 명의 여성은 의사의 증언을 묵묵히 경청했다. 그들은 험프리스가 "치료가 불가능할 거라고 생각합니다."라고 시인하는 목소리를 묵묵히 듣고 있었다.

수많은 기자들의 눈이 여성들에게로 향했다. 기자들의 눈에도 눈물이 고였다. 하지만 라듐 소녀들은 사형선고를 담담하게 받아들였다.

하지만 판사 역시 기자들과 마찬가지로 이 소식을 받아들이기 힘든 것 같았다. "매 순간 끊임없이 치료법을 찾고 계시는 거죠?" 그가 다급하게 물었다. "당연히 희망을 품고 찾고 있습니다." 의사가 동의했다.

"매 순간 말이죠." 판사가 다시 한번 힘주어 말했다.

"네, 그렇습니다." 의사가 대답했다. 하지만 판사가 다그친다고 해서 마법처럼 치료제가 개발되는 것은 아니었다. 여성들은 죽을 운명이었다.

죽기 전에 정의를 실현할 수 있느냐가 문제였다.

다음날 재판에서는 더 많은 전문가들의 증언이 이어졌다. 저명한 의사들이 증인석에 섰다. 그들은 1912년 이후로 라듐의 유해성은 누구나 아는 사실이라고 말했다. 베리는 의사들의 증언을 지지하기 위해 수많은 관련 자료를 제출했다. 그중에는 USRC에서 출간한 기사도 있었다.

마클리는 USRC의 고객인 윌리엄 베일리가 라디터를 띄우기 위해 들먹였던 라듐의 치유적인 효과 따위를 언급하며 베리가 제출한 문서들의 영향력을 약화시키려 했다. 하지만 그의 주장에는 여러 군데 허점이 있었다. 그가 아무도 모르는 학술지에 실린 거의 알려지지 않은 연구를 인용하자 증인석에 선 의사는 저자의 이름을 들어본 적이 없다며 "그 사람이 누구요? 전문 분야는 뭐죠?"라고 물었다. 이에 마클리는 수세에 몰려 말했다. "저는 질문에 답하려고 이 자리에 있는 게 아닙니다."

상황은 레이몬드 베리에게 유리하게 돌아가고 있었다. 의사들은 상대편 변호사의 반대 심문에 꿈쩍도 하지 않았다. 한 의사는 라듐을 사용하는 사람들은 '어리석으며' 라듐 치료제는 '사용이 금지되어야 한다'고 말했다.

"의약품 위원회에서 승인하지 않았나요?" USRC의 변호사들이 못마땅하다는 듯 물었다.

저명한 의사가 대수롭지 않다는 듯 대답했다. "그럴 겁니다. 하지만 위원회는 너무 많은 것을 승인해 사실 위원회의 승인은 아무런 의미가 없습니다."

노동부의 앤드루 맥브라이드와 존 로치, USRC의 신 사장 클라렌스 B. 리와 구 사장 아서 로더 역시 증언을 했다. 로더는 도장 스튜디오에 '여러 번' 가봤으나 작업자들이 입에 붓을 넣는 것을 본 적은 없다고 말했다. 그는 폰 소쵸키가 페인트의 유해성에 관해 얘기한 사실도 부인했다. 그는 '초기 사례들을 몇 건 접한 뒤에야' 페인트가 위험할 수도 있다는 사실을 처음으로 알게 되었다고 말했다.

"처음으로 들은 사례가 뭐였죠?" 베리가 질문했다.

"이름이 기억나지 않습니다." 로더가 냉랭한 목소리로 대답했다. 그는 도장공들의 이름을 기억할 만큼 그들을 중요하게 생각하지는 않았다.

베리는 여성들을 위해 증언해 줄 아주 특별한 인물을 증인으로 불렀다. 해리슨 마트랜드 박사였다. 라듐 중독의 존재를 입증하기 위한 시험 방법을 고안한 명석한 박사였다. 다른 의사들은 전부 실패했지만 여성들의 병을 정확히 진단했던 바로 그 의사였다. 베리는 가까스로 그를 설득해 증인석에 세울 수 있었다. 수석의료원장은 슈퍼스타였다. 다른 수식어가 필요 없었다. 신문 기사들은 그를 '슈퍼 증인'이라 부르며 "그의 솔직하고 단호한 증언은 단연 두드러졌다."고 말했다.

박사는 카러프 자매의 부검 결과를 구체적으로 진술했다. 사망 원인이 라듐 중독이 확실하다고 말했다. 다섯 명의 여성은 그의 증언을 듣는 게 쉽지 않았다. 특히 퀸타는 '몹시 고통스러워했다.' 한 신문 기사는 "마트랜드 박사의 증언을 듣는 동안 퀸타는 쓰러질 것 같았다. 하지만 다시 힘을 내 평정을 되찾았으며 감정을 거의 내비치지 않은 채 남은 공판을 버텼다."고 기록했다.

마트랜드 박사는 거침이 없었다. 기업 변호사들이 '200명이 넘는 여성들 중 문제를 겪은 여성들은 이들뿐이기 때문에' 라듐 중독은 존재할 수 없다고 말하자 박사는 간명하게 대답했다. "현재까지 사망한 열세네 명의 여성들을 부검해 보면 그들 역시 동일한 원인으로 사망했다는 게 밝혀질 거요."

"방금 진술은 박사의 근거 없는 가정이므로 기록에서 삭제해 줄 것을 요청합니다." USRC 변호사들이 다급히 말했다.

"기록에 포함시키시오." 판사가 바로 대답했다.

회사 변호사들은 오렌지 공장 이외에는 "보고된 사례가 없다."고 주장했다.

"아닙니다. 다른 사례들도 있습니다." 마트랜드 박사가 반박했다.

"특이 사례가 한두 개 정도 있겠지요…." 마클리는 박사의 말을 무시하듯 손을 휘저으며 말했다.

하지만 마트랜드 박사는 워터베리 클락 컴퍼니에서 동일한 사례가 발생했다고 단호히 말했다. 그의 증언은 강력했다. 백스 판사는 USRC 페인트를 일컬어 '라듐 독극물'이라 부르기까지 했다. 이에 분개한 마클리는 "이 페인트는 라듐 독극물이 절대로 아닙니다."라고 대들었다.

재판이 끝나갈 무렵, 베리는 마트랜드 박사를 다시 심문하려고 자리에서 일어났다. 마클리는 예상대로 이의를 제기했고, 백스 판사는 다시 한 번 이를 기각했다. "당신은 마트랜드 박사의 의견을 묻어버리려는군요. 베리 변호인은 이를 되살리려 하고요."

그는 베리를 향해 말했다. "계속하시오."

베리는 전개되는 상황이 매우 만족스러웠다. 그는 내일, 회사의 관에 마지막 대못을 박을 심산이었다. 회사 측을 완벽히 무너뜨릴 마지막 증인을 부를 예정이었다. 바로 폰 소쵸키 박사였다. 베리는 박사가 기업에 페인트의 위험성을 경고했는지에 관해 질문하게 될 순간만을 기다렸다. 판결에 결정적 영향을 미칠 증언이 될 것이다. 여성들의 손을 들어 줄 판결이 될 게 확실했다.

다음 날 아침, 폰 소쵸키의 증언이 끝나갈 무렵, 베리는 결정적인 질문을 던졌다.

그는 박사를 향해 기대감에 찬 눈빛으로 말했다. "립 포인팅을 금지하지 않은 이유가 이 사안이 당신 관할이 아니라 로더 씨의 관할이기 때문이라고 말씀하신 게 사실인가요?"

"이의 있습니다." 마클리가 즉시 끼어들었다.

하지만 판사가 대답하기도 전에 폰 소쵸키가 답했다.

"절대로 아닙니다."

마클리와 베리는 둘 다 어안이 벙벙해져 폰 소쵸키를 바라보았다. 마클리는 자신 있게 다시 자리로 돌아가 긴 다리를 꼬고 앉았다. 마클리는 증인에게 계속하라는 손짓을 하며 느긋하게 말했다. "좋습니다. 계속하세요."

"절대로 아닙니다." 폰 소쵸키가 다시 말했다.

베리는 그의 말에 경악했다. 그레이스와 퀸타뿐만 아니라 마트랜드와 호프만 박사 역시 폰 소쵸키가 직접 그렇게 말했다고 했다. 왜 이제 와서 말을 바꾸는 건지 알 수 없었다. 남들이 자신을 어떻게 생각할지 걱정이 되었거나 무언가 다른 일이 발생한 게 틀림없었다. 7월, USRC의 내부 문서에는 "폰 소쵸키가 어디에서 무엇을 하고 있는지 파악해야 한다."라고 적혀 있었다. 막후에 회사와 나눈 대화로 그가 마음을 바꾼 건지도 몰랐다.

베리는 그렇다면 '그레이스에게 경고한 적이 있는지' 물었다. 폰 소쵸키는 최소한 이 부분에 대해서는 전면 부인하지 않았다.

"부인하기는 싫소만 기억이 잘 안 납니다⋯. 그렇게 말했을 수도 있습니다. 공장을 지나가다가 입에다 붓을 넣는 기이한 행위를 보았다면 당연히 그렇게 말했을 수 있습니다. '그러지 마시오.'라고 말했겠지요."

이러한 진술은 판사의 귀에도 이상하게 들렸다. "그러한 말을 왜 했나요?" 판사가 물었다.

"위생 문제 때문이죠." 폰 소쵸키가 재빨리 대답했다.

판사가 다시 질문했다. "당신은 이 여성에게 입에 붓을 넣지 말아야 한다고 주의를 주었습니다. 당시에 라듐 페인트가 그녀의 건강에 유해한 영향을 미칠 수 있다는 사실을 알았습니까?"

하지만 그는 움찔하지도 않았다. 그가 선택한 대명사는 눈여겨볼 만하다. "절대로 아닙니다. 우리는 위험성을 몰랐습니다."

베리는 실망감을 감출 수 없었다. 그는 폰 소쵸키를 '적대적인 증인'이라고 법정에서 공개적으로 비난했다. 그가 주의를 주었던 그레이스 프라이어는 가슴속으로 밀려드는 감정을 표현할 만한 그 어떤 형용사도 찾아내기가 어려웠으리라.

베리는 그레이스에게 다시 증언할 기회를 주었고, 그레이스는 폰 소쵸키의 증언이 있은 직후 다시 증인석에 섰다. 베리는 '폰 소쵸키 박사의 신뢰를 떨어뜨리기 위해서가 아니라 그가 무슨 말을 했는지 상기시켜 주기 위해'라고 설명했다. 하지만 마클리는 이에 즉각 반대했고 판사는 원치 않았지만 인정해야만 했다. 백스 판사는 자신의 의견을 덧붙였다. "증거 법정주의는 사람들이 진실을 말하는 것을 막기 위해 고안된 것 같습니다."

이제 캐서린 와일리, 그리고 USRC에서 돈을 주고 산 플린 박사를 포함해 일부 증인만이 남은 상태였다. 1928년 4월 27일 오전 11시 30분, 베리는 변론을 마쳤다. 이제 남은 시간, 그리고 앞으로 며칠 동안 USRC 측이 자신들의 입장을 전달하는 기회를 얻을 것이다. 그리고 나면 판결이 날 터였다. 여성들은 그때가 되면 어떠한 기분일지 궁금했다.

마클리는 긴 몸을 의자 밖으로 밀어내며 자리에서 벌떡 일어났다.

그는 판사에게 부드럽게 말했다. "따로 얘기를 좀 나눌 수 있을까요? 남은 일정을 단축할 수 있을 것 같습니다."

그리하여 비공식적인 토론이 이루어졌다. 토론이 끝나자 백스 판사는 판사 봉을 두드린 뒤 선포했다.

"9월 24일까지 휴정을 선언합니다."

9월이면 5개월 후였다. 5개월. 이 시간은 노골적으로 말하면 여성들에게 허락되지 않을 수도 있는 긴 기간이었다.

캐서린은 '5개월이나 미루는 건 매정하고 비인간적인 처사'라고 절규했다.

하지만 법은 법이었다. 꼼짝없이 9월까지 기다려야만 한다.

30

여성들은 좌절했다. 약한 모습을 보이지 않았던 그레이스 프라이어조차도 견디기 힘든 소식이었다. 그레이스는 '거실 소파에 철퍼덕 앉아 참았던 눈물을 터뜨렸다.'

그레이스의 엄마는 딸의 얇은 피부에 멍이 들지 않도록 철제 교정기를 착용한 등을 부드럽게 문지르며 딸을 위로했다. "그레이스, 네가 미소를 잃은 적은 처음이구나."

여성들은 자신에게 일어난 일을 믿을 수 없었다. 마클리는 "반나절밖에 남지 않은 상황에서 변론하는 건 의미가 없다."고 주장했다. 그 결과 공판은 연기되었고 법원 일정상 9월에야 재판날짜를 잡을 수 있었던 것이다. 기업은 대략 서른 명의 전문가를 증인으로 세울 예정이었다. 《오렌지 데일리 커리어》지의 그 주 연재 기사 제목은 '혼자 남은 여성들'이었다. 다섯 명의 도장공은 정말로 그런 기분이었다.

하지만 그들은 혼자가 아니었다. 그들에게는 레이몬드 베리가 있었다.

그는 법원의 결정을 곧이곧대로 받아들이지 않았다. 베리는 프랭크 브레드너와 허비 모어라는 두 명의 변호사에게 연락을 취했다. 그들의 사건은 5월 말에 배정이 되어 있었는데, 그들은 여성들이 먼저 재판을 받을 수 있도록 기꺼이 자신들의 차례를 내주었다. 판사는 새로운 일정에 즉시 동의했고 베리는 여성들에게 좋은 소식을 전해 주었다.

하지만 USRC는 베리의 개입이 달갑지 않았다. 그들은 5월에 공판을 진행하는 건 '불가능한 일'이라고 말했다. 그들이 증인으로 나설 전문가들은 '몇 달 동안 해외 출장 중이어서 가을에나 돌아올' 예정이라는 이유였다.

베리는 분노했다. 그는 마클리에게 서신을 보내 '전문가들이 유럽에서 유유자적하느라 라듐 중독 희생자들이 고통 속에 죽어가도록 내버려 두는 건 너무 잔인한 처사가 아니냐'고 말했다.

베리는 기업의 비타협적인 태도에도 '싸움을 끝낼 마음이 없었다.' USRC는 판결이 나기 전에 여성들이 전부 사망하기를 바라는 것 같았다. 베리는 기업이 다분히 의도적으로 공판을 질질 끈다고 생각해 의뢰인들의 심각한 건강 상태를 역이용하기로 했다. 그는 4명의 의사에게 선서진술서를 작성해 달라고 요청했다. "이 여성들은 급속도로 건강이 악화되고 있다. 1928년 9월 이전에 다섯 명 전부 또는 일부가 죽을 소지가 다분하다."는 내용의 진술서였다.

여성들이 이 진술서를 본다면 끔찍했을 것이다. 더구나 험프리스 의사는 여성들이 '정신적 압박이 심한 상태'라고 보고했다. 하지만 베리는 이러한 조치가 어떠한 결과를 가져올지 본능적으로 잘 알고 있었다. 그의 예상은 정확히 들어맞았다. 부당한 상황에 언론이 들고일어났다. 베리의 동맹군인 월터 립맨 기자는《월드》지를 통해 지원사격을 퍼부었다. "정의를 이렇게까지 우습게 본 사건은 이제까지 없었다."

그의 영향력 있는 기사는 전국적인 지지를 받았다. 한 남성은 "재판을 열어라, 당장 공판을 진행해라. 다섯 명의 여성들에게 싸울 기회를 주어라."라는 내용이 담긴 글을《뉴스》지에 기고했다. 한편, '미국의 양심'이라 불리는 사회당 정치인 노만 토마스는 이 사건이 '노동자들의 목숨은 안중에도 없고 그저 이익만을 추구하는 지극히 이기적인 자본주의 체제의 생생한 사례'라고 주장했다.

캐서린 샤웁은 믿을 수 없다는 듯 이렇게 말했다. "사람들은 다섯 명의 이 여성들에게 정의가 부인된 이유를 물었죠. 길어봤자 1년도 살지 못할 이들에게요. 한때 세간의 이목을 끌지 못했던 절망적 사건이 이제 대중의 큰 관심을 받게 된 거예요."

여성들은 대중의 마음을 사로잡았다. 캐서린은 "전 세계 방방곡곡에서 편지가 왔어요."라고 말했다.

대부분은 긍정적인 내용이었지만 정반대의 편지도 있었다. 한 라듐 기업의 임원은 퀸타에게 이러한 내용의 편지를 보냈다. "라듐은 해로운 영향을 미칠 수 없소. 당신네 변호사와 의사들의 무지가 한심할 뿐이오." 일부 돌팔이 의사들은 도가 지나친 제안을 하기도 했다. '과학목욕' 치료를 제안해 온 여자도 있었다. "한 사람당 천 달러(현 만 4천 달러)면 당신들을 전부 치료할 수 있어요. 치료가 안 되면 선불로 요구하는 200달러(현 2,775달러)만 받겠어요. 이건 사느냐 죽느냐의 문제예요. …빨리 치료하는 게 나을 거예요. 라듐 독이 심장에 이르면 당신들은 끝이니까요."

치료법을 제안하는 편지가 꽤 많았다. 끓인 우유와 화약에서부터 주술과 대황 주스에 이르기까지 실로 다양했다. 전기담요도 그중 하나였다. 전기담요 제작업체는 이 사건을 마케팅을 위한 절호의 기회로 생각했는지 이렇게 강변했다. "돈을 벌려는 게 아니라 그들을 치료해 주고 싶을 뿐이며 그로 인해 얻게 되는 홍보 효과에는 충분한 대가를 지급하겠다."

여성들은 유명해졌다. 삽시간에 유명세를 타게 된 것이다. 기회 포착에 나름 능숙했던 베리는 곧바로 행동에 착수했다. 그는 여성들에게 언론의 환심을 사 보자고 조심스럽게 얘기를 꺼냈고 다섯 명 모두 그의 제안에 찬성했다. 멀기만 한 공판 날을 향해 하루하루가 느릿느릿 지나가고 있던 1928년 5월, 언론에서는 연일 정의를 촉구하는 기사가 끊이지 않았다. 베리는 여성들을 무대 전면에 세워야겠다고 마음먹었다. 여성들이 언론 앞에 모습을 드러냈다. 친한 사이였던 퀸타와 그레이스는 함께 사진을 찍고 인터뷰를 했다. 그레이스는 늘 그렇듯 턱에 붕대를 감은 채 체리 무늬가 들어간 아름다운 블라우스를 입었고 퀸타는 옷깃에 커다란 리본이 달린 연한 원피스로 치장했다. 다섯 명 모두 인터뷰를 했다. 그들은 자신들의 삶에 대해 구체적으로 밝혔다. 퀸타가 병원 진료를 받기 위해 어떻게 이동하는지, 알비나가 어떻게 아이를 전부 잃게 되었는지, 에드나의 다리가 어째서 회복 불가능한 지경까지 뒤틀어졌는지 등 각자의 개성대로 자신의 고통을 전했다. 그들의 이야기는 대중의 마음을 사로잡았다.

퀸타가 웃으며 말했다. "우리가 꿋꿋하게 견디고 있다는 얘기를 전부 신지는 말아 주세요. 저는 순교자도, 성자도 아니에요." 그레이스는 선언하듯 말했다. "저는 여전히 살아 있으며 희망의 끈을 놓지 않고 있습니다. 스파르타 정신으로 운명에 맞서고 있습니다."

모든 인터뷰가 순조롭게만 진행된 건 아니었다. 기자가 퀸타에게 몰리의 죽음에 관해 물었을 때 퀸타는 마음을 진정하기 위해 인터뷰를 잠시 중단해야 했다. 또, 캐서린 샤웁은 한 인터뷰에서 울먹이기도 했다. "제가 낙담해서 운다고 생각하지 마세요. 제가 우는 건 엉덩이가 너무 아파서 그런 거니까요. 때로는 엉덩이뼈에 칼로 구멍을 뚫는 느낌이에요."

하지만 비극과 고통은 독자 대중을 사로잡은 요소 중 일부에 불과했다. 태아를 죽일 만큼 독성이 강하고 몸을 불구로 만들 만큼 공격적인 라듐 중독은 '그들의 여성성 자체를 파괴한 것 같았다.' 충격을 받은 대중들은 슬픔에 잠겼고 여성들을 마음으로 품어 주었다.

베리는 언론 보도가 상당히 효과적이었다는 사실을 알게 되었다. 에드워드 마클리_{기업 측 변호사}가 몹시 성을 냈기 때문이었다. 발끈해진 그는 베리에게 편지를 보내 왔다. "당신의 태도가 개인적으로 마음에 들지 않소. 특히 신문을 이용해 나쁜 평판을 유도하다니. 이러한 행위는 윤리적으로도 의문의 여지가 있소. 당신은 이 생애에서나 다음 생에 결국은 이에 합당한 대가를 치르게 될 거요."

베리는 천진스러운 어투로 간략하게 회답했다. "당신이 윤리적인 측면을 거론하다니 상당히 놀랍군요…."

하지만 마클리가 언론에 대해 어떻게 생각하든, 그가 대변하는 기업은 자신들의 입장을 전달해야겠다고 생각했다. 예상대로 기업은 플린 박사를 이용했다. 그는 검사 결과 여성들의 몸에서는 '라듐이 검출되지 않았다'고 발표했다. 박사는 그들의 건강 문제는 신경성이 틀림없다고 말했다. 여성들의 직업병에 대한 일반적인 반응이었다. 여성의 직업병은 보통 여성 특유의 히스테리 증상이라 일단은 치부되던 때였다. 하지만 《월드》지는 플린 박사의 말이 전혀 먹혀들지 않았다. 립맨은 곧바로 기사를 냈다. "박사의 진술서는 모든 면에서 USRC 변호사들의 주장을 뒷받침할 수 있도록 기업과 사전에 조율한 정황이 있다." 기사는 계속되었다. "본지의 업무는 소송 중인 사안에 대해 법원에 압력을 행사하는 것과는 거리가 멀다. 하지만 USRC의 이번 행위는 불공평하고 비인간적이며 잔인한 처사라고 논평하지 않을 수 없다."

마클리는 여성들을 지원하는 물결을 막을 도리가 없었다. 현 상황에 대해 어떻게 생각하느냐는 질문을 받자 그는 그저 여성들이 '뉴어크의 젊은 변호사에게 이용당하고 있는 것 같다'고 말했다. 하지만 여성들은 당연히 그렇게 생각하지 않았다. 그들은 정의를 구현하기 위한 싸움에 앞장서고 있었다. 세상이 마침내 그들의 목소리에 귀를 기울이고 있는 지금, 그들은 입을 다물 생각이 없었다.

캐서린 샤웁은 비애에 찬 목소리로 말했다. "제 무덤에는 제가 좋아하는 장미가 아니라 백합만 놓이겠죠. 하지만 25만 달러의 손해배상금을 받는다면 장미가 다발로 놓일 수 있지 않을까요?"

캐서린은 말을 이었다. "많은 소녀 도장공들이 인정하려 들지 않을 거예요. 그저 자신들은 괜찮다고만 말하지요. 모두가 남자친구를 잃거나 더 이상 좋은 시절을 누릴 수 없게 될까 봐 걱정해요. 다들 자신이 류머티즘을 앓고 있는 게 아니라는 걸 알죠. 얼마나 안타깝고 어리석은 일인지! 모두들 외면당할까 봐 두려워하는 거예요."

그레이스 프라이어 역시 사실을 전하고 있었다. "제가 행복하다고는 말하지 못하겠네요." 그녀는 인정했다. "하지만 최소한 모든 것을 포기한 상태는 아닙니다. 인생이 저에게 마지막으로 남겨준 것을 최대한 활용하려고 해요." 그레이스는 때가 되면 과학계에 시신을 기증하고 싶다고 말했다. 의사들이 치료법을 찾을 수 있도록 기여하겠다는 거였다. 다른 여성들도 뒤를 따를 것이다. "제 시신은 저에게는 고통일 뿐입니다." 그레이스가 심정을 고백했다. "하지만 그것을 과학의 손에 넘겨주면 다른 이들에게는 조금 더 긴 삶이나 위안이 될지도 모릅니다. 제가 줄 수 있는 건 그것뿐입니다." 그레이스는 단단히 결심한 듯 미소를 지었다. "제가 왜 시신을 기증하려는지 이해할 수 있나요?"

기자들은 그레이스에게 푹 빠져 있었다. "희망을 포기하는 게 아니다." 한 기자는 시신을 기증하겠다는 그레이스의 약속에 대해 이렇게 논평했다. "그레이스는 희망을 놓지 않았다. 당신이나 내가 품고 있을 법한 그런 이기적인 희망이 아니라 인간성 증진에 보탬이 되고자 하는 희망이었다."

여성들이 공개적으로 자신들의 처지를 밝힌 데다 대중의 동정까지 사게 되자 상황은 여성들에게 유리하게 돌아갔다. 이에 더하여 백스 판사는 공소시효의 참신한 해석 안을 내놓았다. 그는 여성들의 뼈에 라듐이 함유되어 있으며 라듐은 여전히 그들을 아프게 하므로 그들은 계속해서 상해를 입고 있는 거라고 말했다. 따라서 '상해를 입는 순간마다 공소시효는 새롭게 적용되는 것'이라고 했다. 기발했다.

물론 법정에서도 이 주장이 먹혀들지는 지켜봐야 했다. 하지만 베리는 대중의 압력을 고려해 사법 제도가 자신의 편을 들어 줄 거라 생각했다. 라듐 기업이 어떻게 반응하든, 재판은 진행되게 되어 있었다. 1928년 5월, 마운튼 판사가 그에게 서신을 보냈다. "다음 주 목요일에 재판을 열도록 하겠소. 변호인은 그날 오전 재판이 진행될 수 있도록 관련 준비를 마치기 바라오."

정의를 실현하는 길에 장애물은 없었다. 그것만큼은 베리와 여성들 모두 확신할 수 있었다. 대중들의 열렬한 격려 속에서 이제 승소는 따 놓은 당상 같았다.

베리는 사무실에서 변론을 준비하고 있었다. 바로 그때 전화벨이 울렸다. 비서 로즈가 재빨리 전화를 연결해 주었다.

클락 판사였다.

31

윌리엄 클락 판사는 모두의 존경을 한몸에 받는 인물이었다. 할아버지가 상원의원인 데다 피치크로프트라는 사유지가 있을 정도로 유복한 가정에서 태어난 그는 현재 서른일곱 살로 적갈색 머리에 회색 눈과 큰 코를 지녔다. 그는 베리가 린다베리, 데퓨&포크스에서 서기로 일할 당시 그의 상사이기도 했다. 클락은 한때 그 법률사무소의 파트너 변호사였던 것이다.

1928년 5월 23일, 베리의 일지엔 이렇게 기록되었다. "클락 판사 사무실, 라듐 사례에 관해 얘기 나눔." 그의 전 상사는 그에게 뜻밖의 제안을 했다.

클락은 넌지시 물었다. "법정 밖에서 당사자끼리 모여 합의할 수는 없겠나?"

판사는 베리에게만 접근한 게 아니었다. 5월 29일, 클락은 USRC의 사장 리를 비롯해 회사 법률팀을 만나 함께 논의했다. 베리는 참석요청을 받지 않았다. 기자가 베리에게 이 회의에 관해 묻자 그는 이렇게 답했다. "그러한 협의에 대해서는 아는 바가 없습니다. 법정 밖에서 합의할 생각은 전혀 없습니다."

베리는 기자에게 '그 어느 때보다도 끝까지 싸우겠다는 의지가 확고하다'고 말했지만 개인적으로 걱정이 되었다. 승소하지 못할 거라고 생각해서가 아니었다. 여성들에게 혜택이 갈 수 있도록 제때 판결이 나올지가 의문이었다. 여성들은 볼 때마다 상태가 점점 악화되고 있었다. 험프리스 의사는 그들이 '신체적으로나 정신적으로' 차후 공판에 참석할 수 있는 상태가 아니라고 말한 바 있다. 늘 기운 넘치던 그레이스 프라이어조차 힘없이 가라앉은 모습이었다. 그레이스는 "상처가 날까 봐 손을 마음대로 사용할 수 없어요. 이제는 아주 조금만 상처가 나도 잘 낫지 않거든요."라고 고백했다. 여성들은 점점 더 의학 치료라는 탈지면으로 감싸 놓은 도자기 인형처럼 굳어가고 있었다. 베리는 정의로운 판결을 원하기도 했지만 무엇보다도 여성들이 마지막 남은 나날 동안 평안하기를 바랐다. 그래서 합리적이기만 하다면 클락의 제안을 고려해 봐야 할지도 모르겠다고 생각했다.

베리가 하루 이틀을 꼬박 고심하던 중, 캐서린이 성당에서 쓰러지고 말았다. "몸 전체에 불이 붙는 것 같은 고통이었죠!" 캐서린은 소리치듯 말했다. "이렇게 살 수는 없어요. 다음 달이 오기 전에 이제 그만 눈을 감고 싶네요."

베리는 결심을 굳혔다. 합의가 지금 당장 이루어질 수만 있다면 제안을 받아들이지 않는 건 비인간적인 처사였다. 법정 다툼은 몇 년이 걸리기 일쑤다. 그가 의사들로부터 받아놓은 네 장의 선서진술서만 봐도 알 수 있듯, 여성들이 9월까지 살아 있을지도 불확실한 상황이다.

5월 30일, 클락 판사는 비공식적인 중개인으로 나섰다. 그의 처신은 법조계에서 큰 논쟁거리가 되었다. 판사가 자신의 관할권이 없는 사건에 개입하였기 때문이다. 하지만 클락은 온갖 비난에 분개하며 "내가 연방 판사라고 해서 연민을 느끼지 못하는 건 아니지 않느냐?"고 일축했다. 그는 순전히 인도적인 차원에서 그러는 거라고 말했다.

다음날, USRC는 이사회를 소집해 적정한 합의 조건에 대해 논의했다. 부사장 바커는 "이사회는 공정하게 일을 처리하고 싶어 한다."고 말했다. 하지만 "우리는 당연히 모든 책임을 부인한다."고 덧붙였다.

기업이 합의를 원한 이유가 있었다. 기업은 "곧 죽을 여성들의 인간적인 측면을 이용해 대중에 호소한다."고 원고 측을 직설적으로 비난했다. 그들의 표현을 빌자면, '간교한 홍보 활동' 덕분에 여성들을 향한 지원의 물결이 급증하고 있었다. 이 유명해져 버린 사건을 법정 밖에서 합의한다면 부정적인 기업 이미지를 지울 수 있을 뿐만 아니라 추후 법정 싸움을 언제 시작할지 선택권을 쥘 수도 있었다. 앞으로 다른 도장공들이 비슷한 소송을 할 게 뻔했다. 기업은 그레이스 프라이어를 비롯한 다른 여성들에 대한 기억이 사라지고 나면 훨씬 더 쉽게 일을 처리할 수 있을 거라 예상했다. 이 합의는 그들의 목적에 부합하는 거였다.

USRC는 빠르게 돌아가는 상황이 만족스러웠다. 다음날인 6월 1일 금요일 오후 4시, 클락 판사의 사무실에서 베리와 회사 변호사 간에 회의가 열렸다. 클락은 저녁 기차를 타러 뛰어가면서 밖에서 기다리고 있던 흥분한 기자들에게 재빨리 한마디를 던졌다. "확정적인 소식은 없지만 월요일 회의에서 합의가 이루어질 거라 봅니다."

모두가 행복해 보였다. 하지만 여성들은 아니었다. 그들은 합의에 만족하지 않았다. 한 신문에는 '라듐 희생자들, 현금 보상을 거절하고 계속해서 소송을 진행하기로 하다, 협상 결렬!'이라는 제목의 기사가 실렸다. 기업은 그들에게 각기 만 달러(현 138,606달러)를 주겠다고 제안했다. 하지만 여성들의 의료비와 소송비는 거기서 차감돼야 했으므로 막상 그들의 수중에 쥐어지는 돈은 얼마 되지 않았다.

그레이스 프라이어는 소리쳤다. "그들의 첫 제안을 덥석 받아들일 생각은 없습니다. 이렇게 고생해 왔는데 그건 말도 안 되죠." 퀸타 맥도날드는 그저 "저에게는 두 명의 어린아이가 있어요. 제가 세상을 떠난 뒤에도 아이들이 살아갈 수 있어야 해요."라고 말했다.

아니요, 우리는 그 제안을 받아들이지 않겠어요. 여성들은 한목소리였다. 늘 그렇듯 그레이스가 이 싸움에 앞장서는 것 같았다. 그레이스는 "기업의 제안을 절대로 받아들이지 않겠습니다."라고 선언했다. 그리하여 베리는 여성들과 논의한 끝에 새로운 안을 기업 측에 제시했다. 기업은 모든 여성들에게 각각 1만 5천 달러(현 20만 8천 달러)를 현금으로 제공하고 평생 매년 600달러(현 8,316달러)의 연금을 제공하며 과거와 추후 발생할 의료비뿐만 아니라 모든 법정 비용까지 부담한다는 내용이었다. 베리는 피고 측에 주말 동안 생각할 시간을 주었다.

6월 4일 월요일은 정신없이 바쁜 날이었다. 전 세계 언론이 진을 치고 기다리는 가운데 협상이 계속되었다. 44분 후, 변호사들은 클락 판사의 사무실을 나섰고 운집한 기자들을 피하고자 비상계단을 이용했다.

그들은 공식적인 문서를 작성할 예정이었다. 그날 오후, 베리는 다섯 명의 용감한 여성들을 자신의 사무실로 불렀다. 그들은 잘 차려입고 나타났다. 모두 둥근 모양의 클로쉬 모자를 썼으며 그레이스는 어깨에 여우 털을 둘렀다. 몇 달 동안 침대 밖으로는 거의 나가지 않던 알비나조차도 이 중차대한 회의에 참석했다. 하지만 그 어떤 옷보다도 멋지고 그 어떤 보석보다 빛난 건 그들의 얼굴에 감도는 미소였다. 그들이 드디어 해낸 것이다. 온갖 역경에도 불구하고 힘겨운 싸움 끝에 결국 기업이 책임을 지게 한 것이다.

그들은 베리와 3시간 동안 얘기를 나눴고 합의 문서에 서명했다. 기업은 최종적으로 금액을 1만 달러로 낮추기는 했지만 나머지 조건에는 전부 동의했다. 실로 대단한 성과였다.

여성들은 이 순간을 기념하기 위해 카메라 앞에 서서 포즈를 취했다. 그들을 향해 카메라 플래시가 번쩍였다. 퀸타와 에드나, 알비나, 캐서린, 그레이스는 일렬로 선 채, 오늘만큼은 슬픈 미소가 아니라 화사한 미소를 지었다. 의치를 드러낸 채, 떳떳한 자부심과 온전한 기쁨을 한껏 만끽했다.

오후 7시, 클락 판사는 합의 결과를 공식적으로 공개했다. 거의 300명이 넘는 사람들이 모였다. '엘리베이터로 향하는 복도와 통로가 꽉 찼다.' 판사는 인파를 헤치며 모두가 잘 보이는 지점으로 가더니 목청을 가다듬은 다음 조용히 해 달라고 요청했다. 이내 쉿, 하는 소리가 들리더니 플래시가 터지는 소리나 펜으로 무언가를 적는 소리만이 간간이 들렸다.

언론의 집중을 온전히 받게 된 판사는 이 협상의 정확한 조건을 공개했다. 그는 다소 능글맞게 "판사가 일을 잘 했다고 할 수 있겠네요."라고 말했다.

합의문에는 기업이 죄를 인정한 건 아니라고 명시되어 있었다. 마클리는 의도적으로 이렇게 적었다. "[기업은] 태만하지 않았으며 원고의 주장은 근거가 충분하다 할지라도 공소시효에 따라 소송이 불가한 사안이다. 이 점에 있어 [USRC의 법적] 입장은 확고하다." 한편 기업은 진술서를 통해 자신들이 합의한 건 순전히 '인도주의적' 이유에서라고 주장했다. 진술서에 따르면, "[USRC]는 회사가 이 여성들에게 제공해 주는 치료로 병이 치유되기를 바란다."고 했다.

여기에 협상의 중요한 부분이 숨어 있었다. 기업은 세 명의 의사로 이루어진 위원회가 여성들을 정기적으로 진찰할 것을 요구했다. 위원회는 여성들이 선정한 의사, 기업이 선정한 의사, 그리고 상호 동의하에 선정한 의사로 이루어질 예정이었다. 베리가 주목한 대목은 바로 이 부분이다. "만약 두 명의 의사가 여성들이 더 이상 라듐 중독을 앓고 있지 않다고 판단 내릴 경우 보상금 지급은 일체 중단된다."

기업 임원들의 꿍꿍이가 드러나는 대목이었다. 그들은 베리에게 이 사실을 감추려 하지도 않았다. 베리는 이렇게 기록했다. "기업이 지급을 중단할 수 있는 상황을 모색하려는 의도라고 본다."

그는 이러한 조건이 영 못마땅했다. 특히 베리는 전 상사 클락이 '상당히 고결한 분'이라는 걸 알았지만 그가 '[USRC] 이사회의 특정 인물과 친분이 있는 사이'라는 소문을 들었던 터라 더욱 불안했다. 게다가 클락은 '[USRC]에 막대한 이해관계가 있는 기업의 이사회 임원들과 간접적인 사업 관계로 엮여 있는 것' 같았다. 베리는 '클락이 아주 최근까지 USRC의 주주였다는 사실'도 알게 되었다.

베리는 우려 섞인 목소리로 "아주 불안하다."고 말했다.

뉴어크의 에섹스 카운티 법원 벽에 붙어 있는 정밀 벽화에는 네 가지 뜻이 담겨 있었다. 정의, 지식, 자비 …권력이었다. 지금의 경우는 권력이 잔인하리만치 딱 맞아 보인다고 베리는 생각했다.

클락은 여성들에게 직접 서신을 보냈다. "개인적으로 여러분들의 상황에 동정을 표합니다. 병을 치료할 방법이 개발되기를 바랍니다." 어쨌든 여성들은 원하는 합의를 이끌어냈다. 드디어 승리한 것이다. 그들은 살아생전 이러한 날이 올 거라고는 생각하지 못했다.

알비나는 웃으며 말했다. "돈을 받게 되어서 정말 기뻐요. 이제 남편이 한숨 돌릴 수 있을 테니까요." 동생 퀸타는 "이 합의는 저뿐만 아니라 제 어린아이들과 남편에게도 큰 의미가 있습니다."라고 말했다. 퀸타의 말은 이어졌다. "그동안 힘겨운 싸움을 했던 터라 이제는 좀 쉬고 싶네요. 가족들과 해안가 리조트에 가고 싶어요." 퀸타는 '협상 조건에 만족하지 못한다'고 말했지만 '온갖 걱정에서 벗어나게 되어 다행이며 당장 돈을 받을 수 있다는 생각에 기쁘다'고 말했다.

에드나는 감사한 마음에 열변을 토하며 말했다. "변호사 베리 씨가 정말 대단한 일을 했다고 생각합니다. 합의금을 받게 되어 기뻐요. 우리는 오래 버틸 수 없었을 거예요. 이제 우리가 원하는 많은 일을 할 수 있을 겁니다. 정말 감사합니다."

캐서린 샤웁은 그저 "신이 제 기도를 들어 주셨네요."라고만 말했다.

평정심을 유지한 건 그레이스뿐이었다. 그레이스는 '무척 기쁘다'면서도 "더 많이 받고 싶지만 이 정도라도 받게 되어 만족합니다. 여러 면에서 도움이 될 거예요. 정신적인 고통이 조금은 덜어질 것 같네요."라고 말했다. 그레이스는 애초에 소송을 하겠다는 자신들의 용기와 그 결과 달성한 성과에 대해 이렇게 덧붙였다. "저 자신만 생각한 게 아니에요. 수백 명이 넘는 소녀들에게 이 사건이 모범 사례가 되었으면 합니다."

"우리를 덮쳐 온 불행을 보셨겠지만… 여러분이 지금은 알지 못하는 훨씬 더 많은 우리가 나타날 것입니다…."

32

일리노이주, 오타와
1928년 6월

뉴저지주 도장공들이 합의를 보았다는 소식은 국제적으로 대서특필되었다. 《오타와 데일리 타임스》의 1면에는 '라듐 페인트로 인한 사망자 수, 열일곱 명으로 증가하다. 라듐 중독 사망자 수 급증'이라는 기사가 실렸다.

라듐 다이얼 스튜디오에서 일하는 소녀들은 겁에 질렸다. 그들이 여태 아무 걱정이 없이 지내 온 것은 아니었다. 엘라 크루즈가 작년 여름 사망했고 회사를 그만둔 매리 더피 로빈슨과 이네즈 코코란 발라트도 상태가 좋지 않았다. 걱정에 휩싸인 소녀들이 언제부턴가 정독하게 된 오타와 신문 기사에 따르면, 라듐 중독의 첫 증상은 이와 잇몸이 썩는 것에서 발현한다. 작년에 치아를 뽑은 부위가 아직 낫지 않고 있는 페그 루니는 속이 메슥거렸다.

캐서린 울프는 "모두가 이전과 달리 사나워졌어요."라고 기억했다. "공장에서의 소녀들의 회합은 거의 폭동으로 치달을 지경이었죠. 싸늘한 공포감이 극에 달해 일을 거의 할 수 없었어요. 우리에게 닥칠 고약한 운명에 대해서만 가끔 얘기를 나눌 뿐…."

스튜디오에는 정적이 내려앉았다. 소녀들은 대충대충 일했다. 정신없이 입으로 붓을 가져가지도 않았다. 그들이 일을 제대로 하지 않으니 생산량도 줄어들었다. 라듐 다이얼 사는 특별 조처를 하기로 결정하고 전문가를 불러 건강 검진을 시행하기로 했다.

마리 베커 로지터는 검사가 진행되는 것을 유심히 지켜보았다. "그들은 우리를 두 그룹으로 나눈 뒤 일부만 위층으로 데리고 갔어요. 두 그룹모두 검사를 받았지만 따로따로 받았죠." 소녀들은 그 이유를 몰랐다. 1925년에 회사가 시행한 다른 검사와 관련이 있지 않았을까? 하지만 당시에 회사는 직원들에게 검사 결과를 알려주지 않았기 때문에 그들은 결과를 몰랐다.

두 그룹으로 나뉜 여성들은 초조한 마음으로 담당 의사를 만나러 갔다. 의사들은 뉴어크 의사들이 개발한 장치로 여성들의 호흡에 방사성물질이 함유되어 있는지 검사했다. 그들은 엑스레이 촬영과 혈액 검사도 했다.

캐서린 울프도, 페그 루니도, 마리 로지터도 검사를 받았다. 결혼 때문에 회사를 그만둘 예정이었던 헬렌 먼치 역시 기계에 대고 숨을 내쉬었다. 기업이 자신들을 위해서 하는 거라 믿으며 여성들은 자리로 돌아가 검사 결과를 기다렸다. 검사 결과를 듣고 마음의 안정을 찾을 수 있기를 바랐다.

하지만 결과는 나오지 않았다. 캐서린 울프가 말했다. "검사 결과를 묻자 회사는 관련 정보를 발설할 수 없다고 했어요."

캐서린은 마리와 상의했다. 우리들은 알 권리가 있지 않은가? 늘 거침없었던 마리는 가만있지만은 않겠다고 결심했다. 두려움과 분노로 가득 차올라 그들은 감독관인 리드 씨를 찾아가 항의했다.

리드 씨는 다소 겸연쩍게 안경을 고쳐 쓰고는 손을 휘저으며 마치 아버지가 자식을 대하듯 말했다. "아가씨들, 여러분에게 검진 결과를 공개하면 폭동이 일어날 겁니다." 그는 농담처럼 말했다.

그런 대답에 여성들이 안정을 되찾을 리가 없었다. 캐서린은 훗날 이 날을 회상했다. "마리와 저는 그의 말을 이해하지 못했죠." 그들의 얼굴에 이는 불안감을 본 감독관은 계속해서 이렇게 말했다. "라듐 중독 따위는 없습니다." 그는 자신 있게 말했다. "라듐 중독은 존재하지 않아요!"

"우리에게 해로운 거 아닌가요?" 마리가 다그쳤다.

"걱정할 필요가 전혀 없어요." 작업 감독관 리드 씨는 되풀이해 말했다. "안전하다고요."

그럼에도 불구하고 여성들은 매일같이 신문을 삼킬 듯 읽었다. 끔찍한 사건을 더 많이 접하면서 공포감은 커져만 갔다.

뉴저지주 도장공들의 합의 기사가 보도된 지 사흘 후, 스튜디오의 긴장감이 극에 달할 무렵, 감독관의 말을 뒷받침해 주는 기사가 지역 신문 3면에 실렸다. 여성들은 서로에게 기사를 보여주며 그 어느 때보다도 가벼운 마음으로 기사를 읽었다.

라듐 다이얼 사가 낸 전면 광고였다. 이로 인해 마침내 여성들은 최근 건강 검진 결과를 알게 되었다. 광고 글은 다음과 같았다. "우리는 정기적으로 철저한… 건강 검진을 시행하며… 소위 '라듐 중독'이라는 증상을 잘 알고 있는 전문가가 이를 담당한다. 검사 결과 의심 증상을 조금도 발견하지 못했다."

천만다행이었다. 검사 결과 그들은 건강했다. 그들은 죽지 않는 거였다. 기업의 다음 말에 그들은 더욱 안심되었다. "검사 결과가 좋지 않았거나 업무 조건이 근로자들의 건강에 위협이 된다고 믿을 만한 이유가 발견되었다면 공장 가동을 중지했을 것이다. 기업 임원들은 늘 직원들의 건강을 우선으로 생각한다." 광고는 이어졌다.

> [라듐] 중독에 관한 보고서가 널리 유포되는 가운데… 신문 보도
> 에서는 이따금씩만 언급되는 중요한 사실에 주목할 필요가 있다.
> …동부에서 보고된 '라듐' 중독 사례는 메소토륨으로 만든 야광 페
> 인트를 사용하는 공장에서만 발생했다. …라듐 다이얼은 순수한
> 라듐만을 사용한다.

이것이 바로 리드 씨가 "라듐 중독 따위는 없다."고 말한 이유였다. 여성들은 이제야 알 것 같았다. 이것이 바로 라듐이 안전한 이유였다. 저편 동부의 도장공들을 아프게 한 건 **라듐**이 아니라 메소토륨이었던 것이다.

라듐 다이얼은 자신들의 주장을 입증하기 위해 '전문가' 프레드릭 호프만의 보고서를 인용했다. 호프만 박사는 메소토륨이 문제라는 자신의 오랜 신념을 계속해서 퍼뜨리고 다녔다. 하지만 마트랜드 박사는 그의 말에 동의하지 않았고, 폰 소쵸키 역시 생각을 바꾸었으며, 호프만 박

사의 언론 보도를 본 레이몬드 베리 변호사가 '검사 결과, [뉴저지주] 도장공들의 건강을 악화시킨 페인트에는 메소토륨보다는 라듐이 많았다.'는 내용의 서신을 보내 왔었음에도 호프만은 자기 생각을 바꾸지 않았다. 호프만 박사는 자신의 이론에 대한 이 모든 반박을 전부 무시해 버렸던 것이다.

리드 감독관은 기업의 진술서와 함께 잡지에 실린 공지문을 출력해 자랑스레 작업장에 붙여 두고 소녀들의 시선을 유도했다. 캐서린이 회상했다. "리드 씨는 이 광고문을 주의 깊게 봐야 한다고 했어요."

그는 계속해서 여성들을 안심시키려 했다. 마리를 향해 씩 웃으며 '라듐을 바르면 볼이 발그레해질 거야'라고 말했고 마거리트 글라신스키를 돌아보며 "라듐은 아가씨들을 예쁘게 만들어 줄 거래도."라고 뻔뻔스럽게 말했다.

소녀들은 이후에도 계속해서 신문을 읽었다. 하지만 이젠 좋은 소식만 골라 읽었다. 기업은 며칠 동안 똑같은 광고를 되풀이해 냈고, 신문은 지역 기업을 지원하는 차원에서 사설을 통해 이 기업은 근로자들의 건강을 줄곧 '예의 주시해 왔다'는 내용의 논평을 냈다. 마을 전체가 행복했다. '라듐 다이얼 도장'은 오타와의 선도 산업이었다. 이 산업을 잃게 된다면 모두에게 큰 타격이 될 게 분명했다. 하지만 다행히 기업의 세심한 배려로 그러한 비상사태는 걱정할 필요가 없게 되었다.

상황이 이렇게 돌아가자 소녀들은 패닉에서 벗어나 자리로 돌아갔다. 마리의 친척은 이렇게 말했다. "그들은 일터로 돌아가 회사에서 시키는 대로 했죠. 그걸로 끝이었어요. 더는 그 문제를 거론조차 하지 않았죠."

당시 그 지역에서 살던 한 주민은 이렇게 회상했다. "그곳에서 일하던 아이들은 독실한 '천주교 신자'였어요. 감히 권위에 도전해서는 안 된다고 배웠죠." 도전할 게 뭐가 있겠는가? 검사 결과 아무런 문제가 없었고 페인트에는 치명적인 메소토륨이 함유되어 있지 않았다. 이는 의심의 여지가 없는 사실이었다. 신문에도 실렸고 회사 게시판에도 붙어 있었다. 매일 아침 하품하며 깨어나 일리노이 하늘을 붉게 물들이는 일출처럼 확실한 사실이었다. 스튜디오에서는 오래된 일상이 다시 시작되었다. 입에 넣고… 페인트에 담그고….

하지만 단 한 가족만은 기업의 말에 설득당하지 않은 것 같았다.

광고가 나간 지 하루 만에 엘라 크루즈의 가족은 라듐 다이얼을 상대로 소송을 제기했다.

33

뉴저지주, 오렌지
1928년 여름

회사를 상대로 승소한 다섯 명의 여성들에게 삶은 달콤했다. 캐서린은 2천 달러(현 27,700달러)를 아버지 윌리엄의 담보대출금을 갚는 데 썼다. 캐서린은 "가족들을 기쁘게 만드는 것만큼 행복한 일은 없다는 걸 알았죠. 아버지의 걱정을 덜어 드릴 수 있어서 정말로 행복했어요."라고 말했다.

캐서린은 "오늘은 나를 위한 날이다."라고 선언하며 '무도회장의 신데렐라처럼' 살아 보겠다고 했다. 문학소녀였던 그녀는 작가를 꿈꾸며 타자기를 구입했고 실크 원피스와 속옷 등 옷에도 돈을 아끼지 않았다. 캐서린은 열변을 토하며 말했다. "늘 갖고 싶었던 코트를 샀어요. 그에 어울리는 황갈색 펠트 모자도요."

음악을 사랑했던 에드나는 피아노와 라디오를 샀다. 대부분 쉽게 외출할 수 있도록 자가용을 구입했다. 하지만 여성들은 무작정 돈을 쓰지는 않았다. 그들은 건물과 주식 등에도 투자했다.

"저는 단돈 1센트도 물건을 사는 데 쓰지 않았어요." 그레이스는 한 기자에게 이렇게 말했다. "저에게 돈은 사치가 아니에요. 돈은 안전을 의미하죠. 저는 1만 달러를 안전한 곳에 투자했어요."

"왜 그랬나요?" 기자가 물었다.

그레이스는 아리송한 미소를 지으며 답했다. "미래를 위해서죠!"

그들이 기분이 좋아진 건 돈 때문만은 아니었다. 그들을 진찰하던 의사들은 대부분 희망을 내비치고 있었다. 폰 소쇼키 역시 "이 여성들이 생각보다 훨씬 오래 살 것 같다."고 말했다. 마트랜드 박사조차도 몰리 매기아나 마거리트 카러프가 겪었던 것 같은 죽음이 한동안 목격되지 않자 도장공들의 병에는 '두 가지 종류의 사례가 존재한다는 이론을 내놓았다. 초기 사례와 후기 사례였다. 초기 사례는 심각한 빈혈과 턱 괴사가 주요 특징이었으며, 후기 사례는 빈혈과 턱 감염이 아예 없거나 그로부터 회복된 사례'였다. 마트랜드는 메소토륨이 빠르게 부패하기 때문이라고 생각했다. 여성들은 처음 7년 동안 메소토륨의 강력한 공격을 받았다. 하지만 메소토륨이 다음번 반감기로 넘어가며 공격이 약화되면서 피해 역시 줄어들었다. 메소토륨의 독성은 마치 해일 같았다. 여성들은 썰물 때 안전한 곳으로 재빠르게 이동한 거였다. 라듐이 여전히 그들의 뼈를 공격하고 있었지만 라듐은 메소토륨보다 훨씬 덜 공격적이었다. 마트랜드 박사는 이제 '초기 증상을 극복한 환자는 라듐 중독에서 완전히 벗어날 가능성도 꽤 있다'고 생각했다. 물론 라듐 때문에 뼈는 늘 '좀이 슬은' 상태였다. 박사는 "여성들은 영구적으로 불구가 되겠지만 병마와 싸워서 이길 수 있는 확률이 꽤 높다."고 말했다.

이 예측은 어떤 면에선 절망적으로 들릴 수도 있었지만 덕분에 여성들은 가장 귀중한 선물을 받았다. 바로 시간이었다. 그레이스는 "거의 막판에 가까워서도 누군가 치료 방법을 발견할지 모르잖아요."라며 밝은 목소리로 말했다.

여성들은 대부분 여름휴가를 갔다. 알비나와 제임스는 '평생의 꿈'을 이루기 위해 캐나다로 자동차 여행을 떠났다. 루이스 허스만은 아내, 에드나를 데리고 오랫동안 '한가로이' 여행을 다녀 왔다. 에드나는 "강이 내려다보이는 오두막에서 아름다운 경치를 즐기고 있다."고 베리에게 편지를 썼다. 퀸타와 제임스 맥도날드는 애즈버리 공원에 몇 번 놀러 가기는 했지만 해외에 가지는 않았다. 퀸타는 자신에게 무슨 일이 일어날 때를 대비해 아이들을 위한 돈을 남겨두고 싶었다.

어떠한 여름을 보냈든, 여성들은 비슷하게 고통받는 다른 이들 역시 도움을 받을 수 있을 거라는 생각에 안도할 수 있었다. 이 사건이 대중들로부터 엄청난 관심을 받게 되면서 라듐 중독에 관한 전국적인 컨퍼런스가 그해 말에 열릴 예정이었다. 게다가 스벤 키예르노동통계국 조사관는 이제 라듐 중독에 관해 연방 차원의 더욱 구체적인 조사에 착수했다. 그의 상사 에설버트 스튜어트는 "라듐 중독은 직업병임이 틀림이 없으므로 재조사가 반드시 이루어져야 한다."고 말했다. 다른 곳에서는 새로운 방법을 개발했는데, 왜 일부 기업에서는 여전히 립 포인팅을 시행 중인 것이냐는 질문을 받자 그는 예리하게 답변했다. "새로운 방법은 기업이 최대의 수익을 내기에는 너무 비효율적이라 그럴 것이다."

캐서린 샤웁은 그해 여름 내내 뉴어크에서 벗어나 '진정한 전원생활'

을 만끽한 뒤 기분이 훨씬 좋아졌다. 그녀는 '이 같은 휴가는 처음'이라며 '정말 좋았다'고 말했다. 캐서린은 꿈에 젖은 듯 일기에 이렇게 적었다. "햇살을 받으며 현관에 앉아 있으니 정말 좋았다. 그곳에 앉아 드넓게 펼쳐진 수풀과 언덕을 바라보았다."

캐서린은 현관에 앉아 베리에게 감사의 편지를 썼다. "인도주의적인 관점에서 당신 같은 변호사를 만나기란 쉽지 않았을 거예요…. 어떻게 감사 인사를 전해야 할지 모르겠네요…. 이렇게 엄청난 결과를 안겨 주실 줄은 상상도 못 했답니다." 캐서린은 다른 소녀들과 마찬가지로 마트랜드 박사에게도 편지를 썼다. "해피엔딩이 되도록 큰 도움을 주신 데 진심으로 감사를 표합니다."

해피엔딩…. 그럴 수만 있다면. 사실 베리는 캐서린이 말하는 '해피엔딩'이 동화 속 이야기처럼 허구일 것 같아 걱정되었다. 그는 동료에게 쓴 편지에서 이렇게 말했다. "난 이 문제가 절대로 끝나지 않았으며 진짜 승부는 이제부터 시작이라고 생각하네."

USRC는 합의를 하자마자 즉각 '이른바 라듐 중독'에 관한 피해대책 모드에 돌입했다. 기업은 여전히 여성들의 주장을 전면 부인했다. 그들은 여성들을 검진하기 위해 임명된 의료 위원회가 다섯 명의 건강이 양호하다는 진단을 내릴 거라고 확신하는 것 같았다. 기업은 이런 진단을 내려줄 걸로 기대되는 두 명의 의사를 바로 임명했다. 마트랜드의 의견에 반대 의사를 표했던 라듐 의약품 전문가 제임스 유잉이 그중 한 명이었다. 베리의 의사 친구들은 "그를 잘 감시해야 한다."고 베리에게 충고했다. 서로의 합의하에 선정한 또 다른 의사는 로이드 크레이버였다. 제임스 유잉과 로이드 크레이버 둘 다 '라듐 사용과 밀접한 연관이 있는' 병원의 자문 위원이었다. 하지만 베리는 이 두 사람을 배제하는 것은 '불가능하다'는 걸 알았다. 여성들 측에서 지명한 의사는 에드워드 크럼바였다. 마트랜드는 "[기업이] 공격태세를 갖추었다. 이제 베리가 최선을 다해 싸워야 한다."고 우려했다.

1928년 가을, 여성들은 처음으로 위원회의 검사를 받기 위해 뉴욕 병원에 소집되었다. 두 명의 의사가 라듐 중독의 존재를 부인하는 상황에서 이제 그들이 자신 앞에 있는 여성들의 증상에 대해 어떻게 생각할지 자못 궁금했다. 캐서린은 '눈에 띄게 절뚝거렸으며 몸이 굽어 있었다.' 그레이스는 '왼쪽 팔꿈치를 조금밖에 움직이지 못했고' 남아 있는 턱뼈는 '다 드러나 있었다.' 퀸타는 깁스를 한 상태였고 에드나의 다리는 돌이킬 수 없을 정도로 뒤틀려 있었다. 하지만 여성들이 낯선 의사들 앞에서 옷을 벗고 꼼꼼하게 진단을 받는 동안 의사들이 가장 충격을 받은 건 알비나의 몸 상태였다. 크럼바는 훗날 이렇게 말했다. "래라이스 부인은 양쪽 엉덩이 관절을 아주 조금밖에 움직일 수 없었습니다. 크레이버 의사가 산부인과 검사를 할 수 없을 정도였죠."

의사들은 호기 검사도 시행했다. 두 명의 의사는 검사 결과 회사의 무죄가 입증될 거라 확신했다. 하지만 유잉이 훗날 말한 것처럼 검사 결과 '놀랍게도 라듐이 감지되었다.' 하지만 그는 이 검사 결과를 여성들 주장의 진실성을 뒷받침하는 증거로 보지 않았다. 그는 이렇게 말했다. "환자들이 사기를 치고 있는 건 아닌지 의문이 든다. …검사의 신뢰도를 높이기 위해 그들이 옷을 전부 벗을 수 있는 호텔에서 검사를 시행할 필요가 있다고 생각한다." 여성들은 또다시 검사를 받아야 했다.

그리하여 11월, 다섯 명의 여성은 추가 검사를 받기 위해 마르세유 호텔로 향했다. 이번에는 크레이버 의사만이 참석한 상태였다. 하지만 검사를 시행한 건 그가 아니었다. 부사장 바커와 '절친한 친구'인 슈룬트 의사가 검사를 주관했다. 그는 4월에 시행한 호기 검사에서 여성들의 몸에는 방사성 물질이 없다고 진단 내린 바 있었다. 바커 역시 참석해 의사를 '도왔다.' G. 파일라라는 또 다른 의사도 참석했다.

여성들은 공정한 검사가 아닐 거라고 단박에 눈치챘다. 하지만 어쩔 수 없었다. 합의의 일환으로 의료 검진을 받겠다는 데 동의했기 때문이었다. 그래서 그들은 요청대로 옷을 벗고 기업 의사들이 면밀히 지켜보는 가운데 검사를 받았다.

하지만 그레이스 프라이어는 호텔을 나서는 순간, 베리에게 전화를 걸었다. 그레이스는 늘 그렇듯 핵심 인물이자 리더였다. 그레이스는 동료들의 의견을 수렴해 대표로 베리에게 항의했다.

베리는 분개했다. 그는 USRC에 서신을 보내 호텔에서 검사를 시행하는 건 '상당히 의심스러운 행동'이며 바커와 슈룬트 의사가 참석한 것은 '합의 조건에 위배되는 행위'라고 말했다. 위원회의 검사는 공정해야 진행되어야 했다. 어찌 되었든 검사 결과, 파일라 의사가 기록했듯이 "다섯 명 모두에게서 방사성 물질이 검출되었다."

기업 입장에서 큰 타격이었다. 매일 새로운 소송이 접수되고 있었기 때문이었다. 그들은 이 유명한 도장공들이 라듐 피해자가 아니라는 사실을 변론 근거로 삼고 싶었다. 베리는 이 새로운 소송 중 하나를 맡고 있었다. 캐서린 샤웁을 가르쳤던 메이 커벌리 캔필드가 그의 의뢰인이었다. 메이 역시 이가 다 빠진 데다 잇몸이 감염된 상태였다. 그녀의 턱은 '뭔가가 안에서 두드리는 것처럼 …이상한 느낌이었다.' 메이는 오른쪽 옆구리가 이따금 마비되기도 했다.

메이의 소송을 담당한 판사는 플린 박사에게는 기업을 대신해 그녀의 신체검사를 시행할 수 있는 자격이 없다고 선언했다. 신체검사는 의사만이 할 수 있는 거니까. 이 새로운 전쟁에서 베리에게 어느 정도의 승리를 안겨 준 셈이었다. 베리는 플린이 자격증을 보유하고 있지 않다고 당국에 신고했지만 아무런 조치가 취해지지 않았던 터였다. 당국이 무대응으로 일관하자 플린은 한술 더 떠 새로운 가설을 발표하기까지 했다. 이젠 여성들의 식습관까지 들고나온 것이다. '부적절한 다이어트로 인해 뼈에 라듐을 축적시키는 성향이 생겼다'며 여성들에게 비난의 화살을 돌렸다.

폰 소쵸키의 식습관이 어땠는지는 아무도 몰랐지만 그해 11월, 그는 몸 안에 도사리고 있던 라듐과의 싸움에서 지고 말았다. 마트랜드는 고인에게 경의를 표했다. 그는 "박사의 도움과 제안이 없었더라면 조사를 하는 데 큰 난항을 겪었을 것이다."라고 말했다. 그건 사실이었다. 폰 소쵸키의 도움으로 시험 방법을 고안하지 못했더라면 라듐 중독은 의학적으로 입증되지 못했을 것이다. 물론 그가 애초에 야광 페인트를 개발하지 않았더라면 여성들은 완전히 다른 삶을 살았을 것이지만….

여성들은 법원에서 박사가 자신들을 배신했던 것을 절대로 잊지 못했다. 아마도 그의 죽음을 보고 사람들은 '남의 불행에 쾌감'을 느꼈을지도 모르겠다. 한 신문 기사는 라듐 페인트를 일컬어 '창조자를 파멸로 이끈 진정한 프랑켄슈타인'이라 비유했다. 마트랜드는 폰 소쵸키가 "끔찍한 죽음을 맞이하고 말았다."며 고개를 떨궜다.

그 결과, 폰 소쵸키는 1928년 12월에 열린 전국적인 라듐 컨퍼런스에 참석하지 못했다. 그를 제외한 핵심 인물들이 전부 참석했다. 해밀턴 박사, 캐서린 와일리, 마트랜드 박사, 험프리스 의사, 노동부 차관인 로치, 노동통계국 간부인 에설버트 스튜어트, 플린 박사, 슈룬트 박사, 그리고 라듐 회사 임원들이었다.

도장공들은 초대받지 못했다.

라듐 업계가 통제권을 다시 거머쥐기 위해 자발적으로 주최한 회의였다. 의장을 맡은 위생국 의무감(醫務監)은 "우리가 오늘 논의하는 것은 제안의 성격일 뿐이며 경찰 규제 같은 강제력은 없다."고 인정했다. 와일리의 상사는 훗날 이를 가리켜 '눈가림용 행사'라고 말했다.

관련 사안이 논의되었다. 스튜어트는 라듐 산업을 향해 열정적으로 항변했다. "야광 시계는 일시적인 유행일 뿐입니다. 아무짝에도 쓸모없는 물건을 계속해서 사용하고 싶은가요? 게다가 아주 위험한 성분이 함유된 물질을요? 그렇게 큰 대가를 치를 만한 가치가 없다는 데 여러분이 동의하기를 바랍니다."

하지만 기업들은 동의하지 않았다. 한 기업은 수입의 85퍼센트가 야광 시계 숫자판을 생산하는 데서 온다고 말했다. 포기하기에는 너무 높은 수익이었다. 기업 임원들은 뉴저지주에서만 라듐 중독 사례가 발견되었기 때문에 전국적인 문제가 아니라고 주장했다. 플린이 잔꾀를 부려

워터베리 클락 컴퍼니에서 일하는 소녀들을 입막음 한 결과, USRC에서 발생한 사건 외에 스튜어트가 근거로 내세울 수 있는 사례는 단 한 건뿐이었다. 공식적으로 보고된 단 한 건의 사례. 바로 엘라 크루즈의 소송이었다. 엘라의 사례는 그마저도 의심사례일 뿐이지 입증된 게 아니었다. 사실을 입증할 수 있는 증거가 부족한 상황에서 소녀들의 지지자들은 어떠한 제안도 강하게 밀어붙일 수 없었다. 와일리의 상사는 라듐 중독 사건을 가리켜 '산업에서 발생한 냉혈 살인사건'이라 불렀다.

회의는 라듐 중독의 존재는 물론 라듐의 유해성마저도 확인해 주지 않은 채 끝나 버렸다. 그저 위원회를 두 차례 더 소집하여 추가 연구를 진행해야 한다는 데 모두가 동의할 뿐이었다. 하지만 그 후 위원회가 소집되었다는 기록은 없다. 뉴저지주 도장공들의 이야기는 이제 어제의 뉴스처럼 잊혀 갔고 도장공들의 명분을 위해 싸우는 이는 더 이상 아무도 남지 않았다. 베리는 좌절감에 젖어 "라듐 기업은 게임을 하고 있다."고 한탄했다. 라듐 기업이 이 게임에서 승리한 것 같았다.

이 라듐 컨퍼런스에 참석한 두 명의 인물을 특히 눈여겨볼 필요가 있다. 라듐 다이얼의 사장 조셉 켈리와 부사장 러퍼스 포다이스였다. 이들은 기업이 오타와 신문에 낸 성명서에 서명한 이들로, 회의 내내 묵묵히 다른 이들의 의견을 듣기만 할 뿐 논쟁에 참여하지는 않았다. 한 전문가의 말도 귀담아들었다. "오늘날 시계를 제조하는 사람들에게 충고하오만 부디 그 붓을 잘라 버리시오. 페인트는 다른 방법으로도 충분히 칠할 수 있지 않소." 뉴저지주 도장공들의 죽음과 고충에 대해 논의가 진행되는 동안에도 그들은 묵묵히 경청했다. 조셉 켈리와 러퍼스 포다이스는 라듐 산업이 살인 혐의에서 벗어나는 그 모든 과정을 말없이 지켜보았다.

그리고 집으로 갔다.

34

일리노이주, 오타와
1929년

1929년 2월 26일, 라듐 중독 조사관 스벤 키예르는 오타와라는 작은 마을의 라셀 카운티 법원으로 향했다. 조용한 분위기가 놀라웠다. 오늘은 엘라 크루즈의 소송에 따른 공판이 있는 날이었다. 동부에서 진행된 라듐 소송이 큰 불협화음을 일으켰던 것을 비추어볼 때 이보다는 시끌벅적한 장면을 예상했던 터였다. 하지만 길거리엔 인적이 없었다. 마을은 잠이 든 듯 깜빡이는 눈망울 하나 찾아볼 수 없었다.

재판장 역시 별반 다르지 않았다. 몰려온 기자도, 슈퍼 증인도, 결투를 다짐한 변호사도 없었다. 크루즈 가족이 선임한 변호사 조지 윅스만이 법정에 서서 재판을 연기해 달라고 요청하고 있었다. 뉴저지주 소송의 영향을 고려할 때, 변호사가 소송을 더 빨리 진행해 달라고 밀어붙이지 않는 게 의아했다.

공판이 끝난 뒤 키예르는 변호사에게 다가가 질문을 했고 그제야 그 이유를 알게 되었다. 변호사는 라듐 중독에 대해 아는 바가 전혀 없었다.

오타와에는 그에게 정보를 제공할 수 있는 의사가 없었다. 그가 여러 차례 연기를 요청할 수밖에 없었던 이유였다. 가족들은 보상금으로 3,750달러(현 51,977달러)를 요구했다. 그다지 큰 금액이 아니었으나 이런 식으로 가다간 단돈 1센트도 받지 못할 것 같아 보였다. 웍스 변호사는 엘라가 라듐 중독으로 사망했다는 확신은 고사하고 라듐 중독이 도대체 무엇인지 말해 줄 수 있는 사람조차 찾지 못했다. 엘라의 부모는 증거를 확보하려면 부검을 시행해야 한다고 들었다. 하지만 부검 비용은 200달러(현 2,772달러)나 됐다. 그들에게는 그렇게 큰돈이 없었다. 소송의 진행은 미진할 수밖에 없었다.

키예르는 계속해서 마을을 둘러보았다. 그는 라듐 중독의 증상을 보이는 도장공이 발견되면 전화해 달라고 부탁했던 의사와 치과의사들에게 다시 전화를 걸었다. 그들은 전과 마찬가지로 그런 사례는 없었다고 대답했다.

키예르는 라듐 다이얼 스튜디오도 방문했다. 공장은 북적거렸다. 수많은 여성이 시계 숫자판을 칠하고 있었다. 그는 관리자를 만나 기업이 시행한 건강 검진 결과를 보여달라고 했다. 라듐 다이얼은 이제 정기적으로 근로자의 건강 검진을 시행하고 있었다. 물론 검사를 시행하기 전에 여성들은 예전처럼 두 그룹으로 나뉘었다. 캐서린 울프는 아직도 기억하고 있었다. "저는 1928년에 딱 한 번 건강 검진을 받았어요. 확연히 건강해 보이는 다른 친구들은 그 후에도 정기적으로 검사를 받았는데 말이죠."

캐서린의 건강은 그다지 좋지 않았다. 캐서린은 여전히 절뚝거렸으며 최근에는 잠시 기절하기도 했었다. 걱정이 된 캐서린은 리드 감독관에게 사내 의사를 다시 만나보면 안 되겠냐고 요청했지만 거절당하고 말았다. 캐서린은 괜한 걱정이라고 스스로를 다독였다. 회사는 전문가가 시행한 검사 결과 그녀가 건강하다고 말했고 위험이 발견되면 스튜디오 문을 닫겠다고 약속했다. 뉴저지주 소송이 마무리되면서 주문은 다시 급증해 매년 110만 개의 시계가 생산되고 있었다. 사업은 다시 호황으로 돌아섰다.

하지만 라듐 다이얼 사를 시찰한 키예르는 불안감을 떨쳐버릴 수 없었다. 시카고 본사 실험실에서 일하는 근로자 두 명에게서 혈액 변화가 감지되었던 것이다. 기업에서 실행하는 안전 예방책이 충분하지 못하다는 증거였다. 소녀들은 여전히 손을 씻지 않은 채 스튜디오에서 식사했다. 키예르는 "노동자를 보호하기 위한 추가 조치가 필요하다."고 결론 내렸다.

그는 사장 조셉 켈리를 만났다. 그는 '최대한 협조하겠다'고 약속했다. 검사 결과를 꼼꼼히 살펴본 키예르는 특히 두 명의 근로자에 대해 더 알아보고 싶었다. 그중 한 명은 엘라 크루즈였다. '그들의 사례는 조사 없이 내버려 둘 사안이 아니라고' 생각해 이들 두 명의 여성에 대한 추가 정보를 요청했다.

하지만 켈리가 그에게 보낸 자료는 근로계약과 관련한 자료뿐이었다. 들여다봐도 소용없는 자료였다. 시간이 부족했던 키예르는 더는 기업을 괴롭히지 않기로 했다. 어차피 조사는 계속돼야 할 터이니까.

라듐 다이얼 공장에서 일하던 소녀들 중 그 누구도 본 적이 없는 그의 보고서에는 다음과 같은 내용이 들어 있었다.

> 도장공, ML, 스물네 살의 여성, 일리노이 스튜디오에 고용됨.
> 1925년 전위계 검사 결과 방사성 물질이 감지됨. 1928년, 또 다른
> 검사가 시행되었고, 그녀의 몸에서는 여전히 방사능이 감지됨. …
> 완전한 정보는 확보하지 못했으나 기업은 이 증상이 라듐 중독이
> 라는 사실을 부인하고 있음. 하지만 검사 결과는 라듐 중독임을
> 나타냄.

ML은 마가렛 루니였다. 회사는 그녀에게 '아주 양호한 상태'라고 말했
었다. 검사 결과 전혀 걱정할 게 없다고 했다.

마가렛 페그 루니는 자신에게 무엇이 다가오고 있는지 전혀 모르고 있
었다.

페그 루니는 붉은색 금속 수레에 앉은 채 연인, 척 핵켄스미스를 올려
다보며 미소지었다. 페그는 다소 겸연쩍어하며 그에게 도와줘서 고맙다
고 말했다.

척은 다부진 어깨너머로 그녀에게 환한 미소를 던진 뒤 수레 손잡이
를 움켜쥐었다. "자, 출발할게!" 그는 늘 그렇듯 자신의 약혼녀를 향해
힘차게 외쳤다. 그리고는 전설 속의 육상선수가 차가운 대리석을 뚫고 세상
에 나왔다….

"이모가 너무 아파 걸을 수 없게 되자, 척은 이모를 수레에 앉힌 뒤 마

을을 돌아다녔죠." 페그의 조카 달린이 말했다. 페그의 동생 진이 머리를 끄덕이며 거들었다. "그는 언니를 자그마한 붉은색 수레에 태워서 데리고 다녔어요."

하지만 수레를 끌던 척의 미소가 얼마나 해맑았든, 그가 그들 앞에 닥친 시련에 얼마나 의연했든, 속마음은 숨길 수 없었다. "척은 그들에게 닥친 상황에 좌절했죠." 달린이 슬픈 표정을 지으며 회상했다.

가족 모두 같은 심정이었다. 1929년 여름, 빨간 머리 페그 루니는 상태가 나빠졌다. 치아를 뽑았던 부위가 낫지 않은 건 시작에 불과했다. 그후로 빈혈 증상이 나타났고 엉덩이 통증이 시작되면서 이제는 걷는 것도 힘들었다. 그래서 척은 그녀를 붉은 수레에 태워 자신의 오두막이나 스타브드 록에 데리고 갔다. 척은 그녀에게 무척이나 친절했다. 페그를 정말 사랑했다. 그들은 내년 6월에 결혼할 예정이었다.

하지만 척과 그의 붉은 수레가 늘 페그 곁에 있을 수는 없었다. 페그는 라듐 스튜디오에 걸어서 출근해야 했다. 동생 진은 자신을 비롯한 형제자매들이 언니가 집에 돌아오는 것을 내다보았다고 기억했다.

"우리는 모두 현관에 앉아 언니가 오는 걸 지켜보곤 했죠. 언니는 걷는 게 너무 힘들어 보였거든요. 언니는 집에 오는 내내 힘들어했어요. 우리는 언니를 마중 나가려고 뛰어갔죠. 각자 한쪽 팔씩 붙잡고 언니를 부축했어요."

형제들의 부축을 받으며 집에 도착한 페그는 예전처럼 집안일을 도울수 없었다. 누워서 휴식을 취해야 했다. 엄마는 딸의 상태가 악화되는 것을 차마 지켜볼 수 없었다. 페그는 지쳐가고 있었다. 가족들은 그녀의 이와 턱이 일부 떨어져 나가는 것을 보고 공포에 휩싸였다. 결국 '부모는 없는 돈을 그러모아 페그를 데리고 시카고 의사를 찾아갔다.' 의사는 페그의 턱이 벌집 모양이 되었으며 당장 회사를 옮겨야 한다고 말했다.

페그는 몸 상태가 나아지면 새로운 일을 찾아볼 생각이었을 것이다. 하지만 그녀는 영민한 소녀였다. 얼마 지나지 않아 그녀는 자신의 상태가 나아지지 않으리라는 것을 알았다. 1929년 6월, 페그를 진료한 한 의사는 그녀의 가슴에 얼음주머니만 덜렁 올려놓아 주었다. 오타와 의사들은 도대체 뭐가 뭔지 몰랐다. 그러나 페그는 자신의 미래를 직감적으로 안 것 같았다. 페그의 엄마는 슬픈 표정으로 말했다. "페그는 자신이 죽을 거라는 걸 알았던 거예요. 그 애는 천천히 죽어가고 있었어요. 우리가 할 수 있는 일은 아무것도 없었죠."

"엄마, 제 시간이 이제 거의 다 된 것 같아요." 페그는 이따금 무기력하게 말하곤 했다.

끔찍한 고통을 안겨 주는 건 치아나 엉덩이뿐만이 아니었다. 다리와 두개골, 갈비뼈, 손목, 발목도 아팠다. 페그는 몇 달 동안 아팠지만 계속해서 스튜디오에 출근했다. 페그는 끝까지 성실한 소녀였다.

라듐 다이얼은 그녀를 주의 깊게 지켜보았다. 정부가 페그의 사례에 특별히 관심을 두고 있다는 키예르의 경고를 들은 뒤부터였다. 페그가 1925년과 1928년에 시행한 방사능 검사에서 양성 반응을 보인 것을 회사는 알고 있었다. 게다가 자체적으로 시행한 의료 검사를 통해 페그가 아픈 이유도 정확히 알고 있었다. 1929년 8월 6일, 페그가 스튜디오에서 쓰러지자, 리드 씨는 그녀를 사내 검진 의사가 근무하는 병원에 입원시켰다.

"가족들은 아무런 결정권이 없었어요." 페그의 조카 달린이 말했다. "우리의 의견은 완전히 무시됐죠. 전 그게 정말 이상했어요. 도대체 어떤 공장에 자체 의사가 있는 거죠? 무엇 때문에? 전혀 이해할 수 없는 상황이었죠."

"라듐 다이얼이 진료비를 댔어요." 달린은 덧붙였다. "그건 확실해요. 우리는 비싼 의료비를 댈 돈이 없었거든요."

집에서 멀리 떨어져 홀로 병원에 입원한 페그는 외로웠다. 아홉 명의 형제자매와 작은 방에서 함께 자던 그녀는 이제 완전히 혼자가 됐다. 형제들은 방문이 허락되지 않았다. 동생 제인이 언니를 한 번 찾아갔지만 의사들은 페그의 병실에 들어가는 걸 허락하지 않았다.

페그는 디프테리아 증상을 보였고 즉시 격리되었다. 약해질 대로 약해진 그녀는 폐렴까지 걸렸다. 라듐 다이얼은 병의 경과를 예의주시했다. 페그의 악화되는 건강을.

1929년 8월 14일 새벽 2시 반, 마가렛 루니는 사망했다. 내년에 척과 결혼할 예정이었던 소녀, 사전을 즐겨 읽던 소녀, 한때 교사가 되고 싶어 하던 소녀, 늘 깔깔대며 웃었던 소녀는 더 이상 없다.

가족들은 페그가 사망했을 당시 곁을 지키지는 못했지만 페그가 사망한 뒤에는 계속해서 병원에 남아 있었다. 페그의 동생 캐서린과 결혼한 잭 화이트 역시 그곳에 있었다. 그는 철도회사 급유원으로 불의를 보면 참지 못하는 성격이었다. 회사 사람들이 한밤중에 찾아와 페그의 시신을 가져가려고 하자, 그는 거세게 저항했다.

"안 돼요. 시신을 가져갈 수 없소." 그는 단호히 말했다. "페그는 천주교 신자요. 우리는 천주교 장례 절차에 따라 미사를 드릴 거요."

달린은 가슴을 쓸어내리며 말했다. "이모부가 있어서 다행이었어요. 그동안 일어난 일을 돌이켜볼 때 나머지 가족들이 회사와 그들이 고용한 의사들에게 똑 부러지게 맞설 수 있었을지 모르겠거든요. 하지만 이모부는 단호했어요. 절대로 페그 이모의 시신을 내어주지 않을 거라고 했죠."

기업 측 사람들은 그와 실랑이를 벌였다. "그들은 빨리 일을 처리해 버리려고 했죠." 달린이 이어서 말했다. "그들은 그 일을 완전히 덮어 버리려는 것 같았어요." 하지만 잭은 완강했다. 그들이 페그의 시신을 가져가도록 내버려 두지 않았다.

라듐 다이얼은 페그의 시신을 빼돌리는 데 성공하지 못했지만 포기하지 않았다. 기업은 페그가 라듐 중독 때문에 사망했다고 소문이 날까 봐 전전긍긍했다. 그 사실이 알려지면 스튜디오의 소녀들이 겁에 질릴 테고 소송이 수없이 뒤따를 게 뻔했다. 임원진은 상황을 통제해야 했다. 그들은 자문해 보았다. 페그의 시신을 부검하자고 하면 가족들이 어떻게 반응할까?

페그의 가족들은 이미 의심을 하기 시작한 터였다. 시카고 의사가 페그가 죽은 건 직업 때문이라고 얘기해 주었기 때문이었다. 가족들은 주치의가 참석한다는 조건으로 부검을 시행하는 데 동의했다. 그들은 진실을 알아내고 싶었다. 부검에 내건 조건은 가족들에게 매우 매우 중요했다. 회사 사람들이 한밤중에 쳐들어와 페그의 시신을 탈취해 가려고 책동을 부린 뒤부터 가족들은 그들을 믿지 않았다.

기업은 이에 쉽게 동의했다. 좋다고, 아무 문제 없다고 했다. 시간은 언제가 좋겠냐고 물었다.

가족 주치의는 가방을 든 채 약속 시각에 나타났다. 하지만 그가 도착하기 한 시간 전에 이미 부검이 완료된 상태였다.

주치의는 페그의 갈비뼈에 숱한 균열이 난 것도, '후두부 편평골에 수많은 구멍이 난 것'도 보지 못했다. 두개관과 골반을 비롯해 최소한 열여섯 개의 뼈에 나타난 '아주 강력한' 라듐 괴사를 조사해 보지도 못했다. 라듐에 난타당한 페그의 몸은 말하고 있었으나 듣지 못했다. 온몸에 걸쳐 마디마디마다 골격의 변화가 전방위적으로 모습을 드러냈지만, 그는 목격하지 못했다.

기업 의사가 '사후 절제술을 통해 남아 있는 페그의 턱을 제거했을 때' 그는 그곳에 있지 않았다.

기업 의사는 뼈를 가져갔다. 가장 강력한 증거를 가져갔다. 부검 보고서의 복사본은 라듐 다이얼에만 전해졌고 가족들은 받아보지 못했다. 페그의 최후 순간이 고스란히 담긴 이 기록물이 가족들의 손에 넘어가는 것이 기업으로서는 이루 말할 수 없이 거슬렸을 터이다. 이 보고서에는 장기의 무게와 외관에 관한 정보, 페그의 상태에 관한 온갖 정보가 기록되어 있었다. 기업 의사의 말에 따르면, 페그의 골수와 치아는 '지극히 정상'이었다.

공식적인 부검 보고서에 따르면 '페그의 치아는 아주 양호한 상태였고 위턱이나 아래턱 모두 뼈가 손상되었다는 증거는 없었다.'

페그의 사망신고서는 법 절차에 따라 서명이 이루어졌다. 거기에 적힌

사인은 디프테리아였다.

라듐 다이얼은 가족들에겐 보고서 복사본을 줄 수 없다고 했다. 대신 지역 신문에 보고서 요약본을 꼭 싣겠다고 했다. 얼마 후 페그 루니의 사망 기사에는 다음과 같은 정보가 실렸다. 회사의 요청에 따른 것이었다.

이 젊은 여성의 건강 상태는 한동안 수수께끼 같이 여겨졌다. 그녀는 라듐 다이얼 스튜디오에서 일했었고 건강 상태가 나빠진 게 라듐 중독 때문이라는 소문이 돌았다. 사인을 명확히 밝히기 위해 부검이 시행되었다. …애론 아킨 박사는 …사망 원인은 디프테리아가 확실하다고 말했다. 라듐 중독의 증거는 없었다.

기사의 마지막 문구는 참으로 기이했다. 임원들이 보도 자료에 반짝 아이디어를 삽입한 게 분명했다. 지역 사회의 지지를 받기 위해서였을 것이다. "루니 양의 부모는 부검 결과에 아주 기뻐하는 것 같았다."

그들은 전혀 '기쁘지 않았다.' 그들은 딸의 죽음에 억장이 무너지고 있었다.

진은 이렇게 말했다. "언니를 잃고 나서 엄마는 제정신이 아니었죠. 언니가 죽고 나자 완전히 다른 사람이 되었어요. 우리는 매일 아침 언니가 묻힌 묘지에 갔어요. 낡은 잔디 깎기로 무덤 주위의 풀을 깨끗하게 다듬었죠. 몇 킬로미터나 떨어진 곳이었지만 우리는 늘 거기까지 걸어서 갔어요."

척은 사랑하는 페그를 잃은 뒤 쉽게 헤어나오지 못했다. 하지만 결국 페그 없이도 인생은 살아가야 했으며 한때 그들이 얘기 나눴던 꿈을 이루었다. 척은 대학교수가 되었고 책도 몇 권 냈다. 페그는 그의 책을 기쁜 마음으로 읽었을 것이다. 척은 결혼하고 아이도 낳았지만 40년 넘게 루니 가족들과 연락을 하고 지냈다. 척의 아내는 매년 페그의 생일이나 기일이 다가오면 그가 말이 없어진다고 페그의 어머니에게 말했다.

달린이 말했다. "척의 아내는 남편이 여전히 페그를 생각하고 있다는 걸 알았던 거죠."

35

뉴저지주, 오렌지
1929년

건강 검진이 끝나자 캐서린 샤웁은 블라우스의 단추를 다시 채운 뒤 크레이버 의사가 말을 꺼내기를 기다렸다. 의사는 그녀와 논의하고 싶은 중요한 문제가 있다고 했다. 그는 놀랍게도 라듐 기업이 캐서린의 의료비 지급을 중단해야 한다고 말했다. 합의할 당시 기업이 그들에게 평생 지급하겠다는 데 동의했던 의료비를 말이다. 의사는 그녀더러 의료비를 일시금으로 받으면 어떠하겠냐고 물었다.

합의가 있은 지 1년도 채 되지 않아, USRC는 약속을 번복하려는 중이었다.

일시금 지급은 부사장 바커의 생각이었지만 기업이 고용한 의사들 모두 전적으로 찬성했다. 유잉 의사는 '이 여성들은 죽지 않을 것이기 때문에 지금의 방식은 합리적이지 못하다'고 생각했다. 크레이버는 '기업이 파산해서 그렇다'며 캐서린이 제안을 받아들이도록 유도했다. 하지만 USRC는 파산하지 않았다. 새빨간 거짓말이었다. 나중에 캐서린이 베리를 찾아가 의사의 꿍꿍이에 대해 걱정스러운 듯 말하자 그는 합의를 강요하기 위한 '사악한 페인트칠'이라고 비난했다.

여성들이 계속해서 살아 있다는 건 기업 입장에선 재정적으로 매우 짜증 나는 일이었을 것이다. 불구가 된 여성들은 통증 때문에 정기적으로 의사를 찾아갔고 진통제를 구입했다. USRC가 보기에 지나치게 많은 금액이었다. 그들은 모든 진료비마다 트집을 잡았다. 유잉 의사는 여성들은 '회사가 그들의 의료비를 모두 지급해 줄 거라고 생각해서는 안 된다'고 협박 조로 말했다.

기업은 책임에서 벗어나고 싶었다. 그래서 위원회 의사들이 여성들이 라듐 중독을 겪고 있지 않다고 진단을 내려 주기를 기대했다. 여성들에게 '적대적인 태도'를 갖고 있다고 베리가 표현했던 기업 의사 유잉은 확실히 그러한 때가 오기를 고대했다. 하지만 계속된 검사에도 실망스럽게도 똑같은 결과가 나올 뿐이었다.

베리는 위원회가 여성들이 라듐 중독을 겪고 있다는 공식적인 진술서를 작성해 주기를 원했다. 도장공 모두가 라듐 중독을 겪고 있다는 것을 입증하는 강력한 증거가 될 터였다. 그렇게 되면 베리를 비롯한 다른 변호사들은 다른 도장공들을 위한 차후 소송에서 이 자료를 사용할 수 있게 될 것이다. 하지만 유잉은 거절했다. 그는 "우리는 이 검사 결과가 다른 사건과 연계되는 걸 바라지 않소."라고 말했다.

여성들은 최선을 다해 버티고 있었다. 그들은 끔찍한 치료와 검사를 견뎌내야 했다. 의사들은 엡섬염[1]을 이용한 시술을 했고 이 치료는 매우

---

1. [역주] 황산마그네슘이 주성분이며 주로 장을 비우기 위한 하제로 사용한다.

고통스러웠다. 번번이 장 세척도 해야 했고 어떤 때는 일주일 내내 척추 검사와 배설물 검사를 시행하기도 했다. 검사는 보통 유잉 의사와 크레이버 의사의 병원에서 시행되었는데, 이 때문에 여성들은 아픈 몸을 이끌고 뉴욕까지 가야 했다. 루이스 허스만이 베리에게 말했다. "에드나는 그렇게 멀리까지 다녀오면 꼭 아파지곤 했어요. 지난번에 뉴욕에 갔다 와서는 병이 나 눕고 말았죠."

에드나의 아름다운 금발 머리는 이제 새하얘져 있었다. 여성들은 모두 실제보다 나이 들어 보였고 턱뼈가 제거된 턱 주위로 피부가 축 처져 있었다. 1년 전보다 상태가 나아 보이는 건 그레이스뿐이었다. 그레이스는 턱 수술을 스물다섯 차례나 받았지만 이 스물다섯 번의 수술도 그녀의 미소 짓는 습관을 없애지는 못했다. 그레이스는 다섯 명 중 가장 행복해 보였다. 그레이스는 합의금을 받았을 때 단호하게 말했다. "사람들은 저에게 이제 직장을 그만둘 거냐고 묻지만 저는 절대로 그러지 않을 거예요. 가능한 한 오래 일하고 싶어요. 좋아하는 일이니까요." 그레이스는 여전히 매일 회사에 출근했다. 그녀가 다니는 은행에서는 검사를 받기 위해 월차를 내는 것을 이해해 주었다.

검사는 자주 시행되었지만 여성들은 그 결과를 한 번도 듣지 못했다. 캐서린은 "의사들은 아무 말도 해 주지 않아요. 제 상태가 나아지고 있는 건지 알고 싶은데 말이죠."라며 불만을 표했다. 사실 캐서린은 여러 면에서 좋아진 상태였고 언덕 꼭대기에 지어진 시골 요양원에서 조용한 시간을 보내고 있었다. 뉴어크에서 19.3킬로미터나 떨어진 곳이었다. 캐서린은 그곳을 '동부의 보석'이라 불렀다. 그러한 환경은 캐서린이 건강을 회복하는 데 큰 도움이 되었다. 캐서린은 '접시꽃과 덩굴장미, 모란과 태양'을 한껏 즐기고 있다고 일기에 썼다. 돈은 알비나에게도 도움이 되었다. 알비나는 그해 여름 '아주 만족스러운 시간'을 보냈다. 알비나는 라디오, 금붕어, 영화, 짧은 시골 여행 따위를 낙으로 삼았다. 이 여행에는 보통 동생 퀸타가 동행했다.

하지만 퀸타는 이제 병원에 입원하고 말았다. 퀸타는 똑바로 앉을 수조차 없었고 병문안이 허락되는 건 가족뿐이었다. 그래서 퀸타는 언니와 함께 시골 여행을 가기는커녕 1929년 여름, 다른 네 명의 여성처럼 메이 캔필드를 지지하기 위해 법정에 출석하지도 못했다. 하지만 퀸타는 베리 변호사에게 자신의 대리인 자격을 위임했다.

예비 공판이었다. 베리는 메이의 사건을 맡으면서 작년에 라듐 기업이 합의한 것이 얼마나 약삭빠른 행동이었는지 깨닫게 되었다. 두 번째 소송에서는 모든 게 훨씬 더 어려웠다. 드링커 박사 부부도, 스벤 키예르도, 마트랜드 박사도 증언을 거부했다. 게다가 기업을 굴복시켰던 언론 보도나 열렬한 지지자도 없었다.

다섯 명의 여성들은 환자 기밀과 관련한 권리를 포기하면서까지 메이를 도와주려 했다. 그들은 위원회 의사들이 자신들의 사례를 활용해 라듐 중독이 존재한다는 사실을 입증해 주기를 원했다. 하지만 마클리_{기업 측}_{변호사}는 다섯 여성에 대한 참고인 조사를 극구 반대했다. 그들의 의료 진단 결과뿐만 아니라 기업이 작년에 그들과 합의한 사실을 참고 자료로 채택하는 것도 결단코 반대했다. 기업이 지명한 의사들 역시 증인 출석을 거부했다.

하지만 캐서린이 편지에 썼듯이 레이몬드 베리 같은 변호사는 드물었다. 그는 개의치 않고 크레이버 의사와 유잉 의사를 소환했던 것이다. 그들은 '잔뜩 화가 났다.' 여성들은 그들의 사례를 공유해도 좋다고 선서를 했지만 유잉은 환자 기밀 보호를 이유로 진술을 거부했다.

여성들이 선정한 크럼바 의사는 기꺼이 증언대에 섰다. 마클리가 의사를 고소하겠다고 협박했지만 베리는 의사를 설득해 증언하도록 만들었다. 베리는 이제 증인을 다루는 요령이나 변론하는 능력이 예전보다 크게 향상되어 있었다. USRC를 공격할 만한 자료와 경험이 전부 갖춰진 상태였다. 그는 기업 입장에서 가장 큰 골칫덩어리였다. 기업 임원들은 다섯 명의 소송에 합의하면 베리가 이 싸움을 그만둘 거라고 생각했다. 그들은 자신들이 큰 실수를 저질렀다는 사실을 깨달았다.

검은 화요일. 1929년 10월 29일, 월 스트리트를 덮친 주식 시장 붕괴로 '종이 자산이 …뜨거운 태양 아래 서리처럼 녹아 버린' 날을 가리켜 사람들은 그렇게 불렀다.

주식 시장이 붕괴되는 것을 목격한 어떤 사람은 당시에 대해 말했다. "월 스트리트는 사라진 희망의 거리, 기이한 침묵과 불안감이 도사리는 거리, 최면에 마비된 듯한 거리였다."

퀸타 맥도날드는 미국 경제가 붕괴되고 있는 곳에서 북쪽으로 160킬로미터 넘게 떨어진 뉴욕 메모리얼 병원에 누워 있었다. 이곳에서도 조용한 불안감과 마비가 느껴졌다. 하지만 퀸타는 절대로 희망을 포기하지 않겠다고 스스로에게 약속했다.

퀸타는 9월 '거의 죽어가는 상태로' 입원했지만 한 달이 지난 지금까지 버티고 있었다. 친구와 가족들이 보기에 믿을 수 없는 상황이었다. 퀸타가 입원한 이후로 그녀의 아이들을 대신 돌보고 있는 시누이 에셀은 이렇게 말했다. "퀸타는 정말 용감했어요. 상태가 좀 어떠하냐고 물으면 늘 '꽤 괜찮다'고 말했죠. 자신이 죽을 거라고는 절대로 생각하지 않았어요."

남편 제임스는 이렇게 말했다. "아내는 아이들을 위해 절대로 희망의 끈을 놓지 않았어요. 아이들을 위해 살아 있어야 한다는 일념뿐이었죠."

맥도날드 부부는 이제 화해한 상태였지만 지난해에는 문제가 조금 있었다. 제임스는 1928년 합의로 400달러(현 5,544달러)를 받았지만 아내가 새로이 획득한 부에 비교해 터무니없이 작은 액수였다. 부의 격차는 그를 괴롭혔다. 그때만 해도 무직이었던 그는 여름 내내 주류 밀매점을 드나들며 돈을 썼고, 그동안 퀸타는 자식들을 위해 신탁 자금에 돈을 투자했다. 1928년 9월, 어느 날 밤, 그의 분노는 정점에 달했다. 제임스는 아내에게 돈을 달라고 했지만 퀸타가 거절하자 불구가 된 아내를 때린 뒤 집 안의 모든 가스 기구를 켜 대면서 죽여 버리겠다고 협박했다. 깁스를 한 퀸타는 무력하게 누워 있을 뿐이었다. 그는 체포되었다. 하지만 퀸타는 남편을 고소하고 싶지 않았다. 그가 퀸타를 때린 건 처음이 아니었다. 퀸타는 베리의 도움으로 이혼 소송을 진행했다. 하지만 제임스는 아내를 다독였고, 퀸타는 결국 소송을 취하했다. 퀸타는 남편에 대해 이렇게 말했다. "남편은 용감해지려고 애쓰죠. 하지만 여자보다는 남자에게 더 힘든 일이잖아요."

1929년 가을, 이제는 퀸타가 용감해질 차례였다. 에셀은 11월 초, 이렇게 말했다. "지난 3주 동안 퀸타는 움직이지 못했어요. 수저로 음식을 떠먹여 줘야 했죠." 하지만 의사들도 놀랄 만큼 갑자기 상태가 호전되면서 퀸타는 힘겨운 싸움에서 승자가 되나 싶었다.

퀸타는 그레이스와 알비나의 건강 상태에 자극을 받은 건지도 몰랐다. 그레이스와 알비나는 아주 괜찮은 상태였다. 그레이스는 퀸타의 병실을 찾은 어느 날 저녁, 밖에서 기다리고 있는 기자들과 간략한 인터뷰를 했다. 그레이스는 이제 척추 교정기를 매일 차지는 않는다며 자랑스럽게 말했다. "의사들은 제가 병에 대한 저항력이 높다고, 그래서 이렇게 잘 버티는 거라고 말했어요." 그레이스는 이렇게 말한 뒤 농담처럼 한마디 덧붙였다. "병들어 누워 있어야 할 제가 후버[1] 후보자에게 표를 던지러 갈 수 있을 만큼 저항력이 높았던 거 있죠!" 퀸타 역시 머지않아 자리를 박차고 일어나기를 희망했다. 적어도 집에 갈 수 있을 만큼만 상태가 회복됐으면 싶었다. 그녀는 빠른 속도로 회복했다. 제임스는 아내를 맞이할 만반의 준비를 마쳐 놓았고, 가족들은 추수감사절과 딸 헬렌의 열 번째 생일을 보내며 퀸타가 집에 돌아오기만을 들뜬 마음으로 기다렸다.

그레이스는 열성적으로 말했다. "지난 몇 주 동안 퀸타의 상태는 볼 때마다 나아졌어요. 점점 더 강해졌죠. 오늘은 완전히 예전 모습이었어요. 퀸타의 상태가 이렇게 좋았던 게 얼마 만인지 모르겠어요." 퀸타는 그레이스에게 아이들의 크리스마스 선물을 대신 사 달라고 했다. 그녀는 가족 모두 절대로 잊지 못할 크리스마스를 보낼 수 있도록 기운을 차리겠

---

1. [역주] 미국 제31대 대통령. 재임기간 1929년~1933년

다고 다짐했다.

12월 6일, 퀸타는 생기가 넘쳤다. 제임스는 금요일 저녁, 아내를 방문했고 부부는 크리스마스 계획에 관해 얘기했다. 그들은 퀸타가 집에 와서 가족들과 크리스마스마스를 보낼 수 있으면 좋겠다고 말했다. 하지만 대화를 하던 도중, 퀸타가 갑자기 한숨을 쉬었다.

"피곤해요." 그녀는 한숨과 함께 말했다.

제임스는 놀라지 않았다. 그는 몸을 숙여 아내의 다리를 건드리지 않도록 조심하며 퀸타에게 키스를 했다. 퀸타는 허벅지 위쪽에 난 꽤 큰 부기 때문에 다리가 무척이나 아팠다. 부부는 시계를 힐끗 바라보았다. 방문 시간이 끝나려면 아직 멀었다.

"오늘은 조금 일찍 가 줄래요?" 퀸타는 이렇게 말했다고 한다.

그는 아내의 요청대로 했다. 불길한 예감은 전혀 없었다.

퀸타의 다리에 번진 부기… 마트랜드 박사가 이것을 보았더라면 눈치챘을 것이다. 그것은 육종이었다. 거의 2년 전, 12월의 어느 매서운 날, 엘라 에커트를 죽음으로 이끈 골종양이었다.

1929년 12월 7일, 오후 2시가 되기 직전, 퀸타 맥도날드는 의식불명 상태에 빠졌다. 병원에서는 제임스에게 전화를 걸었고 그는 곧바로 집을 나섰다. 제임스는 최대한 빠른 속도로 차를 몰았다. 속도위반으로 두 번이나 걸렸지만 그의 얘기를 들은 경찰들은 그를 그냥 보내 주었다. 하지만 모든 노력은 허사였다. 제임스가 메모리얼 병원에 도착했을 때 '그의 얼굴에는 눈물이 흐르고 있었다.' 아내는 몇 분 전에 사망하고 말았다. 그는 분노와 좌절감 사이에서 방황하다 결국 슬픔에 빠졌다.

제임스는 훗날 이렇게 말했다. "가슴이 찢어지는 것 같았죠." 그는 차분히 덧붙였다. "하지만 아내가 평화를 찾아서 다행입니다."

퀸타의 친구들도 그녀의 사망 소식에 하늘이 무너지는 것 같았다. 그들은 더없이 가까운 사이가 되어 있었다. 회사를 상대로, 이 세상을 상대로 함께 싸웠던 그들이었다. 그중 퀸타가 가장 먼저 세상을 떠났다. 알비나는 이 소식을 듣자마자 그 자리에서 쓰러지고 말았다. 캐서린 샤웁 역시 무너졌다. 그녀는 장례식에는 가지 않기로 했지만 '모든 것을 잊고 공부를 계속하기 위해' 다시 고향으로 돌아왔다. 캐서린은 콜롬비아 대학에서 영어 작문 수업을 듣고 있었다. 자신의 경험을 담은 책을 쓸 계획이었다. 캐서린은 이렇게 말했다. "저는 한동안 수업과 글쓰기에 푹 빠져 있었죠."

하지만 오렌지에 남은 여성들에게는 모든 것을 잊을 만큼 집중할 대상이 없었다. 어떤 면에서 그들은 사실 기억하고 싶었다. 그들은 퀸타를 잊고 싶지 않았다. 12월 10일 화요일, 에드나와 알비나, 그레이스는 퀸타의 장례식에 참석하기 위해 베난티우스 성당에 도착했다. 그곳에서 기다리고 있던 기자들의 눈에는 그들 앞에 놓인 극명한 운명의 차이가 느껴졌다. 그레이스는 '아무런 도움 없이 씩씩하게 걸었지만' 에드나는 '상태가 가장 나빠 보였다.' 알비나로 말하자면, 퀸타는 라듐 중독으로 그녀가 잃게 된 두 번째 동생이었다. 게다가 장례식에 참석하는 것조차 힘겨운 투쟁이었다. 하지만 그녀의 결심은 확고했다. 성당 입구까지는 긴 층계가 그녀의 도전을 기다리고 있었다. 알비나는 '거의 쓰러질 것 같은' 상태였지만 끝까지 계단을 올랐다. 자신의 안위보다 중요한 일이었다. 퀸타를 위한 거였다.

장례식은 간소했다. 퀸타의 아이들, 헬렌과 로버트는 '아빠 옆에 꼭 붙어 있었다. 아이들은 엄마를 잃는다는 것의 의미를 깨닫기에 너무 어렸지만 느낌으로는 아는 것 같았다.' 그들은 몇 주 후, 잊지 못할 크리스마스를 보내야만 할 터였다.

장례 미사가 끝난 뒤 가족들과 고인의 가까운 친구들은 로즈데일 묘지로 갔다. 퀸타가 언니 몰리 곁에 안식할 장소였다. 퀸타의 생전에 원했을 법한 대로 매장은 간소하게 진행되었다.

퀸타가 소망했던 게 또 있었다. 그녀는 자신의 죽음이 친구들에게 도움이 되기를 바랐다. 에셀은 슬픈 목소리로 말했다. "퀸타는 다른 희생자들에게 이별 선물을 남기고 싶어 했죠." 그래서 마트랜드 박사는 부검을 시행했다. 그는 퀸타가 엘라 에커르트의 사망 원인과 동일한 희귀 육종으로 사망했다는 사실을 밝혀냈다. 퀸타의 어깨는 공격을 피했지만 퀸타를 사망으로 이끈 원인은 엘라의 사례와 동일했다. 라듐이 다른 부위의 뼈를 표적으로 선택했을 뿐이었다. 마트랜드는 이 새로운 위협에 관해 진술서를 발표했다. "희생자의 뼈는 그녀가 사망하기 전에 이미 죽은 상태였다."

기업 의사들이 죽지 않을 거라고 했던 퀸타가 사망한 뒤, USRC가 마침내 태도를 바꾸었을 거라 생각할지도 모르겠다. 하지만 잘못된 생각이다. 베리는 메이 캔필드의 소송에서 8천 달러(현 113,541달러)를 받아냈지만 기업은 구속복[1]과 같은 단서를 달았다. 의뢰인에게 합의금을 안겨

---

1. [역주] 정신 이상자와 같이 난폭해진 사람의 행동을 제압하기 위해 입히는 옷

줄 수 있는 유일한 방법은 베리 스스로 기업이 준비한 구속복에 몸을 맡기는 것뿐이었다. 베리는 기업의 행각을 속속들이 알았고 법정에서도 대단히 유능한 변호사가 되어 버렸기 때문에 기업 입장에서 그냥 두고 볼 수만은 없었다.

그리하여 여성들의 후원자이자 그레이스의 요청에 응답했던 유일한 변호사, 선구적인 변호사, 레이몬드 베리는 다음과 같은 진술서에 서명하고 말았다. "나는 앞으로 직접적으로나 간접적으로 USRC를 상대로 하는 소송에 관여하지 않겠다는 데 동의한다. 또한 이 기업을 상대로 소송을 거는 사람에게 도움을 주지 않겠으며 관련 자료나 정보도 제공하지 않겠다."

베리는 떠났다. 소녀들을 위한 끈질긴 투쟁을 이어 왔던 정의의 투사이자 회사 입장에서는 눈엣가시였던 베리. 하지만 이제 그들은 정밀한 외과수술로 이 가시를 뽑아내 버렸다.

두 개의 소송에서 합의해 주긴 했어도 결국 USRC는 결국 전쟁에서 이겼다.

36

일리노이주, 오타와
1930년

캐서린 울프는 한숨을 깊이 내쉰 뒤 피곤한 듯 손으로 얼굴과 짧은 검은 머리를 문질렀다. 캐서린은 자신의 불만 섞인 한숨에 작업대 위에 가라앉아 있던 라듐 가루가 주위로 날아오르는 것을 멍하니 바라보았다. 그러곤 마지못해 소녀들에게 분배해 줄 라듐을 재기 시작했다. 캐서린은 이제 전일제 도장공이 아니었다. 공장장의 지시에 따라 임무가 바뀐 터였다.

캐서린은 회사가 자신에게 정말 관대하다고 생각했다. 리드 감독관은 이해심이 넘쳤다. 그는 작년에 캐서린을 사무실로 부르더니 안 좋은 건강 상태를 고려해 6주간 휴가를 주겠다고 했다. 라듐 다이얼은 캐서린이 아프다는 사실을 알았고 마가렛 루니처럼 그녀를 예의주시했다.

하지만 휴가는 건강에 별 도움이 되지 않았다. 그래서 캐서린은 업무가 바뀌었다. 이제 캐서린은 라듐의 무게를 재는 것 말고도 도장공들의 접시에서 라듐을 긁어내는 일도 했다. 보통 손톱을 사용했다. 캐서린의 손은 당연히 '야광 물질로 빛났다.' 게다가 손으로 머리카락을 쓸어내리는 습관 때문에 머리 역시 환하게 빛났다. 캐서린은 어두운 화장실에서 거울을 들여다보며 새로운 업무를 맡은 이후로 예전보다 라듐에 더 많이 노출되는 것 같다고 생각했다.

새로운 업무는 페인트칠보다 재미가 없었고 라듐 다이얼의 분위기도 많이 달라졌다. 캐서린이 함께 어울렸던 친구들은 이제 대부분 스튜디오를 떠났고 캐서린과 마리 로지터, 마거리트 글라신스키만이 남았다. 캐서린은 새로운 역할을 일종의 승진으로 여겼다. 라듐은 아주 값진 물질이었다. 이를 배분하고 긁어모으는 일은 중요한 업무였다. 8년 동안 일한 뒤 캐서린은 가장 신뢰받는 직원이 된 것이다.

그렇기는 했지만 자신의 업무가 바뀐 것에 대해 동료들이 무슨 얘기를 하는지 알고 있었다. 개중에는 "실력이 형편없어서 다른 업무를 맡게 된 거야."라고 말하는 소녀들도 있었다.

캐서린은 아직은 페인트칠을 완전히 그만둔 게 아니기 때문에 그런 건 아니라고 방어적으로 생각했다. 매주, 급하게 주문이 들어올 때면 페인트칠을 할 사람이 추가로 필요했다. 그럴 때면 캐서린은 입술 사이에 붓을 밀어 넣고 페인트에 담근 뒤 칠을 했다. 작업 지시가 바뀌지 않았으므로 라듐 다이얼에서 일하는 소녀들은 여전히 이 방식으로 일했다.

그때, 스튜디오가 갑자기 어수선해졌다. 캐서린이 고개를 들어보니 소녀들이 건강 검진을 받으러 가는 중이었다. 캐서린도 자리에서 일어나 합류하려 했지만 리드 씨는 그녀를 막아섰다. "저는 검사에서 제외되었어요. 리드 씨는 저에게 안 가도 된다고 했습니다." 캐서린이 훗날 말했다.

캐서린은 사내 의사의 검진을 받게 해 달라고 여러 차례 리드 씨에게 개인적으로 요청했지만 늘 거절당했다. 캐서린은 할 수 없이 동네 의사를 찾아갔다. 의사는 다리를 절뚝거리는 건 류머티즘 때문이라고 말했다. 캐서린은 류머티즘을 겪기에는 자신이 너무 젊다고 생각했다. 이제 겨우 스물세 살이었다. "저는 분명 병을 앓고 있다는 걸 알았어요. 하지만 무슨 병인지는 도무지 알 수 없었죠." 캐서린은 좌절감에 젖어 말했다.

캐서린은 다시 깊은 한숨을 내쉬며 자리에 앉았다. 하지만 늘 그렇듯 곧바로 연인, 톰 도노휴가 떠올랐다. 그를 생각하자 입가에 작은 미소가 번졌다. 그들은 조만간 결혼식을 올릴 예정이었다. 캐서린은 잠시 몽상에 빠졌다. 그들은 가족을 꾸리게 될 참이었다. 신이 그들에게 어떠한 축복을 줄지는 알 수 없었다. 마리 로지터는 이미 두 명의 아기를 잃었고, 얼마 전 세 번째 아이를 임신했으니까…. 캐서린은 세 번째 아이만큼은 무사하기를 간절히 기도했다.

샬럿 퍼셀과 남편 알 역시 힘든 시기를 보냈다. 작년 8월에 아들, 도날드를 낳았는데, 아이는 예정보다 두 달 먼저 세상에 나왔고 1.13킬로그램밖에 나가지 않았다. 6주 동안 인큐베이터에 들어 있었지만 이 꼬마 전사는 끈질긴 생명력으로 버텨냈다.

다른 소녀들이 검사를 받으러 가는 동안 홀로 작업대에 앉아 있게 된 캐서린은 간청을 야박하게 거절한 리드 씨가 못마땅했다. 캐서린은 이네즈 발라트처럼 병원에 가봐야 할지도 모르겠다고 생각했다. 이네즈는 극심한 두통과 저린 엉덩이 때문에 미네소타에 있는 마요 클리닉에 검진을 받으러 갔다. 스물셋밖에 되지 않았지만 이제 전혀 일할 수 없는 상태였다. 작년에는 살이 9킬로그램이나 빠졌고 캐서린이 성당에서 본 이네즈는 그 어느 때보다도 깡마른 모습이었다. 더욱 걱정스러운 건 흔들리는 치아와 입에 생긴 염증이었다. 이네즈는 축 늘어진 턱에 늘 붕대를 감고 있어야 했다.

사망 원인은 디프테리아였긴 하지만 페그 루니가 겪었던 것과 사뭇 비슷했다. 불쌍한 페그. 캐서린은 페그가 몹시 그리웠다. 캐서린은 몰랐겠지만 페그의 가족은 라듐 다이얼을 상대로 소송을 걸기 위해 변호사와 상담 중이었다. 한편 엘라 크루즈의 부모도 회사를 상대로 소송을 진행 중이었으나 별 진척이 없었다.

페그의 동생은 절제된 표현으로 "가족들은 사망신고서에 문제가 있다고 생각했죠."라고 말했다.

그들이 선택한 변호사는 오메라였다. 1930년에 공판이 진행되었지만 아무런 소득이 없었다. 오메라는 조지 윅스크루즈 담당 변호사와 똑같은 문제에 직면했을지도 몰랐다. 페그의 동생 진은 말했다. "아무도 우리를 도와주지 못했어요."

조카 달린이 이어서 말했다. "아무도 뭔가를 해 보려 적극적으로 달려들지 않았어요. 기업에 맞서 싸우고 싶어 하는 변호사는 없었어요. 우리 가족은 어디에서도 도움을 받지 못할 거라 생각했죠. 우리의 주장을 아무도 들어 주지 않을 거라고. 하찮은 문제라고."

진이 맞장구쳤다. "아버지는 우리가 결국엔 그들을 이길 수 없다고 말씀하셨어요. 시도해 봤자 소용없다고."

달린이 털어놨다. "할아버지는 페그 이모가 세상을 떠나고 회사와 싸울 방법이 없다는 것을 알게 된 이후로 거의 포기한 상태셨죠."

페그의 아버지, 마이클 루니는 쓰디쓴 표정으로 말하곤 했었다. "잊자꾸나. 소송이고 뭐고 난리 쳐 봤자 다 쓸데없는 짓이다."

그가 할 수 있는 일은 없었다.

의사들이 매리 비치니 토니엘리를 위해 할 수 있는 일도 없었다. 매리는 병이 들면서 라듐 다이얼 사를 그만두었다. 좌골신경통 때문이라고 생각했지만 어느 날 자신의 등을 조심스럽게 찔러 보니 척추에 이상한 혹이 나 있는 게 보였다. 매리의 오빠 알폰스는 훗날 이렇게 회상했다. "의사는 육종이라고 했어요."

매리는 1929년 가을, 수술을 받았지만 16주가 지난 뒤에도 나아질 기미가 보이지 않았다. 매리의 오빠 알폰스는 회상했다. "동생은 4개월 동안 극심한 고통에 시달렸죠. 한시도 편한 날이 없었어요."

1930년 2월 22일, 매리 토니엘리는 결국 숨을 거두었다. 스물한 살의 나이였다. 2년이 채 안 된 시간을 함께 보낸 남편 조셉은 오타와 애비뉴 묘지에 아내를 묻었다.

알폰스는 우울한 목소리로 말했다. "우리는 매리가 죽은 게 라듐 중독 때문이라고 생각했어요. 하지만 부모님과 처남은 사인을 조사하려고 하지 않았죠. 모두가 동생의 죽음에 너무 슬퍼할 뿐이었어요."

37

뉴저지주, 오렌지
1930년

캐서린 샤웁은 자신 앞에 놓인 계단에 지팡이를 조심스럽게 올려놓았다. 이제는 지팡이나 목발이 있어야만 걸을 수 있었다. 캐서린은 어쩔 수 없이 뉴어크로 돌아온 상태였다. 건강을 회복하기 위해 많은 돈을 써버린 그녀는 이제 전적으로 라듐 기업이 제공하는 연금 600달러(현 8,515달러)에 의존하고 있었다. 전원생활을 누리기에는 부족한 금액이었다. 도시에서는 건강이 악화되는 느낌이 들었기 때문에 돌아오기 싫었다.

캐서린은 계단을 오르기 시작했다. 하지만 곧 미끄러지면서 넘어졌고 무릎을 계단에 세게 부딪치고 말았다. 평범한 사람이었다면 그저 아프고 말았겠지만 캐서린은 라듐 중독에 걸린 사람이었다. 그녀의 뼈는 도자기만큼이나 약했다. 뼈가 부서지는 것이 느껴졌다. 하지만 험프리스 의사의 엑스레이 검사 결과, 그보다 더 나쁜 소식이 기다리고 있었다.

캐서린의 무릎에서 육종이 발견된 거였다.

캐서린은 10주 동안 병원에 입원해 엑스레이 치료를 받았다. 엑스레이 치료는 부기를 가라앉히는 데 도움이 되는 것 같았지만 캐서린은 극도로 의기소침해졌다. 몇 달 동안 깁스 속에 갇혀 있던 그녀는 이제 뼈가 '있어야 할 자리에 제대로 맞춰지지 않아서 철제 교정기를 착용해야 한다'는 얘기를 들었다. "목구멍에 뭔가 덩어리가 턱 걸린 느낌이었어요." 캐서린은 회상했다. "의사들이 괴상하게 생긴 장치에 제 다리를 고정시키는 것을 보면서 울컥했죠. 조금 울기는 했지만 잘될 거라는 믿음으로 저 자신을 다독였어요."

하지만 믿음에도 불구하고 캐서린의 예후는 심각해졌다. 몇 년 전 마음속 은막에서 끊임없이 상영되던 비극적 영화 필름이 다시 돌아가기 시작했다. 영화 속 유령 소녀들의 숫자는 점점 늘어만 갔다. 캐서린은 한때 태양 빛을 받으며 마음의 안정을 찾았었지만 이제는 지붕 위로 떨어지는 태양 빛이 괴롭게만 느껴졌다. 캐서린은 말을 더듬으며 심경을 토로했다. "제 머리는 고통으로 가득 찼죠. 진짜인지 상상인지 분간이 안 됐어요. 빛을 견뎌낼 수 없었죠. 오후 4시쯤 되면 완전히 망가질 지경이 되었어요." 캐서린의 표현을 빌자면 그때부터 '알코올에 대한 욕망'이 생겼다고 한다.

위원회 의사들은 도움을 주려고 했지만 캐서린은 유잉 의사와 크레이버 의사가 제안하는 치료법을 거절했다. 캐서린은 공격적으로 말했다. "함께 살아 보기 전까지는 그 사람을 알 수 없다고들 하죠. 저는 라듐과 10년 동안 함께 살았어요. 이제 조금은 알겠다는 생각이 들어요. 그들이 제안하는 치료는 모두 쓸데없는 짓이에요." 캐서린은 의사들의 요구에 응하지 않았다.

유잉과 크레이버는 화가 났다. 그들이 화가 난 건 캐서린의 완강한 태도뿐만 아니었다. 남아 있는 네 명의 여성들은 이제 갈수록 대담해지고 있었다. 크럼바 의사는 이렇게 회고했다. "그들과 우리 의사들의 관계는 그다지 좋지 않았습니다. 여성들을 진찰실로 오게 만들기가 쉽지 않아요. 그들은 우리가 제안하는 치료를 받아들이지 않았죠."

하지만 의사들의 도움을 거부하는 과정에서 여성들은 위험한 게임을 하고 있었다. 위원회는 그들의 의료비와 관련된 돈줄을 쥐고 있었다. 그레이스는 얼마 안 가 맥커프리 의사로부터 더 이상 연락하지 말라는 통보를 받았다. 위원회는 곧 험프리스 의사에 대해서도 우려를 표했다. 위원회 보고서는 "험프리스가 여성들의 신뢰를 받고 있지만 모든 상황을 고려할 때 다른 누군가가 이 일을 맡는 게 나을 것 같다."고 기록했다.

기업은 여성들이 제출하는 의료비 청구서를 전부 '퇴짜 놓았다.' 기업은 재정적으로 튼튼한 상태였다. 주식 시장의 붕괴에도 야광 시계의 사용량은 줄어들지 않았고, 기업은 라디터 강장제를 비롯한 기타 의약품에 라듐을 공급하기도 했다. 여성들의 이야기가 신문 표제를 장식한 뒤 잠시 주춤했던 라듐 열풍은 다시 고개를 들고 있었다.

1930년이 가고 1931년이 되었다. 1931년 초에도 캐서린은 여전히 병원에 입원한 상태였다. 험프리스 의사의 보살핌 덕분에 종양은 크기가 줄어들었지만 여전히 45센티미터나 되었다. 2월이 되어서도 캐서린은 제대로 걸을 수 없었지만 최악의 고비는 넘긴 것 같았다.

1931년 봄, 그레이스 프라이어 역시 괜찮은 상태였다. 병원에서 새로운 친구를 사귄 덕분이기도 했다. 그레이스가 진찰을 받으러 갔을 때 유명한 비행사 찰스 린드버그가 우연히 위층에서 일하고 있었는데, 그 후로 그는 이따금 그레이스를 방문했다. 그레이스를 병원에 데려다주곤 했던 동생 아트는 이렇게 말했다. "린드버그 씨는 아주 잠깐씩 방문했지만 누나의 기분을 상당히 좋게 만들어 주었어요. 누나의 기분이 좋아지는 걸 보고 있으면 저 역시 마음이 놓였죠."

그레이스는 여전히 최대한 긍정적으로 살겠다고 다짐했다. 다시 교정기를 착용하게 되었지만 그렇다고 침울해하지는 않았다. "저는 일하고 놀고 '춤'도 조금 춰요. 운전이랑 수영도 조금씩 하고 있고요. 하지만 한 번에 2분 정도밖에 물속에 있지 못해요. 교정기를 벗은 상태로 오래 있으면 안 되거든요."

하지만 오렌지 병원 문턱을 넘고 있는 이 새로운 환자에게는 그레이스처럼 주의를 딴 데로 돌릴 만한 대상이 없었다. 아이린 코비 라 포르테였다. 전쟁 기간 그레이스와 함께 일했던 아이린은 이제 친구들의 뒤를 이어 험프리스 의사의 진료실로 향했다.

아이린은 1930년 여름, 무언가 잘못되었다는 것을 느꼈다. 세 번이나 유산한 경험이 있었음에도 아이를 가지기를 원했던 그녀와 남편 빈센트는 샤크 리버 힐스에 위치한 작은 원두막에 머물며 사랑을 나누고 있었다. 하지만 몸 안에 무언가가 이상했다. 질 안쪽으로 어딘가 부어 있어 사랑을 나누는 데 방해가 되었다.

빈센트는 아내를 험프리스 의사에게 데리고 갔다. 그는 육종이라고 진단 내렸다. 당시에 육종의 크기는 호두만 했다. 의사의 노력에도 불구하고 아이린의 병은 급속도로 악화되었다. 아이린의 동생은 이렇게 기억했다. "언니는 다리 전체와 옆구리가 빠르게 부풀어 올라 몸이 마비되었죠. 점점 더 악화되었어요."

아이린은 병원에 입원했다. 하지만 1931년 3월이 되자 의사들은 진통제를 놔 주는 것 말고는 별로 할 수 있는 일이 없다고 말했다. 아이린의 허벅지 상단 주변부는 예전보다 네 배나 부풀어 있었다. 육종이 그녀의 몸 안에서 엄청 빠른 속도로 자라고 있었다. '종양이 생식기 입구를 완전히 가로막고 있어서 의사들이 산부인과 검진을 시행하기가 거의 불가능했다.' 아이린은 소변을 보는 것도 힘들었다. 그때마다 '극심한' 고통이 따랐다.

4월, 빈센트 부부는 마트랜드 박사에게 연락했다. 박사는 그날을 생생하게 기억했다. "대단히 수척한 환자였어요. 커다란 육종이 몸을 가득 채우고 있었습니다." 박사의 진단은 신속했고 정확했다.

빈센트 라 포르테는 목이 메어 말했다. "박사는 아내가 [라듐 중독]에 걸렸고 살 날이 6주밖에 안 남았다고 했습니다."

박사와 빈센트는 아이린에게 이 사실을 말하지 않았다. 하지만 그녀는 어리석지 않았다. 아이린을 돌보던 한 의사는 이렇게 기억했다. "아이린은 자신이 라듐 중독 때문에 죽는다는 걸 알고 있다고 했죠. 저는 그렇지 않다고 설득하려 했어요. 그녀가 나아지고 있다고 말했죠. 의사들은 불치병 환자에게 진단결과를 말해 주어선 안 되거든요."

마트랜드는 조금도 지체하지 않고 새로운 발견을 세상에 알렸다. 라듐이 일으키는 신체장애는 흡사 진화라도 하는 듯했다. 박사는 잠복해 있는 육종이 이 끔찍한 라듐 중독의 새로운 국면이라는 것을 이미 여러 유사사례를 통해 알게 되었다. 라듐에 노출된 소녀들의 몸에 잠복한 육종은 몇 년 동안이고 그들에게 건강한 삶을 허락하다가 어느 날 갑자기 무시무시한 모습으로 나타나 그들의 신체를 접수해 버리는 것이었다. 박사는 덧붙였다. "내가 처음 이 병에 관해 기술할 당시만 해도, 라듐 제품을 제작하고 치유를 목적으로 라듐을 사용하려는 사람들 사이에서 메소토륨에만 전적으로 비난의 화살을 돌리던 경향이 있었다. …하지만 최근 부검된 사례들에서는 메소토륨이 사라졌어도 라듐은 남아 있었다." 그가 도달한 결론은 단 한 가지였다. "정상치에서 벗어나는 수준의 방사능에 인체가 노출되어서는 안 된다. [그렇게 하는 것은] 극히 위험하다." 지당한 결론이다. 매주 새로운 도장공에게서 새로운 육종이 발견되고 있었다. 부위는 제각기 달랐다. 척추, 다리, 무릎, 엉덩이, 눈….

아이린의 가족은 그녀의 상태가 너무나 급속도로 악화되어서 믿기 힘들 지경이었다. 하지만 아이린은 포기하지 않았다. 1931년 5월 4일, 아이린은 다 죽어가는 상태로 병원에 누운 채 USRC를 상대로 손해배상 청구 소송을 냈다. 회사가 원한다면 기꺼이 합의를 보고자 했다.

그러나 회사는 이제 합의 따윈 접어 버렸다. 이제 베리와는 작별을 고했으므로 앞으로 다가올 그 어떤 역경도 별로 두려울 게 없었다.

그로부터 불과 한 달 뒤인 1931년 6월 16일, 절대로 이길 수 없는 운명이었던 힘겨운 싸움 끝에 아이린은 눈을 감고 말았다. 마트랜드 박사는 사망 당시 종양이 '엄청나게 커진' 상태였다고 했다. "환자의 몸을 가르지 않고는 종양을 꺼낼 수도 없었다. 종양의 총량은 축구공 두 개를 합친 것보다도 컸다."고 설명했다. 아이린 라 포르테는 그렇게 죽었다.

남편 빈센트는 분노에 휩싸여 어찌할 바를 몰랐다. 처음에는 고통과 슬픔이 빨갛고 뜨겁게 그를 그을렸다. 하지만 시간이 지나면서 차디찬 얼음으로 식어 갔다. 다이아몬드처럼 단단한 복수의 욕구가 그 자리에 들어섰다. 빈센트 라 포르테는 아내를 위해 싸울 것이다. 1931년, 1932년, 1933년… 그 이후로도 끝까지 법정에서 싸울 것이다.

아이린 라 포르테의 소송은 결국 모든 오렌지 도장공들을 위한 판결이 될 터였다. 소송을 시작했을 때 빈센트는 몰랐지만 그 싸움은 그 후 몇 년 동안 계속될 운명이었다. 기업은 서두르지 않았다.

하지만 빈센트 역시 서두르지 않았다.

한편 마트랜드 박사는 육종에 관해 최종 진술서를 작성했다. "육종은 붓을 입에 가져간 적이 있는 모든 도장공의 몸 안에 잠복해 있는 시한폭탄이다."

그는 덧붙였다. "우리가 대책을 마련하기도 전에 엄청난 수의 피해자가 발생할 것으로 보인다."

38

일리노이주, 오타와
1931년 8월

캐서린 울프는 이스트 슈피리어 스트리트 모퉁이에 서서 잠시 숨을 돌렸다. 집에서부터 스튜디오까지는 보통 7분밖에 걸리지 않았지만 요새는 훨씬 더 오래 걸렸다. 캐서린은 절뚝거리는 다리를 이끌고 콜럼버스 스트리트에 도착했다. 흰색 성당을 보자 기분이 좋아졌다. 성당은 그녀에게 두 번째 집이나 다름없었다. 캐서린은 그곳에서 세례를 받았으며 매주 영성체를 모시고 있었다. 언젠가는 그곳에서 결혼도 할 거라고 꿈꿔 왔다.

캐서린은 많은 축복을 받았다. 힘겨운 걸음이기에 기운을 내기 위해서였는지 묵주의 구슬을 하나씩 세어 보기라도 하듯 자신이 받은 축복을 한 가지씩 꼽아 보았다. 우선 건강이었다. 절뚝거리기는 했지만 그것 말고는 전반적으로 건강한 상태였다. 톰 도노휴도 있었다. 그들은 1932년 1월에 결혼할 예정이었다. 친구들과 나눈 축복도 있었다. 마리 로지터는 건강한 남자아이, 빌을 낳았으며, 샬럿 퍼셀은 열 달을 채워 건강한 딸 패트리샤를 낳았다. 캐서린은 직업도 있었다. 600만 명의 미국인이 현재 무직 상태였다. 캐서린은 일주일에 15달러(현 233달러)를 벌었지만 단돈 1센트도 감사하게 여겼다.

캐서린은 드디어 라듐 다이얼에 도착했다. 예전에 함께 어울렸던 무리 가운데 이제까지 남은 친구라고는 마거리트 글라신스키뿐이었다. 캐서린은 어색한 걸음으로 작업대로 향했다. 다른 소녀들이 자신을 쳐다보는 게 느껴졌다. 자신의 절뚝거리는 걸음 때문에 '말들이 많았다.' 하지만 감독관 리드 씨는 그녀의 작업 결과에 대해 질책한 적이 없었다. 그래서 캐서린은 남들이 뭐라 수군거리든 신경 쓰지 않으려고 애썼다.

캐서린이 라듐을 저울에 달기 시작할 무렵, 창가 가장 가까이에 앉은 소녀들이 켈리_{사장}와 포다이스_{부사장}가 스튜디오를 방문했다는 소식을 나직이 퍼트렸다. 소녀들은 옷매무새를 다듬었다. 캐서린은 초조한 듯 검은 머리를 한 번 매만진 뒤 자리에서 일어나 절뚝거리며 스튜디오를 가로질러 창고로 향했다.

캐서린이 창고에 있는 동안 리드와 임원들이 스튜디오로 들어왔다. 리드 씨는 작업장 곳곳을 가리켰지만 캐서린은 이상하게도 그들이 자기만 쳐다보고 있는 것 같은 느낌이 들었다. 캐서린은 필요한 물품을 챙긴 뒤 천천히 다시 작업대로 돌아갔다. 리드와 임원들은 여전히 그곳에 서서 낮은 목소리로 얘기를 나누고 있었다. 캐서린은 이상하리만치 긴장감이 들어 8월의 햇살이 내리쬐는 창가로 고개를 돌렸다.

하지만 태양 빛을 가로막는 그림자가 그녀에게 다가왔다.

"리드 씨?" 캐서린은 고개를 들어 그에게 무슨 일인지 물었다.

그는 캐서린에게 사무실로 오라고 했다. 캐서린은 다리를 절면서 천천히 그의 사무실로 향했다. 켈리와 포다이스 역시 그곳에 있었다. 캐서린은 다시 머리를 만지작거렸다.

"미안해요, 캐서린." 리드 감독관이 느닷없이 말했다. 캐서린은 혼란스러운 표정으로 그를 바라보았다. "미안해요. 하지만 더는 함께 일하지 못할 것 같아요."

캐서린은 입이 쩍 벌어졌다. 갑자기 입안이 바싹 마르는 것 같았다. 도대체 왜? 캐서린은 이해가 되지 않았다. 일 때문인가? 내가 뭘 잘못한 건가?

리드 씨는 캐서린의 눈에서 질문을 읽어낸 듯했다.

"일은 아무 문제 없어요." 그가 인정하며 이렇게 말했다. "캐서린 양이 다리를 저는 것 때문이에요."

리드 씨는 기업 임원들을 번갈아 쳐다보았다. 그는 계속해서 이렇게 말했다. "다리를 저는 것 때문에 직원들 사이에서 말이 나오고 있어요. 모두가 그 얘기를 한단 말이죠. 회사에 좋은 인상을 주는 게 아닌지라."

캐서린은 수치심인지, 분노인지, 상처인지 알 수 없는 감정으로 머리를 축 늘어뜨렸다.

"우리는…" 리드 씨는 자신의 상사와 눈을 맞추느라 잠시 말꼬리를 흐렸다. 그들은 그의 의견을 지지한다는 듯 고개를 끄덕였다. 그들 모두 같은 생각이었던 것이다. "당신을 내보내는 게 우리의 임무라고 생각합니다."

캐서린은 정신이 멍했다. 충격적인 소식이었다. 마음도 아팠다. 캐서린은 훗날 회상했다. "회사를 나가라는 얘기를 들었죠. 저더러 나가라고 하더군요."

캐서린은 리드 씨의 사무실에서 나왔다. 그러곤 지갑을 챙겨 든 뒤 절뚝거리며 1층으로 내려갔다. 주위의 모든 것이 익숙했다. 지난 9년 동안, 일주일에 6일을 이곳에서 보냈다. 오래된 고등학교 담벼락에서 한때 어울렸던 소녀들의 웃음소리가 잠시 울려 퍼지는 것 같았다. 샬럿, 매리, 이네즈, 펄, 마리, 엘라, 페그.

그들의 웃음소리는 더 이상 없었다.

아프다는 이유로 해고된 캐서린 울프는 스튜디오 입구의 유리문을 열고 건물 밖으로 나왔다. 층계를 여섯 칸 내려와 보도로 향했다. 한 계단 한 계단마다 엉덩이가 아팠다. 9년 동안 공들여 일했지만 모든 것이 허사다.

캐서린이 떠나는 것을 지켜보는 이는 아무도 없었다. 캐서린을 해고한 사람들은 곧바로 자신의 일과로 돌아갔다. 리드 씨는 임원들이 공장을 찾아오자 기분이 좋아진 게 분명했다. 그는 말 그대로 회사원이었다. 상사에게 아첨할 기회를 놓칠 리 없었다. 소녀들은 입에 붓을 넣느라 정신 없이 바빴다. 마지막 층계에 도달한 캐서린은 그들이 무엇을 하고 있을지 잘 알았다. 입에 넣고… 라듐에 담근 뒤… 페인트칠을 하고….

아무도 캐서린의 마지막 모습을 지켜보지 않았다. 하지만 라듐 다이얼은 캐서린 울프를 과소평가한 거였다.

기업은 방금 아주 큰 실수를 저질렀다.

39

뉴저지주, 오렌지
1933년 2월

캐서린 샤웁은 울지 않으려고 애썼다. 입술을 꽉 깨문 채 눈을 꼭 감고 통증을 참았다.

"다 됐어요." 간호사는 캐서린의 무릎에 새로운 붕대를 대 주며 그녀를 안심시키듯 말했다.

캐서린은 조심스럽게 눈을 떴다. 자신의 다리를 보고 싶지 않았다. 의사들은 지난해 내내, 캐서린의 다리에 난 종양의 크기를 재 왔다. 종양은 45센티미터였다가 47.5센티미터로 커지더니 49센티미터까지 자랐다. 초반에는 잠시 줄어드는 듯하더니만 다시 커지고 말았다. 지난주쯤에는 골종양이 종잇장처럼 얇은 그녀의 피부를 뚫고 나왔다. 이제 대퇴골의 가장 아랫부분이 피부 바깥으로 툭 튀어나와 있었다. 캐서린은 행복한 일에 집중해 보려고 했다. 그녀는 병원에 입원하기 전, 마운틴 뷰 레스트라는 사립 요양원에 있었는데, 그곳에서의 시간은 마음의 평화를 되찾는데 큰 도움이 되었다. 캐서린은 회고록 작성을 끝마쳤다. 진보 성향 잡지에 회고록 일부가 실리기도 했다. 캐서린 샤웁은 이제 어엿한 출판 작가였다. 늘 바라던 바였다. 캐서린은 평화로운 행복감에 젖어 "저는 값진 선물을 받았어요. 행복합니다."라고 했다.

요양원에 계속 머물 수 있었다면 훨씬 더 마음이 편안했을 것이다. 하지만 건강이 악화되면서 정기적으로 택시를 타고 오렌지 병원의 험프리스 의사를 만나러 가야 했다. 위원회 의사들은 선뜻 의료비를 주려 하지 않았다. 사실 그들은 여성들에게 지급해야 할 비용에 대해 몹시 못마땅해했다. 더 이상 참을 수 없을 만큼…. 단 한 푼도 주기 싫어졌던 것이다.

1년 전인 1932년 2월, 캐서린, 그레이스, 에드나, 알비나는 유잉 의사가 쓴 편지를 받았다. "이제부터는 크레이버의사가 승인하지 않는 진료에 관해서는 위원회가 인정하지 않겠습니다. 위원회는 의료비 지출내역을 조금 더 꼼꼼히 살펴봐야 한다고 생각합니다."라는 내용이었다. 그들은 이제 '불필요하다고 여겨지는' 약값, 정기 진찰비, 방문 간호사 비용에는 돈을 대지 않겠다고 했다. 여성들은 집을 청소하고 옷을 갈아입는 등의 일을 점차 이 방문 간호사 서비스에 의존하고 있었다. 위원회는 라듐 기업을 '착취'하는 것을 막기 위해 이러한 조치를 취하는 거라고 말했다.

위원회의 결정은 바람직하지 못한 결과를 낳았다. 캐서린은 그들의 실험에 협조하지 않겠다고 더욱 단호하게 결심했다. "저는 받을 만큼 충분히 고통을 받았습니다. …뉴욕 의사들에게 휘둘려서는 안 된다고 생각합니다." 의사들은 캐서린의 뒤에서 불만을 토로했다. "캐서린은 가장 다루기 힘든 환자입니다. 히스테리 증상이 너무 심해서 어떻게 다뤄야 할지 정말 모르겠어요."

의사들을 의심하기 시작한 캐서린은 치료에 도움이 될 만한 조언조차 받아들이려 하지 않았다. 험프리스 의사는 다리를 절단할 것을 권유했지만 캐서린은 거절했다. "캐서린의 치료는 거의 진척을 보지 못하고 있다. 앞으로도 그럴 것 같다."고 그는 기록했다. 캐서린은 한번 마음먹으면 황소고집이었다. 다섯 명 중 가장 먼저 USRC로부터 합의금을 받아낸 이유도 아마 그 굳건한 성격 때문이었으리라.

유잉은 지급을 중단하는 이유가 '기업의 나빠진 재정상태' 때문이라고 했다. 경제 상황이 크게 흔들리면서 다른 모든 것들과 마찬가지로 라듐시계의 판매량 역시 감소하고 있었다. 하지만 기업의 은행 잔액를 갉아먹는 이유는 그것 때문만은 아니었다. 바로 에벤 바이어스의 사건 때문이었다.

작년 3월, 신문은 온통 이 사건으로 도배되었었다. 바이어스는 전 세계적으로 유명한 사업가이자 난봉꾼이었다. 돈이 넘쳐 났던 그는 승마를 즐기며 '거대한 저택'에 살았다. 세간의 이목을 끌던 중요인물이었다. 1927년, 바이어스가 사고를 당했을 당시, 의사는 라디터를 처방해 주었다. 바이어스는 이 약에 매료되어 수천 병을 마셨다.

그러던 중 작년 3월, '라듐 음료 때문에 바이어스 턱이 빠지다'라는 제목의 기사가 실렸고 기사의 주인공 바이어스는 1932년 3월 30일, 라듐 중독으로 사망했다. 죽기 전 그는 연방무역위원회(FTC)에 자신이 라디터 때문에 죽는다는 사실을 입증하는 증거자료를 제출했다.

당국은 도장공들의 사례 때보다 훨씬 민첩하게 반응했다. 1931년 12월, FTC는 라디터의 판매중지 명령을 내렸다. 미국 식약청은 라듐 의약품이 불법이라고 발표까지 했다. 결국 의약협회는 라듐 내복약을 '새로운 비공식적인 치료제' 목록에서 삭제했다. 도장공들의 사망이 알려진 후에도 계속해서 목록에 남아 있었던 것이 이제야 삭제된 거였다. 부유한 소비자의 목숨은 노동자 계급 소녀들의 목숨보다 보호할 가치가 훨씬 높아 보였다. 어쨌든 시계 숫자판 도장 작업은 1933년에도 여전히 계속되고 있었다.

캐서린은 바이어스의 이야기를 읽으며 희생자의 죽음을 애도했다. 하지만 이 일을 통해 자신의 정당성이 입증되었다는 생각도 들었다. 라듐은 독이다. 여성들은 이 사실을 몸소 잘 알고 있었다. 하지만 바이어스 사건이 발생하기 전까지만 해도 대중들은 정반대로 생각했다. 소송이 진행된 지 거의 5년이 지난 지금, 유명해진 라듐 소녀들 중 네 명이 아직까지 살아 있었고, 그들의 소송은 그저 회사로부터 돈을 받아내기 위해 벌인 사기 행각이 아니었냐는 얘기가 나돌고 있었다.

기업 입장에서 바이어스의 사례는 큰 타격이었다. USRC가 라듐을 공급하던 수많은 제품이 이제는 사용 금지되고 말았다. 라듐 산업 전체가 몰락했다. 옛 오렌지 공장을 매입하겠다는 사람을 찾지 못한 기업은 1932년 8월, 건물을 밀어 버렸다. 도장공들이 일하던 스튜디오가 가장 마지막으로 철거되었다.

건물이 사라지는 것을 지켜본 여성들은 만감이 교차했다. 시원섭섭한 승리였다. 하지만 스튜디오와 그곳에서 일어난 일들을 잊는 것은 건물 부지를 아스팔트로 덮는 것처럼 단순한 일이 아니었다. 캐서린 샤웁은 1933년 2월, 병실에 누운 채 라듐 기업이 자신에게 저지른 일을 곰곰이 생각해 보았다. 다리는 완전히 망가진 상태였다. 캐서린은 심사숙고한 뒤 결국 다리를 절단하기로 했다.

미래를 위한 결정이었다. "계속해서 글을 쓰고 싶은 열정 때문이었어요."라고 캐서린은 힘주어 말했다. 다리가 없어도 글은 쓸 수 있다고 생각했던 것이다.

하지만 험프리스 의사는 나쁜 소식을 전했다. "이제는 다리를 절단할 수 없어요." 캐서린과 그녀의 다리는 최근 들어 상태가 극히 나빠졌기 때문에 그런 큰 수술을 견딜 수 없다고 했다. 캐서린은 다시 한번 가파른 내리막길로 곤두박질쳤다. 1933년 2월 18일 오후 9시, 캐서린은 서른 살의 나이에 결국 숨을 거두고 만다.

캐서린의 장례식이 있기 이틀 전, 슬픔에 잠긴 아버지 윌리엄은 뉴어크 집의 계단에서 굴러떨어졌다. 서둘러 병원으로 옮겨졌으나 캐서린이 사망한 지 일주일 만에 그 역시 딸의 뒤를 따라 숨을 거두고 말았다. 부녀의 장례식은 같은 성당에서 치러졌고, 아버지와 캐서린은 홀리 세펄커 성묘에 나란히 묻혔다. 그 둘은 긴 여행의 마지막 순간을 함께했다. 캐서린 스스로 책에서 표현했듯 자신의 '마지막 모험'의 길을 아버지와 함께한 거였다.

이젠 아스라이 먼 2월의 어느 날, 캐서린 샤웁은 열네 살의 나이로 라듐 기업에서 처음 일을 시작했었다. 캐서린은 작가가 되기를 꿈꿨고 잠재력을 펼치고 싶어 했다. 그리고 기어이 작품을 출간했고 잠재력을 실현해 냈다. 캐서린의 운명은 어린 시절 꿈꿔 왔던 것과는 사뭇 다르게 전개되었다. 기업에 맞서 싸우는 과정에서, 그녀는 자신의 권리를 지키기 위해 들고 일어선 노동자의 표상이 되었다.

40

더 나빴을 수도 있었다. 그레이스 프라이어는 생각했다. 정말로 훨씬 더 나빴을 수도 있었다고.

얼마 전인 1933년 7월, 그레이스는 몸져누웠다. 집 밖으로 나갈 수가 없었다. 하지만 스스로에게 되뇐 것처럼 훨씬 더 나빴을 수도 있었으리라. 그레이스는 밝은 목소리로 말했다. "집에 있을 때면 기분이 좋아요. 제가 집에 있는 걸 제일 좋아하기 때문이 아닐까 싶어요."

그레이스의 친구 에드나 역시 비슷한 생각을 전했다. "집에 있으면 늘 기분이 좋아요. 좋은 날도 있고 나쁜 날도 있지만 집에서라면 다 견딜 수 있어요."

모든 것을 고려했을 때 에드나는 상태가 괜찮은 편이었다. 다리가 뒤틀리기는 했지만 지팡이에 의지해 돌아다닐 수 있었다. 친구들에게 전화를 걸고 심지어 브리지 카드 게임 파티를 열기도 했다. 에드나는 뜨개질도 했다. 앉은 자리에서 몇 시간이고 할 수 있는 일이었다. 라듐 때문에 척추가 다 으스러진 상태였지만 에드나는 기운을 차리려고 애썼다. '아직 몇 년 정도는' 더 살 수 있을 거라고 믿기로 했다. 그녀의 긍정적인 태도는 루이스 덕분이기도 했다. 에드나는 조용히 말했다. "남편이 정말로 많은 도움을 주고 있어요."

에드나는 자신의 병이 치명적이라는 생각을 한 번도 하지 않았다. "그런다고 뭐가 나아지겠어요?" 그녀는 이렇게 모든 것을 운명에 맡겼다.

한편, 알비나 래라이스는 스스로에게 적잖이 놀라고 있었다. 알비나는 자기가 다른 친구들보다 먼저 죽을 거라 생각했었다. 하지만 6년이 지난 지금까지 버텨온 것이다. 캐서린 샤웁이 사망했고 여동생 퀸타 역시 이 세상을 떠났지만 자신은 여전히 살아 있었다. 이상하고 혼란스러운 일이었다.

에드나처럼 알비나 역시 척추가 심하게 손상된 상태였고 이제는 강철로 만든 코르셋을 차고 있었다. 하지만 지팡이가 있는 한, 아주 조금씩이나마 뒤뚱거리며 걸을 수 있었다. 알비나는 서른일곱밖에 되지 않았지만 에드나처럼 머리가 새하얗게 세 버렸다. 그녀는 에드나보다는 기력이 없었다. 그도 그럴 것이 그동안 너무 많은 죽음과 가까이 지냈다. 세 명의 아이와 두 명의 동생. 끔찍하고 비극적인 기록이었다.

하지만 남편 제임스의 지극정성 간호 덕분에 알비나는 예전보다 훨씬 더 행복했다. 그녀는 수줍게 말했다. "다들 제가 치료될 가능성이 없다고 말하는 거 알아요. 하지만 저는 희망을 잃지 않을 거예요."

1933년 9월, 그레이스 역시 같은 희망을 붙들고 있었다. 하지만 시간이 갈수록 희망이 자꾸만 저만치 달아나는 것 같았다. 어머니는 최대한 오래 그녀를 곁에 두려 했지만 그레이스는 결국 험프리스 의사가 있는 병원에 입원하게 되었다.

그레이스의 다리에서 발견된 육종이 점점 커지는 게 걱정이었다.

"저는 그리 오래 살지 못할 것 같아요. 육종을 극복한 사람은 아직 없잖아요. 저도 마찬가지겠죠. 하지만 걱정은 부질없는 짓이겠죠?" 그레이스가 스스로 위로했다.

"그레이스가 두려워하는 건 죽음이 아니에요." 엄마는 말했다. "고통이죠. 그 끝없는 고통. 수년간 이어진 고문. 그레이스는 끝까지 용감했어요."

1933년 10월 27일 오전 8시, 그레이스는 결국 눈을 감고 말았다. 의사들이 하루를 시작할 준비를 마친 시간이었다. 때문에 마트랜드 박사는 그레이스의 부검에 참여할 수 있었다. 그는 자신의 가장 특별한 환자를 마지막으로 조심스럽게 살펴보았다. 그레이스의 사망신고서에는 그녀가 '라듐 육종, 산업 중독'으로 사망했다고 기록되었다. 명백한 사실이었다. 그레이스의 목숨을 앗아간 것은 라듐 산업이었다. 라듐 기업이었다.

그레이스는 레스트랜드 메모리얼 공원에 묻혔다. 묘비에는 그녀의 이름이 적혔고 그 아래는 빈칸으로 남겨졌다. 그로부터 14년 후 그레이스의 어머니가 눈을 감자, 어머니의 이름이 딸 이름 아래에 추가되었다. 그렇게 모녀는 평화의 품에서 함께 쉬게 되었다.

그레이스의 죽음은 지역 신문에 보도되었다. 가족들은 신문사에 그레이스의 사진을 보냈다. 라듐이 그녀의 몸에 침투하기 전에 찍은 사진이었다. 그레이스는 영원히 젊어 보였다. 입술은 부드럽고 밝게 빛났으며,

눈은 영혼도 들여다볼 수 있을 만큼 강렬했다. 그레이스는 차분한 진주 목걸이를 하고 어깨에 레이스가 달린 블라우스를 입고 있었다. 그녀는 아름답고 밝았으며 한결같은 모습이었다. 그레이스를 사랑하는 사람들은 늘 그렇게 그녀를 기억했다.

그레이스의 조카 아트는 '가족 모두가 하염없이 슬퍼했어요'라고 기억을 더듬었다. 그는 그레이스를 병원에 데려다주곤 했던 남동생 아트의 아들로 그레이스가 죽은 뒤에 태어났다. "아버지는 고모에 대한 얘기는 거의 하지 않으셨어요. 하지만 전 고모가 아버지의 인생에 큰 영향을 미쳤다는 걸 알아요. 아버지의 큰 누이잖아요. 그 누구보다도 아름다웠던."

그레이스 프라이어는 아름답기만 한 게 아니었다. 그녀는 명석하고 똑똑했다. 단호하고 솔직했으며 강하고도 특별한 여성이었다.

그레이스의 남동생 아트는 훗날 손자가 졸라대자 딱 한 번 이렇게 말했다고 한다. "나는 절대로 누나를 잊지 못할 거다. 절대로."

그레이스 프라이어는 절대로 잊히지 않았다. 그녀는 아직까지도 기억되고 있다. 우리는 아직도 그레이스를 기억하고 있다. 도장공으로서의 그녀는 라듐 가루 때문에 우아하게 빛이 났지만 여성으로서의 그녀는 훨씬 더 밝은 영광으로 아직까지 찬란하게 빛나고 있다. 그레이스는 그녀의 몸 안에서 산산 조각난 뼈보다도, 그녀의 목숨을 앗아간 라듐이나, 뻔뻔스럽게 새빨간 거짓말을 일삼은 라듐 기업보다도 훨씬 더 강력하게 빛나고 있고, 살아서보다 죽어서 더 긴 삶을 살고 있다. 이제 세월이 흘러 이야기를 통해 그녀를 알게 된 사람들의 가슴과 기억 속에 여전히 살아남게 되었다.

그레이스 프라이어. 모든 희망이 사라진 뒤에도 끊임없이 싸웠던 소녀. 삶이 무너져 내리는 순간까지 정의를 위해 분연히 일어섰던 여성. 수많은 사람이 스스로 목소리를 내도록 고무시킨 그레이스 프라이어.

그레이스는 레스트랜드 메모리얼 공원에 잠들었다. 하지만 그녀의 이야기는 끝나지 않았다. 그레이스의 영혼은 1,300킬로미터나 떨어진 곳에서 되살아났다. 그녀를 뒤이은 다른 여성들을 통해. 그레이스가 세상을 떠났을 때 근로자들의 사망에 책임을 진 기업은 없었다. 죄를 선고받은 기업은 없었다. 그레이스 프라이어가 평화롭게 잠든 지금, 이제 다른 이들이 그녀의 횃불을 건네받을 차례였다. 그녀의 멈춘 발자국을 이어갈 차례였다. 그녀를 대신해 싸움을 계속할 차례였다. 마땅히 보상받기 위해. 인정받기 위해.

정의를 위해.

3부

정의

41

일리노이주, 오타와
1933년

라듐 다이얼의 임원들은 1925년부터 라듐 중독의 존재를 확실히 알았다. 오타와에 스튜디오를 연 지 3년이 채 안 되었을 때였다. 마거리트 카러프가 뉴저지주에서 처음으로 소송을 제기한 해이자 마트랜드 박사가 라듐 측정 장치를 고안해 낸 해였다. 임원들은 키예르_라듐 중독 조사관_의 보고서를 읽었고 라듐 컨퍼런스에 참석했을 뿐만 아니라 에벤 바이어스의 사건도 알고 있었다. 그들은 라듐이 위험하다는 사실을 알았다.

1928년, 도장공들이 뉴저지주에서 벌어진 일을 알게 되었을 때 기업은 거짓말을 했다. 그들은 신문에 전면 광고를 냈다. 건강 검진 결과 소녀들은 건강하며, 자신들이 사용하는 페인트에는 '순수 라듐만 들어 있으므로' 위험하지 않다고 주장했다. 페그 루니가 사망했을 때에도 기업은 마찬가지 거짓으로 일관했다. "라듐 중독의 흔적은 발견되지 않았다." 하지만 기업 의사가 그녀의 턱뼈를 도려내 감춰 버렸기 때문에 아무도 라듐 중독의 흔적을 볼 수 없었던 것뿐이었다.

라듐 기업은 민심을 잠재우는 광고로 신문 지면을 도배함으로써 지역 사회의 지지를 받았다. 임원들은 그 어떤 **위험**이라도 발견될 경우엔 스튜디오를 닫겠다고 약속하지 않았던가. 직원들을 그렇게 염려하고 인명을 이익보다 우선시하는 기업이라면 당연히 마을 사람들의 지지를 받을 수밖에 없었다. 모든 이들은 스튜디오에서 일하는 게 **정말로** 안전할 거라고 생각했다.

마거리트 카러프의 소송이 있은 지 8년이 지났지만, 라듐 다이얼은 오타와라는 작은 마을에서 계속 돌아가고 있었다.

"오, 아닙니다." 마을 의사는 캐서린 울프 도노휴가 라듐 중독에 걸린 게 절대 아니라고 말했다. 캐서린은 병의 원인을 알지 못한 채 절뚝거리며 진찰실을 나섰다. 그러고는 이스트 슈피리어 스트리트에 위치한 집을 향해 천천히 걸어갔다. 캐서린은 혼자가 아니었다. 그녀가 미는 유모차에는 아들 토미가 누워 있었다. 토미는 그들이 결혼식을 올린 지 1년이 막 지난 1933년 4월에 태어났다. 캐서린은 "하느님은 나에게 훌륭한 남편과 사랑스러운 아이를 주셨다."고 일기에 적었다.

캐서린과 톰은 1932년 1월 23일, 세인트 콜럼바 성당에서 결혼식을 올렸다. 하객이 스물두 명밖에 되지 않은 소박한 결혼식이었다. 캐서린의 삼촌과 숙모는 세상을 떠난 상태였고, 톰의 가족은 둘의 결혼을 반대했다. "삼촌의 가족은 삼촌이 숙모와 결혼하는 걸 원하지 않았어요. 숙모의 건강이 좋지 않았기 때문이었죠."라고 조카 매리는 회고했다. 하지만 톰 도노휴는 캐서린 울프를 사랑했다. 그는 가족들의 반대도 개의치 않고 결혼을 감행했다.

캐서린과 톰이 결혼식을 올릴 무렵에는 도노휴의 가족들도 결국 그들의 결혼에 동의한 것으로 보인다. 남동생 매튜가 들러리를 섰고 쌍둥이 동생 마리 역시 결혼식에 참석했다. 지역 신문의 보도에 따르면, 그들의 결혼식은 '한겨울에 열린 가장 예쁜 결혼식'이었다고 한다. 캐서린은 녹색 크레이프 웨딩드레스를 입고 월계화로 만든 부케를 손에 꼭 쥔 채 성당 통로를 따라 걸어갔다. 비록 절뚝거리기는 했지만 그 어느 때보다도 기분이 좋았다. 토미를 낳았을 때보다도 훨씬 더 들떠 있었다. 악화되는 건강만 아니었더라면 세상을 다 얻은 기분이었으리라.

오늘은 세 번째로 새로운 의사를 만나는 거였지만 그 역시 다른 의사들과 마찬가지로 이렇다 할 진단을 내리지 못했다. 한 도장공의 친척은 마을 의사들에 대해 이렇게 말했다. "의사들은 그저 추측만 할 뿐이었어요. [무엇이 문제인지] 알지 못했죠. 오타와 의사들은 특히 그랬어요."

지역 의사들은 오타와라는 작은 마을에 살고 있던 터라 지식이 부족했다. 마트랜드 박사가 라듐 중독에 관한 기사를 많이 썼지만 그들은 전혀 몰랐다. 페그 루니를 돌봤던 의사는 훗날 "야광 페인트가 육종의 원인이 될 수 있다고는 전혀 생각하지 못했다."고 고백했다.

육종의 원인을 어떻게 생각했든 간에 어쨌든 오타와 의사들은 라듐 다이얼에서 일했던 소녀들에게서 특이한 증상들을 목격하고 있었다. 새디 프레이는 이마에 검고 큰 혹이 났다. 그녀는 1931년 12월에 사망했는데, 사망신고서에 적혀 있는 사인은 폐렴이었다. 루스 톰슨이라는 다른 도장공은 결핵으로 사망했다. 의사들은 이 여성들이 전부 라듐 다이얼에서 일했던 것이 그저 우연이라고만 생각했다. 그게 다였다. 사망 원인은 전부 달랐고 증상 또한 상당히 달라 연관성이 별로 없어 보였다.

캐서린은 힘없이 유모차를 밀면서 집 안으로 들어갔다. 520 이스트 슈피리어 스트리트에 위치한 이 집은 1931년에 삼촌이 사망하면서 그녀에게 남긴 유산이었다. 조용한 주택가에 위치한 2층짜리 흰색 판잣집으로 뾰족한 지붕과 차양을 댄 현관이 있었다. 캐서린의 조카 제임스의 기억에 따르면, '그다지 큰 집은 아니었다'고 한다. 작은 주방과 식당이 있었는데, 톰은 저녁이 되면 그곳에 앉아 책을 읽었다. 푸른색 카우치 소파와 둥근 참나무 식탁도 놓여 있었다. 완벽한 가정집이었다. 톰은 옛날을 떠올리며 다정한 미소를 지었다. "우리는 토미와 함께 집에 있는 것만으로도 참 행복했죠."

캐서린은 토미를 러그에 눕힌 뒤 아이가 노는 것을 바라보며 오늘 의사를 만나 상담을 받았던 것을 떠올렸다. 동부에서 일하던 도장공들이 사망한 것을 알고 있던 캐서린은 자신이 라듐 중독에 걸린 게 아닌지 물어보았다. 하지만 의사는 그렇게 생각하지 않는다고 했다. 그는 다른 의사들과 마찬가지로 '자신이 라듐 중독에 대해 아는 게 없어서 그녀의 사례를 진단할 수 없다'는 말만 반복할 뿐이었다. 의사들이 신문 기사의 영향을 받은 건지도 몰랐다. 오타와 공장에서 일하는 소녀들은 라듐 중독에 걸릴 수가 없다는 기사였다. 라듐 다이얼이 사용하는 페인트는 해로울 리가 없으니까.

성당에 갈 때마다 바로 길 건너편에 라듐 다이얼 스튜디오가 보였다. 요사이 스튜디오는 전에 없이 조용했다. 경제 침체가 오타와라는 작은 마을을 옥죄고 있었다. 일리노이는 농업을 기반으로 하는 땅만 넓은 주였으므로 침체는 지겹도록 오래 갔다. 수많은 도장공이 해고당했다. 남아 있는 이들은 더 이상 립 포인팅을 하지 않았다. 에벤 바이어스의 사건이 있고 나서부터였을 것이다. 일부는 손을 사용했다. 그 때문에 직원들은 페인트에 곱절로 노출되었다. 하지만 궁핍한 시기에 노동자들은 어떤 방법이든 개의치 않았다. 운 좋게 공장에 남은 이들은 회사에 충성을 다했다. 마을 전체가 고용주를 지지해야 한다는 분위기였다. 경제 침체 속에 살아남은 기업은 얼마 되지 않았다.

맨 처음 공장에서 일하던 소녀들은 대부분 해고되거나 그만두었지만 그들의 우정은 변하지 않았다. 캐서린은 가깝게 지내던 마리 로지터나 샬럿 퍼셀과 만나 종종 수다를 떨었다. 캐서린은 그들에게 턱이 부서질 것 같다고 고통을 호소했다. 샬럿은 팔꿈치가 쑤신다고 했고 마리는 다리가 아프다고 했다. 마리와 샬럿은 의사를 여럿 찾아갔다고 했다. 의사들이 한 말은 결국 다 똑같았다. 그들뿐만이 아니었다. 매리 더피 로빈슨의 엄마는 딸이 라듐 중독 때문에 사망한 것 아니냐고 묻자 의사들이 '코웃음을 쳤다'고 전했다.

오렌지에서와 마찬가지로 원인 모를 질병이 오타와 여성들을 괴롭히고 있었다. 하지만 이곳에서는 선구적인 발견을 한 마트랜드 박사도, 인산 괴사에 대해 잘 알고 있는 배리 의사도 없었다. 여성들이 겪고 있는 증상은 이 마을에서 처음 목격되는 현상이었다.

하지만… 조사관 스벤 키예르가 이 마을을 방문하지 않았던가. 그는 마을에서 개업 중인 일반 의원과 치과의사들을 방문했었다. 그것도 두 번이나. 그는 자신이 무엇을 찾고 있는지 그들에게 말해 주었고 라듐 중독의 두드러진 증상에 관해서도 설명했다. 하지만 의사들은 숱한 사례들의 연관성을 인식하지 못하는 것 같았고, 키예르에게 약속한 대로 의심 사례들을 노동통계국에 보고하지도 않았다.

실수였을까? 아니면 일부 여성들의 우려처럼 '지역 의사들은 이를 인정하지 않으려 했던 걸까?' 한 도장공의 친척은 그렇게 생각했다. "의사들은 기업에 무슨 일이 일어나기를 바라지 않았어요." 그녀가 털어놓았다.

'의사들이 전부 매수되었다'고 주장하는 이도 있었다.

캐서린의 조카 매리는 기억했다. "혼란스러운 상황이었어요. 뭐가 문제인지 아는 사람이 아무도 없는 것 같았죠. 하지만 우리는 무언가가 잘못되었다고, 그것도 아주 크게 잘못되었다고 생각했죠."

42

샬럿 퍼셀은 장바구니를 손에 들고 집으로 향했다. 방금 구매한 재료로 얼마나 많은 끼니를 해결할 수 있을지 벌써 걱정이었다. 힘든 시기였다. 모두가 아낄 수밖에 없었다.

1934년 2월, 신문 기사는 온통 불길한 소식뿐이었다. 역사상 최악의 가뭄이 미국을 덮쳤다. 샬럿과 알은 먹여 살릴 자식이 셋이나 있었던 터라 더욱 힘들었다. 샬럿은 집으로 향하는 길에 잠시 멈춰서 왼쪽 팔을 조심스럽게 문질렀다. 작년부터 팔이 아프기 시작했는데, 이제는 늘 통증이 있었다. 남편 알의 말에 따르면, '마을 의사들은 따뜻한 수건을 대고 있으라고만 했다.'

하지만 뜨거운 수건은 전혀 효과가 없었다. 샬럿은 손가락 끝으로 왼팔을 조심스럽게 만져 보았다. 확실히 커져 있었다. 샬럿은 팔꿈치 안쪽에 난 작은 돌기를 찬찬히 쓰다듬어 보았다. 처음에는 작은 혹이었는데 이제는 더 커진 것 같았다. 남편에게 보여 줘야겠다고 생각했다.

그때 갑자기 고통이 엄습하며 샬럿은 비명을 질렀다. 왼쪽 팔에 들려 있던 장바구니가 바닥으로 떨어졌고 안에 들어 있던 식료품들이 보도에 나동그라졌다. "칼로 베어내는 것 같은 날카로운 고통이 팔을 타고 전해졌어요." 샬럿은 입술을 깨물고 통증이 있던 곳을 문지른 뒤 바닥에 떨어진 식재료를 다시 주워 담았다. 요즘 들어 이런 일이 점점 더 자주 발생했다. 무언가를 집어 들면 곧바로 손에서 떨어지기 일쑤였다. 하지만 지금만큼은 이래서는 안 된다. 아이들은 네 살, 세 살, 한 살 반이었다. 아이들을 위해서라도 건강해야 했다.

기도가 도움이 될지도 몰랐다. 그 주 일요일, 샬럿은 늘 그렇듯 세인트콜럼바 성당으로 가 무릎을 꿇고 기도드렸다. 앞쪽에서 소음이 들렸다. 샬럿이 올려다보니 캐서린이었다. 캐서린은 다리가 뻣뻣해져 무릎을 꿇는 게 힘든 상태였다. 캐서린은 가까스로 딱딱한 나무판자 위에 무릎을 댔다. 톰이 그녀의 팔을 부축하고 있었다. 그는 아내의 상태에 적잖이 놀란 것 같았다.

사실 톰은 아내의 상태가 '미치도록 걱정되었다.' 캐서린은 아직까지는 무릎을 구부리거나 돌아다닐 수 있었지만 어떤 날은 그마저도 힘겨웠다. 제대로 된 치료를 받을 만한 여유가 없다고 그녀가 고집했지만 톰은 이대로는 안 되겠다고 생각했다. 그들이 살고 있는 집은 어쨌거나 캐서린의 소유여서 집을 담보로 언제고 대출을 받을 수 있었다. 진료비를 마련할 수 있을지도 몰랐다.

캐서린은 톰의 부축을 받아 천천히 자리에서 일어났다. 그녀는 몸을 일으키면서 숨을 헐떡였고 통증 때문에 신음을 내뱉었다. 통증은 너무 오래 지속되었다. 톰은 오타와 의사들이 도움을 줄 수 없다면 다른 곳에서라도 제대로 된 의사를 찾아야겠다고 다짐했다.

톰은 가장 가까운 도시인 시카고로 갔다. 시카고는 오타와에서 137킬로미터 떨어진 곳이었고 캐서린이 왕복을 하려면 그에 두 배나 되는 먼 거리를 여행해야 했다. 그래서 톰은 찰스 로플러라는 의사를 오타와로 데리고 왔다. '저명한 의사'이자 혈액 전문의인 로플러는 툭 튀어나온 귀에 전반적으로 친절한 인상을 풍겼다. 그는 캐서린이 일하던 오타와 사무실에서 1934년 3월 10일, 그녀를 처음 만났다. 경험이 풍부한 그였지만 캐서린의 증상을 보자 당혹감을 감출 수 없었다. 하지만 원인을 반드시 밝히고 말겠다는 강한 의지를 드러냈다. 로플러는 혈액 샘플을 시카고로 가져가 검사를 했고 검사 결과 캐서린의 '혈액에서 독성이 검출'되었다.

그 주 토요일, 로플러는 오타와로 돌아왔다. 캐서린의 건강은 그사이에 더욱 악화되어 있었다. 상태가 너무 나빠진 바람에 캐서린은 진료비가 치솟을 무렵 일까지 그만두어야 했다. 로플러의 진료청구서는 605달러(현 10,701달러)에 달했다. 로플러는 캐서린의 빈혈기와 갈수록 심해지는 통증을 완화시켜 주기 위해 최선을 다했고, 그와 동시에 병의 정확한 원인을 파악하기 위해 노력했다.

한편, 샬럿 퍼셀의 팔꿈치에 생긴 혹은 이제 골프공 크기만큼이나 커져 있었다. 팔 전체에서 '극심한 통증'이 밀려 왔다. 밤이 되면 통증은 더욱 심해졌다. 샬럿은 두렵고 혼란스러운 마음에 뜬눈으로 밤을 지새웠다. 그녀와 알 역시 톰 도노휴처럼 시카고에 가서 의사들을 만나 봤지만

그들이 만난 '열다섯 명의 시카고 지역 전문의 모두 샬럿의 사례에 당황할 뿐이었다.'

캐서린은 샬럿에게 로플러 의사에 대해 말해 줬고 그가 또다시 오타와를 방문했을 때 샬럿 역시 그의 진찰을 받으러 갔다. 샬럿은 다른 동료들도 진찰을 받도록 설득했다. 한 친척의 기억에 따르면, '샬럿은 다른 친구들을 끌고 가다시피 해서 모두 의사에게 데려갔다'고 한다. 여성들은 공장에서 일할 때 함께 어울렸던 사이로 아직 살아 있는 이들은 서로 간에 우애를 잊지 않았다. 로플러는 결국 지역 호텔을 임시 진료소 삼아 여성들을 몇 차례 진료해 주었다.

헬렌 먼치 역시 그를 찾아갔다. 헬렌은 더 이상 결혼한 상태가 아니었다. 헬렌은 자신의 병 때문에 남편과 이혼했다고 말했다. 헬렌은 왼쪽 다리가 '텅 빈 느낌이고 …마치 뼈 사이로 바람이 통하는 것만 같다'고 고통을 토로했다. 헬렌은 우울해했다. "저는 원래 돌아다니기를 좋아했지만 이제는 잠자코 집에 있어야만 해요. 이건 정말로 내가 원하던 삶이 아니에요."

검은 머리의 올리브 웨스트 위트 역시 심란했다. "저는 서른여섯밖에 안 됐지만 일흔다섯 살 된 노인처럼 살고 있어요." 이네즈 발라트 역시 절뚝거리며 호텔로 향했다. 작년 2월 이후로 이네즈는 얼굴 한쪽에서 고름이 나오고 있었으며 엉덩이는 '앞으로도 뒤로도 움직일 수 없을 만큼' 뒤틀린 상태였다. 마리 로지터는 의사에게 항변했다. "제가 춤을 얼마나 좋아하는지 아세요? 발목과 다리뼈가 이 지경이 되는 바람에 이제는 춤을 출 수 없어요." 샬럿은 프란시스와 마거리트, 글라신스키 자매도 설득해 함께 진찰을 받으러 갔다. 샬럿의 친척은 이렇게 말했다. "샬럿은 자신에 대한 연민은 없었어요. 그저 다른 이들을 걱정하고 돌보고자 할 뿐…."

로플러는 1934년 3월과 4월 내내 주말마다 오타와를 찾았지만 여전히 진단을 내리지 못했다. 4월 10일, 샬럿은 더는 기다릴 수 없었다. 팔에서 자라고 있는 혹이 그녀를 계속해서 괴롭혔다. '부부는 결국 시카고로 가 마샬 데이비스 의사를 만났다.'

쿡 카운티 병원에서 만난 데이비스 의사는 샬럿에게 선택하라고 했다. '목숨을 부지하려면 방법은 단 한 가지뿐'이라고 했다. 팔을 잘라야 했다.

샬럿은 스물여덟이었다. 아이들은 전부 다섯 살이 채 되지 않았다. 하지만 선택권이 없었다. 샬럿은 목숨을 선택했다.

의사들은 샬럿의 어깨에서부터 팔을 잘라냈다. 샬럿의 친척은 훗날 이렇게 말했다. "의수나 고리를 걸 수 있는 데가 없었기 때문에 그런 걸 사용할 수도 없었죠." 샬럿의 팔은 그렇게 사라졌다. 늘 그 자리에 있던 팔, 코를 긁거나 쇼핑한 물건을 들거나 시계 숫자판을 들었던 그녀의 팔은 이제 없다. 한편, 샬럿의 팔에 호기심이 일은 의사들은 수술을 마친 뒤 팔을 폼알데하이드에 넣어 보관했다.

부부는 수술한 후 이상하게도 안도감이 들었다. 알 퍼셀은 차분히 말했다. "데이비스 의사는 아내가 아직 살아 있는 게 다행이라고 말했죠."

하지만 그의 아내는 '무기력해졌다.' 수술하기 전, 샬럿은 왼쪽 손에서 **마지막으로 결혼반지를 뺐다.** 이제 반지는 그녀의 오른손에 끼워져 있었다. 샬럿은 사라진 팔을 가리기 위해 남편에게 왼쪽 소매에 핀을 끼워 달라고 했다. 그녀는 '남편이 이제 자신의 손'이라고 말했다.

샬럿과 알은 이번에 치른 큰 희생이 마지막이었으면 싶었다. 하지만 그렇지 않았다. "아내는 아직 느꼈어요! 의사들이 잘라낸 팔과 손에서 여전히 끔찍한 통증을 느꼈습니다." 유령 소녀는 이미 사라져 버린 팔에서 환상통을 겪는 거였다.

알이 덧붙였다. "오른팔에서 재발한 건지도 몰라요. 아직은 아무것도 알 수 없죠."

시간만이 말해 줄 터였다.

43

520 이스트 슈피리어 스트리트에 편지가 도착했다. 토마스 도노휴 앞으로 온 얇고 평범한 편지봉투였다. 겉보기엔 아무 문제가 없어 보였지만 안에 들어 있는 내용은 전혀 그렇지 않았다. 로플러 의사는 엑스레이 검사를 비롯한 온갖 검사를 시행한 뒤 드디어 진단을 내렸다. 캐서린 도노휴는 라듐 중독에 걸렸다.

조카 매리는 "삼촌은 좌절했어요. 완전히 좌절했죠. 제정신이 아니었어요."라고 기억했다.

톰은 '그 후로 아내가 토미를 돌볼 수 없을 때는 자신이 아이를 돌봤다.'고 말했다.

캐서린은 다른 사람들에게 자신의 감정을 절대로 내비치지 않았다. 그녀는 동료들과 마찬가지로 기도를 했을 것이다. "기도만이 나를 버티게 해 줘요."라고 말한 친구도 있었다.

그러나 캐서린과 톰이 시카고로부터 편지를 받은 지 며칠 되지 않아 캐서린의 병은 더욱 악화되었고 이제 기도에서 얻는 위안마저 앗아가 버렸다. 1934년 4월 25일, 캐서린은 다리를 절면서 세인트 콜럼바 성당으로 향했지만 무릎을 꿇을 수 없었다. 엉덩이가 너무 심하게 뒤틀린 바람에 다리를 구부릴 수가 없었다. 독실한 신자였던 캐서린으로서는 받아들이기 힘든 상황이었다. 거의 비슷한 시기에 샬럿 퍼셀은 '팔을 절단한 뒤' 다시 집으로 돌아왔다. 의사들은 이 모든 것이 라듐 때문이라고 했다. 톰 도노휴는 누군가 라듐 다이얼에 말해 줘야 한다고 생각했다.

오타와는 작은 마을이었다. 감독관인 리드 씨와 교육관인 그의 아내는 세인트 콜럼바 성당에 다니지 않았지만 출근길에 늘 성당을 지나갔다.

톰은 길에서 리드 씨를 마주쳤다며 이렇게 말했다. "길에서 리드 씨를 봤죠. 여성들이 지금 많이 아프고 그게 다 공장에서 사용하는 페인트에 들어 있는 물질 때문이란 걸 의사들이 밝혀냈다고 그에게 말했어요."

하지만 리드 씨는 모든 책임을 부인했다. 얼마 후 그는 샬럿과 남편이 스튜디오를 지나가는 것을 보고도 못 본 척했다. 부부는 계단을 내려오는 리드 씨와 분명 마주쳤지만 그는 무시했다. 알은 그의 행동에 몹시 '화를 냈지만' 그는 부부의 말을 들은 척도 하지 않았다.

로플러 역시 회사에 연락을 취했다. 그는 리드 씨의 상사인 포다이스_{부사장}에게 전화를 걸었다. "제가 목격한 사례에 대해 포다이스 씨에게 말해 주었어요. 다른 사례들도 조사하는 게 좋겠다고 생각해서였죠."

러퍼스 포다이스는 로플러 같은 의사가 언젠가 연락을 할 거라고 생각했다. 기업은 1928년 당시, 공장에서 일하는 모든 여성을 상대로 방사능 검사를 시행한 결과를 알고 있었다. 검사 결과에 따르면, 검사를 시행한

67명의 여성 중 34명이 라듐 중독에 걸렸거나 라듐 중독이 의심되었다. 34명이었다. 절반이 넘는 수였다.

당시에 기업은 언론 보도를 통해 "[라듐 중독과] 비슷한 증상조차 발견되지 않았다."고 발표했다. 자료를 잘못 해석한 결과 발생한 착오가 아니었다. 자료는 확실했다. 근로자 대부분의 몸에서 방사능이 검출되었다. 라듐 중독의 증상이 분명했다. 호기 검사 결과는 진실을 드러내 주었지만 기업은 뻔뻔하게도 일부러 거짓말을 했다.

기업은 아직까지도 검사 결과를 갖고 있었다. 그들이 비밀로 한 명단에는 측정된 방사능의 양에 따라 소녀들의 순서가 매겨져 있었다. 가장 많은 방사능에 노출된 그룹에는 마가렛 루니, 매리 토니엘리… 마리 로지터가 있었다. 캐서린 울프와 헬렌 먼치는 '대단히 의심되는' 사례로 표시되었다.

거의 6년 동안 라듐 다이얼 사는 여성들이 방사능에 피폭되었다는 사실을 알고 있었다. 하지만 "기업은 이러한 정보를 비밀로 했다. 사실이 알려지면 사업에 지장이 있을까 봐 두려웠던 것이다. …그 결과 희생자들은 자신들의 상태를 알지 못했고 그 원인도 알지 못했다."

따라서 로플러의 전화를 받았을 때 포다이스는 준비가 된 상태였다. 그는 아무것도 해 줄 수 없다고 잘라 버렸다.

하지만 캐서린과 샬럿을 비롯한 여성들은 기업이 대가를 치르도록 만들겠다고 다짐했다. 달리 방법이 없었다. 캐서린은 병을 치료할 수 있을지도 모른다는 헛된 희망에 엄청난 의료비를 지출했고, 이제 부부는 빈털터리였다.

여성들이 조처를 할 수 있도록 도움을 준 건 로플러였다. 그는 여성들에게 자신의 지인을 소개해 주었다. 시카고 변호사의 속기사인 제이 쿡이었다. 쿡은 한때 산업재해 보상과 관련한 온갖 사례를 다루는 일리노이 산업위원회에서 일했다. 그는 '사실상 자선의 의미로' 그들을 변호해 주겠다고 했다.

여성들을 만나 보지도 못한 그였지만 쿡은 기꺼이 그들에게 조언을 제공했다. 여성들이 앞서 거쳐 온 많은 뉴저지주 변호사들처럼 그 역시 여성들의 사례가 다소 복잡하기 때문에 조기 합의가 가장 유리하다고 보았다. 여성들은 공장에서 함께 일했던 매리 로빈슨이 올해 초 팔 절단 수술을 받은 뒤 보상을 받았을지도 모른다는 소문이 나돈다고 그에게 말했다. 매리의 엄마는 "회사에서 돈을 조금 주었어요. 사위에게 보냈죠. 얼마 되지는 않았어요. 100달러(현 1,768달러) 정도였을 거예요."라고 말했다.

큰돈은 아니었지만 이런 식으로 다른 여성들 역시 경제적 지원의 물꼬를 틀 수 있을지도 몰랐다. 기업에 연락을 취해야 하는 이유는 또 있었다. 공소시효였다. 일리노이주 법에 따르면 여성들은 진단을 받자마자 최대한 빨리 라듐 다이얼에 이 사실을 알려야 했다. 이러한 통지를 받은 기업은 법 절차에 따라 그들을 치료해 주고 적절한 보상을 해 줘야 했다. 여성들이 작업 도중 상해를 입었기 때문이다.

처음부터 그랬던 것처럼 샬럿과 캐서린이 앞장섰다. 그들은 기업이 이제는 자신들을 공정하게 대우해 주기를 바랄 뿐이었다. 그들은 제이 쿡의 도움으로 남편과 함께 계획을 세웠다. 캐서린은 모두를 대신해 1934

년 5월 1일, 기업에 보낼 편지를 썼다. 알 퍼셀이 스튜디오에 전화를 걸어, 캐서린이 기업 관리자에게 편지 내용을 읽어 주도록 했다. 캐서린이 전화를 끊자마자 톰은 편지를 한 부 복사해 우체통에 넣었다. 그들은 기업에 공지한 거였다. 이제 기다리기만 하면 되었다.

그들은 기다리고… 기다리고… 기다렸다. 하지만 5월 8일이 되어도 아무런 답이 없었다. 기업은 아무 말이 없었다.

여성들은 쿡의 조언에 따라 이제 직접 행동에 나서기로 했다. 그들은 옛 상사 리드 씨를 찾아가 직접 항의하고자 라듐 다이얼로 향했다.

캐서린이 그렇게도 많이 다니던 길이었다. 집에서 나와 우회전을 해 콜럼버스 스트리트까지 직진한 뒤 좌회전을 해서 한 블록만 걸어가면 라듐 다이얼이었다. 하지만 오늘은 출근길이 아니었다. 캐서린은 긴장이 되었지만 자신을 위해, 그리고 다른 친구들을 위해 직접 나서야 했다. 친구들은 캐서린과 샬럿이 '모두를 위한 대변인'이 된다는 데 전부 동의했다.

샬럿은 절뚝거리는 캐서린의 걸음에 맞춰 천천히 걸었다. 기분이 이상했다. 걸을 때 팔을 얼마나 많이 사용하는지 전에는 몰랐다. 팔이 있던 자리에 이제는 공기만 느껴질 뿐이었다.

샬럿은 자신에게 일어난 상황을 곱씹는 사람이 아니었다. 그녀의 친척은 샬럿이 '절대로 자신에게 연민을 느끼는 사람이 아니다'라고 말했다. 샬럿은 '팔을 잘라낸 뒤 집안일을 할 수 없다'고 했지만 이미 새로운 상황에 적응하고 있었다. 입으로 기저귀 핀을 열고 채웠으며 프라이팬 손잡이를 턱 아래 끼워서 설거지하는 방법도 찾아냈다. 물론 나머지 일은 알의 몫이었다.

하지만 지금 그녀의 곁에는 남편은 없다. 캐서린과 단 둘뿐이다. 이들은 서로를 처음 만났을 때와는 완전히 다른 모습으로 스튜디오로 향했다. 캐서린은 절뚝거리며 층계를 여섯 칸 올라간 뒤 최대한 몸을 곧추세웠다. 그들은 안으로 들어가 리드 씨를 찾았다.

"저를 몇 주 동안 치료해 주고 있는 의사로부터 편지를 받았습니다." 캐서린은 그에게 사무적으로, 그리고 교양 있는 목소리로 말했다. 캐서린이 사용한 단어는 확실했다. "의사는 제 혈액 검사 결과 방사능 성분이 검출되었다고 말했습니다." 캐서린은 샬럿을 가리키며 말했다. "우리는 라듐 중독에 걸렸습니다."

그건 사실이었다. 입 밖으로 소리 내 말하기 쉽지 않았지만 사실이었다. 캐서린은 리드 씨의 반응을 살피기 위해 잠시 말을 멈췄지만 9년 동안 그녀의 관리자였던 남자는 아무 말이 없었다.

캐서린은 리드 씨의 침묵에도 불구하고 계속해서 말했다. "[제 변호사는] 기업에 손해배상금과 의료비를 청구하라고 조언했습니다. 우리가 그럴 자격이 있다고 했습니다."

리드 씨는 그가 한때 관리했던 직원들을 바라보았다. 캐서린은 사무실로 걸어 들어오는 것도 힘들어 보였고 샬럿은 한쪽 팔이 없었다.

그는 천천히 말했다. "당신들은 아무 문제 없어 보이는데요."

캐서린과 샬럿은 경악했다.

리드 씨는 다시 말했다. "라듐 중독은 아닐 거예요."

캐서린은 화난 목소리로 당시를 기억했다. "리드 씨는 보상 요청을 단박에 거절했죠."

그들은 리드 씨에게 다른 여성들의 상태에 대해서도 알렸지만 그는 굽히지 않았다. 이틀 후 매리 로빈슨이 사망했을 때조차 그는 후퇴하지 않았다.

매리 로빈슨의 사망은 중요한 사건이었다. 그녀의 엄마 수지는 이렇게 회상했다. "매리의 사망은 라듐 중독이라 불리는 첫 사례였죠. 의사들은 뉴욕 실험실에 딸아이의 뼛조각을 보냈어요. 라듐 중독이라는 검사 결과가 돌아왔고요. 오타와 의사들은 이제 부인할 수 없게 되었죠."

하지만 매리의 엄마는 오타와 의사들이 얼마나 완고한지 잠시 잊었던 것 같다. 뉴욕과 시카고의 거만한 분들이 오타와 소녀들의 라듐 중독을 주장한다 해서 그게 기정사실일 리는 없었다. 오타와 의사들이 보기에는 아니었다. 오타와 의사들은 여전히 회의적이었고 '라듐 중독이 여성들의 질병과 사망의 원인이라는 사실을 변함없이 부인했다.' 매리의 사망신고서가 작성되었을 당시, 지역 의사는 '이 병이 사망자의 직업과 관련이 있느냐'는 질문에 '아니오'라고 답했다.

지역 의사들은 확신하지 못했지만 여성들은 확신했다. 기업이 협조하기를 거부하자 1934년 여름, 캐서린, 샬럿, 마리, 이네즈 발라트를 포함한 한 무리의 도장공은 한 명당 5만 달러(현 884,391달러)의 보상금을 요구하는 소송을 제기했다. 제이 쿡은 승소할 가능성이 높다고 생각했다. 일리노이주 법은 진보적이었으며 1911년에 통과된 혁신적인 법안에 따라 기업은 직원들을 보호할 의무가 있었다.

하지만 기업이 무릎을 꿇게 만들겠다는 생각에 모두가 찬성한 것은 아니었다. 마을은 '여성들의 소송이 지역 사회에 큰 타격을 줄 거라며 분개했다.' 오타와는 긴밀한 유대감으로 짜인 서민적인 마을이었지만 여성들은 지역 사회가 한번 등을 돌리면 완전히 돌린다는 사실을 곧 깨닫게 되었다. 마리의 친척은 절제된 목소리로 말했다. "마을 사람들은 이들을 곱지 않은 시선으로 보았죠."

라듐 다이얼은 오랫동안 존경받는 기업이었다. 일각에서는 대공황이라 부를 만큼 심각한 경기 침체가 이어지는 상황이었기에 지역 사회는 그들에게 일자리와 급료를 줄 수 있는 기업을 보호하려 했다. 마을 사람들은 여성들이 병과 그 원인에 관해 얘기할 때 그들을 무시하고 불신했으며 심지어 피하기까지 했다.

시간이 지나자 한때 함께 일하던 동료들과 친구들도 그들을 무시하는 데 동참했다. 라듐 다이얼에서 일한 적이 있던 한 직원은 노골적으로 이렇게 말했다. "마가렛 루니는 일을 시작할 때부터 오래 못 살 것 같았어요. 마치 한쪽 발은 이미 무덤 속에 들어간 것 같았거든요. 라듐 때문에 죽었다는 애들도 마찬가지였고요. 그리고 지금 끔찍한 모습인 애들은 처음부터 원래 그랬었어요."

"어떤 사람들은 우리가 전염병에라도 걸린 것처럼 우리를 피했죠." 캐서린의 친구 올리브 위트는 억울해했다. 캐서린은 디비전 스트리트[1]에서 얼마 떨어지지 않은 곳에 살고 있었다. 여성들로 인해 마을이 갈라지게 된 것을 생각했을 때 안타깝지만 아주 적절한 길 이름이었다. 특히 상

---

1. [역주] 우리말로 '갈림길'

류층으로 갈수록 여성들에 대한 반대가 심했다. '기업인, 정치인, 성직자 모두 여성들의 소송에 반대했다.'

하지만 이스트 슈피리어의 작은 집 바깥세상에서 일어나고 있는 일들을 캐서린은 무시해 버렸다. 이제 그녀의 세상은 점점 좁아지고 있었다. 판잣집을 둘러싼 네 개의 벽 안으로, 자신이 서 있는 방 안으로, 자신의 몸을 감싸고 있는 옷 안으로… 자신의 몸뚱이 속으로. 캐서린은 마치 무언가에 귀 기울이듯 미동도 없이 서 있었다. 또 그 느낌이었다.

캐서린은 그 느낌을 알았다. 캐서린은 그 느낌이 무엇을 의미하는지 알았다.

캐서린 울프 도노휴는 또다시 임신한 것이다.

44

캐서린은 로플러 의사로부터 받던 진료를 즉시 중단했다. 심각한 빈혈증을 완화시키기 위해 맞던 주사나 진통제는 태아에 해로운 영향을 미칠 수 있었기 때문에 더는 투여되지 않았다. 임신 중절은 고려 대상이 아니었다. 캐서린과 톰은 독실한 천주교 신자로 그런 건 생각조차 하지 않았다. 아이는 신이 내린 축복이었다.

하지만 캐서린은 계속해서 로플러 의사를 찾아갔다. 로플러는 캐서린이 신뢰할 수 있는 유일한 의사였다. 그의 진료비는 저렴하지 않았다. 톰은 티를 내지 않으려 했지만 쌓여가는 의료비는 그에게 큰 부담이었다.

도장공들이 소송을 제기할 거라는 소식이 오타와 주변 지역까지 전해지자 그들을 비난하는 목소리가 더욱 거세졌다. 하지만 모두가 못마땅해 하는 상황에서도 이러한 소식에 크게 안도하는 여성들이 있었다. 오랫동안 찾지 못했던 문제에 대한 답을 얻었기 때문이었다.

펄 페인은 일기에 이렇게 적었다. "한때 라듐 다이얼에서 일했던 여성들은 너무 어린 나이에, 알 수 없는 원인으로 사망했다. 이 모든 사실을 종합해 본 결과… 나 역시 라듐 중독에 걸린 거라는 결론에 도달했다."

펄은 1920년대 초, 8개월 동안 공장에서 일했다. 그녀는 오타와가 아니라 21킬로미터 떨어진 라셀에 살고 있었다. 차가 없을 경우 꽤 먼 거리라 할 수 있고, 1930년대에는 대부분 차가 없었다. 펄은 어머니를 간호하기 위해 공장을 그만두었고 남편 호바트와 함께 대가족을 꾸리는 데 전념했다. 펄은 1928년에 첫째 아이, 펄 샬럿을 낳았을 때 무척 행복했다.

하지만 다음 해가 되자 모든 것이 잘못되어 갔다. 펄은 걸을 때마다 비틀거리기 시작했고 1929년 내내 몸이 아팠다. 1930년에는 종양을 제거하기 위해 복부 수술을 받기도 했다. 그 후 그녀의 머리는 두 배나 부풀어 올라 가라앉지 않았다. 남편은 '펄의 귀 뒤에서 커다란 검은색 종기를 발견했고' 그들은 전문가를 불렀다. 의사는 '고름을 빼내기 위해' 펄의 귀를 안쪽까지 잘랐다. 수술 부위는 며칠에 한 번씩 열고 닫아야 했다. 결국 부기는 가라앉았지만 '얼굴 한쪽이 마비되고 말았다.' 시간이 지나자 마비 증상은 사라졌다. 하지만 또 다른 문제가 발생했다.

펄의 아래쪽에서 계속해서 피가 나오기 시작한 거였다. 또 다른 종양이 제거되었고 펄은 자궁 조직을 긁어내는 '소파수술'을 받았다. 하지만 소용이 없었다. 수술을 받은 후 87일 연속으로 피를 흘렸다. '의사는 당황하며 펄이 유산한 게 틀림없다'고 말했다. 그는 자신의 주장을 고수했으며 펄이 계속해서 피를 흘리자 또다시 소파수술을 해 줬다. 펄은 의사의 잘못된 진단에 좌절한 듯 소리쳤다. "임신을 할 만한 행동을 한 적이 없었기에 그건 불가능한 일이란 걸 알았죠." 사실은 아이가 자라야 할

곳에 종양이 자라고 있는 게 문제였던 것 같다.

펄의 상태는 심각했다. 펄은 "5년 동안 계속해서 의사를 방문했고 여섯 차례 수술을 받았으며 아홉 차례나 병원에 입원했다." 죽을 때가 다 됐다고 생각한 그녀는 병상에 누워 남편에게 편지를 썼다.

> 사랑하는 당신에게.
> 사랑해요. 난 여기에 누워 당신을 생각해요. 당신의 팔에 안겨 있으면 얼마나 좋을까요. 한동안 당신에게 짜증을 많이 낸 것 같아 정말 미안해요. 용서해 줘요. 오랫동안 초조하고 몸이 좋지 않아 그랬어요. 당신을 정말로, 진심으로 사랑한다는 것만 알아줬으면 해요.
> 내 건강이 회복되기를 매일 기도해 줘요. 그리고 설령 내 건강이 회복되지 못할지라도 슬퍼하지 말아요. 우리는 신의 뜻을 따라야 하니까요. …
> 우리 딸을 잘 길러 줘요. 아이가 저를 사랑하도록, 그리고 잊지 않도록 해 줘요. 무엇보다도 착하고 품행이 단정한 아이로 자라도록 이끌어 주세요.
> 내가 정말로 사랑한다고 전해 줘요.

펄은 감정이 복받쳤다. 오늘이 마지막이 될 수도 있었다. 이제 병은 펄의 몸뿐만 아니라 정신에도 영향을 미치고 있었다. "나는 정상적인 사람처럼 인생을 즐길 수 없다." 펄은 일기에 이렇게 적었다.

의사들은 펄에게 '의료 전문가들도 원인을 알 수 없는 희귀한 병에 걸렸다'고 말했다. 펄은 말라리아나 빈혈을 비롯해 온갖 증상과 관련된 치료를 받았다. 의사들의 추측에 펄은 더욱 좌절했다. 그녀는 간호 교육을 받았기 때문에 의사들이 내놓는 이론이 전부 잘못되었다는 걸 알았다. 하지만 진짜 원인은 자신도 알 수 없었다.

1933년 4월, 펄은 절망적인 상태가 되었다. 그녀는 이렇게 기억했다. "의사에게 [출혈이 더 심해졌다고] 말하자 의사는 자궁을 들어내자고 했죠. 그의 제안을 거절한 뒤 며칠 동안 침대에 누워 어떻게 해야 할지 고민했어요." 자궁절제술을 받으면 아이를 더 낳겠다는 꿈은 물거품이 되는 거였다. 안 된다고, 아직은 안 된다고 생각했다. 시간이 더 필요하다. 희망이 더 필요하다.

펄은 다른 의사들에게 연락해 보았다. 다른 결과를 바라며 새로운 치료를 받아 보았다. 하지만 모두 소용이 없었다. 망연자실한 펄은 일기에 이렇게 적었다. "1933년 7월, 나는 완전히 불임이 되었다."

펄은 비탄에 잠겼다. 그녀는 '심각한 우울증에 시달렸다.' 오타와에서 발생한 라듐 중독 사례를 다룬 기사들을 읽으며 자신의 상태가 아주 심각할지도 모른다고 생각했다. 하지만 최소한 자신이 이러한 고통을 겪는 이유는 알 수 있었다.

펄은 자신의 증상에 대해 기록했다. "라듐은 특정 장기의 조직에 침투한 뒤 종양처럼 자라 해당 조직을 파괴하는 것 같다."

펄은 옛 친구 캐서린 도노휴에게 연락하기로 했다. 원래부터 성향이 비슷했던 둘은 이제 아주 가까운 사이가 되었다. 얼마 안 가 펄 역시 정의를 위한 싸움에 동참했다. 소송은 활력을 얻었고 여성들을 지지해 주는 친구들도 늘어나고 있었다.

한편, 라듐 다이얼의 사장인 조셉 켈리는 시카고에서 정반대의 싸움을 하고 있었다. 1934년 10월, 소송 사건 때문이었는지 회사 내에 그의 편이 급격히 줄어들었다. 그리하여 윌리엄 갠리라는 임원이 투표를 통해 켈리와 그의 측근들을 해임시키고 라듐 다이얼의 경영권을 틀어쥐었다. 한 관계자는 "기업 경영권을 둘러싸고 야바위 행각이 계속되어 경영진 사이에 감정이 격해졌었다."고 말했다.

하지만 켈리는 거기서 싸움을 끝낼 생각이 없었다. 그는 라듐 다이얼에서 일하는 모든 직원들에게 편지를 보냈다. 리드 씨 밑에서 일하던 터너 씨가 직원들을 식당에 초대해 음식을 대접했다. 그는 새로운 스튜디오가 문을 열 거라고 공표했다. 그러면서 숙련된 노동자인 그들이 '루미너스 프로세스'에서 함께 일했으면 좋겠다고 했다.

라듐 중독 사건이 발생할 당시 라듐 다이얼의 임원이었던 조셉 켈리와 러퍼스 포다이스가 이 새로운 기업을 운영할 거라는 얘기를 초대받은 여성들은 듣지 못한 것 같다. 하지만 여기에서 그들은 굉장한 얘기를 듣게 된다. 터너 씨가 '초기 도장공들은 입에 붓을 넣었기 때문에 사망한 것이고 이제 립 포인팅은 더 이상 허용되지 않으므로 라듐에 노출되는 것은 해롭지 않다'고 말한 것이다. 죄를 시인하는 거였으나 이미 세상을 떠난 초기 도장공들은 이 말을 듣지 못했다.

새로운 스튜디오는 라듐 다이얼이 운영하는 2층짜리 빨간 벽돌 건물에서 고작 몇 블록 떨어진 곳에 문을 열었다. 식당에서 비밀리에 진행된 모임 덕분에 대부분의 도장공이 새로운 스튜디오로 옮겨 왔다. 그들은 새로운 작업장이 안전할 거라 생각했다. 도장공들은 손에 잡기 편하게 제작된 스펀지와 나무 주걱을 이용해 칠을 했고 손가락을 이용해 표면을 매끄럽게 다듬었으며 라듐 가루로부터 몸을 보호하기 위해 얇은 면 작업복을 걸쳤다.

물론 모두가 새로운 스튜디오로 옮긴 것은 아니었다. 리드 씨는 옛 회사의 감독관으로 남았다. 리드 부부는 끝까지 회사에 충성했다. 라듐 다이얼은 조셉 켈리가 설립한 새로운 기업과 이 좁은 동네에서 경쟁해야 하는 처지가 되었다. 그들은 이제 '치열한 경쟁 관계'에 놓이게 된 것이다.

하지만 캐서린 도노휴는 그해 가을, 한동네에서 펼쳐지고 있던 대기업 간의 싸움에는 관심이 없었다. 캐서린에게 중요한 건 자신의 팔 안에 안겨 있는 갓 낳은 딸이었다. 캐서린과 톰은 어머니의 이름을 따 그 아이를 매리 제인이라 불렀다. "우리는 늘 그 아이를 매리 제인이라 불렀죠. 그냥 매리가 아니라 매리 제인이요." 캐서린의 사촌이 회상했다.

캐서린 도노휴는 딸이 자랑스럽게 여기는 엄마가 되겠다고 다짐했다.

45

1935년, 제이 쿡은 여성들의 소송으로 바쁜 나날을 보냈다. 그는 두 개의 소송을 별도로 준비해, 하나는 일반 법원에, 다른 하나는 일리노이 산업위원회(IIC)에 제출했다. 이네즈 발라트의 소송을 핵심 사건으로 정했다. 캐서린은 한때 함께 일했던 이네즈에 대해 회고했다. "이네즈는 걸어 다니는 송장 같았죠. 할머니처럼 절뚝거렸어요."

소송이 시작되자마자 여성들은 난관에 봉착했다. 잘 나가는 변호사들로 이루어진 라듐 다이얼의 법률팀이 소송을 뒤틀 만한 몇 가지 법률상 허점을 발견한 것이다. 케케묵은 옛이야기인 공소시효였다. 이네즈는 라듐 다이얼을 그만둔 지 몇 년이 지나서야 소송을 시작했던 거다. 그녀는 라듐 다이얼에서 일할 때 장애가 찾아온 게 아니었다. 게다가 라듐은 독이었다. 독 때문에 입은 피해는 법률상 보상 가능한 직업병에 포함되지 않았다. 기업 변호사들은 법 자체도 문제 삼았다. 라듐 다이얼은 케케묵은 법 조항이 '모호하고 불명확하여 기업이 따라야 할 행동 규범을 제공하지 못했다'고 주장했다.

훗날《시카고 데일리 타임스》에 실린 기사다. "쿡 변호사가 사건을 접수했을 때 라듐 다이얼은 여성들의 주장을 부인조차 하려 들지 않았다. 기업은 '그것이 사실이라 할지라도 어쩔 수 없다'고 잡아뗐다."

1935년 4월 17일, 판결이 내려졌다.《오타와 데일리 타임스》의 기사에 따르면, "법원은 기업의 법 준수 여부를 판단할 수 있는 법적 기준이 정립되어 있지 않다고 판결 내렸다." 여성들은 법적인 세부조항 미비 때문에 패소한 것이다. 그들은 믿을 수 없었지만 계속해서 싸움을 이어갔다. 쿡은 자비를 들여 대법원까지 사건을 가져갔다. 하지만 모두 소용없는 짓이었다. 법의 효력이 부정되었다. 정의가 부정되었다.

《시카고 데일리 타임스》는 이 판결을 '정의가 낙태 당한 믿기지 않는 사례'라 불렀다. 여성들이 할 수 있는 일은 아무것도 없었다. 그들은 법정에서라도 발언할 기회를 얻고자 했지만 법은 스스로 준비가 안 되었다고만 한다. "본안 소송은 진행조차 못 해 봤다"고 이 신문은 슬픈 현실을 보도했다.

쿡은 소송을 취하하는 수밖에 다른 도리가 없었다. 하지만 IIC에도 소송이 접수된 상태였고 국회의원들은 여성들의 사건을 감안하여 법을 개정하겠다고 약속했다. 쿡은 훗날 이렇게 말했다. "그만두고 싶지 않았지만 소송을 이어갈 여력이 되지 않았습니다. 재정적인 여유가 있었다면 무료로라도 소송을 진행했을 겁니다. 이러한 소송은 끝까지 싸워야 합니다. 여성들이 다른 변호사를 찾을 수 있기를 바랍니다."

하지만 다른 변호사를 찾는 건 쉬운 일이 아니었다. 오타와 마을 책자에 등록된 변호사는 41명이었지만 아무도 그들을 도우려 하지 않았다. 마을 의사들이 그랬던 것처럼 변호사들 역시 충성스러운 지역 기업을 상대로 추잡스러운 공격을 하고 싶어 하지 않았다.

여성들의 패소 소식이 보도된 날, 잊힐 법한 일을 들쑤시기라도 하듯 오타와 신문에는 클라렌스 대로에 관한 기사가 실렸다. 전국적으로 신망을 얻고 있던 변호사였다. 소녀들이 필요한 건 바로 그런 사람이었다. 하지만 그를 선임할 돈이 없었다.

도노휴 부부는 주택담보대출금이 1천 500달러(현 25,000달러)에 달했다. "통증을 덜어 주는 약이 있었어요." 캐서린은 이 약을 구입하는 데 수백 달러를 쓰고 있다고 했다. 캐서린과 톰은 그들 네 명의 가족에게 일어나고 있는 일을 애써 무시하며 아무렇지도 않은 척 살아갔다. 톰이 털어놓았다. "우리는 아내의 병에 관해 얘기하지 않았죠. 우리는 아무 일 없이 평생을 함께할 것처럼 지냈어요. 달리 방법이 없었죠."

캐서린은 어색하게 과장된 미소를 지으며 말했다. "우리는 아주 행복했어요. 함께하는 한 그렇게 나쁘지만은 않았죠. 우리는 결혼할 때와 별로 달라진 게 없는 척 행동했어요."

그들은 포기하지 않고 캐서린의 병을 치료할 방법을 찾아다녔다. 캐서린은 시카고의 수많은 병원과 치과의사를 찾아가 진료를 받았지만 통증 때문에 '검사 도중 기절하는 일'이 빈번했다. 한 평론가는 "캐서린은 최선을 다해 의학적 도움을 찾아다녔다."고 말했다. 하지만 아무도 그녀의 입이 붕괴되는 것을 막을 수 없었다. 날이 갈수록 상태가 심각해졌다.

여성들은 고군분투했다. 패소 소식에 낙심한 그들은 피할 수 없이 다가오는 최후의 순간을 부인하며 하루하루 살아갔다. 그러던 중 그해 말, 다른 판결 소식이 들려 왔다. 그들의 소송에 직접적인 영향을 미칠 만한 건 아니었으나 어쨌든 관심을 끌 만한 소식이었다.

1935년 12월 17일, 뉴저지주에서 드디어 아이린 라 포르테의 소송에 대한 최종 판결이 내려졌다. 남편 빈센트가 4년 넘게 싸워 온 사건이었다. USRC가 법원의 판결을 들어 보기로 선택한 바로 그 사건으로, 기업 입장에서는 일종의 도박을 건 거였다. 기업은 이제 죽음의 원인을 부인하지 않았다. 다만 공소시효 때문에 보상금을 줄 수 없다고만 했다. USRC 변호사들은 "[아이린]의 고용이 종료된 후 회사가 그녀에게 져야 할 책임도 끝났습니다. 아이린와 회사 사이에는 아무런 관계가 없습니다. 아이린은 완전히 이방인입니다."라고 진술했다.

몇몇 도장공들이 증언했다. 현재 많은 이들이 소송 중이었다. 모두가 아이린이 승소하기만을 바랐다. 그들은 아이린의 판결이 자신들에게도 적용되기를 바랐다. 판결을 듣기 위해 모인 사람들 앞에서 판사는 이렇게 말했다.

이 사건의 경우 인간으로서 동정심이 누구에게 향할지 굳이 말할 필요가 없습니다. …오늘날 우리가 알고 있는 정보를 토대로 볼 때 [기업이] 어떤 식으로든 태만했다고 쉽게 판단할 수 있습니다. … 오늘날의 관점에서 보면, [기업이] 당시에 사용했던 방법은 태만했을 뿐만 아니라 사실 범죄행위에 가깝습니다. 하지만 이 사건은 1917년에 발생했다는 사실을 바탕으로 판결이 내려져야 함을 말씀드리고 싶습니다. …본 법정은 이러한 사건을 예상할 수 없었던 당시의 요구에 부응하도록 법을 개정할 수 있는 권한이 없습니다.

판사는 "이 사건의 기각을 선언한다."고 판결을 내렸다.

USRC는 올바른 선택을 한 거였다. 그레이스 프라이어의 소송이 있은 지 7년이 지난 지금 언론의 비난은 없었다. 판사조차도 비난하지 않았다. 기업은 그들이 찾던 답을 얻었다. 무죄였다.

아이린 라 포르테에게 정의는 부인되었다. 그녀뿐만이 아니었다. 소송을 진행 중인 모든 뉴저지주 도장공들, 세상을 떠난 사랑하는 이를 위해 싸우고 있는 가족들, 엉덩이나 다리, 팔에 아직 혹이 발견되지 않았으나 언젠가 그렇게 될 운명인 뉴저지주 여성들에게도 정의가 부인된 거다.

USRC 임원들에게는 아주 홀가분한 날이었다.

46

인간은 싸우다 쓰려져도 다시 일어나 계속해서 싸움을 이어간다. 하지만 더 이상 싸울 수 없게 되는 순간이 결국은 오기 마련이다.

1936년 2월 25일, 이네즈 발라트는 더는 싸울 수 없게 되었다. 이네즈는 스물아홉 살의 나이에 결국 눈을 감고 말았다. 8년 동안 고통에 시달린 이네즈는 '목의 육종에서 출혈이 발생했다.' 의사들은 다급히 출혈을 막아 보려 했지만 그녀는 끝내 사망하고 말았다. 프란시스 글라신스키 오코넬이 말했다. "이네즈의 남편 발라트 씨는 아내에 대해 아무 말도 하려 하지 않았죠. 이네즈가 너무 끔찍하게 죽었기 때문이에요. 그는 아내의 죽음에 대해 생각하고 싶어 하지도, 말하고 싶어 하지도 않았어요."

오타와 의사들이 이네즈의 사망신고서를 작성했다. 사인이 사망자의 직업과 관련이 있습니까?

아니오.

소송에서 진 데다 이네즈의 사망 소식까지 접하자 오타와 여성들은 크게 좌절했다. 초기에 함께 어울렸던 도장공들은 이네즈에게 작별인사를 건네고 싶었지만 몸이 너무 아파 장례식에 참석할 수조차 없었다. 캐서린 도노휴는 '집 안을 돌아다니는 것조차 힘들었고' 집 밖으로는 거의 나가지 못했다.

시카고 신문에 이네즈의 사망기사가 실렸다. 언론은 여성들에게 '자살 클럽'이라는 우울한 별명을 지어 주었다. 한 상원의원은 산업위원회가 여성들의 사건에 관심을 보이도록 노력하겠다고 말했다. 하지만 그는 이렇게 덧붙였다. "안타깝게도 입안된 법안은 소급 적용이 되지 않습니다." 여성들은 일리노이 주지사가 직업병 관련 새로운 법안을 승인했을 때에도 별로 기쁘지 않았다. 산업 중독 관련 조항이 포함된 법안으로 앞으로 수천 명의 노동자가 이 법의 보호를 받을 수 있게 되겠지만 1936년 10월 이후에나 법적 효력이 발생할 예정이었다.

빠르게 죽어가는 친구들을 본 여성들은 자신들이 그때까지 살 수 있을 거라 기대하지 않았다.

새로운 법안이 통과된 달, 한 기자가 여성들에게 손길을 내밀면서 여성들은 활기를 조금 되찾았다. 《시카고 데일리 타임스》의 기자인 매리 도티였다. 도티는 그들의 목소리에 힘을 실어 주었다. 그녀는 1936년 3월, 3일 동안 기고한 기사를 통해 여성들의 고통에 다시 대중의 이목을 집중시켰다. 펄 페인은 훗날 말했다. "우리는 늘 《시카고 데일리 타임스》에 감사하는 마음이에요. 암울한 상황에서 우리를 도와줬으니까요."

《시카고 데일리 타임스》는 '시카고의 간판 신문'으로 인기 있는 간행물이었다. 도티는 독자들을 겨냥해 생생한 묘사를 서슴지 않았다. "일리노이주 사람들은 가축을 훔친 자를 총으로 쏴서 죽인다. 그리고 물고기와 가금류는 엄격한 수렵법에 의해 보호하면서 여성 노동자들은 아무렇지도 않게 취급한다." 그녀는 오타와 도장공들이 '공식적인 조사 없이 13년째 죽어가고 있다'고 폭로했으며 독자들의 뇌리에 깊숙이 새겨지도록 여성들의 상태를 상세히 묘사했다. "어떤 여성들은 다리를 절뚝거리며 달팽이처럼 느릿느릿 걸어 다닌다. 한쪽 팔이나 코를 절단한 이들도 있고 팔이 말라비틀어지고 턱이 쪼그라든 여성들도 있다."

여성들은 사진을 찍기 위해 포즈를 취했다. 대부분 아이들과 함께였다. 매리 제인 도노휴는 너무너무 작아 보였다. 도티는 매리 제인을 가리켜 '쭈글쭈글하고 자그마한 아기'라 했다. 매리 제인은 두 살이었지만 4.5킬로그램밖에 나가지 않았으며 팔, 다리 역시 '성냥개비처럼' 가늘었다. "이 아이의 부모는 엄마의 병이 아이에게 영구적인 표징을 남기지 않기를 간절히 바라고 있다."고 도티는 말했다.

캐서린 자신도 언론을 향해 외쳤다. "저는 끊임없이 고통에 시달립니다. 한 블록도 걸어가지 못하죠. 하지만 어떻게 해서든 계속 살아가야 합니다." 기자가 친구 이네즈에 대해 묻자 '캐서린은 울음을 터뜨리고 말았다.'

마리 로지터는 아들 빌에 대해 얘기했다. "저는 겁이 나 죽을 것만 같아요. 하지만 이 아이 때문에 최대한 오래 살고 싶어요." 마리는 이가 다섯 개나 썩었지만 '라듐 중독이 자신의 턱뼈를 갉아 먹고 있기 때문에 시카고 의사들이 자신의 이를 건드리기 꺼린다'고 말했다.

샬럿 퍼셀은 딸 패트리샤와 함께 사진을 찍었다. 샬럿은 팔이 하나밖에 없는 처지에 점차 적응해 가고 있었다. '어린아이가 셋이나 있는 상황에서는 그럴 수밖에 없지 않겠냐'고 샬럿의 친척이 말했다. 시간이 지나면서 샬럿은 입으로 침대를 정리하고 감자를 깎았으며 입에 빨래집게를 물고 빨래를 너는 법까지 터득하게 되었다. 그러나 이미 기자들에게 토로했듯 샬럿은 팔 하나를 희생한 거로 끝이 아닐 거라는 생각이 들었다. 라듐이 그녀의 몸으로 침투한 상태였다. 이제 어느 부위가 또 다른 공격의 대상이 될지 알 수 없었다.

연재물의 마지막 기사는 캐서린 도노휴를 집중적으로 다루었다. "캐서린은 수술을 받을 날만을 희망 속에 기다리고 있다."라는 내용의 긍정적인 기사였다.

하지만 톰은 도티에게 '그런 날은 절대로 오지 않을 거'라고 가라앉은 목소리로 전했다.

여성들은 언론 보도 덕분에 활기를 되찾았다. 샬럿의 아들 도날드는 회상했다. "어머니는 잘 차려입고 친구들과 함께 시카고로 변호사를 보러 갔죠." 몇 달 후 샬럿과 캐서린, 마리는 IIC에서 그들을 변호해 줄 새로운 변호사를 구했다. 제롬 로젠탈이었다. 그들의 표적은 노동부 장관인 프란시스 퍼킨스였다. 정부 내각에서 활동한 최초의 여성 장관이었다. 톰 도노휴는 퍼킨스 장관에게 연락을 시도했고, 결국 '전화로 대화를 나눴으며 개인적으로 서신을 주고받았다.' 이 조용한 남자가 무슨 말을 했었는지는 알려지지 않았으나 영향을 미쳤던 게 분명했다. 최소한 연방 부서 세 곳에서 조사를 시작했기 때문이었다.

사건은 눈덩이처럼 불어나고 있었다. 톰은 사안의 핵심을 파고들었다.

아내는 그에게 기업에서 시행한 신체검사에 관해 얘기한 적이 있었다. 그는 라듐 다이얼이 검사 결과에 대해 거짓말을 한 게 확실하므로 그 원본 자료는 법정에서 가장 강력한 증거가 될 수 있을 거라고 생각했다. 1936년 5월 20일, 톰은 리드 씨에게 단도직입적으로 결과를 내놓으라고 해야겠다고 결심했다. 어쨌든 여성들은 결과를 알 권리가 있으며 최소한 캐서린의 남편인 그는 결과를 받아 볼 자격이 있었다. 그의 요구는 정당한 것이다. 톰이 말했다. "도장공들을 검진한 의사들의 이름을 알고 싶었죠. 도대체 누가 공장 여성들을 검진하고도 결과에 대해 일언반구 알려주지 않았던 것인지."

리드 씨는 톰이 공장으로 다가오는 것을 보았을 것이다. 어쨌든 그들은 스튜디오에서가 아니라 공장 밖 오타와 길 한복판에서 마주쳤다.

톰은 차분하게 말을 꺼냈다. "왜 보고서를 주지 않는 거죠?"

감독관은 톰의 직설적인 질문에 당황했지만 늘 그렇듯 상황을 뭉개버리려 시도했다. 그는 톰을 스쳐 지나갔다.

톰은 그의 등 뒤에 대고 소리쳤다. "한 가지 질문이 더 있소!" 그러고는 그를 쫓아가며 말했다. "나는 여성들을 돕고 싶을 뿐이오!"

리드 씨는 참을 만큼 참았다. 죄책감이 그의 신경을 갉아 먹고 있었기 때문인지도 모른다. "그는 갑자기 저에게 주먹을 휘두르기 시작했어요." 톰이 당황스러운 당시 상황에 대해 말했다.

톰은 체구가 작았지만 '아일랜드인다운 기질'이 있었다. 그의 친척은 훗날 이렇게 말했다. "우리 가족은 굳이 말썽을 일으키려 하지 않습니다. 하지만 우리를 괴롭히는 사람은 그냥 두지 않죠. 톰은 분명 화가 치밀었을 거예요. 그런 상황에서도 침착했다니 놀라울 뿐이에요." 아내에게 서서히 가해진 살인행위를 방관했던 것도 모자라 라듐 중독의 증상이 나타나자 그녀를 쫓아내 버린 이 남자가 이제는 자신을 때리고 있었다. 문명인다운 대화는 가식일 뿐인가. 톰은 이제 그 모두를 집어 던지고 '그에게 맞서 주먹을 휘둘렀다.' 쾌감이 느껴졌다. 그는 리드 씨에게 말했다. "꽤 재미있는걸."

두 남자는 길 한복판에서 주먹다짐을 벌이며 싸웠다. 톰은 캐서린을 위해, 이네즈를 위해, 샬럿의 절단한 팔을 위해, 엘라를 위해, 매리를 위해, 페그를 위해 주먹을 날렸다. 리드 씨는 허우적거렸고 경찰이 출동했다. 싸움을 시작한 건 리드 씨였지만 라듐 다이얼의 존경 받는 감독관인 그는 경찰더러 톰 도노휴를 체포하라고 했다. 그는 공갈 폭행죄와 풍기문란죄로 톰을 고소했다.

톰은 두 가지 형사 건으로 엘버 몬 검사 앞으로 불려가게 되었다.

공갈 폭행에 풍기문란… 게다가 정신이상. 이 사건에서 '주도권을 쥔' 리드 씨는 이제 톰에게 새로운 혐의까지 씌우려 했다. 호바트 페인필 페인 남편은 톰이 '[라듐 다이얼] 공장 운영방식에 열렬히 반대'했기 때문에 리드 씨가 '톰을 못살게 굴려 한다'고 말했다.

톰의 친척들은 그러한 대응방식이 '궁지에 빠진 기업의 전형적인 모습'이라 생각했다. 그의 조카 매리는 단언했다. "기업은 자신들이 곧 망한다는 것을 알았죠. 그래서 무슨 짓이든 서슴지 않았어요." 다행히 그의 사건은 심리 공판만 몇 번 진행되는 선에서 마무리됐다. 그에게 씌운 혐의는 날조된 것이었고 사실상 근거가 없기 때문이었으리라.

궁지에 몰린 겁쟁이가 그렇듯, 기업은 이제 달아나는 방법을 택했다. 1936년 12월, 라듐 다이얼은 갑자기 문을 닫은 뒤 다른 곳으로 가버렸다. 어디로 갔는지는 아무도 몰랐다. 최소한 뒤에 남은 사람들은 알지 못했다. 리드 부부는 다음 해 기업을 따라갔고 이제 포스트 스트리트에 위치한 옛집에 살지 않았다. 도노휴 부부나 퍼셀 부부는 마을로 가는 길에 더 이상 여성들의 옛 상사를 마주칠 일이 없어졌다.

라듐 다이얼은 조셉 켈리가 새로 설립한 기업, 루미너스 프로세스 때문에 '폐업'한 상태였다. 옛 고등학교 건물에서 라듐 기업 스튜디오가 운영된 지 14년이 훌쩍 지난 지금, 교실 안은 조용했다. 소녀들의 재잘대는 소리도, 암실에서 들려오는 웃음소리도 없었다. 텅 빈 교실에는 그간의 추억만이 유령처럼 출몰하고 있었다.

라듐 다이얼이 사라지자 조셉 켈리는 오타와라는 작은 마을에서 라듐 시계 숫자판 생산을 독점하게 되었다. 대공황이었음에도 조셉 켈리에게 결과적으로 아주 좋은 상황이 펼쳐지고 있었다. 하지만 전직 도장공들의 남편들은 그렇지 않았다. 그들은 대공황 속에서 가까스로 버티고 있었지만 1937년이 되자 운이 다하고 말았다. 리비-오웬스 유리 공장에서 근로자들을 해고하기 시작했고 톰 도노휴와 알 퍼셀도 해고 대상이 되었다.

아이가 셋이나 있는 퍼셀 부부에게는 무척 힘든 상황이었다. 친척의 말에 따르면 '그들은 재정적인 문제에 시달렸다'고 한다. 샬럿은 아이에게 겨자 샌드위치를 먹일 수밖에 없었다. 톰의 조카 매리는 '아주 힘든 시기'였다고 기억했다. 샬럿과 자매들은 결국 시카고로 가기로 결정했다.

하지만 도시의 삶도 팍팍하기는 마찬가지였다. 샬럿의 아들 도날드는 "우리는 제과점에 가서 하루 지난 빵을 달라고 했어요. 석탄 난로로 난방을 했고, 기찻길을 따라 돌아다니며 석탄을 주웠죠."라고 말했다.

대도시에서의 삶도 힘들었지만 시골 일리노이에서의 삶은 더욱 힘들었다. 펄 페인은 그곳에는 '꾸준한 일자리가 없었고 아주 가끔씩만 일자리가 났다'고 했다. 하지만 톰 도노휴는 그런 자리마저 구할 수 없었다. 이미 주택담보 대출을 최대한도까지 받은 그는 어찌할 도리가 없었다. 그의 처남은 이렇게 기억했다. "매형은 거의 파산 상태였어요. 누나의 몸에는 라듐이 가득했고 서서히 죽어가고 있었죠. 통증이 심했던 터라 매형은 누나의 통증을 덜어 주기 위한 약을 사는 데 돈을 전부 썼어요." 부부의 빚은 2,500달러(현 41,148달러)에 달했다.

할 수 있는 일이 없었다. 조카 매리는 이렇게 말했다. "삼촌이랑 숙모는 한동안 도움을 받고 살았어요. 아주 많이 부끄러워했죠. 다른 사람들에게 알려지는 걸 원하지 않았어요."

하지만 도움이 필요한 건 그들뿐만이 아니었다. 도움이 절실한 사람들이 오타와 무료급식소 밖에 줄지어 섰다. 모두가 근근이 살아가고 있었다. 도노휴 부부는 소송을 제기하겠다는 생각을 더 이상 할 수 없었다. 당장 생존 문제가 시급했다. 1937년 봄, 그들의 변호사 로젠탈은 소송을 취하했다. 그해 말, 일리노이 산업위원회에서 공판이 있을 예정이었지만 이제 그들을 변호해 줄 변호사가 없었다.

그렇게 시간이 지나 1937년 3월 28일이 되었고, 캐서린 도노휴와 가족들은 부활절을 기념했다. 천주교 일정에서 가장 중요한 날 중 하나였다. 누군가 매리 제인과 토미에게 '겁쟁이 토끼 인형'을 선물로 주었다. 매리 제인은 만으로 두 살, 토미는 이제 막 네 살이었다. 토미는 엄마, 아빠가 한때 그랬던 것처럼 색칠 놀이를 좋아했다. 토미에게는 즐겨 갖고 놀던 수채화 물감이 있었다.

캐서린은 집을 방문한 신부로부터 감사하는 마음으로 영성체를 모셨다. 그녀는 이제 성당에 나갈 수 없었기에 집에서 영성체를 모시고 기도했다. 부활절은 예수가 다시 태어난 날이었다. 구원과 희망, 무너진 신체의 회복을 의미했다.

하지만 안타깝게도 이때부터 캐서린의 몸은 완전히 망가지고 있었다. 호바트 페인은 "캐서린의 턱뼈가 살을 뚫고 나와 입안으로 떨어졌다."고 일기에 적었다. 캐서린은 혀로 턱뼈를 더듬었다. 낯선 느낌이었다. 캐서린은 눈물을 흘리며 턱뼈를 입안에서 꺼냈다. 자신의 턱뼈였다. 턱뼈.

조카 매리는 이렇게 기억했다. "끔찍했어요. 그냥 툭, 하고 떨어져 나온 거예요. 그러니까…. 오, 맙소사. 이제 뭘 먹을 수도 없게 된 거예요!"

톰 도노휴는 아내가 무너지는 것을 두 눈으로 목격해야 했다. 끔찍했다. 하지만 톰은 부활절을 기념하며 정의를 위해 싸우겠다는 의지를 다잡았다. 그는 누가 캐서린에게 도움을 줄 수 있을지 알았다.

바로 친구들이었다.

톰은 심사숙고한 끝에 연락할 친구를 골랐다. 도노휴 부부의 집에서 얼마 떨어지지 않은 웨스트 슈피리어 스트리트에 있는 작은 집에서 마리 로지터가 톰의 전화를 받았다. 톰은 라듐 다이얼에서 일했던 동료들에게 연락해 변호사를 선임하고 싶은 사람이 없는지 알아봐 달라고 했다.

마리는 '황소 뿔도 붙잡을 만큼 늘 정면으로 맞서는' 타입이었다. '그녀의 할머니는 세상에 두려울 것이 없는 사람이었는데,' 마리는 할머니의 기질을 그대로 물려받았다. 가까운 친척은 '마리는 절대로 포기하지 않는 사람'이라며 이렇게 덧붙였다. "누군가를 도울 수 있다면 언제고 기꺼이 나설 거예요. 마리는 모두의 보호자였죠." 마리는 보호자일 뿐만 아니라 상당히 인기 있는 소녀이기도 했다.

마리의 친척들은 입을 모았다. "마리는 소녀들 모두를 알았고 그들을 조직해 낼 줄도 알았죠."

예상대로 마리는 톰의 전화를 받자마자 곧장 행동에 나섰다. 모든 여성들에게 전화를 돌렸다. 샬럿 퍼셀 역시 그 이야기를 들었다. 샬럿은 시카고에 살고 있었지만 여전히 회사를 상대로 한 싸움에 깊이 관여하고 있었다. 끝까지 우정을 지켰던 것이다. '샬럿은 함께 어울렸던 동료들에게 연락해 봤지만 대부분 거절했다.' 그들은 지금 눈앞에서 일어나고 있는 일을 직시하지 않으려 했다. 마을 사람들의 상당수 역시 라듐 중독이 존재한다는 사실을 부인했는데, 그 이유는 제각각이었다. 올리브 위트는 "사람들은 전염되는 것 아니냐며 겁에 질려 피하려고 했죠."라고 말했다.

마리는 마을 사람들의 태도에 좌절했다. "마리는 사람들이 자신의 말을 들으려 하지 않는다고 했죠. 그러한 태도에 상처를 받은 것 같아요…."라고 한 친척은 말했다. 그럼에도 불구하고 마리는 계속해서 도장공들에게 연락했고 결국 몇 명이 정의를 위한 싸움에 합류하게 되었다. "…그렇지만 마리는 계속해서 노력했고 결국 동료들을 모았죠. 모두가 캐서린을 위해 나서기로 한 거예요."

이 여성들은 가장 유능한 변호사를 선임하겠다는 큰 목표를 세웠다. 그 사람만큼은 도움을 줄 수 있을 거라 생각했다. 호바트 페인과 톰 도노휴는 당대의 가장 유명한 미국 변호사에게 편지를 썼다. '늘 불가능해 보이는 사건을 맡는' 변호사였다.

클라렌스 대로였다.

"친애하는 선생님께, 도움이나 조언을 받기 위한 최후의 수단으로 선생
님께 연락합니다. …이 사건과 관련해 산업위원회에서 [곧] 결심 공판
이 있을 예정입니다. 하지만 여성들을 변호해 줄 변호사가 현재 없습니
다. 이 사건을 맡아 주시겠습니까?"

하지만 대로는 1937년에 여든 살에 접어들었고 건강이 좋지 않았다.
그는 여성들의 사례에 동정을 표했지만 도움을 줄 수는 없었다. 대신에
그는 다른 변호사를 소개해 주겠다고 약속했다.

상황이 이렇게 되자 여성들은 작년에 그들에게 희망을 주었던 매리 도
티기자를 떠올리며 언론을 통해 그들의 처지를 알려야겠다고 생각했다.
1937년 7월 7일, 《시카고 데일리 타임스》에는 '라듐 중독 사망자 수 치
솟다, 정의에 버림받은 망령들!'이라는 기사가 전면 보도되었다. 팔이
한 짝밖에 없는 샬럿 퍼셀이 표지 모델이 되었다. 샬럿은 "매일 매일, 바
람처럼 다가올 마지막 순간에 대해 두려움에 떨고 있습니다."라고 말했
다. 신문에 보도된 여성은 샬럿과 마리, 캐서린뿐이었지만 글라신스키
자매와 펄 페인, 올리브 위트, 시카고에 살고 있는 헬렌 먼치를 비롯해
몇 명이 더 소송에 참여하고 있었다.

여성들의 요청에 따라 신문사는 곧 있을 일리노이 산업위원회(IIC) 공
판에서 그들을 변호해 줄 변호사가 없다는 내용을 보도했다. 공판은 7월
23일로 16일밖에 남지 않았다. 이 공판은 '최후의 보루이자 손해배상금

을 받을 수 있는 마지막 기회'였다. 기사의 내용은 이랬다. "사건을 맡아줄 변호사가 나타나지 않을 경우 여성들은 법망을 피한 사기 행각의 희생자로 남을까 봐 두려워하고 있다. 그렇게 되면 절망적인 상황에 모두가 포기하고 말 것이다."

캐서린 도노휴가 말했다. "기업 변호사들이 원하는 게 바로 그겁니다." 캐서린은 다소 장난스럽게 덧붙였다. "우리 모두가 나가떨어지기를 바라는 거죠."

기사 내용에 따르면, "라듐 다이얼은 오타와 공장 문을 닫은 뒤 만 달러(현 164,595달러)짜리 보증 채권만을 산업위원회에 남긴 채 몰래 도망갔다." 라듐 다이얼이 사라진 지금, 여성들이 손해배상금과 의료비로 사용 가능한 유일한 돈은 만 달러뿐이었다.

조셉 켈리가 완전히 똑같은 기업을 설립해 승승장구하고 있었지만 여성들을 변호했던 제이 쿡은 이렇게 설명했다. "이는 '새로운' 기업입니다. 법에 따르면, '신' 기업은 '구' 기업의 행동과 관련해 어떠한 책임도 없습니다." 고소를 당한 건 조셉 켈리가 아니라 라듐 다이얼이었다. "그들이 사용할 수 있는 돈은 만 달러가 다입니다. '구' 기업이 어딘가에 숨겨놨을 다른 자산을 찾으면 몰라도…."

다음날, 여성들의 아군인 언론이 도움을 주었다. 《타임스》 지에 '오타와 라듐 기업, 뉴욕에서 운영 중!'이라는 기사가 실린 것이다. "오늘 본지는 라듐 다이얼 사가 뉴욕 남동부에서 공장을 운영하고 있는 것을 알아냈다." 그들은 젊은 여성을 고용해 시계 숫자판을 칠하고 있었다.

위치가 발각되자 라듐 다이얼의 새로운 사장 윌리엄 갠리는 "이 여성들의 주장은 효력이 없으며 합리적이지도 않다. 상당수가 공장에서 몇 개월 일했을 뿐이다. 스튜디오를 그만둔 지 수년이 된 사람들이다."라고 주장하고 나섰다.

그는 "오타와 공장에서 '라듐 중독'의 희생자가 발생한 적은 없다."고 선언했다. 기업이 비밀리에 시행했던 신체검사 결과를 뻔히 알고도 묵살해 버린 것이다. 기업 주도로 시행한 후 기업 의사에게 증거 인멸을 지시했던 페그 루니의 부검 결과도 모를 리 없는 그였다.

라듐 다이얼은 한번 겨뤄 보자는 심사였다. 법정에서 싸워 보자는. 그들은 이미 이네즈 발라트의 소송에서 이긴 적이 있었기에 이번에도 승리를 확신했던 것이다.

사장이 이렇게 뻔뻔스럽게 나오자 여성들은 그들을 대변해 줄 변호사가 더욱 절실해졌다. 하지만 중차대한 공판 날짜가 다가오는데도 나서 주는 변호사가 없었다. 편지와 언론 보도, 입소문은 아무런 효력이 없었던 것이다. 여성들은 불구의 몸으로 직접 나서기로 했다.

자살 클럽이 직접 빅 시티로의 장도(壯途)에 오른 것이다.

48

시카고. 철강과 석재, 유리의 땅. 마천루 숲이 그 아래에서 개미처럼 일하는 사람들 위로 뻗어 있는 곳. 다섯 명의 여성은 이 위풍당당한 도시로 걸어 들어갔다. 곳곳에 시카고 도시 건축이 눈에 띄었다. 끝없이 펼쳐진 들판 위에 태양이 오렌지처럼 하늘에 걸려 있는, 그들에게 익숙한 드넓은 수평선은 없었다. 들판은 아예 보이지도 않는데 잘 익어 딸 때가 된 온갖 기회만이 허공에 느껴질 뿐이었다.

공판이 있기 이틀 전인 7월 21일이었다. 여성들은 말끔하게 차려입은 채 시어터 디스트릭트의 중심가에 위치한 노스 라셀 스트리트로 향했다. 대부분이 맞춤 양복 재킷을 입었고 모두가 리본이 달린 모자를 썼다. 7월의 더운 날이었기에 그들이 찾던 주소 134가 눈에 띄자 모두가 더없이 반가웠다. 메트로폴리탄 빌딩이었다.

목을 꺾어 아무리 올려다보아도 지붕이 보이지 않았다. 22층 건물이었으며 평범한 사무실 건물은 아니었다. 로비에서 망설이고 있는 그들의 눈이 세부 장식으로 향했다. 금색 벽 패널, 바닥에 새겨진 'M'자, 문 위에 금장으로 새겨진 건물 이름. 그들이 아침을 시작한 장소와는 완전히 달랐다. 시카고에 온 것이 실감 났다.

캐서린 도노휴는 가까스로 이곳까지 왔다. 오늘 회의는 반드시 참석해야 했다. 여성들은 '소송을 위해 함께 뭉쳤고', 건강이 급속도로 악화되고 있었음에도 캐서린이 앞장섰다. 그들을 변호해 줄 변호사를 찾기 위한 여정에 그녀가 빠질 수는 없는 것이다.

캐서린은 흰색 물방울무늬가 있는 말쑥한 검은색 정장을 골랐다. 캐서린이 갖고 있는 옷 중 가장 좋은 옷이었다. 캐서린은 그날 아침, 점차 말라가는 몸 위로 옷을 걸치며 사뭇 초조했다. 엉덩이에 난 혹이 확실히 예전보다 더 커져 있었다.

마리 로지터와 펄 페인, 글라신스키 자매가 그녀와 동행했다. 이 다섯 명의 여성은 이미 사망한 이네즈 발라트를 포함해 소송 중인 모든 도장공을 대표했다. 그들은 모자를 똑바로 고쳐 쓰고 옷매무새를 다듬은 뒤 당찬 걸음으로 로비로 들어가 아르데코[1] 양식의 엘리베이터를 타고 사무실로 향했다.

사무실 안에 놓인 책장에는 두꺼운 법률책이 빼곡했다. 벽에는 액자에 끼운 자격증이 걸려 있었으며, 윤기가 흐르는 불그스름한 나무에 상단이 유리로 된 거대한 책상이 방 한가운데 놓여 있었다. 하지만 책상에 앉아 있는 남자와 눈이 마주치자 여성들의 시선은 남자에게 꽂혔다. 남자는 스리피스 트위드 정장 차림으로 큰 코 위에 안경을 걸치고 있었다. 검은

---

1. [역주] 1920~30년대에 유행한 장식 미술의 한 양식

머리는 옆 가르마로 단정하게 빗어 넘겼다. 체격이 다소 우람한 남자는 친절한 눈빛으로 그들을 맞이했다.

남자는 책상 위로 손을 뻗어 그들에게 인사를 건넸다. "안녕들 하시오, 레오나드 그로스만이라 합니다."

여성들은 클라렌스 대로를 통해 이 변호사를 소개받았을지도 모른다. 그로스만은 클라렌스 대로처럼 전설적인 인물로, 소외된 계층을 위해 일하는 이색적인 변호사였다. 그는 1891년, 애틀랜타에서 태어났으며 다섯 명의 여성이 그의 사무실 문을 두드렸을 당시 마흔여섯 살이었다. 그의 생일은 독립기념일이었다.

이 독특한 생일은 여러모로 그의 성격과 열정을 잘 반영했다. 그는 여성 참정권 운동의 초기 지지자였다. 여성 참정권을 주장하기 위해 워싱턴에서 열린 한 행진에 관해 '200명의 여성과 한 명의 총각'이란 제목의 기사가 떴는데, 그 총각이 바로 레오나드 그로스만이었다. 그는 신문기자가 근처에 있을 경우 어떻게 해서든 사진에 찍히고 마는 부류의 사람이었다. 그로스만은 법대를 졸업한 뒤 여러 신문사에서 비상근 통신원으로 일했는데, 기삿거리를 찾아내는 후각이 남달랐다. 그는 뛰어난 웅변가이기도 했다. 한때 정치에 몸담기도 했지만 그가 정말로 관심 있는 분야는 '근로자 보상'이었다. 그의 아들 렌은 말했다. "아버지는 노동자나 곤경에 처한 사람을 위해 일하셨죠. 큰돈을 좇지는 않으셨어요."

때론 적은 돈조차 좇지 않을 때도 있었다. 아들의 기억에 따르면 변호사비로 신발을 받기도 했다. 너무 자주 그랬던 바람에 겉보기에 화려한 사무실을 갖고 있었음에도 불구하고 1937년 7월, 통장 잔액은 바닥날 판이었다. 하지만 그에게 그런 건 중요하지 않았다. 그로스만을 움직이게 하는 건 돈이 아니었다. 자신만의 원칙이 행동의 연료였다.

지금 오타와에서 온 여성들은 열정과 원칙을 따르는 바로 이 남자의 사무실로 들어간 거였다. 정신적인 교감이 이루어진 완벽한 만남이었을 것이다.

"우리가 막다른 골목에 몰렸을 때 그가 나타나 구해 주었습니다." 캐서린 도노휴는 기억했다. "그는 돈에는 관심이 없었어요. 그저 우리를 돕고자 했고, 인간을 돕고자 했을 뿐." 그로스만은 그의 새로운 의뢰인들에게 말했다. "내 마음은 이미 당신들 곁에 있습니다. 여러분들을 위해 싸울 수 있게 되어 진심으로 기쁩니다."

여성들은 드디어 그들을 위해 싸워 줄 변호사를 찾은 것이다. 아슬아슬했다. 이틀 후면 그로스만과 여성들이 IIC 공판에 참석해야 했다.

한 걸음 한 걸음. 캐서린을 비롯한 여성들은 7월 23일 금요일, 노란색 석조 건물로 된 라셀 카운티 법원으로 천천히 걸어 들어갔다. 세인트 콜럼바 성당에서 네 블록밖에 떨어져 있지 않았기에 다행히 먼 길은 아니었다. 그들이 법원에 도착하자 반갑게도 취재진이 잔뜩 그들을 기다리고 있었다.

의기소침했던 캐서린에게 특히 절실했던 기운을 북돋는 분위기였다. 시카고에서 그로스만을 만나고 온 뒤, 얼마 지나지 않아 턱뼈가 또다시 입안으로 떨어져 나왔다. 어떻게 해야 할지 몰랐던 캐서린은 작은 종이

418 라듐 걸스

약 상자에 턱뼈를 보관해 두었다.

그러한 난관에도 불구하고 그날 캐서린은 그로스만에게 영감을 받은 듯 원칙에서 행동의 연료를 찾아내고자 애썼다. 옳은 것을 위해 분연히 일어선다는 원칙. 소녀들이 언론과 이야기를 나누는 동안 '캐서린은 인터뷰를 주도해 나갔다.' 법정에 들어서는 순간 그들은 그로스만을 보았다. 그들을 위해 기꺼이 싸워 줄 준비가 된 그로스만을 본 순간, 여성들은 이번만큼은 싸워볼 만하다는 생각이 들었다.

일부는 그의 옆에 자리를 잡고 앉았다. 라듐 다이얼 측에는 2년 전 이네즈 발라트의 소송을 담당한 법률 회사의 변호사들이 앉아 있었다. 핵심 변호사는 아서 마지드였다. 짙은 검은색 머리에 검은 안경을 쓴 젊은 변호사였다. 월터 배치라치도 있었다.

그로스만의 첫 소임은 '이 사건에 대해 더 알아보고, 가능하면 구 기업의 자산을 추적할 수 있도록' 재판을 연기해 달라고 요청하는 것이었다. 마지드는 순순히 동의했다. 기업은 재판을 서두를 이유가 없었다. 재판이 길어질수록 여성들의 건강은 악화될 게 분명했기 때문이다. 첫 공판에서는 별다른 얘기가 오가지 않았다. 하지만 배치라치는 기업이 어떠한 변론을 펼칠지 확실히 밝혔다. 그는 '페인트에는 독성이 없으며 여성들은 라듐 중독에 걸리지 않았다는 게 자신들의 주장'이라고 했다.

독성이 없다. 그로스만은 사건에 대해 아는 바가 거의 없었지만 이 주장은 똑같은 변호사들이 발라트의 소송 때 취했던 것과는 정반대의 입장이라는 것을 놓치지 않았다. 당시에 기업은 라듐이 독이라고 말했다. 독은 관련법에 의하면 보상 가능한 대상이 아니었기 때문이다. 하지만 이제

독을 포함하도록 법이 개정되었기 때문에 기업은 지난번과는 정반대의 주장을 하려는 거였다.

그로스만이 줄곧 맞서 싸워 왔던 비열하고 정의롭지 못한 행태였다. 자극을 받은 그는 전문가답게 위기에 대처했다. 그로스만은 자신의 사무실이 시카고의 시어터 디스트릭트[1]에 위치한 게 얼마나 적절한지 새삼 깨달았다. 그는 원숙미 넘치는 배우 같았다. '은빛 달변의 향연'이었다. 법원이라는 무대의 중심에 선 주인공처럼 그로스만은 자신의 웅변능력을 유감없이 발휘했다. 무대 위에서 날아오르는 변호사를 본 여성들은 출중한 변호사가 드디어 자신들 편에 서게 되었다며 '감격의 눈물을 흘렸다.'

그로스만은 엄숙하면서도 나긋나긋한 목소리로 이렇게 말했다. "우리는 신체를 파괴하거나 괴롭히는 것들을 없애는 법이 필요합니다."

그는 몸을 돌려 자리에 앉아 있는 여성들을 바라보았다. 그러더니 그들을 가리키며 감정을 담아 말했다. "여기 앉아 있는 여성들, 그리고 이들과 함께 일했던, 이미 저세상으로 간 수많은 순교자들의 희생은 있어서는 안 되는 것입니다."

그는 극적인 효과를 주려는 듯 잠시 말을 멈춘 뒤 계속해서 이어갔다. "이 소송은 무거운 십자가를 갈보리 언덕으로 끌고 가는 것과 같습니다. 하지만 우리는 기꺼이 이 십자가를 질 것입니다. 그리고 신의 가호 아래 끝까지 싸울 것입니다."

---

1. [역주] 연극 상연관이 몰려 있는 극장가

49

그로스만은 즉시 다음번 공판 준비에 착수했다. 그는 공판이 끝나자마자 회의를 통해 여성들로부터 추가 정보를 얻었다. 회의를 마치자 커다란 갈색 가죽 서류가방을 챙긴 뒤 자리에서 일어나 시카고로 돌아갔다.

충직한 비서 캐롤 레인저와 독일인 아내 트루델이 공판 준비를 도왔다. 라듐 관련 문서는 상당수가 독일어로 작성되었기 때문에 아내는 그로스만이 복잡한 사건을 빠르게 이해할 수 있도록 꽤 긴 시간을 들여 문서를 번역해 주었다. 그의 팀은 밤낮 가리지 않고 열여덟 시간씩 열정적으로 일했고, 그녀는 매일 정해진 시간에 새로운 문서를 갖고 사무실을 들렀다.

알 퍼셀은 당시에 시카고에 살고 있었기 때문에 그로스만의 사무실을 찾아가 도와줄 게 없는지 물었다. 그로스만은 '부디 의사의 진술서를 받아다 달라'고 했다.

부부는 그의 지시대로 병원을 찾아갔지만 의료 기록을 확보하는 것은 생각처럼 쉽지 않았다. 그해 말 캐서린은 이렇게 말했다. "의사들에게 편지를 썼지만 아무런 답을 받지 못했어요." 펄 페인은 자신이 치료받은 병원에서조차 관련 기록을 받을 수 없었다. 펄은 결국 의사들에게 빌다시피 했다. "제발 서류 좀 받을 수 있도록 도와주세요. 마지막 공판이 곧 있을 거예요."

의료기록을 요청한 건 여성들뿐만이 아니었다. 그해 가을, 그로스만은 라듐 다이얼에 '직원들의 건강 검진 결과를 전부 제출하라'고 통지했다. 기업은 진짜 검사 결과를 은폐하고 있었다. 그로스만은 기업이 얼마나 많은 정보를 알았는지, 언제 알았는지 알고 싶었다.

여성들은 변호사의 성실한 태도에 흡족했다. 펄 페인은 그가 '매일 다른 업무를 제쳐두고 이 사건에 필요한 정보를 얻기 위해 최선을 다하고 있다'며 감사의 편지를 쓰기도 했다.

그로스만은 캐서린 도노휴를 핵심 소송인으로 삼기로 했다. 그다음은 샬럿 퍼셀이었다. 그로스만은 샬럿 퍼셀의 사례가 '두 번째로 괜찮다'고 생각했다. 캐서린을 핵심 원고로 선택한 것은 캐서린이 가장 확실한 증거를 확보하고 있어서거나 가장 설득력 있는 증인이었기 때문이 아니었다. 투지가 가장 강한 인물이어서 그녀를 선택한 것도 아니었다. 그저 캐서린에게 앞으로 남은 시간이 별로 없을 것 같았기 때문이었다. 펄은 이 결정에 대해 차분히 의견을 말했다. "캐서린은 얼마 못 살 거예요. 캐서린이 법정에서 말할 기회를 가졌으면 좋겠어요."

캐서린은 남편과 마찬가지로 외향적인 성격은 아니었지만 자신에게 주어진 책임을 받아들였다. 그녀의 친척이 이에 대해 말했다. "우리 집안 여자들은 늘 옳은 일을 하고 자신의 신념을 지키는 편이에요. 캐서린은 크게 잘못된 일이라 생각했기에 나서기로 한 거죠."

그로스만이 시카고에서 열심히 일하는 동안 캐서린 도노휴는 길고 외로운 가을을 보냈다. 건강 상태는 계속해서 악화되었고, 속도 또한 점차 빨라졌다. 캐서린은 펄에게 말했다. "엉덩이 상태가 너무 최악이야, 펄. 거동하기가 너무 힘들어." 엉덩이에 난 딱딱한 혹은 이제 확연히 커져 있었다. 캐서린은 엑스레이 치료를 받았다. "서른 번이 넘는 치료도 아무런 도움이 되지 않았어요." 담당 의사들은 캐서린의 증상이 악화되는 것을 막을 수 없었다. 하지만 캐서린은 포기하지 않았다. 얼마 전, 새로운 치료방법이 보도된 적이 있었다. 희생자의 뼈에서 라듐을 제거할 수 있을지도 모른다고 했다. 캐서린은 어떻게든 버티기만 하면 된다는 희망을 품으려 노력했다. 그러다 보면 곧 치료방법이 개발될 거니까.

캐서린이 뒤틀린 엉덩이 때문에 계단을 오를 수 없게 되자 톰은 연철로 만든 침대를 아래층으로 가져 왔다. 자신은 침대 발치에 놓은 소파에서 잠을 잤다. 캐서린을 위해 최대한 편안한 잠자리를 마련해 주었다. 침대 머리맡에는 램프와 라디오를 놓았고, 캐서린을 돌보며 십자가 예수를 올려다볼 수 있도록 나무로 만든 아주 커다란 십자가를 침대 벽에 걸어 놓았다. 캐서린이 화장실에 갈 때 쓸 수 있도록 목발을 벽에 기대어 놓았고, '낡아빠진 슬리퍼'는 침대 아래에 놓아두었다. 작년 부활절에 아이들이 받은 '겁쟁이 토끼 인형'은 침대 옆 탁자에 놓여 있었다.

방에는 정면으로 창이 두 개 나 있었고 서쪽에도 창이 한 개 있었다. 조카 매리는 기억을 떠올렸다. "빛이 꽤 많이 들어오는 방이었죠. 하지만 삼촌이랑 숙모는 커튼을 쳐 두었어요. 숙모가 원해서였을 거예요." 다소 어두침침한 분위기였을 것이다. 하지만 캐서린에게는 그녀만의 빛이 있었다.

캐서린은 망연자실한 채 말했다. "지금도 내 몸은 어둠 속에서 희미한 야광 빛을 발하죠."

조카 제임스도 기억했다. "숙모의 몸속 뼈가 전부 보였어요. 숙모는 그냥 침대에 누워있을 뿐이었는데 말이죠."

여성들은 암실에서 유령놀이를 하던 당시 반짝이는 물질에 의해 일식처럼 사라지곤 했다. 그들이 사라진 곳엔 라듐만 반짝였다. 이 소멸 효과는 일종의 예언이었다. 요즘 캐서린을 보면 캐서린이 보이는 게 아니라 그녀의 몸을 점령해 버린 음울한 중독의 효과만이 눈에 보일 뿐이었다.

캐서린이 심정을 털어놓았다. "사람들은 이제 저에게 말 걸기를 꺼려요. 때로는 지독하게 외로워요. 저를 벌써 죽은 사람 취급해요. 누군가 곁에 있어도 외로움이 느껴지는 건 견디기 힘든 일이죠."

도노휴 부부는 일요일 미사를 드린 뒤 늘 식사를 대접하곤 했다. 손님들에게 달걀과 베이컨을 제공했고 캐서린은 분홍색 장미꽃 봉오리가 새겨진 흰색 도자기 주전자로 차를 따라 주었다. 하지만 이제 손님들은 캐서린이 쉴 수 있도록 다른 방에서 얘기를 나눴다. 차를 따라 주는 사람도 바뀌었다.

한 해가 갈 무렵, 캐서린은 더욱 외로워졌다. 캐서린은 '이제 밤낮이고 거의 누워 있었으며 남편이 도와줘야만 밖에 나갈 수 있었다.' 톰이 캐서린을 팔에 안아서 데리고 나갔다고 제임스는 기억했다.

그러한 상황에서 캐서린은 자신이 원하는 모습의 엄마가 될 수 없었다. 부부는 돈이 없었지만 입주 가정부를 고용했다. 보모 엘리너 테일러는 토미와 매리 제인의 대리모가 되었다. 캐서린은 침대에 누워 보모에게 지시할 뿐이었다.

조카 매리가 말했다. "숙모는 어린 딸을 돌볼 수 없게 되자 너무 슬퍼했어요. 그 전까지만 해도 아들 토미를 어떻게든 돌봐 줄 수 있었죠. 토미가 이제 조금 커서 엄마의 사랑이 진짜 절실했는데…. 정말이지 안타까운 상황이었어요."

캐서린을 아이들에게서 떨어뜨린 건 단지 그녀의 건강 때문만은 아니었다. 매리 제인은 여전히 아주 어린 아기였다. 캐서린은 어둠 속에서 자신의 몸이 뿜어내는 빛이 아기에게 해가 될까 봐 걱정이 되었다. 매리는 확실히 기억했다. "숙모와 삼촌은 매리 제인이 엄마와 접촉하는 것을 염려했어요. 라듐 질병이 또 무슨 짓을 벌일지 몰라 두려웠던 거죠. 안타까운 일이예요."

캐서린은 펄에게 '통증이 너무 심하다'고 편지를 썼다. 엉덩이와 턱뿐만이 아니었다. 삶 자체가 견디기 힘들었다.

온종일 침대에 누워 있던 캐서린은 말도 못하게 외로웠다. 샬럿은 이제 시카고에 살았고, 펄은 몇 킬로미터나 떨어진 라셀에 살았다. 그들은 서로에게 편지를 썼지만 근처에 사는 것과는 엄연히 달랐다. 캐서린은 12월, 펄에게 편지를 썼다. "할 말이 너무 많아. 편지에 다 쓸 수도 없어." 편지에는 그녀의 외로움이 잔뜩 묻어났다. "너희들의 소식을 듣거나 너희들을 만나본 지 너무 오래되어 마치 낯선 사람에게 편지를 쓰는 기분

이야. 근처에 살면 좋을 텐데." 하지만 최소한 친구들에게는 솔직한 심정을 토로할 수 있었다. 자신의 건강에 대해서 캐서린은 자신이 '불구자'라고 직설적으로 말했다.

캐서린은 외로움에 갇혀 자신의 소송이 어떻게 진행되고 있는지 알지 못했다. 캐서린은 친구들에게 말했다. "그로스만에게서 아무런 소식을 듣지 못하고 있어. 이해할 수 없는 상황이야. 톰은 이제 일이 없어. 안 그랬다면 변호사님에게 장거리 전화라도 걸어 어떻게 되고 있는지 물어볼 텐데. 아무런 연락이 없다니 이상하지 않아?" 하지만 그로스만은 편지를 쓸 시간이 없었다. 그는 훗날 이렇게 말했다. "라듐 다이얼을 상대로 하는 첫 소송이다. 마지막 돌멩이 하나까지도 다 뒤집어 보아야 한다. 진실을 명명백백 가려내기 위해 모든 자료를 철저히 살펴봐야 한다." 하지만 바쁜 와중에도 그는 여성들에게 '행복한 연휴를 보내'라며 연하장을 보냈다.

캐서린은 그가 축복한 대로 행복한 크리스마스를 보내기로 했다. 톰은 여전히 무직 상태였지만 캐서린은 낙관적인 어조로 펄에게 편지를 썼다. "크리스마스 땐 남편에 대한 불만이 더 커지겠지만 바가지를 긁어서는 안 되겠지." 그리핀 신부가 영성체를 주기 위해 그녀의 집을 방문했을 때 캐서린은 자신이 받은 축복에 감사의 기도를 올렸다. 그녀와 톰, 토미와 매리 제인은 가난했고 캐서린은 아팠지만 적어도 모두 함께 크리스마스를 보낼 수 있었다. 캐서린은 그 사실에 아주 감사했다.

새해가 왔다. 1938년은 재판 준비로 바쁜 해였다. 재판 날은 캐서린의 서른다섯 번째 생일로부터 6일 후인 2월 10일로 배정되었다. 그로스만은 그 어느 때보다도 바쁜 하루를 보냈다. 그는 여성들에게 증언을 준비시키느라 오타와에서 더 많은 시간을 보냈다. 겨울이었고 일리노이주의 겨울은 혹독했다. 오타와로 가기 위해 이따금씩 온갖 고초를 다 겪기도 했다. 그의 아들 렌은 이렇게 기억했다. "한번은 도로 상태가 너무 나빠서 아버지는 2인승이었나 4인승이었나…. 전용기를 빌려 타고 가기도 했어요." 그로스만다운 대담한 행동이었다.

생일 다음 날, 캐서린은 아픈 몸을 이끌고 톰과 함께 시카고로 향했다. 극도로 고통스러운 먼 발걸음이었다. 3명의 의사로부터 검진을 받기 위해서였다. 로플러 의사와 달리취 치과의사, 웨이너 의사였다. 웨이너 의사는 라듐으로 가득 찬 캐서린의 뼈를 엑스레이로 찍었다. 이 세 명의 의사는 법정에서 증언을 서겠다고 약속했다. 검사 결과를 바탕으로 증언을 할 예정이었다.

의사들은 캐서린이 토요일 아침 그들의 진찰실로 비틀거리며 들어오는 것을 보고 충격에 휩싸였다. 시드니 웨이너는 캐서린이 '나이보다 훨씬 늙어 보였고 두 사람의 부축을 받으며 들어 왔다'고 기억했다. 뼈만 남은 몸에 얼굴은 잿빛이었다. 캐서린은 몸에 지방질이 전혀 남아 있지 않았다. 먹는 게 너무 고통스러워 거의 먹을 수 없었기에 살이 빠질 수밖에 없었다. 헐렁헐렁한 원피스 아래로 뼈만 앙상히 드러나 보였다. 캐서린은 자신이 살이 빠지고 있다는 걸 잘 알고 있었다. 하지만 체중계에 올라서는 순간 자신도 깜짝 놀랐다. 32킬로그램밖에 나가지 않았던 것이다.

치과 검진 결과에 따르면 캐서린의 '입은 아래턱뼈까지 붕괴된 상태'

였다. 이 골절로 '뼈가 제자리에서 이탈해' 캐서린이 몇 번이나 입안에서 턱뼈 조각을 끄집어내야 했던 것이다. 달리취는 '고름과 악취도 난다'고 기록했다.

로플러 의사는 캐서린의 혈액 검사를 시행했다. 캐서린의 혈액은 제 기능을 못 하고 있었다. 백혈구 수치는 불과 몇백에 불과했다. 정상치는 8천이다. 캐서린은 '백혈구 수치 부족으로 인한 탈진으로 목숨이 위험한 상태'였다.

하지만 의사들이 가장 우려한 건 엑스레이 검사 결과였다. 캐서린의 엉덩이뼈에서 딱딱한 종양이 발견된 것이다. 지난 몇 달 동안 캐서린을 시름 속에 빠뜨린 이 혹은 이제 '포도알만큼 커져' 있었다.

의사들은 부부에게 검사 결과를 알리지 않았다. 캐서린은 아픈 상태였다. 집에 가서 휴식을 취해야 했다. 아이린 라 포르테의 의사가 그랬던 것처럼 이들은 캐서린에게 진단 결과를 알리는 건 옳지 않다고 생각했다. 환자의 상태가 더욱 악화될 수 있었기 때문이다. 캐서린이 희망을 버리지 않고 긍정적인 자세를 갖는 게 중요했다. 의사들은 그렇게 하는 게 병마와 싸우는 데 도움이 될 거라고 생각했다.

캐서린과 톰은 다시 힘겹게 이스트 슈피리어 스트리트의 집으로 돌아갔다. 톰은 아내를 안아서 침대에 조심스럽게 눕혔다. 캐서린은 휴식이 필요했다. 닷새 후면 그녀는 법정에 설 예정이었다. 캐서린 울프 도노휴는 라듐 다이얼이 자신과 친구들에게 한 짓을 책임지게 만들겠다고 결심했다. 무슨 일이 있더라도 그렇게 하겠다고 다짐했다.

50

드디어 1938년 2월 10일 목요일, 아침이 밝았다. 구름이 낀 서늘한 날이었다. 이스트 슈피리어 스트리트 집 1층 방에서 톰 도노휴는 아내가 옷을 입는 것을 도와주었다. 그는 아내가 무릎까지 오는 누드 스타킹을 신고 굽이 낮은 검은색 신발을 신는 것을 거들었다. 캐서린은 또다시 흰색 물방울무늬가 있는 검은색 원피스를 골랐다. 원피스 안으로 머리를 넣은 뒤 홀쭉해진 허리에 검은색 허리띠를 천천히 둘렀다. 드레스는 그로스만을 처음 만났던 작년 7월보다 훨씬 헐렁했다. 하지만 오늘은 그런 생각 따위는 하지 않기로 했다.

마지막으로 캐서린은 결혼 전에 남편이 준 은색 시계를 왼쪽 손목에 찼다. 야광 시계는 아니었다. 안경과 검은색 모자를 쓴 뒤 검은 모피 코트를 어깨에 걸치자 준비가 끝났다.

톰 역시 신중하게 옷을 골랐다. 평소 때에는 멜빵바지에 허름한 작업복을 입었지만 오늘만은 스리피스 정장에 차분한 줄무늬 넥타이를 맸다.

두꺼운 머리와 수염은 단정하게 빗어 넘겼고 아내처럼 안경을 썼다. 옅은 색 중절모까지 쓴 그는 캐서린을 법정으로 데리고 갈 준비를 마쳤다.

하지만 혼자 힘으로는 역부족이었다. 올리브의 남편인 클라렌스 위트가 도와주었다. 그들은 캐서린을 금색 나무 의자에 앉힌 채로 옮겼다. 캐서린의 피부는 이제 너무 쉽게 멍이 들었고 뼈 역시 너무 쉽게 금이 갔던 터라 톰은 아내를 품에 안아서 옮길 수 없었다. 의자가 안전한 수단이었다. 그들은 그렇게 캐서린을 법정까지 데리고 갔다. 4층에 도착하니 그로스만이 자리에서 일어나 인사를 건네며 그들을 도왔다.

캐서린은 그들의 도움으로 검은색 의자에 앉으며 별 특징 없는 방을 둘러보았다. 산업위원회에서 열리는 재판이었기에 법정이라기보다는 회의실에 가까웠다. 사실 그곳은 회계감시관의 사무실이었다. 바닥에는 다이아몬드 무늬의 타일이 깔려 있었고 튼튼한 다리가 달린 커다란 나무 탁자가 방 한가운데 놓여 있었다. 그 주위로 당사자들이 앉을 의자들이 놓여 있었고, 그 뒤로는 참관인들을 위한 의자가 반원 모양으로 자리 잡고 있었다.

캐서린의 친구들은 이미 와 있었다. 펄 페인과 마리 로지터도 있었다. 하지만 여성들만 참석한 게 아니었다. 10년 전 뉴저지주 소송이 그랬던 것처럼 여성들이 처한 상황이 대중들의 관심을 사로잡으면서 전국에서 몰려든 기자들과 사진사들로 법원을 가득 메웠다.

하지만, 라듐 다이얼의 임원들은 모습을 드러내지 않았다. 법률팀조차 모두가 아닌 아서 마지드 변호사만 출석했다. 중재자인 판사 옆자리 커다란 책상 앞에 앉아 있었다. 월터 배치라치도, 리드 씨도, 사장 갠리도 오지 않았다. 오로지 마지드 혼자서 회사를 대표해 참석한 것이다. 그들의 관심을 쏟을 만한 사건이 아니라고 생각했거나 무슨 다른 이유가 있는 게 분명했다.

캐서린은 판사를 조심스럽게 바라보았다. 자신의 운명을 결정할 인물이었다. 조지 B. 마블은 예순일곱 살이었다. 둥근 얼굴에 머리가 새하얀 남자로 작은 코끝에 안경이 걸쳐 있었다. 마블은 한때 변호사였으며 은행장으로 일하기도 했다. 캐서린은 그가 자신의 사건을 어떻게 생각할지 몹시 궁금했다.

재판은 오전 9시에 시작될 예정이었다. 재판이 시작되기를 기다리며 주위를 둘러보는 캐서린의 모습이 기자들의 눈에 띄었다. 《시카고 헤럴드 이그재미너》지는 훗날 이렇게 보도했다. "도노휴 부인은 혼자 일어서지도 못했다. 팔은 어린아이의 팔처럼 가늘었으며 얼굴은 핼쑥하고 초췌했다. 하지만 검은색 눈동자만은 무테안경 뒤로 활활 타오르고 있었다." 《시카고 데일리 타임스》는 다소 모진 표현으로 캐서린을 '이쑤시개 여인'이라 불렀다.

캐서린은 탁자에 앉았고 톰은 바로 뒤에 앉았다. 캐서린은 모피 코트를 조심스럽게 벗은 뒤 무릎에 가지런히 올려놓았다. 하지만 모자는 그대로 쓰고 있었다. 몸에 지방이 없는 데다 심장도 쇠약한 상태라 이제는 늘 오한이 느껴졌다. 입에서 또다시 고름이 나오는 것을 느낀 캐서린은 무늬가 들어간 손수건을 꺼내 손에 쥔 채 연신 입에 갖다 댔다.

그로스만은 그녀가 준비되었는지 확인하고자 했고, 캐서린은 씩씩하게 고개를 끄덕였다. 그는 평소 때처럼 스리피스 트위드 정장 차림이었다. 그의 눈은 자신 앞에 놓인 일에 대한 기대감으로 반짝였다. 그는 자신과 캐서린 둘 다 준비가 잘 되어 있다는 것을 알았다.

그로스만은 입을 열었다. "이 여성들은 상대방이 휘두르는 날카로운 검에 한 치의 의심도 없이 목을 내밀었습니다. …공명정대한 일리노이 산업위원회에서는 강자로부터 약자를 보호하고 불의에 맞서 정의를 구현할 수 있는 희망의 무지개가 밝게 피어나리라 봅니다."

그는 여성들에게로 이목을 집중시키며 계속해서 말을 이어갔다. "캐서린 도노휴가 야광 시계 숫자판을 칠한 덕분에 우리나라 군대에 복무하던 많은 사람들의 생명을 구할 수 있었습니다. 캐서린과 동료들은 그들의 목숨을 구하고 난 지금, 그들 자신은 산 송장이 되었습니다. 이들은 자신의 목숨을 희생한 것입니다. 이들은 진정으로 이 나라의, 이 주의 이름 없는 영웅입니다. 이 나라는 이들에게 큰 빚을 졌습니다."

이제 이름 없는 영웅들이 말할 차례였다. 탁자 한가운데 앉은 캐서린이 가장 먼저 증언을 했다. 그로스만은 그녀의 옆에, 마지드 변호사와 마블 판사는 그녀의 맞은편에 앉아 있었다. 캐서린은 강한 모습을 보이고 싶었지만 헤진 입 사이로 나오는 목소리는 의도와는 달랐다. 신문 기사에 따르면, '나약하고 숨죽인' 목소리였다. '뒤에 앉은 친구들에게조차 가까스로 들릴 정도였고 더듬거리는 목소리'였다.

하지만 캐서린은 차분히 자신이 맡았던 업무를 기술했다. 소녀들의 몸이 라듐 가루로 뒤덮여 반짝였다는 사실과 립 포인팅에 대해서도 얘기했다. 캐서린은 절규했다. "그래서 이 끔찍한 독이 우리 몸에 들어오게 된 거예요. 우리는 그게 해로운지 전혀 몰랐어요."

그로스만은 그녀에게 힘내라는 듯 미소를 지어 보였다. 캐서린은 잘 해내고 있었다. 캐서린이 잠깐 물을 마시는 사이, 그로스만은 라듐 다이얼이 지역 신문에 냈던 기만적인 전면 광고를 증거로 제출했다.

마지드는 이의를 제기했지만 조지 마블은 기각했다.

캐서린은 계속해서 말했다. "뉴저지주 도장공들이 1928년에 라듐 중독으로 사망한 뒤 우리는 바짝 경계했죠. 하지만 얼마 안 가 리드 씨는 우리에게 이 광고를 보여 줬어요. 걱정할 필요가 없다고 했습니다."

마블은 천천히 고개를 끄덕이며 논쟁의 여지가 있는 공지문을 꼼꼼히 살펴보았다. 캐서린은 어깨너머로 친구들을 바라보며 계속해서 증언을 이어갔다. 친구들은 일렬로 앉아 캐서린의 말을 주의 깊게 듣고 있었다. 캐서린은 판사를 바라보며 이렇게 말했다. "마리 로지터와 저는 첫 검사를 받은 뒤 왜 검사 결과를 우리에게 알려주지 않는지 이유를 알고 싶었죠. 리드 씨는 '아가씨들, 여러분에게 검사 결과를 공개하면 폭동이 일어날 겁니다.'라고 말했어요. 우리 둘 다 그 말뜻을 이해하지 못했죠."

하지만 이제 그들은 알았다. 캐서린이 당시의 상황에 대해 진술하자 마리는 '얼굴이 창백해지며' "아!"하고 길고 큰 소리로 탄식했다. 감독관이 했던 말의 뜻을 이제야 이해한 거였다.

캐서린은 판사에게 날카로운 목소리로 말했다. "리드 씨는 아직도 그 회사에서 일하고 있습니다."

신문사들이 알아본 결과, 그는 현재 뉴욕에서 도장공들을 감독하고 있었다. 그는 '공장운영 책임자가 되었다.' 뉴욕 공장은 오타와 공장보다 규모가 훨씬 컸기 때문에 일종의 승진이라 할 수 있었다. 기업은 충직한 직원들에게 보상해 주는 것 같았다.

바로 그때 잠깐 소동이 있었다. 위원회의 수석 산업 안전 조사관이 그로스만이 소환했던 서류를 들고 급히 방 안으로 들어왔다. 그로스만은 재빨리 서류를 넘겨 보았다. 1925년부터 1928년까지 여성들의 건강 검진 검사 결과는 없었다. 하지만 그의 관심을 살 만한 편지가 들어 있었다.

라듐 다이얼의 사장인 켈리가 일리노이 산업위원회에 1928년에 쓴 편지였다.

> 우리는 1928년 8월 18일, 보험 약관이 취소된 이후로 산재보험에 가입하지 못하고 있습니다. USRC의 라듐 중독 소송 건이 보도되면서 보험 회사들은 우리에게 더 이상 보험을 제공하지 않겠다고 합니다. 일리노이주, 오타와에 위치한 우리 공장에서도 그 같은 사례가 발생할 수 있다며 그러한 위험에 휘말리고 싶지 않다고 합니다.

켈리는 다른 보험 회사 열 곳에 문의해 보았지만 모두 거절했다.

켈리의 편지가 이어졌다. "우리에게 매우 좋지 않은 상황입니다. 우리가 보호받을 방법이 무엇이 있을까요? 혹시 일리노이주에서 제공하는 산재보험이 있지 않을까요?"

켈리는 자사의 금융 자산을 보호하는 데에만 관심이 있었다. 그는 보험 회사들이 보험가입을 거절하는 이유가 그의 사업이 너무 위험하기 때문이라는 사실은 생각하지 않는 것 같았다. 위원회는 그에게 "당신이 할 수 있는 일은 스스로 위험을 부담하는 것뿐이오."라고 답했다.

그럼에도 켈리는 자신의 사업이 해 볼 만한 도박이라고 생각했다. 보험회사 측 변호사들이 이 재판에 참석하지 않은 이유가 여기에 있었다. 라듐 다이얼은 가입한 보험이 없었던 것이다. 1930년 10월 30일, IIC는 라듐 다이얼에 보험가입 의무를 규정해 놓은 근로자 보상법을 위반하고 있다는 공지문을 보냈다. '라듐 다이얼은 스스로 위험을 부담한다는 의미로 담보를 제공해야 했다.' 기업은 결국 위원회에 보증금으로 1만 달러를 공탁했고, 캐서린과 친구들은 이제 이 금액을 받아내려 하는 것이다. 그들이 사용할 수 있는 돈은 그게 다였다.

더 이상의 돈은 없었다. 그로스만은 라듐 다이얼의 다른 자산을 추적하지 못했다. 기업은 뉴욕으로 달아난 상태였고, 일리노이 산업위원회는 관할권을 벗어난 기업으로부터 이제 더 이상 자금을 추징할 수 있는 권한도 없어졌다. 재정적으로는 아쉬웠지만 이 사건은 돈이 다가 아니었다. 돈도 물론 중요했다. 특히 톰과 캐서린은 얼마간의 돈일지라도 곤궁에서 벗어나는 데 큰 힘이 될 수 있을 터였다. 하지만 여성들에게 훨씬 더 중요한 것은 그들이 겪은 일들의 부당성을 인정받는 것이었다. 그들은 외면당했고 거짓말한다고 비난받았으며 사기꾼 취급을 받았다. 기업은 말 그대로 살인을 저지르고도 아무런 처벌을 받지 않았다. 여성들은 지금 진실을 밝히기 위해 싸우는 것이다.

캐서린은 자신과 샬럿이 라듐 중독 진단을 받은 뒤 리드 씨를 찾아갔다고 말했다. 아서 마지드는 아니나 다를까 이의를 제기했지만 곧바로 기각되었다. "리드 씨는 우리에게 아무런 문제가 없다고 말했어요." 캐서린은 약한 목소리로나마 최대한 화를 돋우며 말했다. "리드 씨는 우리의 보상 요청을 귀담아들으려 하지도 않았습니다."

마블은 캐서린에게서 눈을 떼지 않은 채 고개를 끄덕였다. '캐서린의 쇠약한 몸은 부들부들 떨렸지만' 그녀는 멈추지 않았다.

캐서린은 1924년 당시를 기억하며 증언을 이어갔다. "2년 후 저는 왼쪽 발목이 아프기 시작했어요. 통증은 엉덩이까지 번졌죠. 이따금 기절하기도 했어요. 밤이 되면 통증은 더욱 심해졌습니다. 이루 말할 수 없는 고통이었어요."

캐서린은 통증이 어떻게 발목에서부터 엉덩이, 무릎, 치아까지 몸 전체로 퍼졌는지 말했다. 이제 그녀는 먹지도 못하고, 아이를 돌보지도 못하는 상태로 침대에 누워 있어야 했다. 캐서린은 스카풀라 메달[1]을 만지작거리며 이제는 무릎을 꿇고 기도를 드릴 수도 없다고 말했다. 캐서린은 힘겨워하며 자신의 고통을 전했다. 자신뿐만이 아니라고 했다. 캐서린은 어린 두 아이 역시 그 고통의 영향을 받고 있다고 호소했다.

증언을 마친 직후, 캐서린은 지갑 안에서 작은 보석함을 꺼낸 뒤 무릎 위에 조심스럽게 올려놓았다. 사전에 논의한 대로 그로스만은 캐서린에게 가져온 것을 보여 달라고 요청했다. 캐서린은 고개를 숙인 뒤 가녀린 손으로 상자를 들어 올렸다. 사람들은 그 안에 무엇이 들어있는지 궁금해 그쪽으로 몸을 기울였다. 캐서린은 천천히, 아주 천천히 상자를 열었다. 그리고 그 안에서 뼛조각 두 개를 꺼냈다.

"제 턱에서 떨어져 나온 뼈입니다."

---

1. [역주] 천주교 장식 목걸이, 행운을 가져다주는 일종의 부적처럼 인식됨

51

친구들은 캐서린이 뼛조각을 들어 올리는 것을 바라보며 '몸서리쳤다.' 캐서린의 뼈는 치아 몇 개와 함께 증거로 제출되었다. 그로스만은 힘겨운 증언을 마친 캐서린에게 이제 좀 쉬라고 권했다. 캐서린은 의자에 조용히 앉아 입에 손수건을 갖다 대며 월터 달리취 치과의사가 자신 대신 증언하기 위해 탁자로 향하는 것을 바라보았다.

의사는 깔끔한 외모로 훤칠한 이마와 두꺼운 입술, 검은 머리가 인상적이었다. 그는 전문가답게 증언을 했다. 그로스만은 그에게 먼저 캐서린의 치과 진료에 대해 질문했고, 그 후 의사는 라듐 중독에 대해 좀 더 일반적인 사항을 진술했다. 의사는 "많은 다이얼 도장공들이 병들고 또 죽어갔으나 사실과 부합하지 않는 진단을 받았다"고 주장했다. 마지드가 의사의 주장에 이의를 표하자 마블은 이를 기각했다. 판사는 단호한 말투로 이렇게 덧붙였다. "의사는 전문가로서 증언하는 거요." 중재자는 달리취의 편인 것 같았다.

달리취는 캐서린의 병의 원인에 대해서도 전문적인 의견을 제시했다. 그는 단호하게 말했다. "방사성 물질로 인한 중독입니다."

달리취의 저격수 같은 진술이 터져 나오자 그로스만은 마치 속사포를 갈겨대듯 질문을 쏟아내기 시작했다.

그로스만은 물었다. "캐서린 도노휴가 현재 육체노동을 할 수 있는 상태라고 보십니까?"

달리취는 탁자 건너편으로 캐서린을 바라보았다. 캐서린은 자리에 앉아 그의 말을 듣고 있었다. "아닙니다. 불가능합니다."

"생계를 꾸리는 건 가능합니까?"

"아닙니다." 달리취는 다시 그로스만을 응시하며 대답했다.

"이 증상은 영구적인가요, 일시적인가요?"

"영구적입니다." 그는 재빨리 대답했다. 캐서린은 고개를 떨궜다. 영원히 지속되는 거란다.

그로스만은 이제 이렇게 물었다. "이 병이 치명적이라고 생각합니까?" 달리취는 잠시 머뭇거리며 불과 몇 미터 앞에 앉아 있는 캐서린을 '의미심장하게 바라보았다.' 그로스만의 질문은 잠시 허공에 떠 있었다. 5일 전, 시카고에서 캐서린을 검진한 세 명의 의사들은 캐서린의 상태가 '영구적이고 치료 불가능한 말기 단계'에 도달했다고 결론지었었다. 하지만 캐서린을 보호하고 싶었던 그들은 그녀에게 이 사실을 알리지 않았다.

"환자가 있는 상태에서 말해야 합니까?" 달리취는 주저하며 물었다.

하지만 그는 굳이 말할 필요가 없었다. 머뭇거리는 태도만 봐도 답을 알 수 있었다. 캐서린은 '의자에서 미끄러지며 얼굴을 감싼 채 흐느껴 울었다.' 처음에는 조용한 눈물이 그녀의 뺨을 타고 흘렀으나 곧 의사가 차마 전하지 못한 말의 무게가 그녀를 강타한 듯, 캐서린은 '신경질적으로 소리를 질렀다.' 톰과 아이들을 남겨두고 떠나야 하는 건 상상조차 할 수 없었다. 캐서린은 몰랐다. 그래서 희망을 잃지 않았다. 캐서린에겐 신념이 있었다. 자기가 죽지 않을 거라 믿어 왔다. 하지만 달리취의 표정은 다른 말을 전하고 있지 않은가. 그의 눈을 보면 알 수 있었다. 그래서 캐서린은 소리를 질렀다. 조금 전까지만 해도 갈라진 목소리로 힘겹게 말을 꺼냈던 그녀였지만 공포와 충격 때문에 힘이 생긴 듯 갑자기 큰 소리로 울부짖었다. 톰은 아내의 울부짖는 소리에 '그 자리에서 쓰러져 흐느껴 울었다.'

  캐서린의 울부짖음은 분수령이었다. 그 후로 캐서린은 제대로 앉아 있을 수조차 없었다. '옆에 있던 의사가 붙잡지 않았더라면 쓰러졌을 것이다.' 웨이너 의사는 재빨리 일어나 그녀를 떠받쳤다. 그 순간, 톰은 마비 상태에서 풀려난 듯했다. 그는 아내가 의자에 털썩 주저앉자 서둘러 아내에게 달려갔다. 웨이너 의사는 그녀의 맥박을 쟀지만 톰의 눈에는 캐서린뿐이었다. 그는 손으로 아내의 머리를 받친 뒤 아내의 어깨를 쓸어내리며 진정시켰다. 아내가 다시 정신을 차릴 수 있도록, 다시 자신의 아내로 돌아오도록. 캐서린은 입을 크게 벌린 채 큰 소리로 흐느껴 울고 있었다. 파괴돼 버린 구강 내부가 다 드러났다. 누가 보든 그녀는 개의치 않았다. 달리취의 말이 여전히 그녀의 귓전에 메아리칠 뿐. 치명적. 치명적인 병. 이런 말을 듣는 건 처음이었다.

좌절한 친구의 모습을 본 펄은 톰의 바로 뒤에 서 있었다. 펄과 톰은 캐서린을 향해 몸을 숙였다. 펄은 물을 건넸지만 캐서린은 물을 마실 정신조차 없었다. 톰은 캐서린의 몸에 팔을 둘렀다. 온갖 궂은일로 굳은살이 박인 그의 손이 아내를 위로했다. 자신이 옆에 있다는 것을 알려 주기 위해 한 손은 그녀의 등에, 다른 손은 앞쪽에 갖다 댔다.

사진기자들이 이 순간을 놓치지 않으려 몰려들었다. 톰은 이러한 움직임에 재빨리 정신을 가다듬었다. 아내를 이런 어수선한 상황에 내버려 두어서는 안 되겠다는 생각이 들었다. 아내를 잠시 펄에게 맡기고 그로스만과 웨이너에게 도움을 청했다. 펄은 친구의 검은 머리를 부드럽게 쓰다듬었다. 톰과 그로스만, 웨이너는 캐서린의 의자를 들어 올려 법정 밖으로 나갔다. 펄은 그들이 지나갈 수 있도록 길을 터 주었다.

한 신문은 당시의 암울한 상황에 대해 '복도 너머로 캐서린의 흐느낌이 들려 왔다'고 보도했다.

판사는 즉시 휴정을 선언했다. 캐서린은 서기관의 사무실로 옮겨져 책상에 몸을 뉘었다. 펄은 캐서린의 피부가 배기지 않도록 그 아래에 캐서린의 모피 코트를 깔았고, 출생기록이 담긴 서류들을 베개 삼아 머리에 받쳤다. 톰은 아내의 안경을 조심스럽게 벗긴 뒤 옆에 놓았다. 그의 양손은 아내를 향해 있었다. 한 손으로는 그가 준 시계를 차고 있는 아내의 손을 잡았고 다른 손으로는 아내의 머리를 부드럽게 어루만지며 그녀를 다독였다. 펄은 캐서린의 다른 손을 잡은 채 친구를 안심시키려 했다. 그들은 사랑하는 이 여인을 달래기 위해 계속해서 조용히 말을 건넸다.

캐서린은 눈물을 흘릴 힘도 없었지만 남편이 옆에 있는 것을 느끼자 남편의 손을 잡고 '희미하게 떨리는' 목소리로 속삭였다. "가지 마요, 톰."

그는 아무 데도 가지 않을 것이다.

캐서린은 재판에 다시 참석할 수 없었다. 의사들은 '캐서린이 돌이킬 수 없는 상태며 얼마 못 살 거'라고 말했다.

톰은 캐서린을 집에 데려다주느라 이스트 슈피리어 스트리트로 왔기 때문에 이 말을 듣지 못했다. 하지만 다음날, 신문 기사는 톰과 캐서린을 포착한 사진을 공개하며 이 사실을 여과 없이 보도했다. 괴로워하는 부부의 사진 위에 '죽음이라는 제삼자가 여기 와 있다'라는 표제가 붙었다.

재판은 오후 1시 30분에 속개되었다. 톰은 아내를 집에 데려다준 뒤 다시 법정으로 왔다. 아내에게 중요한 이 공판에 아내 대신 참석하고 싶었다. 아내가 참석할 여건이 되지 않는다면 그가 캐서린을 대신해야 했다.

톰이 뒤편에 놓인 의자에 앉자 재판이 끊어졌던 곳에서부터 다시 시작되었다.

그로스만은 달리취에게 물었다. "치명적인 상태입니까?"

의사는 목을 가다듬은 뒤 말했다. "치명적입니다."

그로스만은 다시 물었다. "당신이 생각하기에 캐서린 도노휴는 얼마나 더 살 수 있을 것 같습니까?"

"정확히 말할 수는 없습니다." 법정에 앉아 있는 그녀의 남편을 의식한 듯 달리취는 말을 흐렸다. "부인이 어떠한 진료를 받느냐에 따라…."

그로스만은 그를 똑바로 쳐다보았다. 이곳은 법정이지 진료실이 아니었다. 에둘러 말하는 건 캐서린의 소송에 도움이 되지 않았다. 달리취는 그로스만의 눈빛에 몸을 곧추세웠다.

"고작해야… 몇 달 정도일 겁니다." 그는 솔직하게 말했다. 톰은 다시 눈물이 흐르는 것을 느꼈다. 몇 달이라.

"치료 방법이 없습니까?" 그로스만이 물었다.

"없습니다." 달리취가 말했다. "현재까지는 없습니다."

오후가 되면서 다른 의사들도 증언대에 섰다. 증언이 이어질 때마다 톰이 듣고 싶지 않은 말들이 쏟아졌다.

"캐서린은 확실히 말기 상태입니다." 웨이너 의사가 말했다.

"살 날이 얼마 남지 않았습니다." 로플러 의사도 동의했다. "희망이 없습니다."

희망이 없다. 치료 방법도 없다. 캐서린이 없는 것이다.

이 말을 듣는 순간 톰의 뺨에는 눈물이 흘러내렸다. 그는 이 모든 것을 견뎌냈다. 오후가 다 갈 무렵, 톰은 쓰러질 것 같은 상태로 법정을 나섰다.

한편, 기업 변호사는 이렇다 할 변론을 하지 않았다. 그는 라듐 다이얼이 중요하다고 생각하는 사항에 관해서만 의사에게 반대 심문을 했다. 라듐에 독성이 있는지 여부였다. 마지드는 로플러 의사가 "캐서린의 병과 일 사이에는 확실히 인과 관계가 있다."고 말해도 개의치 않았다. 그는 대신 "방사성 물질은 마모성이 있을 수는 있지만 독성이 있지는 않다."고 주장했다.

구변 좋은 변호사는 변론했다. "새로운 법 조항에 따라 [여성들은] 보상을 받을 수 없다는 것이 기업의 입장입니다. 독으로 인해 발생한 산업 재해만 보상 대상이기 때문입니다." 기업은 라듐이 독이 아니라는 견해를 내세우면서 자신들에게는 '책임이 없다'고 주장했다.

마지드는 라듐 중독이란 말은 '방사성 물질이 인체에 미치는 영향을 설명하는 편리한 수단'으로서 일종의 '문구(文句)'에 불과하다고 주장했다. 이에 로플러 의사가 화난 목소리로 외쳤다. "방사성 물질은 캐서린의 신체 시스템에 침투해 독성 작용을 일으킨 것이 확실합니다. 방사성 물질이 신체에 끼치는 효과는 통상적인 용어로는 신체를 '마모'시켰다고도 말하지만 단순히 마모가 아닙니다. 의학적으로 정의하자면 독성이 분명합니다." 그러나 마지드는 여전히 같은 주장을 되풀이했다.

그로스만은 그가 몇 년 전만 해도 이네즈 발라트 소송에서 라듐이 독성이라고 주장했던 바로 그 변호사라는 사실에 어이가 없었다. 사실을 비틀어 왜곡하려는 마지드의 시도를 일컬어 그로스만은 '말과 독을 뒤섞는 묘술의 대가'가 선보인 '휘황찬란한 궤변과 들통나버린 마술'이라는 이름표를 붙여 주었다.

이어서 그로스만은 덧붙였다. "라듐이 독성이 아니라는 피고 측 이론을 뒷받침해 주는 증거는 이집트의 스핑크스만큼이나 조용하군요." 기업은 주장을 입증하기 위한 증거를 전혀 제출하지 않았다.

반면, 여성들은 할 말이 많았다. 집에서 기운을 차린 캐서린은 증언을 이어가겠다고 다짐했다. 하지만 의사들은 캐서린이 그런 몸으로 침대 밖으로 나가선 안 된다며 '증언을 계속한다면 극단적 사태가 빚어질지도 모를 만큼 아주 심각한 상태'라고 만류했다.

하지만 캐서린은 완강했다. 상황이 이렇게 되자 그로스만은 내일 그녀의 침상 주위에서 재판을 이어가자고 제안했다. 캐서린이 법정에 올 수 없다 하니, 그로스만은 법정을 그녀에게 데려가려 한 거였다. 조지 마블 판사는 잠시 생각에 잠기더니 이 제안을 수용했다.

그로스만은 이 사실을 언론에 알렸다. 그는 내일 캐서린의 침대 옆에서 공판이 열릴 거라면서 언론을 자극할 만한 한마디를 덧붙였다.

앞에 모인 기자들을 일일이 응시하듯 찬찬히 둘러보며 침울한 목소리로 말했다. "도노휴 부인이 그때까지 살아 있다면 말이죠…."

52

2월 11일 금요일 동이 틀 무렵, 캐서린 도노휴는 여전히 살아 있었다. 바깥 날씨는 '변덕스러웠지만' 약해진 몸에도 불구하고 이 일을 반드시 해내야 한다는 캐서린의 의지는 확고했다.

캐서린은 용감했다. "저에게는 너무 늦은 일이죠. 하지만 다른 사람들에게는 도움이 될 거예요. 제가 이 싸움에서 이긴다면 제 아이들은 보호받을 수 있을 거예요. 저와 함께 일했던, 같은 병에 걸린 친구들도 이기는 거고요."

라듐 다이얼은 캐서린의 소송을 판례 사건으로 삼겠다는 데 동의했다. 법원이 그녀의 손을 들어 줄 경우 다른 희생자들 모두 정의를 되찾게 될 터였다. 마지막 장애물을 무사히 뛰어넘는 일이 더욱 중요해졌다. 캐서린은 무슨 일이 있더라도 싸워야 했다.

톰은 아내의 결정을 지지했지만 몹시 걱정이 되었다. "우리는 너무 늦었어요. 하지만 아내는 다른 친구들을 돕기 위해 마지막까지 최선을 다하고 싶어 해요. 아내에겐….”

톰은 갑자기 말을 멈췄다. 의사가 했던 말이 생각났던 것이다. 증언을 계속하는 건 아내에게 치명적인 영향을 미칠 수 있다던 말이었다. 하지만 캐서린은 확고했다. 아내를 막을 수 없었다. 톰은 조용히 말을 이었다. “우리가 함께한 시간이 너무 짧네요.” 그들은 결혼한 지 6년밖에 되지 않았다.

다섯 살이 된 토미와 네 살이 된 매리 제인은 집에 있었다. 아이들은 2층에서 놀고 있었다. 집을 찾아온 많은 방문객들은 식당으로 안내되었다. 캐서린은 흰색 담요를 턱까지 바짝 끌어당기고 베개에 기댄 채 파란색 소파에 누워 있었다. 손님들이 하나둘 식당을 가득 메웠다. 변호사, 증인, 기자, 친구들까지 서른 명가량이 모였다.

캐서린은 가까스로 눈을 떠 그들을 반겼다. ‘애처로운 광경이었다.’ 친구들은 걱정스러운 눈으로 그녀에게 인사를 건넸다. 그들은 보통 이곳에서 사교적인 모임을 가졌었으나 오늘은 달랐다. 친구들은 소파 옆에 놓인 의자에 앉았다. 시카고에서 온 샬럿 퍼셀이 캐서린 바로 옆에 앉았고, 그 옆에는 펄이 자리를 잡았다. 샬럿은 불과 일주일 전에 이가 하나 빠지면서 상태가 급격히 나빠졌다. 샬럿은 두꺼운 회색 코트를 입은 채로 앉았다. 코트의 왼쪽 소매는 텅 비어 있었다.

변호사들은 둥근 참나무 탁자에 앉아 서류를 펼쳤다. 그로스만, 마지드, 마블이 착석했고 그로스만의 비서인 캐롤이 그 곁에 앉아 기록을 담당했다. 위층에서 놀고 있는 아이들이 걱정된 톰은 식당 안으로 들어가지도, 밖으로 나가지도 못한 채 침울한 표정으로 문설주에 기대 서 있었다.

분위기가 조성되자 공판이 시작되었다. '곧 죽을 것 같았지만 의지만큼은 단호했던 캐서린 도노휴는 자신의 이야기를 마저 전할 준비가 되었다.'

그로스만은 자신의 말이 잘 들리도록 그녀 옆에 무릎을 꿇고 앉아 질문을 시작했다. 캐서린은 '눈을 감은 채' 그의 질문에 대답했다. 이따금씩만 눈을 떴는데 그때조차도 앞이 보이는 것 같지는 않았다.

그로스만이 말했다. "어떻게 [붓]을 뾰족하게 만들었는지 보여 줄 수 있나요? 어제 증언에서 설명한 것처럼요." 그는 토미의 수채화 도구에서 가져온 어린이용 그림 붓을 캐서린에게 건넸다.

캐서린이 뼈만 앙상한 손을 담요 밖으로 꺼내 붓을 집으려는 순간, 아서 마지드가 자리에서 일어나며 이의를 제기했다. "붓 사용에 이의 있습니다. 공장에서 사용되던 붓과 동일한 붓이 아닙니다."

마블은 그로스만을 향해 돌아보며 물었다. "공장에서 사용되던 붓이 있나요?"

"있습니다. 루미너스 프로세스 공장에서 사용되고 있는 붓인데, 그 공장에서는 라듐 다이얼에서 사용하던 것과 동일한 장비를 사용하고 있습니다. 전에 라듐 다이얼에서 일했던 여성들도 일부 그곳에서 일하고 있습니다. 라듐 다이얼에서 일하던 관리자도 그곳에 있는 것으로 알고 있습니다."

현장에 있던 기자의 말에 따르면, '판사는 이 붓을 그냥 사용해도 좋다고 했다.' 캐서린은 그로스만이 내민 얇은 붓을 받았다. 그러고는 잠시 침묵했다. 무게가 거의 느껴지지 않을 정도로 가벼운 붓을 손으로 느껴 보았다. 붓을 감싸던 손가락의 익숙한 감촉을…. "이렇게 했습니다." 캐서린은 쉰 목소리로 말했다. 목소리가 피곤해 보였다. "라듐 혼합물질에 붓을 담갔죠." 캐서린은 상상 속 도가니에 붓을 담근 뒤 딱딱한 팔을 아주 천천히 굽혀 붓을 입으로 가져갔다. "이렇게 해서 뾰족하게 만들었어요." 캐서린은 감정에 겨워 떨리는 목소리로 말했다. "이렇게 말이에요." 캐서린은 입술 사이에 붓을 밀어 넣고는 빙글빙글 돌렸다. 입에 넣고… 페인트에 담근 뒤… 칠을 했던 때처럼. 시연을 마친 캐서린은 떨리는 손으로 붓을 들어 올렸다. 붓끝이 뾰족해져 있었다. 그것을 보자 '부들부들 떨리는 그녀의 몸을 따라 전율이 흘렀다.'

친구와 동료들은 '캐서린을 바라보며 감정이 복받쳤다.' 그들은 캐서린의 시연을 보며 눈물이 나오는 걸 간신히 참았다.

캐서린은 침울한 목소리로 말했다. "저는 이걸 수천 번 수만 번을 했어요. 그렇게 하라고 배웠거든요."

톰은 문가에 서서 아내를 바라보았다. 그녀를 산 송장이나 다름없는 상태로 만든 그 단순한 행위를 캐서린이 시연하는 동안 톰은 부끄러운 줄 모르고 숨죽인 채 흐느껴 울었다.

그로스만이 방 안을 감도는 냉랭한 분위기를 가르며 질문을 던졌다. "미국 정부가 라듐 혼합물질을 칠할 때 낙타 털 붓을 사용하지 못하도록 했다는 걸 말해 준 관리인이 아무도 없었나요?"

캐서린은 깜짝 놀란 듯 대답했다. "없었습니다." 뒤에 앉아 있던 여성들은 화가 난 듯 눈길을 주고받았다.

"이의 있습니다." 마지드가 캐서린의 말을 거의 집어삼키듯 끼어들며 말했다.

"인정합니다." 마블이 대답했다.

그로스만은 이에 개의치 않고 다른 질문을 던졌다. "붓으로 라듐 페인트를 칠하는 게 위험하다는 공지문이 작업장에 붙은 적이 있습니까?"

"없습니다." 캐서린이 확신에 찬 목소리로 대답했다. "한 번도 없었어요. 저희는 라듐 페인트가 놓인 작업대에서 점심을 먹기도 했어요. 감독관인 리드 씨는 그곳에서 식사하는 게 아무 문제 없다고 했어요. 음식 자국을 시계 숫자판에 묻히지 않도록 조심하라고 했죠. 우리가 들은 말이라고는…" 이제 캐서린은 헐떡거리고 있었다. "시계 숫자판에 기름 자국을 묻히지 않도록 조심하라는 얘기뿐이었어요."

그로스만은 캐서린의 등을 조심스럽게 쓰다듬었다. 캐서린은 지친 것 같아 보였다. 그로스만은 실패로 돌아간 유리 막대와, 캐서린이 다리를 전다는 이유로 해고당한 사실 등 남은 핵심 질문을 던진 뒤 그녀가 쉬도록 해 주었다.

그는 샬럿 퍼셀을 다음 증인으로 불렀다.

"이의 있습니다." 마지드가 즉시 외쳤다. 그는 다른 여성들이 증언하는 것을 원치 않았다. 마지드는 캐서린의 소송이므로 캐서린의 증언만 들을 수 있다고 주장했다.

"존경하는 재판장님, 이건 판례가 되는 소송입니다." 그로스만이 그의 말을 매끄럽게 끊으며 마블에게 호소했다. "이 여성들이 훗날 증언을 할 수 있을 거라고 생각되지 않습니다." 그는 캐서린의 침상 주위에 앉아 있는 여성들을 훑어보며 강조하듯 덧붙였다. "일부는 말이죠."

마블은 고개를 끄덕였다. 그는 다른 여성들의 증언을 허락했다. 단, '그들 자신의 증상에 대한 직접적 증언은 허용되지 않았다.'

샬럿이 증언을 서기 위해 자리에서 일어나자 펄은 친구가 회색 코트를 벗는 것을 도와주었다. 샬럿은 그 안에 화려한 흰색 옷깃이 달린 녹색 블라우스를 입고 있었다. '그녀의 잘린 팔을 보여 주듯 왼쪽 소매는 축 처져' 있었다. 샬럿은 탁자로 가 선서를 했다. 그리고 나서 입에 붓을 넣고 빙빙 돌리기 시작했다. 이 빠진 부위가 드러났다. 샬럿은 차분하게 증언했고 친구들은 근심스러운 눈으로 샬럿의 입을 바라보았다. 샬럿이 말을 하는 동안 한 친구의 눈에는 눈물이 고였다.

그로스만이 물었다. "캐서린 도노휴가 일했을 당시 당신도 라듐 다이얼에서 일하고 있었나요? 같은 작업실에서?"

"그렇습니다." 샬럿이 대답했다. 가까스로 힘없이 말을 내뱉던 캐서린과는 대조적으로 또렷한 목소리였다.

"당시에는 왼팔이 있었나요?"

샬럿은 침을 삼키며 대답했다. "그렇습니다."

"그곳에서 얼마나 오래 일했죠?"

"13개월 일했습니다." 연이은 'th' 발음 때문에 단어를 내뱉듯 샬럿이 대답했다.

그로스만은 샬럿과 캐서린이 리드 씨를 만나 항의했던 것에 관해 물었다. "당시에는 팔이 있었나요?"

"아닙니다." 샬럿은 퉁명스럽게 대답했다.

"리드 씨는 뭐라고 했나요?"

샬럿은 화난 듯 이글거리는 눈빛으로 말했다. "라듐 중독 따위는 없다고 말했습니다." 샬럿은 '자신이 팔을 잃은 것은 일할 당시 사용한 독성 물질 때문'이라고 증언했다.

그로스만은 차례로 다른 여성들도 증인석에 세웠다. 그들은 도노휴 부부의 식탁에서 변호사들 옆에 앉아 증언했다. 마리 로지터는 손가락을 폈다 접었다 하며 진술했다.

"리드 씨는 라듐을 바르면 볼이 발그레해질 거라고 말했어요. 우리에게 좋은 거라며." 그녀는 치를 떨며 말했다.

그로스만은 그들 각자에게 캐서린이 했던 시연이 그들이 배운 방법과 동일한지 물었다. 그들 모두가 마치 일렬로 늘어선 도플갱어처럼 동시에 고개를 끄덕였다.

모두가 캐서린을 대신해 증언했다. 펄 페인, 글라신스키 자매, 올리브 위트, 헬렌 먼치. 문자 그대로, 그리고 비유적으로도, '친구를 위해 일어선' 여성들이어서인지 아서 마지드의 눈에는 그들 모두가 캐서린의 잔영처럼 보였다. 마지드는 그들의 증언에 계속해서 이의를 제기했다. 톰 도노휴는 부부가 그녀의 의료비용 때문에 막대한 빚을 졌다는 사실만 간략하게 진술했다.

친구들의 진술이 이어지는 동안 캐서린은 소파에 힘없이 누워 있었다. 간혹 친구들의 목소리를 자장가 삼아 졸기도 했다. 마침내 공판은 끝이 났다. 이틀 동안 열네 명의 증인이 캐서린을 위해 증언을 했다. 그로스만은 변론을 마쳤고 이제 모두가 다음 차례인 아서 마지드에게 일제히 눈을 돌렸다.

하지만 기업 변호사는 아무런 증거도 제출하지 않았고 단 한 명의 증인도 소환하지 않았다. 기업은 라듐이 독이 아니라는 주장만 주야장천 내세우고 있었다.

더 들어볼 증언이 없다고 판단되자 오후 1시쯤 마블은 공판을 마쳤다. 그는 한 달 후에 판결을 내리겠다고 말했다. 그 전까지 양측은 각자의 주장을 모두 취합한 의견서를 제출하기로 했다.

오늘의 마지막 순서가 기다리고 있었다. 그 자리에 모인 기자들이 절대로 놓쳐서는 안 될 시간이었다. 언론은 도노휴 부부의 집에 모인 많은 사람들에게 사진 촬영을 요청했다. 조지 마블과 아서 마지드가 소파 뒤로 갔고 그로스만은 캐서린 옆에 앉았다. 재판이 끝난 지금 그의 손가락 사이에는 벌써 시가가 끼워져 있었다. 캐서린은 조지 마블을 향해 가녀린 손을 뻗었다. 마블은 캐서린의 손가락 끝을 조심스럽게 쥐었다. 그는 부서질 것만 같은 뼈만 앙상한 캐서린의 손을 보고 깜짝 놀랐다. 그들은 한동안 '동정 어린 교감을 나누었다.'

사진 촬영을 요청받은 건 변호사들뿐만이 아니었다. 변호사들이 비켜서자 캐서린의 친구들이 그녀를 에워쌌다. 캐서린은 소파 팔걸이에 다리를 뻗고 누웠고 친구들은 그 뒤에 섰다. 펄 페인이 가운데 서서 캐서린의 손을 잡았다. 다른 친구들은 전부 캐서린을 바라보았다. 하지만 캐서린은 톰을 보고 있었다. 재판이 끝나자 톰은 앞으로 나와 아내 옆에 앉았다. 카메라 플래시가 연이어 터졌으나 남편과 아내는 오직 서로만을 바라볼 뿐이었다.

한 기자는 훗날 톰과 캐서린에 대해 이렇게 말했다. "그 순간, 나는 캐서린의 바스러진 치아와 조각난 턱을 잊었다. …라듐 중독이 한때 아름다웠던 여인에게 남긴 비극적인 잔해는 내 머릿속에서 사라졌다. …나는 [대신] 남편의 사랑을 받는 한 여인의 영혼을 보았다. 다른 사람들 눈에는 연약한 껍데기를 걸친 여인으로 보였겠지만 사랑은 이에 개의치 않았다."

기자들은 다른 사진도 찍었다. 공판이 끝났다는 소식을 들은 토미와 매리 제인이 식당으로 뛰어 왔다. 톰은 그들을 양팔에 한 명씩 안아 캐서린이 볼 수 있도록 소파 뒤에 앉혔다. 오늘 아침 처음으로 캐서린의 표정에 생기가 돌았다. 캐서린은 손을 뻗어 토미의 손을 잡았다. 아이들과 얘기를 나누는 캐서린의 얼굴에 화색이 돌았다. 매리 제인은 단발머리에 리본을 맸으며 화려한 원피스를 입었다. 토미는 긴 흰색 셔츠를 입었다. 둘 다 수많은 손님과 사진사를 보고 조금 놀란 것 같았다. 톰은 곧 모두를 내보냈다.

그로스만과 친구들은 곧장 시내 호텔로 향했고 그로스만이 시카고로 돌아가기 전까지 자세한 얘기를 나눴다. 여성들은 어떠한 판결이 나오든 자신들에게도 큰 영향을 미치리라는 것을 잘 알고 있었다. 마지드는 오늘 다시 한번, 판결 결과가 어떻든 기업은 다른 도장공들의 소송에서도 이 결과를 따르겠다고 선언한 바 있었다.

왁자지껄한 재판은 끝이 났다. 톰은 이스트 슈피리어 스트리트 520번지의 문을 닫았다. 어찌 된 일인지 공판 전보다 집 안은 더 고요한 느낌이 들었다.

이제 톰과 캐서린이 할 수 있는 일은 기다리는 것뿐이다.

53

봄기운이 가득하다! 공판이 있던 주말, 《시카고 데일리 타임스》는 봄을 찬미했다. 신문 지면마다 로맨틱한 선물, 브리지 파티, 댄스 등 밸런타인데이 관련 광고가 한가득이었다. 하지만 오타와 도장공들에게 손꼽아 기다리는 날은 따로 있었다. 캐서린 도노휴의 재판 결과가 발표되는 날이었다.

친구들이 캐서린을 찾아왔다. 그녀는 기분이 좋아 보였다. 덤으로 물어온 기자가 캐서린에게 '실낱같은 희망 속에서 어떻게 버텨 왔는가' 묻자, 캐서린은 다정한 눈빛으로 남편을 바라보며 "아일랜드인의 도전적인 기질 덕분이죠."라고 답했다. 캐서린은 단호하게 말했다. "저는 이대로 죽지 않을 겁니다." 의사들은 캐서린이 '살아서 침대 밖을 떠나지 못할 것'이라고 말했지만 그녀는 아직 싸움을 끝내지 않았다.

여성들은 치료법이 개발되게 해 달라고 함께 기도했다. '죽음에 대한 공포는 없었다.' 《시카고 헤럴드 이그제미너》에 실린 기사에 따르면, "운

명이 나를 오라 명령하는 그날 내 희생이 다른 이들을 살려냈다는 믿음
으로 다음 세상을 마주하겠다."고 여성들이 입을 모았다고 한다.

놀랍게도 그들은 이제 노동자의 권리를 상징하는 인물이 되어 있었다.
그들 덕분에 법이 개정되어 수천 명의 힘없는 노동자들이 보호받을 수
있게 되었으며, 기업이 책임을 회피할 수 있을 만한 허점도 제거되었다.
이러한 성과에 영감을 받은 펄 페인은 그날, 그로스만에게 자기 생각을
제안했다.

> 사닥다리 맨 아래 소외된 계층을 돕고자 하는 당신의 인도주의적인 열
> 망에 영감을 얻어 제안하게 되었습니다. 라듐 다이얼 소송에 참여한 이
> 들 모두 저와 같은 생각입니다. 선생님께서 뜻을 같이 하는 사람들의 단
> 체 창설을 주도해 주시기를 부탁드리고자 합니다. 수천 명이 모여 힘을
> 합치면 법의 보호를 확대해 나갈 수 있지 않을까요? 조직적인 힘을 활
> 용하면 산업재해로 장애를 얻은 사람들을 위한 법을 단순화하고 개선할
> 수 있으리라 봅니다.

그로스만이 보기에도 아주 탁월한 아이디어였다. 그리하여 1938년 2
월 26일, 단체는 첫 회의를 열었다. 창립 회원은 펄 페인, 마리 로지터,
샬럿 퍼셀, 캐서린 도노휴였다. 캐서린을 제외한 세 명이 시카고로 가 그
로스만을 만났다. 캐서린은 위중한 상태였기 때문에 톰이 그녀 대신 참
석했다. 필경 그로스만의 머리에서 나온 거겠지만, 그들은 스스로를 '산
주검들의 모임'이라 불렀다. 언론의 관심을 낚아채기 위한 작명이었다.

그로스만은 그 자리에 모인 언론을 향해 말했다. "이 단체의 목적은 산업재해 때문에 위험에 처한 이들이 법의 보호를 받을 수 있도록 하는 것입니다."

회의가 열린 날은 그로스만이 마블 판사에게 첫 의견서를 제출하는 날이기도 했다. 이 역시 그로스만의 의도였을 것이다. 아들의 말에 따르면 그는 '언론을 좋아했고 잘 활용할 줄도 알았다.' 카메라 플래시가 터지자 그로스만은 여성들에게 옅은 녹색 서류를 각기 한 뭉치씩 건넸다. 제출할 의견서였다. 펄에게 건넨 서류에는 '인류애의 실현을 위하여'라는 슬로건이 친필로 적혀 있었다. 이 묵직한 서류에는 80,000여 개의 단어로 된 그로스만의 장광설이 담겨 있었다.

> 작금의 상황에 나는 가장 날카로운 펜을 뽑아 들 수밖에 없다. 이 나라의 법이 인권을 파괴하는 칼이 되지 말고, 인권을 보호하는 방패가 되어 주기를 요구하는 바이다. 신의 법, 그리고 인간의 법에 따라 캐서린 도노휴에게 정당한 권리를 주어라. 우리가 요구하는 보상을 이행하라.

의견서는 오후 늦게 제출되었고 석간신문에 겨우 실릴 수 있었다. 신문 지면은 소송 관련 소식으로 도배되었다. 이 소식은 독일 나치 관련 소식과 경쟁이라도 하듯 1면 머리기사로 실렸다. 언론이 재판을 담당했더라면 여성들은 손쉽게 이겼을 것 같았다. 신문사들은 '부주의한 정도가 범죄 수준'이라고 라듐 다이얼을 비난했다.

기자들은 톰 도노휴에게 치료법이 개발될 것 같은지 물었다. 그는 프랜시스 퍼킨스 노동부 장관이 '권위 있는 의료 전문가를 위임해 조사 중'이라고 말했다. 칼슘 치료가 캐서린의 목숨을 연장할 수 있을지도 모르지만 캐서린은 치료 과정을 견디기에는 너무 약해진 상태라고도 했다. 한편, 퍼킨스가 연방 차원에서 여성들의 병을 조사하라고 지시한 것은 수포로 돌아갔다. 대공황이 불러온 더블 딥 경제 침체[1]에 직면한 정부는 당장 발등의 불부터 꺼야 했다. 한 정치인은 경제 상황이 '극도로 열악하다'며 "우리는 온갖 수단을 다 사용했습니다. 이제는 방법이 없습니다."라고 말했다. 아직까지 무직 상태인 톰에겐 싸늘한 위로의 말일 뿐이었다.

칼슘 치료는 불가능했지만 캐서린은 포기하지 않았다. "저는 기적을 바라고 있습니다. 그래서 기도를 하죠. 저는 살고 싶어요. 남편과 아이들을 위해 최대한 오래 살고 싶습니다." 캐서린의 엄마는 캐서린이 여섯 살 때 세상을 떠났다. 캐서린은 엄마 없는 삶이 어떤지 잘 알았기 때문에 자신의 아이들마저 같은 운명을 겪게 하고 싶지 않았다.

하지만 판결을 기다리는 몇 주 동안 그녀의 건강은 급속도로 악화되었다. 조카 매리는 이렇게 기억했다. "그 단계에 접어들자 숙모의 병은 급격히 악화되었죠. …조금씩이 아니라 순식간에 악화되었어요."

캐서린은 가정부에게 부탁할 힘조차 없어졌다. "숙모는 너무 아팠어요. 숙모가 아이들과 어울린 적이 있기나 한지 기억조차 안 나요. 그럴 수가 없었죠. 상상도 못 하실 거예요. …병은 숙모에게서 에너지뿐만 아

---

1. [역주] 2분기 연속 마이너스 성장을 연거푸 2번 겪는 경제 침체

니라 말 그대로 모든 걸 앗아간 거예요."

캐서린이 할 수 있는 일이라고는 커튼이 쳐진 1층 방 침대에 힘없이 누워 있는 것뿐이었다. 캐서린의 하루는 이따금 먹는 약, 집 뒤 철길에서 이따금 들리는 덜커덕 기차 소리, 여행객을 싣고 떠나는 마차 소리. 그게 전부였다. 이제 더 이상 캐서린이 꿈꿀 수 없는 여행이 내는 소음이었다. 집에서는 '소변 냄새'가 났다. 그녀의 세상은 작은 방이 전부였다. 캐서린은 담요를 덮고 누웠다. 엉덩이에 난 종양은 엄청 커져 있었고 온몸의 뼈가 아파 왔다. 고통은 이루 말할 수 없었다.

"신음 소리가 기억나요. 숙모는 아팠지만 소리 지를 힘도 없었던 거예요. 신음밖에 낼 수 없었죠. 울거나 소리를 지를 힘이 없었을 거예요. 그래서 끙끙거리기만 했죠." 매리는 조용히 말했다.

"집안 분위기가 어찌나 침울했던지 말도 못 해요. 그 집에 들어가면 슬픔이 가득했어요."

캐서린의 병이 악화되자 친척들은 어린 조카들이 보기에 너무 끔찍하다고 생각했다. 조카 아그네스는 이렇게 기억했다. "숙모는 라듐 때문에 무너져가고 있었어요. 어른들은 우리가 그 모습을 보는 걸 원치 않았죠. 너무 끔찍하니까요." 그래서 아그네스의 부모는 일주일에 한 번 캐서린을 보러 갔지만 아그네스는 문밖에서 기다려야 했다.

톰의 큰 누나 마가렛은 도노휴 부부의 집을 자주 찾았다. 다부진 체구의 그녀는 당시 쉰한 살로 '집안의 가장'이었다. 조카 제임스가 회상했다. "고모는 제가 아는 여자 중 유일하게 운전을 할 줄 아는 분이었죠. 휘핏이라는 자동차를 가지고 계셨어요." 다른 친척은 이렇게 말했다. "마가렛은 캐서린과 아이들을 돌보러 갔죠. 훌륭한 시누이였어요."

그리핀 신부 역시 정기적으로 캐서린을 방문했다. 수녀원의 수녀들도 반가운 손님이었다. 그들은 캐서린에게 성 십자가를 가져다주었다. 캐서린은 기뻐하며 말했다. "하느님을 집 안에 모시는 것 같은 기분이에요."

캐서린은 의외의 대상에서 위안을 받기도 했다. 캐서린의 이야기가 신문을 장식하자 독자들은 가까운 이웃들과는 달리 그녀의 상황에 동정을 표했다. 캐서린은 전국 각지로부터 '사랑이 넘치는 편지'를 수백 장이나 받았다. 사람들은 캐서린에게 장신구를 보냈으며 치료 방법을 제안하기도 했다. 병실을 장식하도록 꽃을 살 돈을 보낸 이들도 있었으며, '자신의 편지가 캐서린이 기운을 차리는 데 조금이나마 도움이 되기를 바란다'며 편지를 쓴 이들도 있었다. 그중에는 이런 내용도 있었다. "당신의 아픔을 함께합니다. 재판에서 반드시 이길 수 있기를 바랄게요. 다른 많은 사람들도 저와 같은 생각일 겁니다."

친구들 역시 캐서린이 기운을 차리도록 도움을 주었다. 마리는 캐서린의 침대 옆에 앉아 저녁 시간을 함께 보냈고, 올리브는 '정성스럽게 만든 닭요리를 가져 왔다.' 캐서린은 펄에게 "올리브는 너처럼 진정한 친구야. 너희 둘 모두에게 신의 축복이 있기를."이라며 축복의 편지를 썼다.

3월이 되자 캐서린은 원기를 회복했다. 캐서린은 펄에게 자랑스럽게 편지를 썼다. "오늘은 한동안 앉아 있었어. 누워만 있다가 앉으니까 얼마나 좋은지 몰라!"

한편 레오나드 그로스만은 자신의 침대를 구경조차 못 한 지 한참이 되었다. 그로스만과 마지드가 마블 판사에게 추가로 의견서를 제출하던

2월과 3월 내내, 둘 사이에는 붓끝을 이용한 결투가 끊이지 않았다. 그로스만의 아들이 말했다. "아버지는 일주일 동안 24시간 내내 일하다시피 하셨죠. 비서도 서너 명이나 두었고요." 이들은 그로스만이 시가를 문 채 사무실을 서성이거나 커다란 의자에 앉아 그 특유의 수사를 늘어놓는 동안 그것을 받아 적었다. 그로스만은 얼마 뒤 펄에게 '라듐 소송 사건 때문에 밤낮으로 바쁜 시간을 보내고 있다'고 편지를 썼다.

1938년 3월 28일, 최종 변론서가 제출되었다. 마블 판사는 이를 꼼꼼히 살펴본 뒤에 판결을 내릴 것이다. 그로스만은 기업의 '간교하고 파렴치한 변론'을 비난하며 의견서에 이렇게 적었다. '피고가 주장하는 알리바이는 오물 구덩이 악취가 납니다. 계산적이고 냉혹하기 이를 데 없는 [라듐 다이얼]에 대한 혐오를 담아낼 적절한 단어가 없습니다. 이 기업은 악랄하고 사악한 거짓말과 사기꾼 같은 기만행위로 [노동자]들을 안심시켰습니다. 노동자들에게 져야 할 법적 책임이 있다는 것을 알았지만 뻔뻔하게도 이 책임을 부인했습니다. 기업은 캐서린을 비롯한 다른 직원들의 동요를 막기 위해서 그들의 진짜 건강 상태에 대해 줄곧 거짓으로 일관했습니다. 그들은 캐서린을 배신한 것입니다."

그로스만은 노골적이었다. "그 어떤 악마가 지옥 불을 뚫고 튀어나오더라도 라듐 다이얼이 저지른 것 같은 극악무도한 범죄를 자행하는 것은 상상조차 할 수 없습니다. 맙소사! 라듐 산업은 수치심이 없는 건가? 라듐 다이얼을 운영하는 건 야수인가?"

그는 이렇게 결론 맺었다. "이는 도덕과 인간성에 대한 도전이며 결론적으로 말하면 법에 대한 모독입니다."

그로스만의 메시지는 강력했다. 판사는 4월 10일에 최종 판결을 내리겠다고 선언했다. 하지만 4월 5일 화요일, 그로스만의 사무실에 한 통의 전화가 걸려 왔다. 그는 205 웨스트 왁커 드라이브에 위치한 IIC의 본사로 소환되었다. 그의 사무실 길모퉁이에 있는 건물이었다.

판결이 났다.

54

도노휴 부부에게 연락할 시간이 없었다. 그로스만은 시카고에 살고 있던 샬럿 퍼셀과 헬렌 먼치에게만 겨우 연락이 닿았다. 그들만이 제때 도착할 수 있었다. 판결을 듣기 위해 IIC 사무실로 들어가는 길에 헬렌은 초조한 듯 담배를 꺼내 물었다. 위원회 회장이 조지 마블 판사의 판결문을 대독할 참이었다. 마지드와 그로스만은 판결문을 듣기 위해 자리에서 일어났다. 회장이 정숙을 요청하는 동안 두 변호사는 서로를 곁눈질했다.

마블은 도노휴 부인이 '수년간 점진적으로 은밀히 퍼지는' 병에 걸렸다고 했다. "병으로 인한 장애 때문에 도노휴 부인은 그 어떤 일도 할 수 없는 상태가 되었다."고 결론 내렸다. 참석한 사람들은 안절부절못하며 몸을 뒤척였다. 그건 모두가 아는 사실이었다. 중요한 건 기업의 유죄 여부였다.

위원회 회장은 계속해서 판결문을 읽었다. "산업위원회는 …기업과 원고 간에 직원과 회사라는 관계가 성립하며 …[캐서린 도노휴]의 장애는 일하는 과정에서 발생한 거라고 본다."

유죄 판결이다.

샬럿과 헬렌은 기뻐서 어쩔 줄 몰랐다. 헬렌은 감사하는 마음을 담아 그로스만에게 손을 뻗었고, 그는 그들을 돌아보며 만면 가득 미소를 지었다. 헬렌이 나직이 말했다. "정말 잘됐어요. 공정한 판결이에요."

마블은 기업이 캐서린에게 의료비와 손해배상금은 물론 병 때문에 일을 할 수 없었던 기간에 벌어들였을 급료까지 지급해야 한다고 판결 내렸다. 그뿐이 아니었다. 판사는 캐서린에게 남은 생애 동안 매년 277달러(현 4,656달러)의 연금을 지급하도록 명령했다. 총 5,661달러(현 95,160달러)였다. 판사가 법에 의거해 판결 내릴 수 있는 최고 금액이었다.

마블이 더 많은 금액을 선고하고 싶은 마음이었다고 생각하는 이도 있다. 마블은 캐서린이 법정에서 쓰러지는 것을 본 뒤 "지금까지 밝혀진 사실들을 보건대 이 사건에 대해 신속한 조처를 내릴 수 있는 관습법이 존재하지 않는다는 사실이 안타까울 뿐이다. 라듐 다이얼은 과거에도 그랬고 그리고 현재까지도 크나큰 과실을 저지르고 있다."고 말했다고 언론이 보도했다.

기업 임원들은 유죄였다. 그들은 캐서린과 샬럿이 불구가 되도록 만든 것이다. 그들뿐만이 아니었다. 기업은 페그 루니와 엘라 크루즈, 이네즈 발라트를 비롯한 수많은 도장공의 목숨을 앗아갔다. 이 여성들의 목숨을 다시금 살려낼 수는 없겠지만 이제 살인자들의 죄가 낱낱이 밝혀진 것이다. 그로스만은 의견서에 이렇게 적었었다. "하늘 아래 라듐 다이얼이 이 죄의 비밀을 숨기고 달아날 곳은 없다. 신은 이 세상 구석구석을 샅샅이 살피시니까." 정의의 빛이 냉담한 살인자들의 실체를 낱낱이 밝힌 것이다. 이제는 그 어떤 전면 광고도 소용없다. 그것으로 진실을 가릴 수는 없다. 깊게 파인 소녀들의 이마를 우스갯소리로 문질러 주는 쾌활한 감독관도 더 이상 소용없다. 검사결과를 숨긴다고 진실이 가려지는 것도 아니다. 오랜 시간이 지났지만 진실은 마침내 모습을 드러냈다.

그로스만은 자랑스럽게 선언했다. "정의가 승리했다! 극명한 증거 앞에 다른 결론이 나올 수는 없었다. 정의는 양심의 법칙을 따른다. 산 주검들에게 정의를 내려 주신 신에게 감사할 따름이다."

샬럿 퍼셀은 간략하게 감사의 마음을 전했다. "몇 년 동안 암울하게 살아왔는데 이제 처음으로 희망의 빛이 보이네요."

실로 기나긴 싸움이었다. 마거리트 카러프가 뉴저지주에서 처음 소송을 제기한 1925년 2월 5일에 시작된 싸움이었다. 마거리트는 처음으로 기업에 맞서 싸운 도장공이었다. 그로부터 13년 만에 법정에서 이룩한 캐서린의 승리는 고용주가 직원의 건강에 책임을 지게 한 최초의 사례였다. 여성들이 이룩한 성과는 실로 놀라웠다. 법을 바꾸고 생명을 구할 수 있는 획기적인 성과였다. 이 소송을 예의주시하던 법무부 장관은 이 판결에 대해 '위대한 승리'라며 논평을 냈다.

캐서린 도노휴가 이 소식을 접한 건《오타와 데일리 타임스》를 통해서였다. 판결이 발표되자마자 한 기자가 주인공을 인터뷰하기 위해 캐서린의 집으로 달려왔다.

캐서린은 혼자였다. 톰은 아이들을 데리고 산책하러 나간 상태였다. 캐서린은 방에 누워 있었다. 그것밖에 달리 할 수 있는 일이 없었다. 왼쪽 손목에는 여전히 은색 시계가 헐렁하게 채워져 있었다. 기자가 예정보다 5일 먼저 판결이 나왔다는 소식을 전하자 캐서린은 깜짝 놀란 듯 눈을 깜빡였다. 캐서린은 갈라지는 목소리로 힘겹게 말했다. "이렇게 빨리 판결이 나올 줄은 꿈에도 몰랐습니다."

기자의 입에서 희소식이 흘러나왔다. 기자는 기쁜 마음에 비밀스러운 소식을 전했다. 하지만 캐서린은 위중한 상태라 자신의 승리에 감정을 거의 표출할 수 없었고 미소도 짓지 않았다. 톰은 "아내는 울기만 할 뿐 잘 웃지 않아요. 웃는 법조차 잊었나 봐요."라고 훗날 고백했다.

캐서린은 판결 결과가 믿기지 않았던 것일지도 모른다. '캐서린은 판결문을 보기 위해 침대에서 반쯤 일어나 앉았지만' 끝까지 읽을 만한 힘이 없었고 다시 베개에 기대고 말았다. 소식을 듣는 동안 캐서린은 남편 생각뿐이었다. "캐서린의 입에서 나온 첫마디는 남편이 빨리 이 소식을 듣기 바란다는 거였다."고 기자는 말했다.

캐서린은 속삭였다. "남편과 아이들에게 정말 잘된 일입니다. 돈은 남편에게 도움이 될 거에요. 남편은 몇 달째 무직 상태거든요."

캐서린은 기억이 난 듯 살짝 미소를 지으며 기자에게 말했다. "우리가 이번 주에 들은 두 번째 좋은 소식이네요. 남편이 유리 공장에 다시 취직되었거든요." 리비-오웬스 공장에서 직원들을 일부 다시 불렀는데 톰도 야간 근무 자리를 얻게 된 거였다.

기자가 얘기를 더 듣고 싶어 방 안을 서성이자 캐서린은 이렇게 말했다. "판사가 훌륭하시네요. 정말 공정하세요. 감사할 뿐입니다."

공정이라는 단어가 그녀 안의 무언가를 자극한 듯, 캐서린의 얼굴에 잠깐 분노가 일었다. "한참 전에 정의가 실현되었어야 했어요." 캐서린은 쓸쓸하게 말했다. "저는 너무나 오랫동안 고통받았어요. 앞으로 더 많은 고통이 따르겠죠. 그 돈을 받을 때까지 살 수나 있을지 모르겠네요. 그럴 수 있으면 좋겠지만 돈이 너무 늦게 지급되지 않을까 걱정되기도 해요."

하지만 캐서린은 자신을 위해 목숨을 걸었던 게 아니었다. 가족과 친구들을 위해서였다. 캐서린은 희망에 찬 목소리로 이렇게 말했다. "남편과 아이들이 새로운 인생을 살 수 있을지도 모르겠네요. 저는 돈을 써 보지도 못하겠지만 다른 친구들은 그럴 수 있기를 바랍니다. 저만큼 상태가 악화되기 전에 돈을 받을 수 있으면 좋겠네요."

캐서린은 마지막으로 한마디 던졌다. 이상하리만치 조용하고 퀴퀴한 방 안에 캐서린의 갈라진 목소리가 내려앉았다. 시카고 법정에서와 같은 환희는 없었다.

"판결이 뒤집히지 않았으면 좋겠네요…."

55

판결이 난 뒤 2주 후, 라듐 다이얼은 "증거에 반하는 판결"이라고 주장하며 항소를 제기했다. 그로스만과 산 주검들의 모임은 그러한 조치를 예상한 듯 즉각 언론에 호소하며 캐서린을 위한 자금 조달에 나섰다. 샬럿 퍼셀은 이렇게 말했다. "캐서린은 돈이 없습니다. 혼자 힘으로 생활에 필요한 돈을 벌 수 없는 데다 의료비까지 쌓여만 가고 있습니다. 재심 판결이 나기 전에 눈을 감을까 두렵습니다."

캐서린은 친구들의 지원에 감동받았지만 남편이 걱정되었다. 톰은 항소 소식에 힘들어했다. 캐서린은 펄에게 털어놨다. "톰은 말이 별로 없어. 하지만 몹시 힘들어하는 것 같아."

여성들은 언론의 협조를 받아 싸움을 이어갔다. 도노휴 부부는 인터뷰를 위해 《토론토 스타》에서 나온 기자를 집으로 맞아들였다. 프레드릭 그리핀은 "달걀 껍데기처럼 쉽게 부서질 것만 같은 캐서린은 침대에 누운 채 죽음의 문턱에서도 이 싸움을 멈추지 않았다."고 보도했다.

그들은 싸우고 있었다. 여성들뿐만 아니라 그들의 지지자들도 계속해서 싸웠다. 그리핀 기자는 조용한 4월의 어느 날 저녁, 캐서린의 집에서 소송을 건 도장공들과 함께 그들을 지지하는 남성들도 만났다. 톰과 알, 클라렌스, 호바트, 이네즈의 아버지 조지도 그곳에 있었다. 이 참담한 비극은 그들의 아내와 딸뿐만 아니라 그들 자신에게도 큰 영향을 미치고 있었다. 클라렌스 위트는 아내가 다른 방에서 캐서린을 준비시키는 동안 기자에게 말했다. "모두 겁에 질려 있어요. 통증이 찾아올 때마다 그것이 마지막이 아닐까 두려워하고 있습니다."

캐서린이 병상에 누워 힘겨운 증언을 한 지도 어언 두 달이 넘었다. 그 사이에 캐서린의 몸은 만신창이가 되었다. 그리핀 기자가 그때를 회고했다. "움푹 팬 얼굴과 팔, 몸, 형체가 무너진 턱과 입이 보였어요. 침대보 아래로 뼈만 앙상했죠. 일주일도 못 살 거라는 느낌이 들었어요."

하지만 캐서린이 파르르 눈을 뜬 뒤 똑바로 바라보자 그리핀 기자는 캐서린이 생각보다 훨씬 더 투지 있는 여성이라는 걸 깨달았다. 그는 "도노휴 부인, 정확히 말하면 부인의 남은 부분은 기이한 단체의 대표로서의 역할을 끝까지 수행해 내고 있었다. 캐서린은 꼼짝없이 누워 있어야 했지만 단체의 대표로서 업무적인 태도만큼은 굳건했다."고 전했다.

캐서린은 기자에게 거침없이 말했다. "우리 기사를 꼭 내주세요. 그리고 기사를 쓸 때 그로스만 변호사님에 대해 좋게 말해 주세요."

기자는 명령을 받은 느낌이었다. '업무적'이고 '강력한' 목소리였다고 회상했다. 그로스만은 계속되는 항소 비용을 포함해 법률 비용을 전적으로 부담하고 있었다. 캐서린은 그가 최소한 언론의 관심으로라도 보상받기를 바랐다.

그로스만은 이렇게 읊조렸다. "당신은 지금 '산 주검들의 모임'의 목소리를 듣고 있습니다. 여기 이 방에서뿐만 아니라 세상을 향해 소리치는 유령 여인들의 목소리입니다. 이들의 목소리는 미국 산업 노예들의 족쇄를 풀어헤치기 위해 울려 퍼질 것입니다. 그들은 더 나은 법적 대우를 받을 자격이 있습니다. 이 단체는 바로 그것을 위해 싸울 것입니다."

그리핀은 여성들 모두를 인터뷰했다. 모두가 저마다 가슴 아픈 사연이 있었다. 마리는 한숨을 쉬었다. "[지금 어떤 기분인지] 정말로 입에 담고 싶지는 않지만 전 발목과 턱이 늘 아파요."

올리브는 근심스러운 목소리로 말했다. "언제 눈을 감을지 모르겠네요. 밤이 되면 누워서 천장을 바라보며 오늘이 마지막 날일지도 모르겠구나 생각해요."

펄도 고백했다. "지극히 일상적이고 평범한 일을 하는 것조차 제겐 고역이에요. 겉으로 드러내지 않으려 노력하지만 저는 지금 너무나 초조해요. 제 몸은 떨리고 있죠. 한 번 잃어버린 것을 다시는 되찾지 못할 거라는 두려움 때문입니다."

펄은 거의 소리치고 있었다. "아이가 무척 그립습니다. 엄마가 되고 싶어요. …저는 이제 엄마가 될 수도, 제 남편에게 어울리는 아내가 될 수도 없을 거예요."

캐서린은 불쑥 이렇게 말했다. "모두 사라졌어요!" 캐서린 샤웁처럼 그녀는 머릿속에 유령 소녀들의 합창이 울려 퍼졌는지도 모른다. 엘라와 페그, 매리, 그리고 이네즈….

훗날 그리핀은 말했다. "갑자기 터진 캐서린의 강력한 한마디에 한동안 침묵이 찾아 왔다."

그 말을 듣고 있던 톰 도노휴는 이 상황을 받아들이기 힘든 것 같았다. 그는 씁쓸하게 말했다. 목소리가 떨렸다. "개나 고양이를 위한 단체는 있지만 인간을 위해 무언가를 하려는 사람들은 없어요. 하지만 이 여성들에게는 영혼이 있잖아요."

그리핀은 집을 나서기 전에 마지막 질문을 던졌다. "어떻게 사기를 잃지 않고 버텨내고 계십니까?"

대답을 한 건 캐서린이었다. 캐서린은 예상 밖으로 강하고 단호한 목소리로 "신에 대한 믿음 덕분이죠."라고 말했다.

캐서린의 믿음은 그 어느 때보다도 강했지만 시간이 갈수록 그녀의 몸은 약해졌다. 캐서린은 일주일쯤 후 펄에게 편지를 썼다. "더 일찍 쓰려고 했는데 이제 더 이상 편지를 못 쓰겠어. 자리에 앉아 있는 게 힘들어. 한번 자리에 앉으면 그 후로 일주일 내내 기진맥진이거든." 계속되는 법적 다툼 또한 부담이었다. 캐서린은 애석하게 말했다. "소송이 끝났으면 좋으련만. 하느님은 내가 치료가 필요하다는 걸, 그것도 몹시 필요하다는 걸 아시는데."

친구들이 캐서린의 기운을 북돋아 주려고 모였다. 올리브는 과일과 신선한 계란을 가져 왔고 펄은 부부가 가까스로 마련한 돈으로 새로운 잠옷을 사다 주기까지 했다. 하지만 캐서린의 몸은 그들의 친절한 노력에도 별로 반응하지 않았다. 캐서린은 끔찍한 통증에 시달렸고 계속해서 마취제를 맞아야 했다. 턱뼈는 계속해서 파열돼 점점 더 작아졌으며 금이 갈 때마다 고통은 심해졌다. 뼈가 또다시 깨지면서 새로운 증상이 생겼다.

턱에서 피가 나기 시작한 것이다.

출혈이 있을 때마다 0.5리터의 혈액이 캐서린의 몸에서 빠져나갔다. 캐서린은 톰과 집에 있고 싶었지만, 던 의사는 그녀를 서둘러 병원에 입원시켰다. "집에 가고 싶어." 캐서린은 병원 침대에 쓸쓸히 누워 펄에게 편지를 썼다. "너무 외로워. …의사들은 내가 여기 있어야 한대. 톰은 집에서 방문 간호사를 두고 싶어 하고. 어떻게 해야 할지 모르겠어. 통증이 너무 심해." 캐서린은 펄에게 자신을 방문해 달라고 간청했다. "이 편지를 받자마자 최대한 빨리 와 줄 수 있니? 너무 우울하고 외로워."

던 의사는 갈수록 캐서린의 상태를 우려했다. 몇 주 동안 병원에 입원시켰으나 그녀의 상태는 말기였다. 조금이라도 무리하면 치명적일 수 있는 상태였다. 그는 공식 진술서를 발급했다. "법원에 출두하는 것과 같은 평범하지 않은 스트레스는 치명적일 수 있다고 사료됨. 그러한 활동을 하지 않을 것을 권고함."

하지만 그의 환자는 캐서린 도노휴였다. 의사가 뭐라고 하던 캐서린은 라듐 다이얼과 끝까지 싸우겠다고 결심했다. 이번만큼은 기업의 뜻대로 되도록 내버려 두지 않을 것이다. 1938년 6월 1일, 캐서린은 병원에서 퇴원했고 항소 재판이 있기 전날 그녀의 집에서 열린 회의에 참석했다. 그로스만과 친구들도 모였다. 캐서린은 친구들에게 감사의 뜻을 표하며 말했다. "이제 나에게는 희망이 별로 없어. 그렇지만 나는 참고 기다릴 거야. 내가 세상에 있는 것만으로도 [너희들이] 이기는 데 도움이 될 거야. 우리 아이들한테도 도움이 될 거고.”

캐서린이 덧붙였다. “아이들과 톰을 위해서라면 이 모든 고통은 감내할 만한 가치가 있어.”

같은 날 로플러 의사도 방문했다. 캐서린의 가느다란 몸은 ‘매트리스에 자국도 내지 않았다.’ 그는 ‘손가락 두께만 한 팔에서’ 캐서린의 피를 뽑았다. 캐서린은 요사이 너무 쇠약해져 더 이상 안경도 쓰지 않았다. 하지만 톰이 준 시계만은 최대한 꽉 조여서 차고 있었다. 특별한 날이면 늘 물방울무늬 원피스를 입었던 캐서린은 이제 풀 먹인 흰색 면 잠옷을 입었다. 잠옷의 뾰족한 깃에는 십자가 두 개가 수 놓여 있었다.

로플러 의사가 그녀의 몸무게를 측정하는 순간, 캐서린은 내일 공판에 참석해서는 안 된다고 했던 던 의사의 금지령이 풀리지는 않을 것임을 알았다. 캐서린 도노휴는 이제 28킬로그램이 채 나가지 않았다. 다섯 살 난 아들과도 별로 다르지 않은 몸무게였다. 게다가 캐서린이 공판에 참석할 만한 몸 상태였더라도 그녀를 법원으로 옮길 수가 없었다. 이제 캐서린은 몸에 가해지는 아주 조그마한 충격도 견딜 수 없었다.

캐서린은 항소심 재판에 참석하지 못할 것이지만 그로스만이 그녀를 잘 대변해 줄 거라 확신했다. “그로스만은 최고잖아요, 그렇지 않나요?” 게다가 그로스만은 혼자가 아니었다. 펄, 샬럿, 마리, 올리브를 비롯한 다른 여성들도 있고 톰 도노휴도 있으니까. 공판은 월요일 오후 ‘장내를 가득 메운 사람들’ 앞에서 열렸다. 전날 캐서린의 상태를 똑똑히 본 그로스만은 이제 이 소송이 ‘죽음을 앞둔 경주’라고 선언했다. 그는 엄숙하게 말했다. “도노휴 부인은 최종 판결이 있기 전에 사망할 경우 법에 의거해 아무것도 받지 못할 겁니다."

아마도 바로 이 때문에 마지드 변호사는 공판 연기를 요청했을 것이다. 하지만 그의 요청은 받아들여지지 않았다. 캐서린의 요청대로 그로스만은 그녀가 참석할 수 있도록 침상 공판을 제안했지만 기업 변호사들은 격렬히 반대했다. 결국 판사는 그날 오후 항소 증거를 들어 보겠다고 결정했다.

그 자리에 모인 취재진은 도대체 어떤 근거로 라듐 다이얼이 항소하는지 가늠해 보려고 했다. 기업의 변론 중 하나는 IIC는 관할권이 없다는 거였다. 하지만 이 주장은 즉시 기각되었다. 기업은 두 번째 변론으로 또다시 공소시효를 들먹거렸다. 그러나 세 번째 변론은 이제까지와는 완전히 다른 것이었다.

라듐 다이얼은 이제 여성들의 주장을 전면적으로 반박했다. 기업은 그들이 거짓말을 하고 있다고 주장했다. 라듐 다이얼은 정식 증거물로 여성들의 전 상사인 리드 씨가 작성한 공식 진술서를 법원에 제출했다.

리드 씨는 "캐서린 도노휴를 비롯한 다른 직원들에게 라듐이 해롭지 않다고 말한 사람은 없으며 누군가 그렇다고 말하는 것을 들어 본 적도 없다."고 맹세했다. "캐서린이 라듐에 노출되었을 때 나 자신은 기업에서 일하고 있지 않았다."라고도 했다. 그의 아내 메르세데스 리드 역시 서명 진술서를 제출했다. 부부는 '캐서린 도노휴에게 붓을 입에 넣으라고 지시하거나 가르친 적이 없으며 그 누구도 그런 지시를 하는 것을 들은 바도 없다'고 증언했다.

여성들은 기가 찼다. 리드 부부는 거짓말을 하고 있었다! 캐서린이 공장에서 일하던 시기에 발행된 마을 안내 책자만 보더라도 리드 씨의 이름이 '라듐 다이얼' 바로 옆에 버젓이 적혀 있는 것을 누구나 알 수 있었다. 기업과 리드 씨는 동의어나 마찬가지인 관계였다. 어떻게 그곳에서 일하지 않았다고 주장할 수 있단 말인가? 게다가 라듐이 해롭지 않다고 말한 사람이 아무도 없다고 맹세한다고? 안타깝게도 사장이 서명까지 했고 지역 신문에 여러 차례 실린 기업 전면 광고는 정확히 그렇다고 주장하고 있었다.

리드 씨의 선서 진술에 맞서, 그날 참석한 모든 여성들은 정반대의 증언을 하겠다고 선언했다. 이를 위해 샬럿과 알 퍼셀이 나섰다. 톰 도노휴 역시 증인석에 섰으나 이 조용한 남자는 상황에 압도되었다. 아내가 심히 걱정되기도 했을 터이다. 그는 '증언을 하는 동안 더듬거릴 뿐 목소리는 거의 들리지 않았다. 위원회 회장은 그의 증언을 거의 전부 기각했다.'

리드 부부가 한 '소위' 증언이 이번 항소에서 기업 측이 제출한 유일한 증거였다. 오후 3시 30분, 공판이 끝났다. 다섯 명으로 이루어진 위원회가 최종 판결을 내릴 예정이었다. 그들은 7월 10일에 판결을 내리겠다고 했다.

캐서린은 조금만 더 버티면 된다.

56

미국에서는 종교가 왕이다. 1938년, 그 후계자가 나타났다. 시카고의 킨 신부였다. 신부는 주간 미사인 '슬픔의 성모 마리아 9일 기도'를 집전했다. 전국적으로 20만 명이 넘는 신도가 참석해 구원을 간구했고, 킨 신부는 그들을 위해 공개적으로 기도를 올렸다. 신부의 기도는 성당에서, 라디오에서, 그리고 주간 소책자를 통해 전파되었고 미국 전역의 천주교 신자들이 어려움에 처한 이들을 위해 함께 기도했다. 9일 기도회는 당시에 문화적 현상으로 자리매김했다.

캐서린은 모든 것을 톰에게만 의지하던 터였고 더 이상 무언가를 읽을 수 있는 기력이 없었기에 전파된 기도문들을 읽지 못했다. 하지만 펄 페인의 시누이는 그렇지 않았다. "킨 신부님에게 우리 모두 편지를 쓰면 어떨까? 큰 은혜를 받을 거야. 기적은 이 시대에도 분명 일어나니까. 펄, 희망을 포기하지 마."

캐서린은 이제 잃을 게 없었다. 매리 제인과 토미…. 아이들과 시간을 보낼 때마다 가슴이 미어지는 것 같았다. 시간이 더 필요했다…. 아이들과 훨씬 더 많은 시간을 보내고 싶었다. 그리하여 1938년 6월 22일, 캐서린은 펄의 제안대로 온갖 용기와 신념을 끌어모아 진심에서 우러나온 편지를 썼다.

킨 신부님께,

의사들은 제가 죽을 거라 합니다. 하지만 저는 그럴 수 없습니다. 저는 살아야 할 이유가 많습니다. 저를 아끼는 남편과 사랑하는 우리 아이들 때문이죠. 하지만 의사들은 라듐 중독이 제 뼈와 살을 갉아 먹은 바람에 저는 의학계조차 포기한 '산 송장' 상태라 합니다.
그들은 저를 살릴 방법이 없다고 합니다. 그저 기적만 바랄 뿐입니다. 제가 원하는 건 바로 기적입니다. …하지만 하느님의 뜻이 정 그러하시다면 당신의 기도가 저를 편안한 죽음으로 이끌어 주기를 바랍니다.

제발 저를 도와주세요.
캐서린 울프 도노휴

'제발'이라는 한마디면 충분했다. 캐서린은 도움을 간청하고 있었다. 수치심이나 자부심 따위는 없었다. 그저 살기를 원하는 거였다. 한 달만 더, 한 주만 더. 단 하루만이라도 더.
산 주검들의 모임을 이끌었던 명성 덕분에 캐서린의 편지는 신문 전면에 실렸다. 9일 기도의 대중적 인기를 감안하더라도 캐서린의 편지에 대한 반응은 가히 놀라웠다. "전국 각지 동서남북에서 …폭발적인 반응이 일었다." 전국적으로 수많은 사람이 매일 캐서린을 위해 기도했다. 수십만 명의 신도들이 캐서린을 위해 기도하기 위해 비를 맞으며 줄을 섰다. 캐서린에게 2천 장이 넘는 편지도 답지했다. 그녀는 깜짝 놀라 이렇게 말했다. "편지에 전부 답장을 하고 싶어요. 하지만 물론 그럴 수 없어요."

신문 보도를 곧이곧대로 들어서는 안 되겠지만 기도는 효과가 있었다.

그 주 일요일, 캐서린은 몇 달 만에 처음으로 자리에 앉아서 가족들과 식사했다.

레오나드 그로스만은 7월 3일, 이렇게 말했다. "캐서린을 살아 있게 하는 게 도대체 뭔지 모르겠다고 의사들은 나에게 말한다. 캐서린이 기도를 통해 위안을 받아서 정말 다행이다. 그녀가 천주교 신자여서 다행이고 모든 것을 용서할 수 있어서 다행이다. 절대로 잊을 수 있는 일은 아니겠지만."

캐서린은 하루하루를 손꼽아 기다렸다. 7월 10일이 얼마 남지 않았다. 캐서린은 아이들을 위해, 톰을 위해 살았지만 동시에 정의를 위해 사는 것이기도 했다. 캐서린은 정의가 실현되기를 기도했다.

예정일보다 4일 전인 1938년 7월 6일, 신이 그녀의 기도를 들어 주었다. IIC(일리노이 산업위원회)가 라듐 다이얼의 항소를 기각한 것이다. 그들은 캐서린이 받기로 한 보상 판결을 확정했다. 그뿐만 아니라 4월 이후에 발생한 의료비 명목으로 기업이 캐서린에게 730달러(현 12,271달러)를 더 지급할 것을 명령했다. 판결을 내린 다섯 명의 위원의 만장일치로 이루어진 결정이었다. 캐서린은 기쁨을 감추지 못하며 "위대한 승리"라고 말했다.

희소식에 흥분한 펄은 그로스만에게 편지를 썼다. "정말 잘된 일이에요. 캐서린이 지금 당장 돈을 받았으면 좋겠어요. 의학적 도움도 받고 원하던 것들도 얻을 수 있게요."

하지만 캐서린이 간절히 바라던 건강의 회복은 온갖 기도에도 불구하고 요원해 보였다. 7월 중순, 캐서린은 상태가 갑자기 '증세가 악화되어' 의사를 불러야 했다. 하지만 캐서린은 아직 싸움을 끝내지 않았다. 올리브가 그날 오후 캐서린을 방문하러 잠깐 들렀을 때 톰은 야간 근무를 마친 뒤 자고 있었지만 캐서린은 펄이 그녀에게 사준 예쁜 잠옷을 입은 채 자리에 앉아 점심을 먹고 있었다. 올리브는 기분 좋게 말했다. "잠옷이 꽤 잘 어울렸어요. 불쌍한 캐서린. 캐서린을 생각하면 마음이 아파요."

캐서린은 여성들이 성공을 축하하기 위해 모인 7월 17일에도 괜찮아 보였다. 그들은 자신들이 일궈낸 실로 놀라운 성공에 관해 얘기 나누며 '즐거운 시간'을 보냈다. 친구들 역시 소송을 준비 중이었다. 캐서린이 승소한 덕분에 그들 역시 IIC에 소송을 제기할 수 있었다. 그로스만은 즉시 샬럿의 소송에 착수하겠다고 말했다. 다른 여성들 역시 증거를 확보하기 위해 시카고에서 의료 검진을 받고 있었다. 펄은 달리취 의사를 찾아가 상담을 받았다. 펄은 달리취 의사에게 "캐서린 도노휴의 사건을 위해 당신을 오타와에 보낸 건 신의 뜻이라고 생각합니다."라고 편지를 쓰기도 했다.

펄은 요즘 이상한 느낌이 들었다. 놀랍게도 그것은 미래에 대한 기대감이었다. "삶에 대한 희망이 되살아났습니다."

캐서린 역시 마찬가지였다. 하지만 캐서린의 삶은 순조롭지 않았다. 7월 22일 금요일, 톰은 아내가 너무 걱정돼 그리핀 신부에게 마지막 미사를 집전해 달라고 요청했다. 침대에 힘없이 누워 있던 캐서린은 '애석해하며' 남편에게 물었다. "이제 때가 된 거죠?"

톰은 대답할 수 없었지만 아직 때가 온 것은 아니었다. 캐서린은 이겨냈다. 법원의 판결이 그녀의 기분을 좋게 만드는 것 같았다. 덕분에 캐서린은 한 시간, 한나절, 또 하루를 더 견뎌냈고 아침에 톰에게 인사를 건네고 매리 제인에게 잘 자라는 인사를 하고 톰이 수채화 물감으로 그림을 그리는 것을 한 번 더 볼 수 있었다. 캐서린은 이렇게 살아갔다.

그러던 중 7월 26일, 라듐 다이얼은 연방 순회 항소법원에 다시 항소를 제기했다. 그들은 산업위원회가 기업의 '사법적인 제의'를 충분히 고려하지 않았다고 주장했다.

충격적인 소식이었다. 캐서린이 들고 있던 희망이라는 행복한 풍선을 터뜨리는 소식이었다. 캐서린은 충격에서 벗어나지 못했다. 이에 대해 그로스만은 말했다. "캐서린은 최대한 오랫동안 삶의 끈을 붙들고 있었다. 하지만 합법적으로 그녀의 것이 분명한 것을 앗아가려는 기업의 조치는 도가 지나쳤다. 캐서린은 마지막 끈을 놓을 수밖에 없었다."

캐서린 울프 도노휴는 1938년 7월 27일 수요일 새벽 2시 52분, 눈을 감고 말았다. 라듐 다이얼이 다시 항소를 제기한 다음 날이었다. 캐서린은 이스트 슈피리어 스트리트 자택에서 숨을 거뒀다. 톰과 아이들이 그녀의 곁을 지켰다. 캐서린은 죽기 직전까지 의식을 유지하다가 어느 순간 깊은 잠 속으로 미끄러져 들어갔다. '그녀의 마지막 순간을 함께한 이들은 캐서린이 평화롭게 눈을 감았다고 했다.'

숨을 거둘 당시 27킬로그램이 채 나가지 않았다.

전통대로 가족들은 캐서린의 시신을 집 안에 안치했다. 그녀의 몸을 깨끗이 씻긴 후 어여쁜 분홍색 가운을 입히고 그녀가 애지중지하던 묵주 반지를 가냘픈 손가락에 끼웠다. 캐서린의 시신이 안치된 뚜껑 없는 회색 관은 아이보리색 실크로 안감을 대고 베일로 덮어 놓았다. 그 안에 누운 캐서린은 정말로 평화롭게 쉬고 있는 것 같아 보였다. 관 주위에 놓인 화환과 긴 초는 캐서린이 마지막 나날을 보냈던 어두운 집을 환하게 비췄다.

이웃들이 찾아왔다. 그 전까지 그녀를 도외시하던 이들도 도움을 주러 왔다. 가정부 엘리너는 온종일 도움의 손길과 음식 쟁반들을 한가득 받았다. "모두가 아주 친절했어요." 하지만 다소 야속한 친절이었다. 캐서린이 살아 있을 때 베풀었다면 좋았을 것을.

친구들도 찾아왔다. 그들은 꽃을 가져 왔고 사랑과 슬픔도 가져 왔다. 펄은 아주 오래전 여름날, 그로스만을 설득하기 위해 함께 시카고로 갔을 때 입었던 옷을 입고 왔다. 행복했던 날을 기리기 위한 상징적인 의상이었을 것이다. 하지만 옷도 소용이 없었다. 펄은 친구의 관 옆에 무릎을 꿇고 캐서린을 위해 기도를 올리려는 순간 '거의 발작적으로' 울음을 터뜨리고 말았다.

톰은 이상하리만치 조용했다. 하지만 머리를 숙이고 있었으며 볼은 움푹 들어가 있었다. 사람들은 그의 영혼이 '산산조각' 난 것 같아 보였다고 했다. 하지만 그는 아이들을 위해 버텼다. 톰은 캐서린을 위해 검은색 정장을 입었지만 신발은 윤기 없고 흠이 나 있었다. 오래전에 아내가 챙겨 주었을 법한 소소한 부분이었으리라. 톰과 엘리너는 아이들을 준비시켰다. 매리 제인의 머리에 리본을 묶었고, 한쪽이 자꾸 삐져나오는 토미의 머리를 매만져 주었다. 톰은 품에 안긴 매리 제인이 낯선 정장을 만지작거리도록 내버려 두었고 토미가 아빠의 목에 수줍게 팔을 두르자 있는 힘껏 안아 주었다.

아이들은 엄마의 관 앞에 섰지만 상황을 이해하지 못했다. 아이들은 엄마에게 말을 걸었고 엄마가 왜 대답을 하지 않는지 의아해했다.

"왜 엄마가 말을 안 해?" 매리 제인이 순진하게 물었다.

톰은 차마 대답할 수 없었다. 대답하려 했지만 눈물 때문에 목이 메서 차마 말이 나오지 않았다. 그는 아이들을 조용히 이끌고 갔다.

캐서린이 없이 처음으로 맞이하는 저녁, 그녀가 다녔던 세인트 콜럼바 교구의 수녀들이 묵주기도를 해 주러 왔다. 그들은 캐서린의 영혼을 보내며 상실과 애통의 기도문을 외웠다. 아이들이 처음으로 엄마 없이 무릎을 꿇고 저녁 기도를 올릴 때도 그들은 아이들의 곁을 지켰다.

네 살밖에 안 된 매리 제인은 '작고 높은 목소리'로 기도를 했다. 아이의 목소리가 조용한 집 안에 울려 퍼졌다. 매리 제인은 엄마가 아래층에 누워 자고 있다고 생각하며 평소에 배운 대로 기도를 했다.

"엄마, 아빠에게 하느님의 축복이 있기를."

캐서린의 장례식이 있기 전날, 산업 중독 관련 일리노이주 법에 의거해, 사인을 밝히기 위한 조사가 진행되었다. 톰과 캐서린의 친구들이 참석했고 그로스만도 왔다. 그는 캐서린의 죽음을 '잔인하고 계산적이며 그악스러운 살인 사건'이라고 낙인찍었다.

그로스만의 진술도 상당히 인상적이었지만 가장 강력한 진술은 톰의 증언이었다. 그의 정제되지 않은 감정 때문이었다. 조사는 캐서린이 사망한 다음 날 진행되었다. 사람들은 그를 '슬픔에 사시나무처럼 떨던 자그마한 회색 머리 남자'로 기억했다. 하지만 아무리 떨려도 증언을 해야 했다. 톰은 '힘겹게 증언을 했으며 아내의 죽음을 묘사할 때에는 감정에 겨워 차마 말을 내뱉지 못했다. 그의 호흡은 거칠어졌고 추가 질문은 없었다. 톰은 눈물을 쏟아내며 증인석에서 내려왔다.'

여섯 명의 남성으로 이루어진 배심원은 톰뿐만 아니라 던 의사와 로플러 의사가 증언하는 동안에도 내내 조용했다. 검시관은 배심원들에게 '사인을 파악하기만 하면 될 뿐, 도노휴 부인의 사망에 대한 책임이 누구에게 있는지를 규정하는 것은 배심원들의 소관이 아니'라고 했다.

하지만 그들은 그렇게 했다. "우리, 배심원은 [캐서린 도노휴]가 오타와 라듐 공장에서 일하는 동안 앓게 된 라듐 중독으로 사망했다고 본다." 그로스만의 제안으로 공식 판결문에는 라듐 다이얼의 이름이 포함되었다.

그로스만은 날카롭게 말했다. "라듐 다이얼은 도노휴 부인이 일했던 유일한 공장입니다."

배심원의 판결이 나온 후, 캐서린의 사망진단서는 정식으로 승인되었다.

사인이 사망자의 직업과 관련이 있습니까?

그렇습니다.

1938년 7월 금요일, 캐서린 울프 도노휴의 장례식이 치러졌다. 아이들은 너무 어려서 장례식에 참석할 수 없었다. 하지만 수백 명의 사람들이 이 대단한 여성에게 조의를 표하기 위해 모였다. 열심히 일하고 가족을 사랑하고 싶었을 뿐이던 조용하고 겸손한 여성. 하지만 이 자그마한 여성이 개인적인 비극에 맞서 싸움으로써 수백만의 인생에 영향을 미쳤다. 캐서린의 시신이 담긴 관은 친지들의 손에 들려 집 밖으로 나왔다. 그녀에게 그 어떤 고통도 안겨 주지 않을 마지막 여정이었다.

친구들이 집 밖에 줄지어 섰다. 성당으로 향하는 행렬에 동참하기 위해서였다. 샬럿 퍼셀만이 참석하지 못했다. 샬럿은 성홍열에 걸린 아이를 돌보느라 시카고를 떠날 수 없었다. 여성들은 갖고 있는 옷 중 가장 근사한 옷을 입었다. 검은색 의상이 아니라 꽃무늬가 들어간 원피스와 화려한 색의 가운을 입었다. 그들은 캐서린이 안치된 관이 지나가자 머리를 숙인 뒤 그 뒤를 따랐다. 느릿한 장례행렬은 디비전 스트리트를 지나 콜럼바 스트리트에서 좌회전을 했다. 장례행렬은 세인트 콜럼바 성당으로 들어갔다. 캐서린이 늘 마음의 안식을 찾던 곳이었다. 캐서린은 이곳에서 세례를 받고, 톰과 결혼을 했다. 이제 이곳에서 마지막 인사를 할 차례였다.

캐서린은 병상에 누운 뒤에는 성당에 오지 못했다. 하지만 오늘만큼은 그토록 오고 싶어 했던 성당 통로를 천천히 가로지른 뒤 우뚝 솟은 아치형 천장 아래 신의 은총을 받으며 편히 쉬게 되었다. 살아생전 캐서린에게 아주 익숙한 공간이었다. 먼 옛날 남편의 가족이 기증에 참여했던 스테인드글라스를 통해 형형색색의 빛이 흠뻑 들어 왔다.

그리핀 신부가 미사를 집전했다. "오랜 기간 고통받은 도노휴 부인에게 이제 죽음이 안식을 가져다줄 것입니다." 톰에게는 미사가 너무 짧게 느껴졌다. 미사가 끝나면 이제 남은 건 아내의 시신을 묻는 일뿐이기 때문이었다. 아내를 묻고 나면 이제 남은 생애는 아내 없이 살아야 했다. 그는 캐서린에게 작별인사를 건네며 '거의 쓰러질 뻔했다.'

다른 조문객들 역시 감당하기 힘든 슬픔에 함께했다. 이 모습을 목격한 이들이 말했다. "조용하지만 감동적인 순간이었다. 캐서린의 친구들, 그녀와 함께 공장에서 일했고 똑같이 라듐 중독에 걸린 친구들이 그녀에게 작별 인사를 건넸다. '모리타모르 테 살루타무스(Moritamor te salutamus)—이제 곧 죽음을 맞이하게 될 우리들이 그대에게 경의를 표하노라.' 영예로운 고대 로마 검투사들의 말이 떠오르게 하는 장면이었다." 그들의 머리와 가슴은 캐서린으로 가득 찼다. 성당을 나서서 그녀를 병들게 한, 길 건너편의 스튜디오를 애써 외면할 때조차 온통 캐서린에 대한 생각뿐이었다. 그날 오후 펄이 그로스만에게 편지를 썼던 순간에도 그들의 마음은 캐서린에 대한 생각으로 가득했다.

캐서린의 장례식을 마치고 집으로 돌아왔을 때 캐서린에 대한 생각에서 벗어날 수 없었습니다. 오늘 사인규명 심리와 연방 순회 법정에서 보여 준 당신의 능력도 자꾸 떠올랐고요. 하잘것없는 우리 소녀들을 위해 용기 있게 싸워 주셔서 감사하다는 마음을 알려야 할 것 같아 이렇게 펜을 들었습니다.

펄은 '앞으로도 항상 승리하시기를 축원하며 기도하겠다'는 말로 마무리했다. 캐서린의 장례식이 있는 날에도 그로스만은 법원에서 그녀를 변호하고 있었다. 기업은 항소권을 거부당했지만 그것조차도 항소하고 있었다. 그들은 계속해서 항소했다. 라듐 다이얼은 미국 연방 대법원으로까지 사건을 가져갔다.

다른 변호사 같았으면 자금이 부족하다는 이유로 소송을 포기했을 것이다. 그로스만은 여전히 모든 비용을 부담하고 있었다. 하지만 레오나드 그로스만은 여성들을 대변하겠다고 다짐했었고 그들을 결코 저버리지 않았다. 아내 트루델은 "남편은 이 사건 때문에 과로로 쓰러지고 말았다."고 말했다. 라듐 다이얼은 그로스만이나 여성들이 자금 부족으로 싸움을 포기하기 바랐을 것이다. 하지만 이제 그들은 캐서린을 기리기 위해 싸우고 있었다. 강력한 동기부여였다.

연방 대법원에 들어가려면 특별 허가증이 있어야 했다. "그 허가증은 우리 집 유리 액자 안에 영원히 보관 중이죠." 그의 아들은 말했다. "아버지가 이 소송에 대해 말씀하셨어요. 자랑스럽게 생각하셨지요. 당시의 사건이 담긴 스크랩북이 우리 집 책장 한가운데에 늘 놓여 있었어요. 어떤 이야기는 수도 없이 반복해서 하셨어요. 전 이 이야기와 함께 자랐어요."

그는 계속해서 말했다. "이 소송이 연방 대법원까지 갔을 때 부모님은 두 분 다 워싱턴으로 달려가셨죠. 제가 관련 자료를 찾아봤어요. 아버지가 법정에서 변론한 뒤에 나온 결정문은 딱 한 문장이었어요. '별다른 문제가 없으므로 기각한다'는 거였죠. 이는 사실 하급 법원의 판결을 확인해 준 것이고, 그걸로 소송은 완전히 종결되었죠."

캐서린 울프 도노휴는 승소했다. 통틀어 여덟 번이나 이긴 거였다. 하지만 최종 승리를 거머쥔 건 1939년 10월 23일이었다.

신문 기사는 정의를 향한 캐서린의 싸움을 '산업재해에 맞서 싸운 가장 극적인 전투'라 묘사했다. 그 전투가 드디어 끝난 것이다. 순수하고 깨끗한 승리였다. 승리를 더럽힐 만약의 사태나 먹구름은 없었다.

합의도 없었다. 여성들을 찌르고 쑤시며 온갖 검사를 다 해놓고 라듐 중독은 없다고 말하는 위원회 의사들도 없었다. 법정 밖에서 상호 신뢰하에 맺은 합의를 무효로 하려는 기업도 없었다. 법적인 권모술수도 없었으며 변호사들의 왜곡된 언어도 없었다. 불명확한 법률 표현 때문에 자비가 발목 묶이는 일도 없었다. 명백하고 진실한 정의였다. 여성들은 오명을 씻었다. 도장공들이 승리한 것이다.

결국 승리를 이끈 것은 캐서린 도노휴였다.

한 평론가는 이렇게 말했다. "이 세상에 성인이 있다면 캐서린 도노휴도 그중 한 명일 거라 생각한다. 나는 정말로 그렇게 믿는다."

캐서린은 세인트 콜럼바 성당 묘지에 묻혔다. 소박하고 편평한 묘비는 살아생전의 그녀처럼 단정했고 눈에 띄지 않았다.

라듐 소녀들의 죽음은 헛되지 않았다. 여성들은 그들의 뼈에 침투한 독에서 벗어나지 못했지만 그들의 희생은 수천 명의 생명을 구했다.

법원이 최종적으로 캐서린 도노휴의 손을 들어 주기 50일 전, 유럽에서 또다시 전쟁이 선포되었다. 군사 장비 계기판과 군인들의 손목시계를 밝혀 줄 야광 숫자판의 수요가 엄청나게 급증한 것이다. 하지만 캐서린과 그레이스를 비롯한 수많은 도장공이 용감하게 나서서 외친 덕분으로, 시계 숫자판 도장은 이제 젊은 여성들 사이에서 가장 두려운 직업이 되었다. 정부는 가만히 앉아 있을 수만은 없었다. 라듐 걸스의 죽음이 정부의 응답을 요구했다.

새로 등장하게 된 '도장공 2세대'를 보호할 안전 지침이 도입되었다. 이전 세대를 스쳐 지나간 도장공 여성들의 시신에서 얻은 지식에 전적으로 의존한 지침이었다. 이 안전 지침은 하마터면 너무 늦을 뻔했다. 불과 7개월 후 미국은 공식적으로 제2차 세계대전에 참전하게 되었던 것이다. 미국 내 라듐 숫자판 도장 산업은 폭발적으로 성장해 USRC에서만 1,600퍼센트나 많은 인력을 고용하게 됐다. 라듐 숫자판 산업은 초창기에 비해 규모가 훨씬 커졌다. 미국은 제2차 세계대전 기간 중 야광 숫자판을 칠하기 위해 190그램이 넘는 라듐을 사용했는데, 1차 세계대전 때전 세계적으로 사용된 라듐의 양이 30그램도 되지 않았던 것에 비교하면 어마어마한 양이었다.

게다가 이제는 가장 유명해진 비밀 임무인 맨해튼 프로젝트에 참여했던 화학자 글렌 시보그는 일기에 이렇게 적었다. "오늘 아침 실험실을 시찰하는 동안 라듐 다이얼 산업에서 일했던 노동자들의 끔찍한 모습이 갑자기 떠올랐다." 원자 폭탄을 만들기 위해서는 방사능 성분이 함유된 플루토늄을 다량으로 사용해야 했다. 그는 이 프로젝트에 참여한 사람들이 비슷한 위험에 노출되어 있다는 걸 순간 깨달았던 것이다. 시보그는 즉시 플루토늄에 대한 조사에 착수해야 한다고 주장했다. 그 후 플루토늄은 생화학적으로 라듐과 매우 비슷하다는 사실이 밝혀졌다. 즉 그것에 노출되는 사람의 뼈에 안착하는 습성이 있었던 것이다. 맨해튼 프로젝트는 종사자들에게 엄격한 안전 지침을 예외 없이 따를 것을 지시했다. 바로 라듐 안전 기준에 기반을 둔 안전 지침이었다. 시보그는 전쟁의 승리를 위해 함께 일하는 동료들이 라듐 걸스의 혼령 곁으로 가기를 바라지 않았다.

맨해튼 프로젝트를 통해 개발된 원자 폭탄 덕분에 연합국이 전쟁에서 승리하자 정부는 라듐 걸스에게 진 빚을 인정했다. 미국 원자력 에너지 위원회(AEC)의 한 공무원은 말했다. "도장공들이 아니었더라면 [맨해튼] 프로젝트 관리자들은 엄격한 예방 조치 요구를 거부했을 가능성이 높다. 수천 명의 노동자가 큰 위험에 노출되었을 것이고 지금까지도 그러할 것이다. 도장공들은 '그 무엇과도 비교할 수 없는 소중한' 것을 남겨 주었다."

전쟁이 끝난 뒤에도 도장공들의 유산은 이어졌고 계속해서 다른 이들의 생명을 구했다. 이제 세상은 원자력 에너지 시대에 진입하고 있었다. 1950년대에 미국에서 성장한 한 남자는 "우리는 플루토늄의 시대에 살게 될 겁니다. 플루토늄 차량과 비행기를 몰게 되겠죠. …플루토늄의 용도는 끝이 없습니다."라고 말했다. 방사성 물질의 대량 생산은 불가피해 보였다. 소비자연맹은 "머지않아 수백만 명의 노동자가 전리방사선의 영향을 받을지도 모른다."고 경고했다.

소비자연맹이 옳았다. 하지만 위험에 처한 건 새로운 원자력 산업에 종사하는 이들뿐만이 아니었다. 지구 전체가 위험에 노출되었다. 제2차 세계대전이 끝난 지 5년이 채 되지 않아 핵무기 경쟁이 시작되었다. 그 후 10여 년 동안 지구 전역에서 수백 차례의 지상 핵실험이 실행되었다.

핵폭탄이 터질 때마다 대기 중으로 자욱한 버섯구름이 솟아났고 방사능 낙진은 다시 지구 표면으로 떨어졌다. 낙진은 실험 부지뿐만 아니라 푸른 잔디 위에도 그리고 온갖 곡류가 자라는 들판 위에도 폭설처럼 쏟아졌다. 낙진 안에 들어 있는 방사능 동위원소는 그런 식으로 인간 먹이사슬에 침투했다. 라듐이 도장공들에게 그랬던 것처럼 이 동위원소, 특히 스트론튬-90이라는 새로운 원소는 인간의 뼈에 축적되기 시작했다. 소비자연맹은 "우리 모두 희생자가 될 수 있다."고 재차 경고했다.

AEC는 이러한 우려를 무시했다. '핵무기 개발에서 뒤처질 경우 겪게 될 끔찍한 미래에 비하면 그 위험은 아주 작은 것에 불과하다'고 말했다. 하지만 겁에 질린 대중을 잠재우기에는 부족했다. 라듐 도장공들이 겪은 고충은 방사선 내부피폭의 위험을 전 세계에 알린 바 있었다. 소비자연맹은 외쳤다. "라듐 걸스는 죽어가면서도 우리에게 경고해 주었다. 우리의 무지와 태만이 어떠한 비극을 가져올 수 있는지…. 당시에도 불행을 실은 구름은 고작 인간의 손바닥만 해 보였었다."

1956년, 대중의 불안이 증폭되자 AEC는 핵실험이 인체에 미치는 장기적인 위험, 특히 스트론튬-90의 영향을 파악하기 위해 위원회를 설립했다. 하지만 연구자들은 미지의 물질이 미래 인류의 건강에 미치는 연구를 어디에서부터 시작해야 할지 고민스러웠다. 그들이 아는 사실은 스트론튬-90이 화학적으로 라듐과 비슷하다는 것뿐이었다.

방사능 전문가는 이렇게 말했다. "방사능에 피폭된 사람의 수는 매우 제한적이다. 다가오는 원자력 시대에 대비하기 위한 연구의 출발점은 오로지 이들뿐이다."

라듐 걸스가 다시 한번 도움을 줘야 할 차례였다.

그들에게는 카산드라[1] 같은 힘이 있는 것 같았다. 그들은 이 새로운 방사성 물질이 인체에 미칠 수 있는 장기적인 영향에 대해 과학자들에게 예언해 주었다. AEC의 한 관료가 이렇게 말했다. "한참 전에 일어난 일이 우리에게 한참 뒤 미래를 볼 등불을 밝혀 준 것입니다." 그는 이 여성들에게 어마어마한 가치가 있다고 강조하며 '그들이 겪은 고통은 전 세

---

1. [역주] 그리스 신화에 나오는 프리아모스 왕의 딸로 트로이의 멸망을 예언하는 등 미래를 내다볼 수 있는 특별한 능력이 있었다.

계적으로 수억 명의 생명이 달린 문제에 대한 귀중한 통찰을 제공할 것'
이라고 말했다. 펄 페인은 이런 편지를 쓴 적이 있다. "나의 역사는 예사
로운 것이 아니다. 미래에 의학계의 관심을 살 것이다." 소름 끼치는 예
언이다. 자신의 이러한 예측이 얼마나 옳았는지 이 편지를 쓸 당시 펄은
몰랐으리라.

뉴저지주와 일리노이주 등지에서 곧바로 연구가 시작되었고, 이 연구
는 훗날 인체 방사선생물학센터(CHR)에서 진행될 연구에 통합되었다.
CHR은 규모가 수백만 달러에 달하는 아르곤 국립연구소에 위치한 센
터로 오타와에서 120킬로미터 떨어진 곳에 자리 잡고 있었다. 이곳에 납
으로 둘러친 특수 납골당이 건립되었다. 납골당은 거의 1미터 두께의 콘
크리트와 3미터 두께의 흙으로 덮었다. 도장공들의 체내 축적 유해물질
즉 라듐의 양이 이곳에서 측정되었다. 이 연구는 후손을 돕기 위한 것으
로 '국가의 안전을 지키기 위해 반드시 필요했다.' 연구에 참여한 과학자
는 '라듐의 장기적인 영향을 파악해 낸다면 저준위 낙진이 인체에 미치
는 장기적인 영향도 예측해 낼 수 있을 것'이라고 말했다. 과학자들은
'연락이 닿는 도장공들을 모두 연구함으로써 방사능의 안전 한계 수치를
전 세계에 정확히 알리고자 했다.'

아직까지 살아 있는 도장공들이 있었다. 물론 그들의 **뼈**에는 시한폭탄
이 들어 있었다. 마트랜드 박사는 그들이 이렇게까지 오래 살 수 있는 이
유를 이미 설명한 바 있었다. 라듐은 그들의 **뼈**에 자리 잡은 다음 한참이
지난 뒤에도 육종을 야기할 수 있었다. 하지만 악성 종양이 언제 자라기
시작할지는 아무도 알 수 없었다. 라듐은 아직까지 모든 비밀을 알려 주

지 않은 상태였다.

살아 있는 도장공들을 수소문하기 위한 노력이 본격적으로 시작되었다. '광란의 20년대에 라듐 산업에 종사한 노동자들을 찾습니다'라는 신문 기사가 실렸다. 연구진들은 고용 문서를 입수했고 USRC에서 일하던 여성들이 소풍 때 찍었던 사진을 찾아냈다. 라듐 다이얼 공장 계단에서 찍었던 사진이 주요 단서가 되었다. 과학자들은 "이 여성들 한 사람 한 사람은 그들의 몸무게만큼의 황금 같은 가치가 있다."고 말했다. 여성들은 '과학 정보의 보물창고'라 불렸다. 여성들이 기업을 고소했을 때 기업이 그랬던 것처럼 그들을 수소문하기 위해 사립 탐정이 고용되기도 했다.

연락이 닿은 이들은 대부분 협조적이었다. 여성들은 "과학계에 도움이 된다면 기꺼이 그렇게 하겠다."고 했다. 아직까지 USRC에서 일하고 있던 여성들은 일자리를 잃을까 두려워 익명으로 참여했다.

하지만 굳이 파문을 일으키고 싶어 하지 않는 이들도 있었다. 기록에 따르면 '안나 캘러간 씨는 자신이 라듐 중독에 걸렸다는 사실을 몰랐으며 가족들은 그녀가 이 사실을 아는 걸 원치 않아 숨겨 왔다'고 했다. 또 다른 여성은 과학자들이 '어차피 자신을 치료하지 못할 거'라며 검사받기를 꺼렸다.

여성들의 가족들도 검사 대상이었다. 그레이스 프라이어의 남동생 아트도 그중 한 명이었다. 아트의 아들은 "아버지는 고모와 많은 시간을 보냈는데, 고모는 라듐 중독에 걸렸기 때문에 그도 검사 대상이 되었다"고 말했다. "정부는 아버지가 병에 걸렸는지 확인해 보고 싶었을 겁니다."

아트는 괜찮았지만 정부의 염려가 지나친 건 아니었다. 스벤 키예르의 기록에는 도장공의 동생이 사망한 사례가 나온다. "그녀는 방사선에 노출된 결과 사망한 것으로 추정되나 USRC 공장에서 일한 적이 없었다. 오염의 원인은 같은 침대를 쓴 그녀의 언니였던 것으로 보인다."

물론 맨 처음 스튜디오에서 일한 도장공들의 상당수가 이 세상을 떠났기 때문에 연구에 일조할 수 없었다. 에드나 허스만은 1939년 3월 30일에 사망했다. 에드나는 '끝까지 용기와 활력을 잃지 않았다'고 한다. 그녀는 마흔 살 남편 루이스를 남겨둔 채 대퇴골 육종으로 숨을 거뒀다.

알비나 래라이스 역시 세상을 떠났다. 알비나는 1946년 11월 18일, 쉰한 살의 나이에 다리에 난 육종으로 사망했다. 죽기 직전에 찍은 사진 속에서 그녀는 웃고 있었으며 긴장감은 전혀 찾아볼 수 없었다. 알비나는 25주년 결혼기념일을 맞이하기 14일 전에 눈을 감고 말았다.

하지만 사망한 도장공들조차 과학자들에게 제공해 줄 무언가가 있었다. 마트랜드 박사는 획기적인 발견을 했던 1920년대 당시 라듐 걸스의 조직과 뼈 표본을 수집해 두었는데, 이 자료 역시 이번 연구에 사용되었다. 사라 메일레퍼, 엘라 에커르트, 아이린 라 포르테 등 수많은 이들이 관련 정보를 제공하는 데 기여했다. 연구자들은 쿡 카운티 병원에서 샬럿 퍼셀의 절단된 팔을 가져오기까지 했다. 팔은 아직까지 폼알데하이드 속에 보관되어 있었다. 의사들은 희귀한 증상이라 생각해 수십 년 동안 보관해 두었던 것이다.

도장공들에 대한 연구를 조금은 의식한 듯 케네디 대통령은 1963년, 부분적 핵실험 금지조약(LTBT)에 서명했다. 지상이나 수면, 우주에서 핵실험을 금지하는 조약이었다. 스트론튬-90은 상당히 해롭다고 여겨졌고, 이 금지 조약으로 수많은 사람은 물론, 인류 전체의 생명을 살릴 수 있었다.

원자력 에너지는 아직까지도 사용되고 있다. 현재 56개 국가에서 240개의 원자로를 운영 중이며 원자력 함선과 원자력 잠수함을 가동하는 데도 원자력 에너지가 사용되고 있다. 하지만 라듐 걸스 덕분에 방사능 산업이 규제를 받게 됨으로써 현재까지 원자력 에너지는 전반적으로 안전하게 운영될 수 있었다.

핵전쟁의 위협이 잠잠해진 뒤에도 도장공들에 대한 연구는 끝나지 않았다. 이 연구의 핵심 인물인 로블리 에반스는 "우리는 후손들에게 방사능의 영향에 대해 최대한 많은 것을 알려 줘야 할 도덕적인 의무가 있다."고 강력하게 주장했다. AEC 역시 이에 동의했고 결국 인체 방사선 생물학센터(CHR)에서는 도장공들을 '평생 동안' 연구하기에 이르렀다.

라듐 소녀들은 10년마다 CHR로 가서 검사를 받았다. 그들은 골수 조직검사, 혈액 검사, 엑스레이 검사, 신체검사를 받는 데 동의했다. 여성들은 금식한 상태에서 '쉽게 입고 벗을 수 있는' 옷을 착용하고 오도록 요청받았다. 그들은 정신 상태와 신체 상태에 관해 자세한 질문도 받았다. 연구자들은 여성들을 상대로 호기 검사도 시행했고 밀실 공포증이 느껴질 만큼 폐쇄된 철제 지하실 안에서 그들의 체내 축적 유해물질도 측정했다. 일부는 사후에도 부검을 통해 연구에 기여했다. 과학자들은 이 시신 덕분에 그들이 살아 있을 당시에는 알 수 없었던 비밀을 파헤칠 수 있었다. 수천 명의 여성이 40대, 50대, 60대, 그 이후까지도 도움을 주었다. 그들이 의학계에 기여한 바는 헤아릴 수 없다. 우리는 그들의 희생과 용기 덕분에 하루하루 살고 있는 것이다.

인류를 위해 실험에 참여한 이들 중에는 익숙한 얼굴도 있었다. 펄 페인도 그중 한 명이었다. 펄은 자신이 살아남은 것에 대해 이렇게 말했다. "저는 운이 좋았어요. [제 몸에 들어온] 라듐은 제거해선 안 되는 특정 뼈에 집중적으로 침투하진 않았죠. 목숨을 잃은 수많은 친구들의 경우는 그랬거든요."

펄은 죽음 대신 삶을 만끽했다. 그녀는 재봉틀로 커튼과 드레스를 만들었으며 뒤뜰에 심은 나무에서 막 떨어진 신선한 과일을 이용해 '최고의 가정식 파이'를 만들었다. 펄은 살아남았기에 여동생이 도움이 필요할 때 곁에 있어 줄 수 있었다. 펄의 조카 랜디는 이렇게 말했다. "아버지가 어머니를 버리고 떠나버린 이후로 집에는 아무도 없었죠. 우리를 도와줄 사람이 아무도 없었어요. 펄 이모와 호바트 이모부는 우리가 얻은 최고의 가족이에요. 두 분이 저희를 돌봐 주셨죠."

마리 로지터 역시 아르곤 연구소를 찾았다. 마리는 살아남아서 아들 빌이 옆집에 살던 돌로레스와 결혼하는 것을 볼 수 있었으며 손녀딸 패티가 자라서 무용수가 되는 것도 지켜볼 수 있었다. 마리의 다리는 라듐 때문에 '얼룩덜룩 흉하게 부어 있었다.' 그래서 마리는 늘 절뚝거리며 걸어야 했지만 그러한 상황에서도 손녀와의 춤을 마다하지 않았다. 패티는 기분 좋게 말했다. "할머니는 늘 저와 춤을 추셨죠. 그렇게 잘 추는 건 아니었지만 우리와 함께 춤추는 걸 좋아했어요. 할머니는 늘 삶을 즐겼죠. 전 할머니는 뭐든 할 수 있다고 생각했어요." 마리는 라듐이 자신의 삶을 지배하도록 놔두지 않았다. 며느리 돌로레스는 기억했다. "어머니는 늘 통증에 시달리셨어요. 걷는 것도, 때로는 그냥 서 있는 것도 힘들어하셨어요. 정말 고통스러워하셨죠." 마리는 힘든 시기를 보냈다. '죽게 해 달라고 기도했지만 죽을 수 없었다'고 말하기도 했다. '이렇게 고통이 심한데 왜 살고 싶어 했냐고? …힘든 시기도 있었지만 결국 다 극복하게 되더라'고 자문자답하기도 했다.

다른 친구 역시 힘든 시기를 극복했다. 샬럿 퍼셀이었다. 샬럿은 1930년대 당시 캐서린 도노휴 다음으로 이 세상을 떠날 거라고 여겨졌었지만 30년이 지난 뒤에도 여전히 살아 있었다. 마리 로지터는 샬럿이 캐서린을 도왔기 때문에 신이 샬럿을 도운 거라고 했다.

1934년, 샬럿의 몸에는 육종이 있었다. 하지만 용감하게 한쪽 팔을 제거한 덕분에 목숨을 부지할 수 있었다. 이는 전부 빠졌고 한쪽 다리는 다른 쪽 다리보다 짧았지만 그녀 역시 마리와 마찬가지로 그 때문에 우울하게 살고 싶지는 않았다. 샬럿은 1950년대에 한 기자에게 이렇게 말했다. "관절염이 조금 있기는 하지만 괜찮아요. 힘든 세월을 살아왔어요. 생각조차 하고 싶지 않네요." 잊고 싶은 시절이었겠지만 과학자들이 그녀를 아르곤 연구소로 초대했을 때 샬럿은 그들의 초대를 받아들였다. 의사들은 다른 사람들에게 도움이 될 거라고 말했고 샬럿 퍼셀은 도움 요청을 거절할 사람이 아니었다.

연구가 시작되면서 캐서린 도노휴가 승소한 이후 오타와 여성들의 소송이 어떻게 진행되었는지 밝혀졌다. 많은 여성이 그로스만의 도움으로 법정 싸움을 이어갔다. 하지만 가용한 돈이 얼마 되지 않았기에 배상금은 그렇게 높지 않았다. 소송한 이들은 고작 몇백 달러밖에 받지 못했다.

샬럿은 300달러(현 5,000달러)를 받았고, 알 퍼셀은 말도 안 되게 적은 금액에 '크게 분노했다.' 팔을 잘라 내는 데 든 절단 비용 정도밖에 되지 않는 금액이었고, 그걸로 끝이었다. 아무것도 받지 못한 이들도 있었다. 마리는 아르곤 연구소에서 점심식사를 하며 이렇게 말했다. "우리도 샬럿이 받아낸 액수 정도밖에 받지 못했어요." 일부는 소송을 취하했다. 글라신스키 자매와 헬렌 먼치도 그랬다. 캐서린을 위해 힘을 합쳤던 그들이었지만 그녀가 사망하자 싸우고자 하는 의지가 사라졌던 것으로 보인다. 어쨌든 사용 가능한 돈은 얼마 안 되었다. 소송을 할 만한 가치가 없어 보였다. 그들이 원한 건 정의였고 그것을 성취했으면 된 거였다.

라듐 기업들은 결국 법의 심판을 받게 되었다. 하지만 라듐으로 인한 피해가 발생한 뒤였다. 1979년, 미국 환경보호국(EPA)은 USRC가 공장을 운영하던 부지의 방사능 오염 수치가 허용치를 훨씬 초과했다는 사실을 발견했다. 안전 기준보다 스무 배나 높았다. 방사능 오염은 예상보다 범위가 넓었다. 부지뿐만 아니라 기업이 방사능 폐기물을 버린 매립지도 방사능으로 오염됐다. 거의 750채의 집이 매립지 위에 지어졌다. 이곳에서도 방사능 오염물질이 제거되어야 했다. 오렌지 지역에서 80만 제곱미터가 넘은 부지가 오염되었고 일부는 오염의 깊이가 4.5미터가 넘었다.

EPA는 USRC의 기업 인수자에게 오염물질 제거 작업을 수행할 것을 명령했다. 하지만 그들은 새로운 안전 울타리를 설치하겠다는 데에만 동의하고 오염물질 제거 작업은 거부했다. 그마저도 제대로 실행에 옮기지 않아 EPA가 대신할 수밖에 없었다. 법원은 가만히 있지 않았다. 1991년, 뉴저지 대법원은 USRC가 그곳에서 사업을 운영할 당시에 이미 '방사능이 토양에 미치는 위험에 대해 알고 있었다'고 볼 수밖에 없으므로 이 부지의 오염에 대해 '영원토록' 책임을 져야 한다고 판시했다. 주민들은 기업을 고소했다. 7년 후 결국 법정 밖에서 합의가 이루어졌고 기업은 1,420만 달러(현 2,400만 달러)를 손해배상금으로 지급해야 했다. 정부는 뉴욕과 뉴저지주 전역에서 라듐으로 오염된 부지를 정리하는 데 1억 4천 400만 달러(현 2억 900만 달러)를 써야 했다.

한편 라듐 다이얼은 전시의 호황에도 불구하고 1943년 파산하고 말았다. 하지만 오타와 중심가에 기업이 남기고 간 건물은 세월이 훌쩍 지난 후에도 여전히 폐해를 끼쳤다. 훗날 육류 저장 회사가 이 건물 지하에 들어섰는데, 직원들은 암으로 죽어 나갔고 거기서 고기를 구입한 한 가정은 '집안 남자들이 모두 6개월 만에 줄줄이 대장암에 걸리고 말았다.' 건물은 1968년 '결국 철거되었다.' 달린페그 루니의 조카은 이렇게 기억했다. "그들은 건물을 철거한 뒤 이곳저곳에 매립 자재로 썼어요." 건물의 잔해는 학교 운동장 가장자리를 따라 그리고 마을 곳곳에 매립됐다. 훗날 연구 결과에 따르면, 공장 근처뿐만 아니라 마을 전체에서 암 발병률이 평균치를 웃돌았다고 한다. 애완용 개는 미처 자라지 못한 채 죽었고 지역 야생동물들은 고통스러운 암에 시달렸다. 페그의 다른 조카는 이렇게 말했다. "[제가 자란] 동네에서는 가족 중 암 환자가 한 명씩은 꼭 있었어요." 다른 주민은 "피해를 보지 않은 가족이 거의 없다."고 말했다.

하지만 마을 공무원들은 예전에 캐서린과 친구들에게 그랬던 것처럼 누가 봐도 명백한 문제를 해결하려 들지 않았다. 캐럴 랭거라는 여류 영화제작자가 방사능에 오염된 마을을 조명한 《라듐 도시》라는 다큐멘터리를 제작했을 때 시장은 "그 여자는 우리를 파괴하려 합니다."라며 '아무도 영화를 보지 말자고 주장했다.'

마리의 며느리 돌로레스는 평가했다. "그렇게 말해서는 안 되는 거죠. 그 영화는 라듐 오염 실태를 낱낱이 보여 줬거든요. 그런 영화는 또 만들어져야 해요." 거의 500명의 주민들이 선 채로 영화를 관람했다.

달린은 당시를 회상했다. "의견이 갈렸죠. 어떤 이들은 진실을 듣고 싶어 하지 않았어요. 믿고 싶지 않았던 거죠. 하지만 '좋아. 이 문제를 깨끗이 해결하자'고 말하는 이들도 있었어요."

결국 마을 주민들은 문제를 해결하기로 했다. EPA가 개입했고 라듐 다이얼이 오타와에 남긴 방사능이라는 위험한 유산을 처리하기 위한 기금이 조성되었다. 오렌지에서처럼 오염의 피해는 땅속 수 미터에 달했다. 수십 년이 걸릴 일이었다. 오염물질 제거 작업은 2015년까지 계속되었다.

CHR(인체 방사선생물학센터)은 수십 년 동안 도장공들을 연구했다. 과학자들은 라듐이 집요하고 교활한 물질이라는 사실을 알게 되었다. 반감기가 1,600년인 라듐은 오랜 시간 숨어 있다가 모습을 드러내곤 했다. 체내에 잠입한 뒤 수십 년에 걸쳐 집요하게 특유의 공격을 가해 왔다. 연구자들은 수년 동안 여성들을 관찰하면서 방사선 피폭이 미치는 장기적인 영향의 실체를 똑똑히 목격했다.

일부 도장공들은 목숨을 부지했지만 무탈했던 것은 아니었다. 전혀 그렇지 않았다. 어떤 여성들은 조기에 라듐 공격을 받은 후 수십 년 동안 반감기를 견뎌내야 했다. 워터베리 공장에서 일한 한 소녀는 50년 동안 병상에 누워 있었다. 공장에서 일을 시작한 나이가 늦을수록, 일한 기간이 짧을수록 초기에 사망할 확률이 낮았다. 그들은 계속해서 살아갔으나 라듐과 함께였다. 이혼이 불가능한 끔찍한 결혼 생활이었다.

많은 이들이 뼈의 병변과 골절로 고통스러워했으며 대부분 치아가 전부 빠졌다. 수많은 이들이 골암을 비롯해 백혈병이나 빈혈증에 걸렸고 일부는 수년간 수혈을 받아야 했다. 라듐은 여성들의 뼈를 벌집으로 만들었다. 샬럿 퍼셀은 훗날 척추 전체에 골다공증이 생겼고 척추뼈가 부분적으로 붕괴되었다. 샬럿은 그레이스 프라이어처럼 결국 등 교정기를 착용해야 했다.

마리 로지터는 다리 수술을 여섯 번이나 받았다. 부푼 다리는 검게 변하기 시작했고 결국에는 다리를 절단해야 했다. 돌로레스의 기억에 따르면 마리는 "잘라요! 당장! 집에 가서 또 생각하고 싶지 않아요."라고 말했다고 한다.

마리의 남아 있는 다리에는 무릎부터 발목까지 금속 막대가 대어졌다. 마리는 다리를 절었지만 그렇다고 행동이 느려지지는 않았다. 마리는 훗날 요양시설에 머물게 되었는데, 늘 휠체어를 타고 빠르게 지나다니며 모두의 주목을 받았다.

CHR 과학자들은 처음에는 라듐 피폭의 역치[1]를 찾아내기 위해 애썼다. 역치 이내에서는 아무런 피해를 당하지 않는다고 생각했다. 하지만 라듐의 장기적인 영향을 연구하면서 결국 마트랜드 박사의 의견에 동의

---

1. [역주] 생체에서 반응을 일으킬 수 있는 최소의 한계

하게 되었다. 마트랜드 박사는 수십 년 전 "정상치에서 벗어나는 수준의 방사능에 인체가 노출되어서는 안 된다."고 말한 바 있었다.

얼마나 많은 도장공들이 그들의 직업과 관련하여 목숨을 잃었는지는 알 수가 없다. 너무 많은 이들이 오진을 받았거나 추적된 적이 없기에 관련 기록이 존재하지 않는다. 어떤 의사들은 말기에 발병한 암이 10대 때 했던 일 때문이라고 생각하지 않았을 것이다. 게다가 사망은 증상의 일부일 뿐이다. 얼마나 많은 여성이 불구가 되었으며 라듐 중독 때문에 아이를 낳지 못하게 되었는지 역시 알 수 없다.

아르곤 연구소의 파일은 수만 명의 도장공들의 이름, 아니 그 숫자들로 가득 찼다. 여성들에게는 각기 조회번호가 붙었고, 그들은 그 번호로 기억되었다. 아르곤 연구소의 사망자 명단을 보면 각 여성들의 고통에 대한 처참한 기록이 무심하게 적혀 있다. "양쪽 다리 절단, 오른쪽 무릎 절단, 귀나 뇌, 엉덩이에 난 종양으로 사망, 사인: 육종, 육종, 육종." 이런 내용이 파일마다 한가득이다. 40년 넘게 산 이들도 있었다. 하지만 라듐은 종국에는 영향을 미치게 되어 있었다. '라듐, 휴면 중인 살인자, 다시 활개 치다!' 수년 동안 신문에는 이러한 표제의 비명소리가 난무했다.

메르세데스 리드 부인 역시 1971년에 사망했다. 여든여섯의 나이였다. 한 연구자는 "그녀의 뼈에는 높은 수치의 라듐이 들어 있을 것으로 확신합니다. 대장암으로 사망했다고 보고되었지만 오진일 겁니다."라고 말했다. 리드 부부는 라듐 다이얼이 파산하기 전에 회사를 나왔다. 연구자들은 "결국 리드 씨는 공장에서 해고당했고 이에 억울해했던 것 같다."고 말했다. 그렇게나 충성을 바쳤던 기업에서 해고된 뒤 그는

YMCA에서 정비원으로 일했다.

리드 부부의 사장이었던 조셉 켈리는 1969년경 사망했다. 그는 '수차
례의 뇌졸중으로 정신력이 약해졌고 갈수록 나약해졌다.' 말기에는
1920년대에 함께 일했던 사람 중 '누구누구를 최근에 본 적이 있냐'고
자주 물었다고 한다. 그는 도장공들이 안전하다는 광고에 서명했던 당
시, 자신이 사형선고를 내린 도장공들과 개인적인 친분이 있지는 않았
다. 따라서 아무리 정신력이 약해졌다 한들 그의 머릿속에 설마 유령 소
녀들이 출몰한 건 아닐 터이다.

오타와 공장에서 일했던 소녀들은 온갖 역경에도 불구하고 일부는 아
주 오랫동안 건강하게 살았다. 펄 페인은 아흔여덟까지 살았다. 그녀와
남편 호바트는 예상치 못하게 얻은 시간을 감사하게 받아들였다. 조카
랜디는 "이모와 이모부는 세계 여행을 다니셨죠. 예루살렘도 가고 영국
도 가셨어요. …미국 전 지역도 돌았고요."라고 말했다.

펄 페인은 죽기 전 어느 날, 랜디를 자신의 집으로 불렀다. 그는 이렇
게 기억했다. "이모는 다락에 올라가서 상자를 갖고 내려오라고 하셨어
요." 그는 펄이 다락방에 보관한 것들을 갖고 내려왔다. 아기 유모차와
아기 침대 등 늙은 여인이 갖고 있기에는 다소 이상한 물건들이었다. 하
지만 펄은 그토록 원했지만 갖지 못했던 많은 자식을 상징하는 물건들을
차마 버릴 수 없었을 것이다. 펄이 가져오라고 한 상자 안에는 캐서린 도
노휴에 관한 신문 기사와 그녀와 주고받은 편지, 그녀의 소송과 관련된
문서들이 가득 담겨 있었다.

펄은 랜디에게 다급하게 말했다. "이것이 우리에게 일어난 일들이란

다." 그리고는 한층 힘주어 말했다. "안전하게 잘 보관해야 한다. 아주 중요한 것들이니까. 나에게 무슨 일이 일어날 경우 펄그녀와 같은 이름의 딸에게 이것을 주도록 하렴."

랜디는 호바트와 펄이 정말 좋은 사람들이라 했다. "묘지는 좀처럼 잘 안 가는데, 이모와 이모부 무덤은 종종 찾아가요. 그곳에 갈 때마다 감사의 말을 전하죠. 두 분은 정말 친절하셨거든요."

샬럿 퍼셀은 여든두 살까지 살았다. 샬럿은 손주들의 사랑을 듬뿍 받았다. "할머니는 제가 세상에서 가장 좋아하는 사람이에요. 할머니는 어떠한 일이 닥쳐도 다 살게 되어 있다고 가르쳐 주셨죠." 손녀딸 잰은 기억을 쫓았다.

"줄넘기하는 법을 가르쳐 달라고 했더니, 팔이 하나밖에 없어서 그럴 수 없을 거 같다고 말씀하셨어요. 그리고는 그 말에 제가 실망할까 봐 기다리라고 하시더니 줄넘기 한쪽을 울타리에 묶고 한쪽 팔로 줄넘기를 하면서 시범을 보이셨죠."

잰의 동생 돈도 거들었다. "할머니는 그런 식으로 행동하셨기 때문에 [팔이 하나밖에 없다는 사실이] 전혀 어색하지 않았어요."

아이들은 "어떻게 해서 팔이 없어진 건지 말해 주세요!"라고 합창했다.

"할머니는 그 얘기를 되풀이해 주셨어요. 우리가 물을 때면 항상 같은 얘기를 들려주셨죠."

샬럿 퍼셀은 아이들에게 대답했다. "내가 어렸을 때 시계 숫자판을 칠하고 엄청 많은 돈을 받았단다. 우리는 페인트가 독이라는 걸 몰랐어. 내가 공장을 그만둔 뒤에 캐서린 도노휴라는 친구가 병에 걸렸단다. 수많은 친구들이 아팠지. 독은 내 팔에 자리 잡았지만 내 친구 캐서린의 경우 몸 전체에 퍼졌고 캐서린은 결국 죽고 말았단다. 친구가 죽자 남편은 혼자 남겨졌고 아이들은 엄마 없이 자라야 했지."

샬럿은 이 대목에서 늘 '수심에 잠겼다.'

샬럿은 캐서린의 장례식에 참석하지 못했지만 그녀의 아들은 어머니의 인생 장면에서 인상 깊은 부분이 있었다. '사람들은 저마다 작별 인사가 다르다'는 것을 암시하는 장면이었다. 아마도 아들의 시적 감수성을 자극했는지도 모른다. 아들 도날드는 기억했다. "날씨가 좋을 때면 어머니는 현관에 놓인 안락의자에 앉아 앞뒤로 몸을 움직이곤 하셨죠. 어머니가 그곳에 앉아 계실 때면 노랗고 검은 무늬의 카나리아가 와서 [팔이 없는] 어머니의 왼쪽 어깨에 앉아 있곤 했어요. 그렇게 30분 정도 어머니 곁에 있다가 가곤 했죠. 그런 일을 몇 번이나 보았어요. 보통 새들은 사람들 곁에 그렇게 머물지 않잖아요."

여성들은 그들이 세상에 남긴 놀라운 유산에 대해 가족들에게 얘기하지 않았다. 라듐 걸스는 안전 지침이 수립되는 데 기여하고 과학계에 지대한 공헌을 한 것뿐만이 아니었다. 그들은 법률의 제정에도 발자국을 남겼다. 1939년, 캐서린 도노휴의 소송이 있은 직후, 노동부 장관 프란시스 퍼킨스는 노동자들의 보상이라는 관점에서 보면 이 소송은 '승리와는 거리가 멀다'고 입장을 발표했다. 그 결과 여성들이 살아생전 달성한 성과를 바탕으로 모든 근로자를 보호하기 위해 추가적으로 법률 개정이 이루어지게 되었고 근로안전보건국이 창립되기에 이르렀다. 근로안전보건국은 현재까지도 미국 내 안전한 근로 환경을 보장하기 위해 활동

중이다. 이제 사업체는 위험한 화학물질을 다룰 경우 이 사실을 근로자에게 공지해야 한다. 또한 회사는 당연히 이런 해로운 물질이 노동자들의 볼을 발그레하게 만들어 줄 거라는 식의 얘기를 해서는 안 된다. 안전한 취급 방법과 교육, 보호를 위한 절차가 수립되었고, 노동자들은 모든 의료 검사 결과를 알 수 있는 권리도 부여받았다.

하지만 도장공들은 안타깝게도 아르곤 연구소의 검사 결과를 듣지 못했다. 연구자들이 수행한 측정 방식이 기술적으로 복잡했거나 그들이 보기에 검사 결과는 여성들에게 아무런 의미가 없었기 때문이었을 것이다. 그래도 그들은 알고 싶었다. 돌로레스마리의 며느리가 말했다. "연구진들은 어머니에게 검사 결과를 말해 주지 않았어요. 어머니는 몹시 화가 나셨죠." 1985년, 샬럿 퍼셀은 수십 년 동안 검사 차 연구소를 찾아가던 터라 이제 참을 만큼 참았다고 생각했다. 그해 연구자가 샬럿에게 전화를 걸자 심기가 별로 좋지 않다며 '나에게 아무런 도움도 되지 않는데 내가 왜 이 짓을 계속해야 하냐'고 물었다. 샬럿은 '의사를 보러 갈 돈도 없다'며 다시는 연구소를 찾아가지 않겠다고 했다.

마리도 그렇게 했다. 하지만 마리가 못마땅한 건 과학자들이 아무 말도 해 주지 않은 것만은 아니었다. 여성들이 견뎌 낸 일에 대한 마을 사람들의 변함없는 반응 또한 몹시 못마땅했다. 마리는 자기가 겪은 모든 역사가 '장판 밑에서 썩어버릴 것이며 절대로 빛을 보지 못할 거라고 늘 생각했다.' 캐럴 랭거가 오타와로 와서 영화를 제작하려고 한다는 사실을 알게 되자 마리는 기쁨을 감출 수 없었다. 마리가 말했다. "신은 나를 이 방구석에 버려두셨다. 하지만 나는 누군가가 저 문을 열고 들어와 진실을 밝혀 줄 거라고 늘 믿어 왔다. 드디어 내 이야기를 전할 기회가 생겼다." 랭거는 이 영화를 마리에게 헌정했다. 그녀는 평생 힘겨운 싸움을 하면서도 유머 감각과 신념을 잃지 않은 마리를 존경했다.

마리는 1993년 눈을 감았다. 마리는 다른 수많은 도장공들처럼 자신의 시신을 학계에 기증했다. 손녀딸 패티는 이렇게 말했다. "할머니는 다른 사람들에게 도움이 될 수 있을 거라고 생각했어요. 정확한 원인을 밝히면 치료법을 찾을 수 있을지도 모르니까요. 다른 여성들을 도울 수 있을지도 모르니까요." 마리의 시신은 연구에 사용될 마지막 오타와 도장공은 아니었다. 처음도 아니었다. 이 영광은 마가렛 루니에게 돌아갔다.

페그의 가족은 전쟁이 끝난 후 도장공들에 대한 연구가 진행된다는 소식을 듣자마자 그녀의 시신을 발굴해 검사하기를 원했다. 하지만 당시 연구는 살아 있는 이들로 한정되었다. CHR이 창립되자 연구 대상의 범위가 확대됐고 마침내 페그의 진짜 사망 원인을 밝히기 위한 조사가 착수되었다.

아홉 명의 형제자매 모두 필요한 서류에 서명했다. 동생 진이 말했다. "다른 이들에게 도움이 될 거예요. 당연히 그렇게 해야죠."

1978년, 연구진들은 세인트 콜럼바 묘지에서 페그의 시신을 발굴했다. 그녀의 시신은 부모님 옆에 안치되어 있었다. 페그의 뼈에서는 19,500마이크로퀴리의 방사능이 검출되었다. 그 어떤 도장공보다도 높은 수치로, 과학자들이 안전하다고 생각하는 것보다 천 배나 높은 수치였다.

그들은 라듐만 발견한 게 아니었다. 그들은 기업 의사가 페그가 사망한 뒤 턱뼈를 잘라내 은폐한 사실도 발견했다. 루니의 가족은 그렇게 해서 진실을 알게 되었다.

페그의 동생은 "정말 화가 나요. 언니의 몸에 라듐이 가득했다는 걸 그들은 알았던 거예요. 우리에게 거짓말을 한 거죠."라고 말했다.

진이 말했다. "가족 모두 슬픔에 잠겼죠. 언니는 죽을 필요가 없었던 거예요."

비극이었다. 1901년 이후로 라듐은 해롭다고 알려져 있었다. 그때 이후의 희생은 불필요했다.

연구진들은 백 명이 넘는 도장공들의 시신을 발굴했다. 수많은 검사 결과, 성병이나 디프테리아가 아니라 라듐 중독이 사망 원인이라는 사실이 밝혀졌다. 과학자들이 특별히 상당히 관심을 보인 도장공이 있었다. 캐서린 도노휴였다. 1984년, CHR은 그녀의 딸에게 연락해 캐서린의 시신을 발굴하면 안 되겠는지 물었다.

그들이 매리 제인에게 편지를 쓴 이유는 캐서린의 헌신적인 남편, 톰은 이 세상에 없었기 때문이었다. 그는 1957년 5월 8일, 여든두 살의 나이에 사망했다. 톰은 520 이스트 슈피리어 스트리트에서 남은 생애를 살았다. 그는 캐서린과 함께 살았던 집을 절대로 떠나지 않았다. 캐서린의 승소 소식을 들은 곳, 가족 모두 각자 음식을 조금씩 가져와 함께 축하했던 곳이었다. 조카 매리는 회상했다. "우리는 모두 그 집에 가서 축하를 했죠. 도덕적 승리였으니까요. 그 누구도 이루지 못했던 승리였죠."

돈은 한편으로 큰 도움이 되었지만 캐서린을 살릴 수는 없었다. 친척한 명이 말했다. "캐서린이 죽자 톰은 무너졌어요. 가슴이 무너졌죠."

가족들 모두 톰에게 힘이 되어 주었다. 톰의 누나 마가렛은 그 집에 살면서 아이들을 돌봤다. 톰은 아이들을 애지중지했다. "이제 남은 건 아이들뿐이었으니까요." 매리가 말했다.

"시간이 지나면서 삼촌은 다시 웃기 시작했죠. 삼촌이 웃는 걸 보니 정말 좋았어요." 그는 캐서린에 대한 얘기는 거의 하지 않았다. "고통스러운 기억이었죠. 숙모는 끔찍한 죽음을 맞이했으니까요."

매리 제인의 오빠 토미는 한국전쟁에 참전했으며 살아서 돌아왔다. 그는 스트리터(지역) 출신의 젊은 여자와 결혼을 한 뒤 아버지처럼 유리 공장에서 일했다. 하지만 그는 1963년, 서른 살 생일을 맞이한 직후 사망하고 말았다. 암의 일종인 호지킨병(악성 림프종)이 원인이었다. 매리 제인은 오랫동안 혼자였다.

매리 제인의 삶은 순탄치 않았다. 한 살 때 4.5킬로그램밖에 나가지 않았던 매리 제인은 여전히 작았다. 조카 매리는 "매리 제인은 아이 같았죠. 정말 작았어요."라고 떠올렸다.

하지만 매리 제인은 엄마의 기질을 고스란히 물려받았고 힘겨운 도전에 맞서 싸웠다. 매리는 이렇게 말했다. "그 애가 일을 구했다는 게 실로 놀라웠죠. 체구가 정말 작았거든요. 하지만 무척이나 다정했던 아이라 모두가 좋아했죠. 우리는 가족 행사가 있을 때면 늘 매리 제인을 초대했어요. 그 애한테는 이제 가족이 없었으니까요."

매리 제인은 CHR로부터 요청을 받았을 때 심사숙고한 뒤 답장을 보냈다. "저는 건강상 정말 많은 문제를 겪고 있습니다. 대부분이 어머니의 병 때문이라는 걸 이제야 알겠네요. 원하신다면 아르곤 연구소를 기꺼이 방문하겠습니다. 제 자신과 연구를 위해 중요한 일인 것 같네요." 매리 제인은 검사를 통해 스스로도 과학계에 기여했다. 1984년 8월 16일, 그녀는 연구원들이 어머니의 시신을 발굴하도록 허락해 주었다. 매리 제인은 "한 사람이라도 도울 수 있다면 가치 있는 일입니다."라고 말했다.

그리하여 1984년 10월 2일, 캐서린 도노휴는 예상치 못한 여정을 위해 세인트 콜럼바 묘지를 떠났다. 과학자들은 그녀의 시신을 검사했고 캐서린은 그렇게 의학계에 기여하게 되었다. 캐서린은 1985년 8월 16일, 남편 톰 곁에 다시 안치되었다.

매리 제인이 CHR에 쓴 편지에는 그녀의 어머니가 킨 신부에게 보낸 마지막 편지를 묘하게 상기시키는 구절이 있었다. "제가 오래 살도록 허락하시기를 하느님께 늘 기도합니다. 저는 충만하고 행복한 삶을 살기 위해 늘 노력하고 있습니다."

하지만 그녀의 바람대로 되지 않았다. 힘겨운 인생을 보낸 매리 제인 도노휴는 결국 눈을 감고 말았다. 친척의 말에 따르면 사인은 심장마비였다고 한다. 1990년 5월 17일, 쉰다섯 살의 나이에 매리 제인은 세상을 떠났다.

오랫동안, 지나치게 오랫동안, 라듐 소녀들의 유산은 법률서나 과학 문서에만 기록되었다. 하지만 2006년, 일리노이주에 살고 있는 매들린 필러라는 8학년 학생이 로스 뮐르너 박사가 쓴 도장공에 관한 책을 읽었다. 박사는 "그들을 기억하기 위한 기념비조차 세워지지 않았다."고 했다.

매들린은 행동을 취해야겠다고 생각했다. 그녀는 "라듐 걸스를 기억해야 합니다. 그들의 용기 덕분에 위생 기준이 수립되었잖아요. 이 용감한 여성들을 기리기 위한 기념비를 만들고 세상 사람들에게 널리 알렸으면 합니다."라고 말했다.

매들린이 행동에 나서기 시작할 무렵, 오타와는 드디어 그 고장의 영웅과 그 전우들을 기릴 준비가 되어 있었다. 마을사람들은 생선튀김을 판매하고 연극을 상연해 8만 달러라는 자금을 모았다. 렌 그로스만그로스만변호사 아들도 거들었다. "시장님이 협조적이다. 상황이 180도 바뀌었다. 경이롭다."

2011년 9월 2일, 일리노이주, 오타와 주지사가 도장공의 동상을 선보였다. 1920년대 젊은 여성의 모습이었다. 한 손에는 붓을, 다른 한 손에는 튤립을 든 채 시계 숫자판 위에 서 있었으며, 언제라도 그 째깍거리는 받침대에서 내려와 소생할 것처럼 치맛자락을 펄럭이고 있었다.

주지사는 선언했다. "라듐 걸스는 그 누구보다도 높은 추앙과 존경을 받을 자격이 있습니다. …그들은 죽음을 마주한 상황에서 부정직한 회사와 냉담한 산업계, 그들을 멸시하는 법원과 의학계에 맞서 싸웠습니다. 라듐 걸스가 투쟁 과정에서 보여 준 굉장한 인내심과 헌신, 정의감을 기리기 위해 2011년 9월 2일을 라듐 걸스의 날로 선포합니다."

마리 로지터의 며느리는 이렇게 말했다. "어머님이 오늘 기념비가 세워진 것을 보신다면 믿지 못하실 거예요. 저는 시내에 갈 때면 기념비를 지나치면서 '어머님, 드디어 해내셨어요!'라고 말하죠. 어머니가 오늘날까지 살아서 저 기념비를 보신다면 '더 일찍 해냈어야 했는데'라고 말씀하셨을 거예요."

이 동상은 오타와 도장공들에게만 헌정된 게 아니다. '고통받은 미국 전역의 도장공들'을 기리기 위한 것이다. 라듐 소녀 동상은 영원히 젊고 영원히 죽지 않을 것이다. 그것은 그레이스 프라이어, 캐서린 샤웁, 매기 아, 카러프 자매, 헤이즐, 아이린, 엘라를 위해 여기 서 있다. 그녀는 지금 오렌지나 오타와, 워터베리에 살다가 스러져간 모든 도장공을 위해 여기 서 있는 것이다. 자랑스럽고 영예로운 기념비다. 오랜 세월이 흐른 지금도 많은 사람들이 이 여성들에게 큰 빚을 지고 있기 때문이다.

로스 뮐르너 박사는 이렇게 말했다. "라듐 도장공들에 대한 연구는 현재 우리가 방사능의 위험에 대해 알고 있는 지식의 기초가 되었습니다. 이 노동자들의 고통과 죽음은 과학 지식의 발전에 크게 기여했으며 궁극적으로 수많은 후손의 목숨을 살렸습니다."

캐서린 도노휴의 증손녀는 말했다. "저는 단결하여 떨쳐 일어난 할머니들의 힘과 용기를 늘 존경합니다."

그들은 단결했고 승리했다. 우정으로, 포기를 거부하는 순수한 정신력으로 라듐 걸스는 우리에게 막대한 유산을 남겼다. 그들의 죽음은 헛되지 않았다.

매 순간 소중한 삶을 살았다.

후기

한 노동자는 말했다. "우리는 큰 작업대에 둘러앉아 웃고 떠들면서 페인트칠을 했죠. 일하는 건 재미있었어요."

또 다른 소녀가 말했다. "그곳에서 일할 수 있어서 다행이라고 생각했죠. 여자가 받을 수 있는 최고의 보수였거든요. 우리 모두 사이좋게 잘 지냈어요."

"우리는 라듐을 케이크 프로스팅[1]처럼 얼굴에 바르곤 했죠."

여성들은 작업복을 입고 일했는데, 이 작업복은 가족들의 세탁물과 함께 일주일에 한 번 세탁기로 들어갔다. 그들은 스튜디오에 놓인 자판기에서 음료수를 뽑아 캔을 딴 상태로 작업대 위에 올려놓고 일하는 도중간간이 마셨다. 여성들은 맨손으로 일했으며 '재미 삼아' 손톱에다 라듐을 칠하기도 했다. 연습을 위해 집으로 라듐을 가져가는 일도 비일비재했다.

공장 곳곳이 라듐으로 가득했고, 공장 밖 그들이 다니던 보도에도 라듐이 산재했다. 직원들은 오염된 천 조각을 작업실에 쌓아두거나 공장 뒤뜰에서 태웠다. 방사능 폐기물은 남자 화장실에 버려졌고, 환기구는 인근 어린이 놀이터를 향해 나 있었다. 여성들은 퇴근하기 전에 신발을

---

1. [역주] 설탕으로 만든 케이크 장식용 파우더

닦지 않았다. 그래서 라듐을 묻힌 채 마을 곳곳을 돌아다녔다. 직원들은 공장에서 일하는 한, 라듐에 뒤덮일 수밖에 없었다고 했다. 한 도장공은 이렇게 기억했다. "일을 마치고 밤에 집에 와 거울을 보면 머리카락 사이에서 라듐 가루가 반짝이는 게 보였죠." 초자연적인 빛을 닦아내려고 할 때면 손에서 피가 났다.

"회사는 모든 걸 안전하게 통제하고 있으니 걱정할 필요 없다고 말했지만 제가 보기엔 별로 신경 쓰지 않았던 것 같아요."

그랬다. 얼마 안 가 노동자들은 고통받기 시작했다. "구강 수술받아야 했죠. 하지만 이제 이가 너무 헐거워져서 전부 빠질 것 같아요. …혈액 질환도 앓고 있는데 치료할 수 없을 것 같고요." 여성들의 발, 가슴, 다리에 암이 생겼다. 한 여성은 의사가 동료의 다리를 계속해서, 조금씩 잘라냈다고 기억했다. 더 잘라낼 부위가 남아 있지 않을 때까지…. 동료 루스는 결국 사망했다.

걱정된 여성들은 감독관을 찾아갔다. "뉴욕 본사에서 담당자가 왔죠. 그는 우리 일이 몸에 해롭지 않다고 말했어요."

그 임원은 "유방암은 호르몬 문제입니다. 방사능 때문이 아니고요."라고 말했다.

하지만 사실이 아니었다. 국립 암연구소의 전문가들은 유방암과 방사능은 확실히 관계가 있다고 밝혔다.

임원은 계속해서 엄포를 놓았다. "공장 관리자에게 모든 책임이 있는 것은 아니오. 직원들에게도 책임이 있소."

하지만 작업장에 경고 문구는 없었다. 회사는 여성들에게 립 포인팅을 하지 않는 한 절대로 안전할 거라고 말했다.

이들은 일리노이주, 오타와라는 작은 마을에서 일하고 있었다. 그들의 일터는 조셉 켈리가 설립한 루미너스 프로세스였다.

1978년이었다.

맨 처음 라듐 공장에서 일했던 소녀들은 정말로 카산드라 같은 힘이 있었다. 그리고 카산드라의 예언처럼, 사람들이 그들의 예언에 늘 귀 기울이지는 않았다. 안전 지침은 기업이 제대로 지켜야만 효과가 있다. 오타와 공장에 대한 우려가 수십 년 동안 제기되었으나 1978년 2월 17일이 되어서야 이 위험한 스튜디오는 마침내 철거되었다. 조사 결과 방사능 수치는 안전치보다 1,666배나 높았다. 철거된 건물은 오타와 주민들에게 공포의 대상이 되었다. 사람들은 그 주위를 걸어가거나 차를 타고 지나가는 것조차 두려워했다. 누군가 건물 벽에 '죽음의 다이얼 루미너스'라는 문구를 낙서해 놓았다.

이곳에서 일했던 한 도장공은 무뚝뚝한 말투로 말했다. "많은 동료들이 죽었죠. 100명 중 65명이 죽었어요. 암 발병률은 정상치보다 두 배나 높았고요."

하지만 루미너스 프로세스는 사과하지 않았다. 오염물질 제거 작업에 소요된 수백만 달러 중 약 62,000달러(현 147,500달러)만을 부담했을 뿐 기업은 교묘하게 책임을 회피했다. 또한 여성들이 답변을 요구하자 임원들은 '앞뒤가 안 맞는 모호한 말들'만 늘어놓았다. 노동자들은 퇴직금으로 고작 100달러(현 363달러)를 받았고 기업을 고소하는 건 녹록지 않았다. 한 노동자는 이렇게 말했다. "기업은 노동자들의 건강 따위는 안

중에도 없었어요. 그저 공장이 돌아가는 데에만 관심이 있었죠."

지역 신문은 "루미너스 프로세스는 사람보다 이윤을 우선시하는 것 같다."고 논평했다.

그리고 이 모든 일들은 기억 속에서 사라져 갔다.

인간은 실로 망각의 동물인가 보다.

작가의 말

나는 2015년 봄, 런던에서 오타와 여성들의 인생을 그린 멜라니 마니치의 아름다운 연극, 《이 반짝이는 삶(These Shining Lives)》을 연출하면서 라듐 소녀들의 이야기를 처음으로 접하게 되었다. 영국에서 잘 상영되지 않는 종류의 연극이었지만 구글 검색창에 무작위로 '여성들을 위한 훌륭한 연극'을 쳐 이 연극을 찾게 되었다. 나는 영국인인 데다 이 연극의 무대가 되는 마을에서 6,500킬로미터나 떨어진 곳에 살고 있었지만 캐서린 도노휴의 첫 독백을 읽는 순간, 반드시 이 이야기를 세상에 알려야겠다고 생각했다. 인간으로서의 권리를 위해 용기와 존엄, 투지로 분연히 일어선 실존 인물들의 놀라운 투쟁의 역사는 나에게 큰 울림을 주었다. 또한 온 세상에 보편적인 힘을 발휘할 게 분명했다.

다른 누군가의 실화를 전해야 하는 사람이라면, 작가가 되었든, 배우가 되었든, 감독이 되었든, 이야기의 주인공을 공정하게 대해야 할 책임이 있다고 생각한다. 처음부터 나는 이러한 사명감을 안고 라듐 소녀들의 실화를 전해야겠다고 생각했다. 그리하여 수많은 배경 연구를 시행함으로써 이 책을 집필하기 위한 준비 작업에 착수했다. 이 여성들에 관해 찾을 수 있는 모든 자료를 읽는 것도 준비 작업의 일환이었다. 당시에는 주로 두 권의 학술 서적이 관련 이야기를 전하고 있었다. 클라우디아 클락이 쓴 《라듐 걸스: 여성과 산업보건 개혁(Radium Girls: Woman and In-dustrial Health Reform, 1910-1935), Claudia Clark》과 로스 밀르너 박사가 쓴 《죽음의 빛: 라듐 다이얼 노동자들의 비극 (Deadly Glow: The Radium Dial Worker Tragedy), Dr. Ross Mullner》이었다. 이 책들은 값진 정보를 담고 있었으며, 덕분에 나는 각 배역을 정할 수 있었고 진실이 담긴 이야기를 전할 수 있었다.

하지만 애초에 학문과는 거리가 먼 이야기꾼인 나로서는 이 책들이 소녀들의 생동감 넘치는 인생이 아니라 과학적이고 법률적인 측면에 초점을 맞추고 있다는 사실에 적잖이 놀랐다. 얼마 안 가 나는 라듐 소녀들을 무대의 중심에 세우는, 그들의 관점에서 이야기를 전하는 책이 존재하지 않는다는 사실을 알게 되었다. 정의를 위해 싸우다 스러져간 여성들 개개인은 역사적인 성과에 가려져 있었다. 그들은 '라듐 걸스'라는 익명적 별명으로만 알려져 있었다. 개개인의 독특한 경험, 즉 그들의 상실과 사랑, 성취와 두려움에 관한 이야기는 잊혀졌다. 애초부터 그 어떤 문헌에서도 찾아볼 수 없었다.

나는 이 공백을 메우기로 했다. 연극을 연출하는 동안 이 여성들은 어느덧 나에게 소중한 존재가 되어 있었다. 나는 그들을 도와준 유명한 전문가의 이야기가 아니라 그들의 이야기를 전함으로써 그들의 빛나는 영혼을 보여주고 싶었다. 이들은 평범한 노동자 계급 여성들이었고 나는 그들의 여정을 지도처럼 그려내는 걸 목표로 삼았다. 넉넉한 월급봉투를 처음 손에 쥐었을 때의 환희에서부터 처음으로 이가 아팠을 때, 그리고 그들을 병들게 한 기업을 상대로 싸우기 위해 개개인이 소환해야 했던 용기에 이르기까지 모든 것을 다루고 싶었다. 나는 여성들의 삶에 들어가 지금, 바로 이곳에서 일어나고 있는 것처럼 매 순간을 그리고 싶었다. 그렇게 함으로써 독자들이 수십 년에 걸친 역사의 우여곡절에 함께하며 라듐 걸스 개개인에게 공감하기를 바랐다. 나는 라듐 걸스가 친구처럼 느껴지기를 원했다.

나는 여성들의 실화를 공정하게 다뤄야 한다는 사명을 잊지 않고자 애썼다. 작가로서 책임을 느낀 나는 라듐 걸스의 발자취를 따라가기 위해 6,500킬로미터를 건너 미국으로 갔다. 나는 그들의 출근길을 걸어 보고 싶었고 그들의 집과 무덤에 가 보고 싶었다. 또한 두 매기아 자매의 집을 연결해 주는 길을 걷고 싶었고 라듐 때문에 절뚝거리는 다리를 이끌고 가파른 언덕을 오르는 게 얼마나 힘든지 느껴 보고 싶었다. 나는 이 책을 통해 여성들에게 각자의 목소리를 부여하고 싶었다. 그래서 단서를 찾아내고자 했다. 내가 그들이 못다 한 말을 대신할 수 있도록 그들이 남긴 기록들을 찾아다녔다.

놀랍게도 이렇게 연구한 끝에 그들의 진짜 목소리를 찾아낼 수 있었다. 여성들은 일기와 편지, 법정 증언을 통해 자신의 목소리를 남겨 두었다. 그들의 목소리는 먼지가 가득 쌓인 채 자료보관소에 오랫동안 보관되어 있었다. 누군가 들어 주기만을 기다리고 있었던 것이다. 그들의 삶을 더 깊이 파고들수록 나는 마치 백 년 동안 그들을 위해 싸워 온 대리인이 된 느낌이었고, 혹은 그들의 이야기에 날개를 달아 줄 조력자가 된 느낌도 들었다.

나의 연구는 뉴저지주에서 시작되었지만 워싱턴 D. C., 시카고, 오타와까지도 이어졌다. 한때 라듐 다이얼 공장이 있던 부지에 서 보니 캐서린이 사랑하던 성당이 대각선으로 맞은편에 있는 게 보였다. 라듐 기업이 지역사회의 한가운데 있었기에 여성들이 이에 맞서 싸우기가 쉽지 않았을 거라는 게 확연히 느껴졌다. 캐서린이 남편과 함께 살았고 마지막까지 머물다 간 집, 마니치의 연극이 시작될 때 모두의 관심을 사로잡는 독백에서 묘사된 그 집 앞에 서 있자니 당시의 모습이 생생하게 떠오르는 것 같았다. 나는 운이 좋게도 여성들의 친척들을 인터뷰할 수 있었고, 덕분에 내 책의 주인공들이 실제로 어떤 사람들이었는지 알 수 있었다.

일부 후손들은 쉽게 찾을 수 있었다. 지역 신문에서 인터뷰했던 이들이었다. 하지만 캐서린 도노휴의 가족처럼 옛날 방식대로 찾아다녀야 했던 이들도 있었다. 캐서린의 조카손녀는 일하는 도중 낯선 영국 여성에게서 오래전에 죽은 친척에 대한 얘기를 좀 들어 볼 수 없겠냐는 이메일을 받기도 했다. 그녀는 감사하게도 친절했으며 큰 도움을 주었다. 여성들의 친척들은 대부분 이 이야기가 마침내 이러한 방식으로 쓰인다는 사실에 기뻐했다. 그들은 인터뷰를 통해 사소하고 개인적인 세부정보를 제공해 주었고, 덕분에 나는 여성들의 생생한 모습을 전할 수 있게 되었다. 가장 감동적인 인터뷰는 캐서린의 조카 매리와의 인터뷰였다. 캐서린이 통증 때문에 비명을 지른 적이 있냐고 묻자 매리는 숙모는 소리를 지를 힘도 없어서 그저 끙끙 앓기만 했다고 답했다. 오랫동안 기억에 남을 인터뷰였다. 가족들은 그들의 고모, 언니, 엄마의 어린 시절 사진도 공유해 주었다. 특히 인상적인 사진은 여덟 살 된 페그 루니가 할머니, 어머니와 함께 찍은 사진이었다. 3세대가 나란히 앉은 모습에는 그들이 20세기까지 이어질 거라고 자신 있게 믿었던 유산과 미래가 담겨 있었다. 15년 후 페그가 라듐 중독으로 젊은 나이에 사망하면서 이 유산이 더는 이어지지 못할 거라는 건 아무도 몰랐으리라.

나는 개인적인 인터뷰와 현지 조사를 시행한 것 외에도 도서관을 찾아가 며칠이고 자료를 찾아보기도 했다. 먼지 가득한 편지와 졸업앨범을 뒤지며 마이크로필름으로 촬영된 변호사, 의사, 신문 기자의 기록들을 살펴보았다. 여성들의 고통을 상세히 묘사한 글을 읽으며 나는 몇 번이고 눈물을 훔쳤고 이 모든 '이야기'가 얼마나 진실한 것인지 새삼 느끼게 되었다. 나는 퀸타 맥도날드가 횡격막부터 무릎까지 착용해야 했던 꽉 조이는 깁스 사진을 보았으며, 몰리 매기아의 엑스레이 사진 속에서 흰색으로 밝게 빛나는 뼈를 보았다. 캐서린 도노휴가 친구 펄 페인과 마지막으로 주고받은 편지를 손에 쥐었을 때는 캐서린이 한때 집었던 똑같은 종이가 내 손에 들려 있다는 사실에 기분이 묘했다.

하지만 라듐 소녀들이 겪은 현실을 가장 뼈저리게 느낀 건 그들의 무덤을 방문했을 때였다. 여성들의 가족이 나를 안내해 주었는데, 그들은 내가 화강석으로 만든 묘비 앞에 무릎을 꿇고 여성들에게 조의를 표하는 동안 예의를 차리려는 듯 조금 떨어져 서 있었다. 나는 묘비에 새겨진 여성들의 이름을 보았다. 라듐의 공격으로 만신창이가 된 그들의 몸이 햇살 가득한 잔디 아래 누워 있었다. 그들의 희생을 기려야 할 필요성을 나에게 다시 환기해 주는 순간이었다. 영국으로 돌아온 뒤 나는 최선을 다해 그들의 이야기에 생명력을 불어넣어야겠다고 생각했다. 나에게는 그럴 의무가 있었다.

그래서 나는 그들을 영국으로 데리고 왔다. 물론 내가 할 수 있는 선에서. 여성들의 사진을 책상에 둔 채 이 책을 썼으며, 매일 아침 그들에게 인사를 건넸다. 그레이스의 죽음에 관해 쓰면서, 아이들을 위해 살고자 하는 캐서린의 용기에 관해 쓰면서 그들을 바라보았다. 이 사진들은 가족들의 진술이나 기록보관소에서 얻은 정보, 그리고 그들의 고향에 대한 나의 생생한 기억과 함께 내 마음속에서 한데 뒤섞였다. 나는 치료제를 간절히 바라는 마음, 유산을 겪은 슬픔, 무슨 일이 있더라도 계속해서 싸우고자 하는 의지 등 그들 앞에 놓인 운명의 높낮이를 함께한다는 기분으로 개개인의 여정을 그렸다. 믿기 힘든 비극 속에서도 이 여성들이 보인 용기와 정신력에 다시 한번 감탄할 수밖에 없었다.

여덟 살 된 페그 루니도 내가 이 책을 쓸 때 내 곁을 지켰다. 이 책을 통해 페그와 그녀의 어머니, 할머니가 오랜 세월 이어져 나갈 거라 순수하게 믿었던 유산이, 어떤 의미에서, 이어지기를 바란다. 나는 21세기에 이 책을 쓰고 있다. 하지만 페그와 그녀의 친구들은 그들이 감내한 막대한 희생 때문에 아직까지도 기억되고 있다. 이런 의미에서 라듐 걸스는 아직도 살아 있는 것이다. 역사 속 어둠을 뚫고 선의의 빛, 용기의 빛, 투지의 빛을 발하며 여전히 살아가고 있는 것이다. 그들을 되살려내는 데 조금이나마 도움이 될 수 있어서 큰 영광이었다. 이 책은 그들의 것이다.

내가 그들을 공정하게 대했기를 바란다.

케이트 모어,
2017년 런던

감사의 글

이 책은 오타와 도장공들의 경험을 그린 《이 반짝이는 삶(These Shining Lives)》이라는 연극을 연출하는 과정에서 탄생했다. 나에게 여성들의 이야기를 소개해 준 극작가, 멜라니 마니치에게 진심으로 감사하다는 말을 전하고 싶다. 이 연극에 숨을 불어넣어 준 훌륭한 배우들, 안나 마르크스, 캐시 애보트, 다렌 에반스, 데이비드 도일, 제임스 바톤-스틸, 줄리아 파게트, 라이오넬 로런트, 마크 에빈스, 닉 에드워즈, 사라 허스만, 윌리엄 발틴에게도 감사를 표한다. 이 이야기에 대한 TSL 연극팀의 열정은 나에게 끊임없는 영감의 원천이 되었다. 그들의 재능과 헌신, 변함없는 지원에 감사를 전하고 싶다.

소중한 정보를 아낌없이 제공해 준 도장공들의 가족에게도 감사를 전한다. 그들 덕분에 이 책의 내용은 풍부해질 수 있었다. 그들은 열린 마음으로 나를 집에 초대했고 가족 앨범을 보여주었을 뿐만 아니라 현장 답사를 도와주었으며 묘지까지 나를 안내해 주었다. 그들의 우정과 환대에 감사할 뿐이다. 그들을 만난 건 정말 영광이었다. 내가 그들의 가족을 공정하게 대했기를 바란다. 미쉘 브레이서, 매리 캐롤 캐시디, 매리 캐롤 월쉬, 제임스 도노휴, 캐슬린 도노휴 코포이드, 아트 프라이어, 패티 그레이, 달린 함, 펠리시아 키톤, 랜디 포지, 도날드 퍼셀, 돌로레스 로지터,

진 스코트, 돈 토피, 잰 토피에게 감사를 전하고 싶다. 훌륭한 통찰과 정보를 제공해 준 그들 모두에게 어떻게 감사를 표해야 할지 모르겠다. 추가로 도움을 준 달린과 캐슬린에게 특히 고맙다는 말을 전하고 싶다.

렌 그로스만에게도 감사를 전한다. 얼마나 자상한 사람인지! 그는 아버지의 법률 자료와 스크랩북을 전해 주었을 뿐만 아니라 노스웨스턴까지 동행해 추가 연구를 할 수 있는 숱한 단서를 제공해 주었고 인터뷰에 직접 응하기까지 했다. 알렉스, 하나린, 데나 콜빈에게도 감사를 전한다. 그들은 레이몬드 베리에 관한 정보를 제공해 주었으며 이 책에 열정과 지원을 아끼지 않았다. 해리슨 마트랜드의 작업과 서신을 인용할 수 있도록 도움을 준 크리스토퍼 마트랜드와 윌리엄 마트랜드에게도 감사를 표하고 싶다.

나보다 먼저 이 여정에 오른 작가들에게도 나는 큰 빚을 졌다. 클라우디아 클라크와 로스 밀르너의 책은 이 책을 쓰는 데 귀중한 자료가 되었다. 로스는 연구 자료를 공유해 주었고 인터뷰에도 응해 주었다(클라우디아 클라크는 안타깝게도 그녀의 연구 대상들처럼 비교적 젊은 나이에 세상을 떠났다). 미국 전역의 사서와 문서 보관 담당자들 역시 큰 도움이 되었다. 오렌지 공립도서관의 앨리스, 뉴어크 공립도서관의 베스 작-코헨, 시카고 국립 기록보관소의 더그, 글렌, 사라, 라셀 카운티 역사협회와 도서관의 켄 스노우, 에린 란돌프를 비롯해 오타와 레딕 공립 도서관, 국회도서관, 헤롤드 워싱턴 도서관 센터, 시카고 공립도서관, 노스웨스턴 대학도서관, 일리노이주 페루에 위치한 웨스트콕 박물관의 직원들에게 감사를 전한다. 특히 럿저스의 밥 비트로고스키에게 정말 고맙다는 말을 전하고 싶다. 밥은 정말 유능한 사람으로 그의 손에서 이 책은 새롭게 태어났다. 내 연구에 도움을 준 레이니 디아스, 고든 듀톤과 커스틴 듀톤, 스테파니 재퀸스, 스테이시 필러, 신디 포지, 아만다 캐시디, D.W. 그레고리, 엘리너 플라워, 제랄린 백스에게도 감사를 전한다.

사진사용을 허락해 준 이들과 미국에서 도움을 준 모든 이에게도 감사를 전하고 싶다.

이 책을 쓰는 과정에서 나는 크게 성장했다. 나를 둘러싼 세상이 전부 바뀌었다고 해도 과언이 아니다. 부모님, 존 그리블과 베스 그리블은 나를 끊임없이 격려해 주었으며, 동생 페니와 사라 역시 지원을 아끼지 않았다. 뉴욕에서 큰 도움을 준 조 매이슨, 조언을 아끼지 않은 안나 모리스, 이 책에 끝없는 열정을 보인 모든 친구들에게 감사를 전하며, 전문적인 조언을 아끼지 않은 나탈리 갈스워시, 에드 픽포드, 제니퍼 릭비에게도 감사를 표한다.

남편 던칸 모어에게는 '고맙다'는 말로는 부족할 것 같다. 남편의 사랑과 지원이 없었더라면 이 책은 탄생하지 못했을 것이다. 특히 특유의 창의적인 지혜로 통찰력 있는 지도와 안내를 해 준 것에 감사를 표한다. 나뿐만 아니라 이 여성들에게 도움을 주어서, 그리고 이 책의 첫 번째 독자가 되어 주어서 정말로 고맙다.

마지막으로 편집자에게도 감사를 전하고 싶다. 이 책을 지원해 준 영국 사이먼 앤 슈스터의 모든 팀, 특히 편집 관련 피드백을 제공하고 성실하게 최선을 다해 준 조 휘트 포드, 홍보를 담당한 제이미 크리스웰, 판권을 담당한 사라 버지와 스테파니 퍼셀, 사내 홍보를 담당한 닉키 그크

로슬리에게 감사를 전한다. 미국 소스북스의 팀에게도 감사를 전하고 싶다. 편집장 샤나 드레스와 그레이스 메너리-와인필드에게 감사를 표한다. 이 책에 대한 그녀의 인상적인 첫 반응을 나는 평생 잊지 못할 순간으로 간직할 것이다. 이 책에 대한 나의 방향을 이해해 줘서, 이 책을 지원해 주고 무엇보다도 여성들을 지지해 줘서 고맙다. 라듐 걸스의 이야기가 자국에서 출간되어서 정말 다행이다. 소스북스 같은 열정적인 출판사가 그들에게 관심을 가진 것을 축복으로 생각한다. 홍보를 담당한 리즈 켈시, 발레리 피어스, 헤더 모어뿐만 아니라 인용문을 담당한 성실한 캐시 거트만, 엘리자베스 배그비에게도 감사를 전한다.

마지막으로 S&S의 선임위원 편집장 아비게일 베르그스트롬에게도 감사 인사를 전하고 싶다. 그는 이 이야기를 전하고자 하는 나의 바람을 이해했다. 아비게일의 전문 지식과 이 책에 대한 믿음이 없었더라면 이 책은 탄생하지 못했을 것이다. 나뿐만 아니라 이 책의 주인공들에게도 도움의 손길을 내밀어 주어서 정말로 감사하다. 그들의 이야기는 이제 세상에 알려졌다. 그가 없었더라면 불가능한 일이었을 것이다. 그들이 목소리를 낼 수 있도록 기회를 줘서 진심으로 고맙다.

케이트 모어, 2017년

독서 그룹 지도

1. 《라듐 걸스》에는 승리와 비극이 모두 담겨 있다. 당신에게 가장 큰 영향을 준 부분은 무엇인가? 그 이유는 무엇인가?

2. 《라듐 걸스》의 주인공 중 당신에게 가장 큰 울림을 준 인물이 있었는가? 그렇다면 그들의 이야기나 성격 중 어떤 부분이 가장 인상적이었는가?

3. 라듐에 독성이 있으며 소녀들이 일 때문에 병에 걸린 거라는 사실이 입증된 후에도 라듐 기업들은 꿋꿋하게 자신의 입장을 고수했다. 그들이 왜 그랬다고 생각하는가? 현대 기업들 역시 이와 유사하게 무자비하게 행동할 수 있다는 게 상상이 되는가?

4. 라듐 공장에서 일한 사람들이 남성이었다면 라듐 기업과 언론이 다르게 대응했을 거라고 생각하는가? 당시의 시대 상황을 고려했을 때 여성이라는 성별이 그들의 소송에 어떠한 영향을 미쳤다고 보는가?

5. 라듐 걸스가 라듐 기업을 상대로 싸우지 않았더라면 오늘날 세상은

다른 모습일 거라고 생각하는가?

6. 라듐의 영향이 사라지려면 1,500년이 넘는 시간이 필요하다. 여성들의 신체뿐만 아니라 그들이 한때 일했던 곳에도 아직까지 라듐 독성이 남아 있다는 의미다. 이처럼 끔찍한 영향에도 불구하고 왜 이런 이야기가 널리 알려지지 않았다고 생각하는가?

7. 《라듐 걸스》는 라듐 공장에서 일했던 노동자와 그들의 가족, 친구의 시점에서 말해진 이야기다. 기존의 연구들은 그들의 개인적인 여정에 초점을 맞추지 않았다. 소녀들의 삶에 관한 개인적이고 구체적인 정보를 알게 된 것은 이 이야기에 대한 당신의 관심이나 평가에 어떠한 영향을 미쳤는가?

8. 역사적으로 여성들이 소외당한 다른 사건을 알고 있는가?

9. 라듐은 이 책에서 유해한 존재로 취급되지만 다수의 이익을 위해 사용되기도 한다. 라듐이 이 세상에 긍정적인 영향을 미칠 수 있는 사례를 찾아보라. 희생을 감수할 만한 가치가 있다고 생각하는가?

10. 라듐 외에도 발전과 비극을 동시에 가져다주는, 세상을 바꿀 만한 발견물이 또 무엇이 있을까?

11. '빛나는 소녀들'의 용기에 어떠한 영감을 받았는가? 이를 바탕으로
    나의 삶을 어떻게 변화시킬 수 있을까?

사진의 판권과 출처

page 1 *New York Evening Journal* (위 왼쪽). CHR, National Archives, Chicago (위 오른쪽과 아래 왼쪽). *American Weekly* (아래 오른쪽).

page 2 *New York Evening Journal* (위 왼쪽). RBP, reel 2 (위 오른쪽). *American Weekly* (아래 모든 사진).

page 3 CHR, National Archives, Chicago.

page 4 Hagley Museum and Library, sourced from *Deadly Glow* by Dr. Ross Mullner (American Public Health Association, 1999) (위 왼쪽). Blackstone Studios, University Archives, Rare Book & Manuscript Library, Columbia University in the City of New York (위 오른쪽). *Newark Ledger* (중간 왼쪽). Michael Frunzi, HMP, Rutgers (중간 오른쪽). RBP, reel 2 (아래 왼쪽).

page 5 Collection of Ross Mullner (위). Lippincott, Williams, and Wilkins, sourced from *Deadly Glow* (중간 왼쪽). *American Weekly* (중간 오른쪽). CHR, National Archives, Chicago (아래).

page 6 Used courtesy of Darlene Halm and the Looney family (위 왼쪽). Used courtesy of Dolores Rossiter and Patty Gray (위 중간). *Chicago Daily Times*, courtesy of Sun-Times Media (위 오른쪽). CHR, National Archives, Chicago (아래).

page 7 Used courtesy of Randy Pozzi, sourced from PPC, LaSalle County Historical Society and Museum (위 왼쪽). *Chicago Daily Times*, courtesy of Sun-Times Media (그 밖의 이 페이지에 있는 모든 사진).

page 8 *Chicago Daily Times*, courtesy of Sun-Times Media (위 사진). Sourced from the scrapbooks of Leonard Grossman, lgrossman.com (아래 왼쪽). *Chicago Herald-Examiner* (아래 오른쪽).

약어표

CHR   인체 방사선생물학센터

HMP   해리슨 마트랜드 페이퍼

PPC   펄 페인 콜렉션

RBP   레이몬드 베리 페이퍼

AL   알비나 매기아 래라이스

CD   캐서린 울프 도노휴

CP   샬럿 네빈스 퍼셀

EH   에드나 볼즈 허스만

GF   그레이스 프라이어

KS   캐서린 샤웁

MR   마리 베커 로지터

PP   펄 페인

QM   퀸타 매기아 맥도날드

VS   사빈 폰 소쇼키

NCL   소비자연맹

USRC   유나이티드 라듐 코퍼레이션

주석

인용한 자료의 위치와 일자를 제시한다.

프롤로그

"라듐은 검은 종이를 통과해…" Eve Curie, *Madame Curie: A Biography*, translated by Vincent Sheean (Da Capo Press, 2001).

"내 아름다운 라듐" Quoted in "The Radium Girls," Medical Bag, January 1, 2014, www.medicalbag.com/profile-in-rare-diseases/the-radium-girls/article/472385/.

"이 빛은 어둠 속에 유유히…" *Marie Curie, Pierre Curie*, translated by C. and V. Kellogg (Macmillan, 1923), 104.

"신화에 나오는 초자연적 존재…" Hugh S. Cumming (U.S. Surgeon General), transcript of the national radium conference, December 20, 1928, RBP, reel 3.

"미지의 신" Quoted in Claudia Clark, *Radium Girls* (Chapel Hill: The University of North Carolina Press, 1997), 49.

"자로로 신이라는 존재들은…" George Bernard Shaw, *The Quintessence of Ibsenism* (New York: Courier Corporation, 1994).

Chapter 1

"친구가 시계 스튜디오에 관해…" KS, "Radium", *Survey Graphic* (May 1932), 138.

"상상력이 풍부했던 캐서린" Dr. E. B. Krumbhaar to Raymond H. Berry, June 21, 1929, RBP, reel 3.

"예쁘장하게 생긴 금발 머리" Dorothy Dayton, "Girls Poisoned with Radium Not Necessarily Doomed to Die," *New York Sun*.

"당시에 노동자 집안에서 태어난 여자아이들…" Sharpe, "Radium Osteitis with Osteogenic Sarcoma."

"문학계에서 활동하는 게…" Robert E. Martin, "Doomed to Die—and They Live!," *Popular Science* (July 1929),

"나는 곧바로 당담자인 사보이 씨를…" KS, memo to Berry, RBP, reel 1.

"역사상 가장 위대한 발명품" *Chicago Daily Tribune* (June 21, 1903).

"공의로운 해가…" The Bible, Malachi 4:2, cited by Dr. Howard Kelly in *Newark Evening News* (January 9, 1914).

"노인을 젊게" Mr. Smith, court transcript, April 26, 1928.

"때때로 내 몸 안에서…" JFJ, advertising brochure for the Radiumator, Harrison Martland Papers(HMP), Rutgers Biomedical and Health Sciences.

"한 줄기 선행처럼" VS, "Can't You Find the Keyhole?," *American* (January 1921), 27.

"액체로 된 햇살" Quoted in John Conroy, "On Cancer, Clock Dials, and Ottawa, Illinois, a Town That Failed to See the Light," 1, 14.

"라듐 이클립스 스프레이어" Advertisement, LaSalle County Historical Society and Museum.

"캐서린이 맡은 일은…" KS to Berry, memorandum, RBP, reel 1.

"그렇게 가느다란 붓은…" Alice Tolan, court transcript, November 26, 1934.

"우리는 붓을 입에 넣어…" KS to Berry, memorandum, RBP, reel 1.

"께름칙하여" Mae Cubberley Canfield, examination before trial, RBP, reel 2.

"우리가 처음으로 한 질문은…" Ibid.

"일광이 차단된 암실에서는…" KS, "Radium," 138.

"드디어 숫자판을 칠하라는 요청을…" KS, memo to Berry, RBP, reel 1.

Chapter 2

"소녀들 역시 다른 사람들과 마찬가지로…" KS, "Radium," 138.

"그레이스는 학교에 다닐 때부터…" Ethelda Bedford, "Youngest of Victims Offers Her Body to Save 100 Companions," *Newark Ledger* (May 24, 1928).

"삶에 열정적인" Ibid.

"언니는 상당히 재미있는… Mary Freedman, court testimony, November 26, 1934.

"공기 중의 미세한 연기를…" Alice Tolan, court testimony, November 26, 1934.

"그들은 자신을 보고 잘…" KS, court transcript, April 25, 1928.

"침을 바르고, 라듐에 담근 뒤, 칠하는 과정" Melanie Marnich, *These Shining Lives* (New York: Dramatists Play Service, Inc., 2010), 16.

"입에서 나는 서걱거리는…" Alice Tolan, court testimony, November 26, 1934.

"이상한 맛이 나지는 않았어요…" GF, quoted in *Orange Daily Courier* (April 30, 1928).

"에드나는 쾌활한 성격을…" Martin, "Doomed to Die," 136.

"드레스덴 인형" Unknown newspaper, CHR.

"꽤 좋은 집안 출신의…" Anna Rooney, quoted in USRC memo, July 20, 1927.

"정신없이 돌아갔죠!" Florence E. Wall article, Orange Public Library.

"가랑잎만 굴러가도 깔깔대는" Unknown newspaper, HMP.

"서툰 솜씨" AL, court testimony, April 25, 1928.

"나는 회사를 위해…" AL, quoted in "Doomed to Die, Tell How They'd Spend Fortune," *Newark Sunday Call*, May 13, 1928.

"돈벌이" Florence E. Wall article, Orange Public Library.

"비슷한 생각을…" Ibid.

"대단한 사람" Ibid.

"출근은 늦었지만…" Ibid.

"라듐 분야에서 전 세계적으로…" VS, "Can't You Find the Keyhole?", 24.

"순수한 라듐 1킬로그램이…" William Hammer, *Radium and Other Radioactive Substances* (New York:Van Nostrand, 1903), 27, quoted in Ross Mullner, *Deadly Glow* (American Public Health Association, 1999), 13.

"동물이 갉아 먹은 것처럼…" Florence E. Wall article, Orange Public Library.

"극도로 조심스럽게" VS, "Can't You Find the Keyhole?", 25.

"아직 드러나진 않았지만 라듐은…" Thomas Edison, quoted in "Edison's Friends Fear Radium Hurt," *New York Daily News*, December 29, 1903, quoted in Mullner, *Deadly Glow*, 17.

Chapter 3

"난 성당에 잘 나가지…" QM, quoted in Dorothy Dayton, "Girls Poisoned with Radium Not Necessarily Doomed to Die," *New York Sun*, May 17, 1928.

"뗄 수 없는" Unknown newspaper, RBP, reel 2.

"립 포인팅을 하지 않고는…" EH affidavit, July 15, 1927, RBP, reel 1.

"반짝이는 물질" National Consumers League (NCL) memo, November 1959, NCL files, Library of Congress.

"손과 팔, 목, 옷…" William B. Castle, Katherine R. Drinker, and Cecil K. Drinker, "Necrosis of the Jaw in Workers Employed in Applying a Luminous Paint Containing Radium," *Journal of Industrial Hygiene* (JIH) 8, no. 8 (August 1925): 375.

"퇴근할 때면…" EH affidavit, July 15, 1927, RBP, reel 1.

"어디에 있는지…" EH, court testimony, Jan 12, 1928.

"어둠 속의 시계처럼" QM, court testimony, January 12, 1928.

"공장 근로자가 아니라…" "Mother to Sue for $250,000 as Radium Victim," *Orange Daily Courier*, December 12, 1929.

"숫자 두 개를 칠하고…" GF, court testimony, January 12, 1928.

"[페인트]를 씹은…" QM, court testimony, January 12, 1928.

"어둠 속에서 코를 풀었을 때…" GF affidavit, July 1927, RBP, reel 1.

"발랄한 이탈리아 소녀" Quoted in Clark, *Radium Girls*, 16.

"근면 성실하고 합리적인" Frederick Hoffman to Arthur Roeder, March 7, 1925, RBP, reel 2.
"지나치게 자신의 이익을…" USRC memo, July 20, 1927.
"아이린이 일할 수 있도록…" KS, "Radium," 138.
"그러지 말아요." VS, quoted in GF, court testimony, January 12, 1928.
"그렇게 하지 말아요." Ibid.
"루니 씨는 걱정할 게 없다고…" Ibid.

Chapter 4

"바퀴는 손 가는 대로…" Robley Evans memo on conversation with Wallhausen, quoted in
    "Historic American Buildings Survey: U.S. Radium Corporation," National Park Service.
"작은 천을 줬어요…" EH, court testimony, January 12, 1928.
"하지만 한 달이 채…" Ibid.
"결국 그나마" EH, court testimony, *Orange Daily Courier* (January 13, 1928).
"다리가 딱딱해지고…" KS medical history, December 17, 1927, RBP, reel 2.
"기업으로부터 돈을…" Swen Kjaer, April 8, 1925, quoted in Clark, *Radium Girls*, 15.
"사무실에서 일하는…" KS, "Radium," 138.
"저는 혼수품으로…" Ibid.
"잘 웃고 춤을…" Florence L. Pfalzgraf, "Radium Victim Battles Death with Courage," *Orange
    Daily Courier*, April 30, 1928.
"가장 위생적인 물질로…" VS, quoted in Clark, *Radium Girls*, 17.
"진흙 목욕보다…" Ibid.
"저는 그들에게 붓을…" KS, court testimony, April 25, 1928.
"라듐은 이 세상에서…" VS, "Can't You Find the Keyhole?", 24, 108.
"오늘날 라듐이 우리에게…" Ibid, 24.

Chapter 5

"몰리에게 농루 치료를…" Dr. Joseph P. Knef, quoted in "Exhume Girl's Body to Find Death
    Cause," *Newark Sunday Call*, October 14, 1927.
"치료에 반응하기는커녕…" Ibid.
"언니는 이와 턱뼈…" QM, quoted in "Radium Death is Specter," *Star-Eagle*.
"극단적인 치료법" Amelia Maggia form, Swen Kjaer study, CHR.
"기이한 질병" "Poisoned! As They Chatted Merrily at Their Work," *American Weekly*, February
    28, 1926.
"특이하다" Ibid.
"일반적인 턱 괴사에…" Ibid.

"밤에도 반짝일 수 있도록…" Amelia Maggia, quoted by Knef, unknown newspaper, USRC.

"페인트를 만드는 배합공식을…" Knef, quoted in "Exhume Girl's Body to Find Death Cause," *Newark Sunday Call*, October 14, 1927.

"나는 페인트에 인이…" Ibid.

"언니는 너무나…" QM, quoted in "Radium Death is Specter," *Star-Eagle*.

"시술이 아니라…" "Poisoned! As They Chatted Merrily at Their Work," *American Weekly*, February 28, 1926.

"라듐을 먹을 수 있게…" *Newark Evening News* (February 1922).

"염증이 난 뼈를…" "Poisoned! As They Chatted Merrily at Their Work," *American Weekly*, February 28, 1926.

"헌신적" Martin, "Doomed to Die," 136.

"몰리의 목 정맥을…" Knef, quoted in "Doctor Bares Deadly Radium Disease Secret," *Star-Eagle*.

"고통스럽고 끔찍한…" QM, quoted in "Radium Death is Specter," *Star-Eagle*.

"몰리가 죽었지만…" AL, quoted in "Radium Victim 'Waiting,'" *Star-Eagle*.

"언니가 크네프 의사를…" AL, court testimony, April 25, 1928.

"아멜리아를 위한" Bill from Dr. Thompson, RBP, reel 2.

Chapter 6

"소녀 직원 모집." Radium Dial advertisement, *Ottawa Daily Republican-Times*, September 16, 1922.

"18세 이상 약간 명…" Ibid.

"진정한 미국적 공동체" Ottawa town directory, 1922.

"친절함이 지배하는…" Slogan for the Merchants and Farmers Trust and Savings Bank, Ibid.

"우체국에서 북쪽으로…" Advertisement for White's Garage, Ibid.

"성당이 많은…" Mary Doty, "Ottawa's Doomed Women," *Chicago Daily Times* (March 17, 1936).

"오타와 주민들은…" Ottawa town directory, 1922.

"폐 질환" "Maurice Wolfe Is Dead," *Ottawa Free Trader* (August 1, 1913).

"아주 매력적인…" John Main, "Doomed Radium Victims Left Defenseless Too," *Chicago Daily Times*, July 9, 1937.

"연필만큼 작고 가느다란 일본 붓" CD, court testimony, legal brief (February 1938).

"로티 머레이…" Helen McKenna, "Victim Faints at Death Query in Radium Suit," *Chicago Daily Times*, February 10, 1938.

"우선 붓을 물에 담그고…" CD, court testimony, quoted in "Radium Victim Tells 'Living

Death'; She Faints as Doctor Charts Doom," *Chicago Herald Examiner*, February 11, 1938, 3.

"입에 넣고… 담그고… 칠하고…" Marnich, *These Shining Lives*, 16.

"열여덟 살 이상" Radium Dial advertisement, *Ottawa Daily Republican-Times* (September 16, 1922).

"해롭지 않다는…" MIT memo, December 6, 1958, CHR.

"시계 숫자판 공장에서…" "Ottawa Radium Company, Now in NY, to Fight Women," *Chicago Daily Times* (July 8, 1937).

"행복하고 쾌활한 무리" Doty, "Ottawa's Doomed Women."

"씻는 것은…" Report on dial-painting studios, edited by Edsall and Collis, *JIH* 15, no. 5 (1933): CHR.

"소녀들은 이 작은 마을에서…" Bruce Grant, "Ghost Women Await Court's Decision on Radium Poisoning," *Chicago Herald-Examiner* (February 27, 1938).

"저도 그곳에서…" Ova Winston, CHR.

"집으로 가 어두운…" CD, court testimony, quoted in Bruce Grant, "Living Death Told by Woman Victim of Radium Poisoning," *Chicago Herald-Examiner* (February 11, 1938).

"유령 소녀라는…" Grant, "Ghost Women Await Court's Decision."

"계속해서 일을…" Interview with Mary Carroll Cassidy.

"야광 페인트와 붓이…" CD, court testimony, quoted in several papers, including *Denver Colorado Post*, *Chicago Herald-Examiner*, and *Chicago Daily Times*.

"그래야 돈을 더 많이…" CD, court testimony, quoted in *Chicago Daily Times* (February 11, 1938).

"이 일을 하는 게…" Unknown dial-painter, quoted in Arthur J. Snider, "Ranks of 'Living Dead' Dwindle in 25 Years," *Chicago Daily Times*, 1953.

"우리는 그대가 열심히…" Westclox Manual for Employees, Westclox Museum.

Chapter 7

"이런 확신이 서자 나는…" Dr. Barry, court testimony, January 4, 1928.

"직업과 관련된 병" Ibid.

"라듐이라는 단어는…" KS, court testimony, April 25, 1928.

"마늘 냄새" Quoted in Clark, *Radium Girls*, 34.

"비트 씨는 이 위험한 방법에 대해…" Charles Craster to John Roach, January 3, 1923, RBP, reel 3.

"게다가 황송하게도…" Memo on KS visit to the Department of Health, July 19, 1923, RBP, reel 3.

"공장에 대한 조사를…" Craster to Roach, January 3, 1923, RBP, reel 3.

"라듐으로 인해 뼈가…" Lillian Erskine to Roach, January 25, 1923, RBP, reel 3.

"제 소견으로는 턱이…" Dr. M. Szamatolski to Roach, January 30, 1923, RBP, reel 3.

"상당히 많았다" USRC, "Memorandum for Scientific Witnesses," August 28, 1934.

"의심의 여지가 없다." H. Lohe, "Toxikologishe Beobachtungen uber Thorium-X bei Mensch und Tier," *Virchows Arch.*, 1912, quoted in Mullner, *Deadly Glow*, 38.

"이 물질을 피부에 닿게…" Szamatolski to Roach, January 30, 1923, RBP, reel 3.

"라듐이 무해하다고 알려진 건…" George Willis and W. J. MacNeal, "A Skin Cancer Following Exposure to Radium," *Journal of the American Medical Association*, no. 80 (February 1923), 469, quoted in Mullner, *Deadly Glow*, 46.

"내 생각이 옳았다…." Szamatolski to Roach, April 6, 1923, RBP, reel 3.

Chapter 8

"마치 '빈민굴 체험'을 하러 온 듯한…" Georgia Mann, CHR.

"유명한 의사의…" Ibid.

"리드 부인은 창문에…" Ibid.

"회사는 10명을 채용한 뒤…" Bob Bischoff, CHR.

"아주 작은 집이었죠…" Interview with Darlene Halm.

"가난한 대가족 아일랜드 소녀에게는…" Darlene Halm, "Peg Looney a 'Shining' example of Radium Dial Tragedy," *Times*, December 4, 2010, www.mywebtimes.com/opinion/columnists/tribute-peg-looney-a-shining-example-of-radium-dial-tragedy/article_81585d6a-d815-59a5-b39a-22980f4354fa.html.

"사전에 푹 빠지는 것" St. Xavier's Academy yearbook, 1922.

"기분 좋은 햇살이…" Ibid.

"이 시계는 지름이…" Author unknown, "The Westclox Story," circa 1930s, handout at the Westclox Museum.

"마리는 정말 대단했죠…" Interview with Patty Gray.

"깡마르고 보조개가…" Ibid.

"마리는 돈 때문에…" Ibid.

"돈은 전부…" Ibid.

"코르셋, 장갑, 레이스…" Ottawa town directory, 1922

"그게 바로 마리였어요!" Interview with Dolores Rossiter, July 26, 2016.

"금주법이 한창이라…" Interview with Kathleen Donohue Cofoid.

"많은 친구들이…" CD, court testimony, quoted in Grant, "Ghost Women Await Court's Decision."

"우리는 남아 있는…" MR to Catherine Quigg, *Learning to Glow: A Deadly Reader*, edited by John

Bradley (Tuscon: University of Arizona Press, 2000), 113.

"우리는 불을 끈 뒤…" CP, quoted in interview with Felicia Keeton.

"그냥 재미삼아" MR to Quigg, Learning to Glow, 113.

"우리는 행복하고…" CP, quoted *in Guy Housley*, "Radium Dial Deals Death to Ninth of 'Suicide Club,'" *Ottawa Daily Republican-Times* (March 14, 1936).

"그들은 그 좋은 시절이…" Interview with James Donohue.

Chapter 9

"가벼운 류머티즘…" GF affidavit, June 8, 1927, RBP, reel 1.

"완성된 상태였다…" Irene Rudolph death certificate, RBP, reel 2.

"확증되지 않음" Ibid.

"끔찍하고 원인 모를…" KS, "Radium," 138.

"또 다른 소녀가…" Memo on KS visit to the Department of Health, July 19, 1923, RBP, reel 3.

"그들은 입술로…" Ibid.

"비트라는 이름의…" Ibid.

"공장에서 함께…" QM, quoted in *Star-Eagle*.

"그들은 모두…" QM, quoted in *New York Sun*.

"우리는 정말…" QM, quoted in "Five Women, Facing Death by Radium Poisoning, Plead for Justice While They Live," *World*, May 18, 1928.

"나는 뒤뚱거리며…" QM handwritten notes for Berry, RBP, reel 1.

"나는 비트 씨와…" Lenore Young, court testimony, April 1928.

"그래서 결국…" Young to Roach, February 2, 1924, RBP, reel 3.

"이가 아프기…" KS, "Radium," 138.

"부싯돌 같았고" Barry, court testimony, January 4, 1928.

"이 환자는 루돌프 양과…" Ibid.

"나는 계속해서…" KS, "Radium," 138.

"아이린은 괴사로…" KS to Berry, memorandum, RBP, reel 1.

"심각한 쇼크…" KS legal complaint, September 17, 1927, RBP, reel 1.

"내 발은 딱딱하게…" GF, court testimony, January 12, 1928.

"나는 아무에게도…" GF affidavit, June 8, 1927, RBP, reel 1.

"1923년 말…" Ibid.

"회사는 입술로 붓을…" Josephine Smith form, Kjaer study, CHR.

Chapter 10

"여름 방학을 이용해서…" Emma Renwick, CHR.

"어여쁜" "Testimony Concluded in Radium Dial Case," *Ottawa Daily Republican-Times*, February 12, 1938.

"늘 바뻐 돌아다니는" Helen Munch, quoted in Frederick Griffin, "Society of the Living Dead," *Toronto Star*, April 23, 1938.

"괜찮은 남편" PP, quoted in Griffin, "Society of the Living Dead."

"대단히 유식한 남자" Interview with Randy Pozzi.

"일하는 중에도…" PP, "Life History of Pearl Payne in brief," Pearl Payne Collection (PPC).

"험한 말을 내뱉는…" Interview with Randy Pozzi.

"가장 친한 친구" CD to PP, March 9, 1938, PPC.

"저는 결혼을 할…" Unnamed dial-painter, CHR.

"다른 애들과…" Interview with Jean Schott.

"언니는 우리에게…" Ibid.

"페그는 모두가…" Unnamed Looney sister to Martha Irvine, "Suffering Endures for Radium Girls," Associated Press (October 4, 1998).

"이모는 '어둠 속으로!' 게임으로…" Interview with Darlene Halm.

"우리는 외출복을 입고…" CD, court testimony, quoted in Grant, "Ghost Women Await Court's Decision," *Chicago Herald-Examiner* (February 27, 1938).

Chapter 11

"의사가 치료법을…" KS, court testimony, April 25, 1928.

"최근 들어 몇몇…" USRC to its insurance company, quoted in Clark, *Radium Girls*, 38.

"우리는 이 일이…" Ibid.

"우리는 라듐 공장에서…" KS, court testimony, April 25, 1925.

"틀림없이 뭔가…" Ibid.

"나는 마거리트 카러프 양의…" Barry, court testimony, January 4, 1928.

"치과에서 몇 명의…" Harrison Martland to Andrew McBride, August 28, 1925, HMP.

"실력이 출중했다." USRC memo, July 1927.

"아주 기이한 상태" Dr. Humphries, court testimony, April 25, 1928.

"고름 덩어리" Katherine Wiley notes, RBP, reel 3.

"좀먹은" Frederick Flinn, medical publication (possibly *JAMA*, vol. 96, no. 21), HMP.

"방사성 물질에 의한 중독" Hazel Kuser form, Kjaer study, CHR.

"회복될 수 있는…" Young advising what Hazel's family have told her the doctors have said, letter to Roach, February 8, 1924, RBP, reel 3.

"다소 태만했던" Young to Roach, February 2, 1924, RBP, reel 3.

"심각한 어려움" USRC production manager's report, quoted in Clark, *Radium Girls*, 65.

"딸의 병에 관해…" Undated USRC internal memo.

Chapter 12
"우리가 사용하는…" Roeder to Cecil K. Drinker, March 12, 1924, RBP, reel 1.
"큰 관심" Drinker to Roeder, March 15, 1924, RBP, reel 1.
"아주 많이 좋아진" Roeder to Drinker, March 12, 1924.
"그녀의 가족은…" Ibid.
"우리는 당신이…" Drinker to Roeder, March 15, 1924.
"그렇기는 하지만…" Ibid.
"턱에 만성 염증" Drinker notes, RBP, reel 1
"병원에 너무 자주…" GF, quoted in "Girl Radium Victim in Martyr Role," *Graphic*, May 25, 1928.
"심리적 히스테리 상태" Roeder to Harold Viedt, March 19, 1924, USRC.
"직원들은 우리가…" Viedt to Roeder, March 12, 1924.
"특정한 직업병이…" Quoted in judgment, La Porte v. USRC, December 17, 1935.
"내가 예상한…" Roeder to Viedt, March 14, 1924, USRC.
"저는 사장님만큼…" Viedt to Roeder, March 18, 1924.
"우리는 분위기를…" Roeder to Viedt, March 19, 1924.
"지금 시점에서…" Ibid.
"당장 공장을…" Dr. Davidson, quoted in Wiley notes on her interview with the dentist, RBP, reel 3.
"내 마음대로…" Ibid.
"노동부는 주저하고…" Young, quoted in Clark, *Radium Girls*, 66.
"얼굴 뼈가 아프다고…" Marguerite Carlough form, Kjaer study, CHR.
"심각한 병변" Drinker to McBride, June 30, 1925, RBP, reel 1.
"별 거 아니다" Ibid.
"공장 책임자들 사이에…" Ibid.
"그들은 취급 물질의…" Ibid.
"라듐 때문에 악성 종양이…" Ibid.
"여러 여성을…" Katherine Drinker, court testimony, November 14, 1927.
"그것은 피부에…" Castle, Drinker, and Drinker, "Necrosis of the Jaw," *JIH* (August 1925).
"만족스러울 만큼…" Ibid.
"입안에서 악취…" Ibid.
"나는 최소한 하루에…" Knef, transcript of conversation with USRC, May 19, 1926, RBP, reel 3.

"때로는 3일 내내…" Ibid., reel 2.

"안개가 서려…" "Poisoned—as They Chatted Merrily at Their Work," *American Weekly* (February 28, 1926).

Chapter 13

"최근 들어…" Castle, Drinker, and Drinker, "Necrosis of the Jaw," 371 - 81.

"그녀의 실제 모습과는…" Ibid.

"창백하다 못해" Wiley, quoted in Clark, *Radium Girls*, 66.

"나는 희생자 한 명을…" Wiley to Roeder, January 17, 1925, RBP, reel 3.

"나는 끝까지…" Wiley, quoted in Clark, *Radium Girls*, 66.

"회사에서 일하는…" Wiley notes, RBP, reel 3.

"미드 씨는 그 누구도…" Ibid.

"라듐 중독이 보상 가능한…" Ibid.

"그들이 할 수 있는…" Wiley to Alice Hamilton, March 4, 1925, RBP, reel 3.

"분개했다." Wiley, quoted in Clark, *Radium Girls*, 85.

"장관은 내가 있는…" Ibid.

"미국 공중위생국이…" Wiley notes, RBP, reel 3.

"공중위생국에 서신을…" Ibid.

"거의 정상" Table of results from Castle, Drinker, and Drinker, enclosed with letter from Viedt to Roach, June 18, 1924, RBP, reel 1.

"이 표를 보면…" Viedt to Roach, June 18, 1924.

"여성들은 전부…" Roeder, quoted in Hamilton to Katherine Drinker, April 4, 1925, RBP, reel 1.

"그는 자신에겐.." Ibid.

"소문은 잠잠해졌다." USRC memo.

"회사에 책임이…" Theodore Blum to USRC, June 14, 1924, RBP, reel 3.

"현명하지 않은 선례" USRC to Blum, June 18, 1924, RBP, reel 3.

"당신이 우리 공장에서…" Ibid.

"도움을 드리지…" Ibid.

"저는 이 불쌍한…" Blum to USRC, June 20, 1924, RBP, reel 3.

Chapter 14

"신경과민" Wiley notes, RBP, reel 3.

"나는 떠날 수…" KS, "Radium," 138.

"치과의사가 내 신경에…" KS, quoted in "Poisoned—as They Chatted."

"캐서린의 몸이…" Wiley notes, RBP, reel 3.

"저는 건강을…" KS, "Radium," 139.

"내가 왜 이런 고통을…" KS, quoted in "Woman Doomed Rests All Hopes in Her Prayers," *Graphic*.

"한쪽 다리가…" QM affidavit, August 29, 1927, RBP, reel 1.

"엉덩이를 제대로…" Humphries, court testimony, April 25, 1928.

"흰색 그림자" Ibid.

"뼈 전체를…" Humphries, court testimony, November 27, 1934.

"모든 상황이…" Roach, quoted in "Occupational Diseases—Radium Necrosis," information secured by Miss E. P. Ward, CHR.

"문제는 라듐 때문이다." Szamatolski to Roach, April 6, 1923, RBP, reel 3.

"라듐 턱" Blum, address to the American Dental Association, September 1924.

"회사를 상대로…" KS to Berry, memorandum, RBP, reel 1.

"저더러 엉덩이…" QM affidavit, August 29, 1927, RBP, reel 1.

"지팡이를 짚으면…" Ibid.

"다행히도 극적인…" QM, quoted in "Radium Death is Specter," *Star-Eagle*.

"한쪽 다리가 쭈글쭈글해져…" Ibid.

"오랜 고통에…" Wiley notes, RBP, reel 3

"헤이즐이 끔찍한…" Karl Quimby to Martland, June 23, 1925, HMP.

"이 사례를 철저히…" Hamilton to Wiley, January 30, 1925, RBP, reel 3.

"듣자하니 기업의.." Ibid.

"특별 조사관" Ibid.

"안타깝게도 삶과…" Hoffman to Roeder, December 13, 1924, RBP, reel 2.

"이 병이 법적으로…" Hoffman to Roeder, December 29, 1924, RBP, reel 2.

"또 다른 피해자가…" Ibid.

Chapter 15

"왼쪽 발목이…" CD, court testimony, quoted in *Ottawa Daily Republican-Times*, February 10, 1938.

"립 포인팅을 대체할…" Rufus Fordyce, quoted in Kjaer study, CHR.

"전설 속의 운동선수가…" Ottawa High School yearbook, 1925.

"척은 교육 수준이…" Interview with Jean Schott.

"말썽꾸러기" Interview with Dolores Rossiter.

"그는 짓궂은…" Ibid.

"가족 모두…" Interview with Jean Schott.

"노동자들이 놀라지…" S. Kjaer, "Occupational Diseases—Radium Necrosis: Observations on

Fieldwork," CHR.

이하 모든 인용들, Ibid.

"라듐 페인트에 황린이…" Ethelbert Stewart, quoted in "U.S. Labor Expert Calls for Radium Paint Inquiry," *World* (July 17, 1928).

"조사를 거기서 중단한…" Stewart to Hamilton, December 17, 1927, RBP, reel 3.

Chapter 16

"일상생활을 할 수…" "Dial Painter Sues Concern Claiming Injury to Health," *Newark Evening News* (March 9, 1925).

"심각한 상해를…" Ibid.

"프란시스가 죽는…" Quoted in Clark, *Radium Girls*, 109

"확신" Ibid.

"감히 얘기를…" Ibid.

"여성 클럽" Roeder, quoted in meeting with Swen Kjaer, quoted in Clark, *Radium Girls*, 100.

"지나치게 관심…" Roeder to Wiley, March 3, 1925, RBP, reel 3.

"당신이 속한…" Roeder to Wiley, January 9, 1925, RBP, reel 3.

"아무 이유 없이…" Hoffman to Roeder, March 7, 1925, RBP, reel 2.

"아주 안타까운…" Ibid.

"막중한 권위를…" Roeder to Drinker, February 25, 1925, RBP, reel 1.

"그러한 조사는…" Ibid.

"모두에게서 동일한…" Hoffman, court testimony, January 12, 1928.

"우리는 당신이…" Roeder to Hoffman, December 17, 1924, RBP, reel 2.

"작업자들이 앓고 있는…" VS to Hoffman, February 14, 1925, RBP, reel 3.

"친애하는 로더 씨에게…" Wiley to Roeder, March 2, 1925, RBP, reel 1.

"문제는 라듐 때문이라고…" Drinker to Roeder, June 3, 1924, RBP, reel 1.

"라듐이 문제의…" Drinker to Viedt, April 29, 1924, quoted in Mullner, *Deadly Glow*, 58.

"비정상적인 질병에…" Drinker report, June 3, 1924, RBP, reel 1.

이하 모든 인용들, Ibid.

"지극히 정상" Table of results from the Castle, Drinker, and Drinker report, RBP, reel 1.

"카러프 양의 심각한…" Drinker report, June 3, 1924.

"이 여성을 살리려면…" Ibid.

"지금 당장 시행해야…" Drinker to Roeder, June 3, 1924, RBP, reel 1.

"이게 7만 5천 달러의…" Roeder to Viedt, memorandum, April 9, 1925, USRC files.

"혼란스러우며…" Roeder to Drinker, June 6, 1924, RBP, reel 1.

"당신들이 작성한 예비 보고서는…" Roeder to Drinker, June 18, 1924, RBP, reel 1.

"우리가 작성한 보고서가…" Drinker to Roeder, June 20, 1924, RBP, reel 1.
"공장 노동자의…" Ibid.
"저는 여전히 진짜 원인을…" Roeder to Drinker, July 1, 1924, RBP, reel 1.
"회사가 처한…" Drinker, quoted in Mullner, *Deadly Glow*, 59.
"여성들에게 일어난…" Drinker, quoted in Clark, *Radium Girls*, 125.
"우리는 어리석고…" Burlingame, "The Art, Not the Science, of Industrial Medicine," cited in Ibid., 95.
"박사의 논문이…" Roeder to Drinker, July 16, 1924, RBP, reel 1.
"아주 비윤리적…" Wiley, cited in Clark, *Radium Girls*, 96.
"정직하지 못하다." Ibid.
"로더가 당신들의…" Hamilton to Katherine Drinker, April 4, 1925, RBP, reel 1.
"크게 분노했다" Katherine Drinker to Hamilton, April 17, 1925, RBP, reel 1.
"로더는 진짜 악당" Ibid.
"연구보고서를 공개하는…" Cecil K. Drinker to Roeder, February 17, 1925, RBP, reel 1.
"로더가 드링커 박사의…" Hamilton to Wiley, February 2, 1925, RBP, reel 3.

Chapter 17
"상황이 개선된…" Hoffman, court testimony, January 12, 1928.
"'라듐 괴사'에 관한…" Roeder to Hoffman, April 2, 1925, RBP, reel 2.
"이 주제에 관해…" Ibid.
"공장을 방문하는 동안" Hoffman to Roeder, April 17, 1925, RBP, reel 2.
"파일을 검토하던 중…" Ibid.
"공장은 질병의 원인과는…" Roeder, quoted in Kjaer study, RBP, reel 2.
"뉴저지주 로펌인…" Roeder to Roach, April 22, 1925, RBP, reel 1.
"소송 중인 사안임을…" Roeder to Drinker, April 9, 1925, RBP, reel 1.
"우리 둘 다 USRC에게…" Drinker to Roach, May 29, 1925, RBP, reel 1.
"이 사안에 있어…" Ibid.
"자신들의 의도는 정반대였다며…" Ibid.
"자신이 직접 나서서…" Drinker to Roeder, May 29, 1925, RBP, reel 1.
"첫 신체검사는…" Flinn, "Outline of F. B. Flinn's Association with Radium Research," USRC files.
"누구의 소관으로 이 진찰이…" EH affidavit, July 15, 1927, RBP, reel 1.
"자신이 요청한 적도…" Ibid.
"그는 제가 아주 건강한…" Ibid.
"아주 우울한 겨울을…" KS, "Radium," 139.

"의사를 처음…" KS, *Graphic*.

"훌륭한 의사로부터…" KS, "Radium," 139.

"뉴욕과 뉴저지주에…" GF, quoted in Ethelda Bedford, "Radium Girls Agree to Terms," *Newark Ledger*, June 1928.

"특히 척추 지압 치료는…" GF affidavit, June 8, 1927, RBP, reel 1.

"거의 다 썩어버린" Martland, court testimony, April 26, 1928.

"박사가 아무런 편견 없이…" Berry, notes following interview with VS, RBP, reel 3.

"희미한 맥박은…" Marguerite Carlough form, Kjaer study, CHR.

"여성들은 소량의 방사성 물질을…" Hoffman, court testimony, January 12, 1928.

"[라듐의] 축적 효과는…" Ibid.

"이것은 완전히 새로운 형태의…" Hoffman's report, quoted in Mullner, *Deadly Glow*, 66.

"카러프 양은 그때까지…" Hamilton to Katherine Drinker, April 4, 1925.

"이 공장 외에는…" Hoffman, court testimony, January 12, 1928.

"이 병의 가장 교활한 면은…" Hoffman, speech to the American Medical Association, May 25, 1925, CHR.

"[폰 소쵸키] 덕분에…" Hoffman, court testimony, January 12, 1928.

"'라듐(메소토륨) 괴사'라는 용어를…" Hoffman, *JAMA*, 1925.

"근거 없는 발표 때문에…" William Bailey, quoted in Mullner, *Deadly Glow*, 114.

"이 문제를 공론화하는…" Hamilton to Wiley, March 7, 1925, RBP, reel 3.

Chapter 18

"흥미를 잃었다." Martland to McBride, August 28, 1925, HMP.

"주중과 주말…" Biography, 1940, HMP.

"육중한 모습…" Ibid.

"넥타이를 매지…" Ibid.

"축음기에서 나오는…" Samuel Berg, *Harrison Stanford Martland, M.D.: The Story of a Physician, a Hospital, an Era* (Vantage Press, 1978), 15.

"검사관의 주요 역할…" Martland, "The Danger of Increasing the Normal Radioactivity of the Human Body," HMP.

"내 관심을 끈…" Martland, court testimony, December 6, 1934.

"코웃음을 치던" Cecil K. Drinker to McBride, June 30, 1925, RBP, reel 1.

"마거리트의 구개는…" Clark, *Radium Girls*, 103.

"급속도로 악화되었고…" Martland, court testimony, April 26, 1928.

"대단히 위독해…" Sarah Maillefer form, Kjaer study, CHR.

"특별 치료를 받기 위해…" "Interest Keen in Radium Inquiry," *Newark Evening News* (June 19,

1925).

"환자는 거의…" Martland, court testimony, April 26, 1928.

"5분 동안 계속해서…" Ibid.

"의식이 혼미" Sarah Maillefer form, Kjaer study, CHR.

"현재로서는 추측밖에…" Martland, quoted in unknown newspaper, HMP.

"제 추측이 맞다면 이 중독은…" Ibid.

"현재로서는 이론상으로밖에…" Martland, quoted in "Interest Keen in Radium Inquiry," *Newark Evening News* (June 19, 1925).

"안 돼요." "Interest Keen in Radium Inquiry," *Newark Evening News* (June 19, 1925).

"왜요?" Ibid.

"마거리트는 이 소식을…" Ibid.

Chapter 19

"'라듐 중독'의 위험이…" Viedt, quoted in unknown newspaper, HMP.

"저희는 신뢰할 수 있는…" Ibid.

"검사 결과, 사라의 상태는…" Ibid.

"레먼 박사와 사라 메일레퍼의…" Ibid.

"오래되어 딱딱하게…" Sarah Maillefer form, Kjaer study, CHR.

"사라의 경우…" Ibid.

"라듐 전문가들이…" Elizabeth Hughes, court testimony, April 25, 1928.

"알파선은…" Martland, court testimony, April 26, 1928.

"방사선 침적물과…" Ibid.

"알파선의 강력한 힘…" VS, "Can't You Find the Keyhole?", 108.

"극소량" Viedt, quoted in unknown newspaper, HMP.

"인체에 영향을…" Martland, "The Danger of," HMP.

"상당량의 방사능" Sarah Maillefer form, Kjaer study, CHR.

"나는 메일레퍼 부인의…" Martland, court testimony, April 26, 1928.

"매일, 매주, 매달…" Ibid.

"이 라듐 침적물을…" Martland to McBride, August 28, 1925, HMP.

"라듐은 파괴할 수…" Knef, quoted in "Exhume Girl's Body to Find Death Cause," *Star-Eagle*, October 1927.

"이것이 사실이라면…" Ibid.

"사라가 야광…" Martland to McBride, August 28, 1925.

"메일레퍼의 조직을…" Flinn to Martland, June 20, 1925, HMP.

"언제든 제 사무실에…" Stryker, quoted in Roeder to Drinker, June 22, 1925, RBP, reel 1.

"노동부가 복사본을…" Ibid.

"분노했다" Wiley, quoted in Clark, *Radium Girls*, 85.

"내 보고서를…" Drinker to Roeder, June 18, 1925, RBP, reel 1.

"고소하라고. 그럼 욕 볼 거라고" Philip Drinker, quoting his lawyer brother, letter to Hamilton, 1952, cited in "Historic American Buildings Survey."

"하버드 연구진이…" Josephine Goldmark, quoted in Mullner, *Deadly Glow*, 60.

"라듐에 대해 일자무식하며…" Bailey, quoted in Clark, *Radium Girls*, 174.

"나는 공장에서 사용되는…" Bailey, quoted in unknown newspaper, HMP.

"라듐은 미스터리한…" Clarence B. Lee, "Necrosis Cases Declared Growing," *Newark Evening News*, June 21, 1925.

"건강하지 못한" Roeder, press release, cited in Kenneth A. DeVille and Mark E. Steiner, "New Jersey Radium Dial Workers and the Dynamics of Occupational Disease Litigation in the Early Twentieth Century," *Missouri Law Review* 62, 2 (spring 1997).

"공장에서 일을 시작할…" USRC company official, *New York Times*, quoted in Florence E. Wall article, Orange Public Library.

"드링커 박사의 안전…" McBride to Drinker, June 25, 1925, RBP, reel 3.

"인간의 목숨은…" Ibid.

"공장을 폐쇄하도록…" Ibid.

"훌륭한 일을 해 주신…" Quimby to Martland, June 23, 1925, HMP.

"최악의 상태" Martland, court testimony, April 26, 1928.

"1925년 여름, 고통에…" KS, "Radium," 139.

"나도 라듐 중독인 것 같아." Ibid.

"캐서린의 건강은…" Martland, cited in Clark, *Radium Girls*, 103.

"고통은 참을…" QM, *Star-Eagle*.

"박사님은 제 몸 안에…" GF affidavit, July 18, 1927, RBP, reel 1.

"박사님은 라듐이…" QM affidavit, August 29, 1927, RBP, reel 1.

"진단 결과를 들었을 때…" GF, *Graphic*.

"저는 충격에…" Ibid.

"제 몸속에서 방사성…" KS, "Radium," 139.

"마트랜드 박사의…" Ibid.

"드디어 희망을…" Ibid.

Chapter 20

"그러지 마시오." VS, quoted by GF, court testimony, January 12, 1928.

"이 모든 문제는…" GF affidavit, July 18, 1927, RBP, reel 1.

"왜 말씀 안 해⋯" Question derived from Berry's evidence that GF "asked [VS] why it was [he] hadn't informed them" of the danger, court transcript, April 1928.

"라듐이 위험하다는⋯" Court transcript, April 27, 1928.

"이 사실을 경고했지만⋯" Berry, citing statement of VS to Martland and Hoffman, legal notes, RBP, reel 1.

"상황을 해결하려고⋯" Berry to Hoffman, summarizing Hoffman's statement of what VS had said, 3 January 1928, RBP, reel 3.

"이 문제는 제 손을⋯" Court transcript, April 27, 1928.

"저는 포기 따위는⋯" GF quoted in "Girl Radium Victim in Martyr Role," *Graphic*, May 25, 1928.

"용감하게도 미소를⋯" Ethel Brelitz, quoted in Julia MacCarthy, "Sacrifice Would Have Caused Her Joy, They Declare," unknown newspaper, RBP, reel 2.

"퀸타는 친구들이⋯" Ibid.

"할 수 있는 게⋯" QM, quoted in AL complaint, RBP, reel 1.

"다른 사람이⋯" GF quoted in "Girl Radium Victim in Martyr Role," *Graphic*, May 25, 1928.

"소송을 진행하려면⋯" Berry, summary of girls' cases, RBP, reel 1.

"하지만 전 돈이⋯" GF affidavit, July 18, 1927, RBP, reel 1.

"제가 연락한⋯" KS, "Radium," 139.

"책임을 전가" Roeder, quoted in Kjaer study, RBP, reel 2.

"헬렌 퀸랜" The List of the Doomed, HMP.

"제가 죽는다는⋯" KS, "The Legion of the Doomed," *Graphic*.

"한때 아름다웠던⋯" "Poisoned—As They Chatted."

"정신 상태가⋯" Hoffman to Roeder, December 8, 1925, RBP, reel 2.

"정신 이상자" USRC memo, July 20, 1927.

"아픈 데다⋯" KS, quoted in *Sunday Call*.

"정신 상태는⋯" Berry, summary of KS illness, RBP, reel 1

"완전히 다른 사람이⋯" Josephine Schaub, quoted in Dorothy Dayton, "Girls Poisoned with Radium Not Necessarily Doomed to Die," *New York Sun*, May 17, 1928.

"밤과 비 오는⋯" KS, quoted in *Sunday Call*.

"밑둥 부분만⋯" "Poisoned—As They Chatted."

Chapter 21

"너무너무⋯" AL, "Radium Victim 'Waiting,'" *Star-Eagle*.

"제가 약해지고⋯" Ibid.

"처음에는 엉덩이에서⋯" EH, court testimony, January 12, 1928.

"대퇴골의…" Humphries, court testimony, April 25, 1928.

"부인이 라듐 공장에서…" Ibid.

"의사는 깁스를…" EH, court testimony, January 12, 1928.

"저는 플린 박사를…" Wiley to Attorney General, February 23, 1928, RBP, reel 3.

"플린 박사에게 여성들을…" Ibid.

"친애하는 샤웁 양에게…" Flinn, to KS, December 7, 1925, RBP, reel 3.

"정신 상태가…" Flinn, "Outline of F. B. Flinn's Association with Radium Research."

"편지를 받았을 때…" KS, court testimony, April 25, 1928.

"나는 그녀에게…" Flinn, "Outline."

"나는 라듐 산업…" Flinn, "Newer Industrial Hazards," *JAMA* 197, 28.

"지금까지 알려지지…" Martland, et al., *JAMA* (December 1925).

"우리가 라듐 테라피의…" James Ewing, quoted in Clark, *Radium Girls*, 104.

"알려진 방사성 물질…" Martland, quoted in Clark, *Radium Girls*, 105.

"라듐 분야의 권위자들은…" Martland, "The Danger of," HMP.

"지난 분기 대비 판매량이…" Radium Ore Revigator Company to Martland, April 8, 1926, HMP.

"우리의 친구 마트랜드…" Howard Barker, quoted in Clark, *Radium Girls*, 107.

"플린 박사의…" Ibid.

"공식적으로 말하지는…" Flinn to Drinker, January 16, 1926, RBP, reel 3.

"거반 죽은" Hoffman, quoted in *Orange Daily Courier*, June 9, 1928.

"그 어떤 기록에서도…" Ibid.

"선명하게 현상" Martland, court testimony, April 26, 1928.

Chapter 22

"일을 해야 기분이…" GF, quoted in unknown newspaper, RBP, reel 2.

"가족들에게 부담이…" QM, quoted in Dorothy Dayton, "Girls Poisoned with Radium Not Necessarily Doomed to Die," *New York Sun*, May 17, 1928.

"그이는 제 기분을…" AL, "Radium Victim 'Waiting,'" *Star-Eagle*.

"저는 그이에게…" Ibid.

"다른 친구들이…" KS, "The Legion of the Doomed," *Graphic*.

"저는 집에서 고통스러운…" Ibid.

"언니의 의료비가…" Josephine Schaub, quoted in Dorothy Dayton, "Girls Poisoned with Radium Not Necessarily Doomed to Die," *New York Sun*.

"공정한 의견" Flinn to KS, December 7, 1925, RBP, reel 3.

"라듐은 그녀를…" Berry, legal notes, RBP, reel 1.

"우리를 치료한 의사들…" AL complaint, RBP, reel 1.

"라듐 사망 소송 건 합의" *Newark Evening News*, May 4, 1926.

"[카러프 자매의 아버지] 카러프 씨는…" Ibid.

"1926년 5월 10일까지…" Gottfried to USRC, May 6, 1926, RBP, reel 3.

"의뢰인에게 이 제안을…" Stryker to Gottfried, June 15, 1926, RBP, reel 1.

"목구멍에 풀칠하는 수준" Anonymous officer, quoted in "Historic American Buildings Survey."

"초조해하고…" Quoted in "Hope for the Radium Victims," *Newark Ledger*.

"우리 소녀들이 희망의…" GF, *Graphic*.

"야광 시계의 숫자판을…" Flinn, "Radioactive Material: An Industrial Hazard?" *JAMA* (December 1926).

"과학이 아니라 편견" Hoffman, deposition, August 25, 1927, RBP, reel 1.

"소녀들이 이 지경까지…" Flinn to Drinker, January 16, 1926, RBP, reel 3.

"당신 피는…" GF affidavit, July 18, 1927, RBP, reel 1.

"박사님은 내 건강 상태가…" GF, court testimony, January 12, 1928.

"나에게 협조한다면…" Dialogue from USRC transcripts of this meeting, May 19, 1926, RBP, reels 2 and 3.

이하 모든 인용, Ibid.

Chapter 23

"말이 별로 없는…" Interview with James Donohue.

"톰은 일곱 명의…" Interview with Kathleen Donohue Cofoid.

"당시 사람들은…" Interview with James Donohue.

"외향적인 사람도…" Interview with Mary Carroll Cassidy.

"둘 다 아주…" Ibid.

"저는 열 번인가…" Elizabeth Frenna, CHR.

"아내는 침실에…" Mr. Callahan, CHR.

"의사를 여러 명 만나…" Ibid.

"어색하고…" CD, court testimony, quoted in *Chicago Herald-Examiner* (February 12, 1938).

"다루기 불편했다." CD, court testimony, quoted in *Ottawa Daily Republican-Times* (February 11, 1938).

"감독관이 그렇게…" Ida Zusman, CHR.

"우리는 유리 막대든…" CD, court testimony, legal brief.

"그들은 욕심이…" Dr. Brues, CHR.

"회사는 우리가 무엇을…" CD, court testimony, quoted in *Chicago Herald-Examiner* (February

12, 1938).

Chapter 24

"척추가 심하게…" Martland, quoted in Hoffman to GF, December 9, 1926, RBP, reel 3.

"정의와…" Hoffman to Roeder, November 6, 1926, RBP, reel 2.

"로더가 이제…" Lee to Hoffman, November 16, 1926, RBP, reel 2.

"지금 당장…" Hoffman to GF, December 9, 1926, RBP, reel 3.

"그레이스의 엑스레이…" Humphries, court testimony, April 25, 1928.

"척추 뼈가…" GF medical notes, RBP, reel 2.

"뭉개지고…" GF medical history, RBP, reel 3.

"라듐은 불이…" GF, quoted in Florence L. Pflazgraf, "Radium Victim Battles Death with Courage," *Orange Daily Courier*, April 30, 1928.

"교정기 없이는…" Ibid.

"유감스럽지만…" Hood, Lafferty, and Campbell to GF, March 24, 1927, RBP, reel 2.

"마트랜드 박사 역시…" Hoffman to GF, December 9, 1926.

"뚫린 부위가 없는…" GF, quoted in Florence L. Pflazgraf, "Radium Victim Battles Death with Courage," *Orange Daily Courier*, April 30, 1928.

"뉴어크의 가장 큰…" Hoffman to Roeder, November 6, 1926.

"부주의하고…" GF legal complaint, May 18, 1927, RBP, reel 1.

"방사성 물질이…" Ibid.

"계속해서 원고의…" Ibid.

"원고는 첫 기소…" Ibid.

"온몸이 만신창이가 된 그레이스…" *Newark Evening News* (May 20, 1927).

"제임스 맥도날드는…" QM and James McDonald legal complaint, RBP, reel 1.

"요새는 힘닿는…" QM, quoted in "Five Women, Facing Death by Radium Poisoning, Plead for Justice While They Live," *World*, May 13, 1928.

"남편과 제게 삶은…" AL, quoted in Ethelda Bedford, "Youngest of Victims Offers Her Body to Save 100 Companions, *Newark Ledger*, May 24, 1928.

"험프리스 의사는…" EH, court testimony, January 12, 1928.

"평화롭고 차분한…" *World*, May 13, 1928.

"저는 신자예요…" EH, quoted in Ibid.

"누군가 우리에게…" Ibid.

Chapter 25

"음모" USRC memo.

"베리의 법률팀" Ibid.

"원고는 안전에…" USRC legal reply, July 20, 1927, RBP, reel 1.

"경고를 하지 않았다" Ibid.

"라듐이 해롭다는…" Ibid.

"상당히 유용한 정보" USRC memo, July 20, 1927.

"루니 양은…" Ibid.

"루니 양이 폰 소쵸키…" Ibid.

"오늘 아침에 루니 양은…" USRC memo, July 25, 1927.

"작은 마을에서는…" Interview with Art Fryer.

"최저 합의금액을…" USRC lawyers Collins & Collins to Berry, June 7, 1927, RBP, reel 3.

"[그레이스는] 어떠한…" Berry to Collins & Collins, June 8, 1927, RBP, reel 3.

"기업은 직원들이…" Wiley affidavit, July 1927, RBP, reel 1.

"증언하지 않겠다…" Secretary of Cecil K. Drinker to Berry, July 7, 1927, RBP, reel 3.

"여성들이 처한…" Martland to unknown recipient, November 3, 1927, HMP.

"이곳에서 직업병을…" Workmen's Compensation Commission, Connecticut, to Berry, December 27, 1927, RBP, reel 3.

"두 얼굴의 사나이 역할…" Clark, *Radium Girls*, 141.

"플린 박사는 이 협상에서…" DeVille and Steiner, "New Jersey Radium Dial Workers."

"속임수를 쓰는…" Martland's opinion, quoted in Berry to Hamilton, January 6, 1928, RBP, reel 3.

"플린은 의학박사인…" Dr. McCaffrey, quoted in Berry to Dr. St. George, February 24, 1928, RBP, reel 3.

"기록에 따르면…" New Jersey Board of Medical Examiners to Berry, September 29, 1927, RBP, reel 3.

"사기꾼들의 등을…" Consumers League to *World*, March 25, 1929, NCL files, Library of Congress.

Chapter 26

"튼튼하고 건강한" George Weeks, letter to Kjaer, CHR.

"저는 엘라가…" Nellie Cruse, quoted in Mary Doty, "Kin Reveal Agony of Radium Victims," *Chicago Daily Times* (March 18, 1936).

"인기 있는 소녀…" Ella Cruse obituary, *Ottawa Daily Republican-Times* (September 6, 1927).

"다음날 딸을 데리고…" Nellie Cruse, quoted in Doty, "Kin Reveal Agony."

"말도 안 되는…" Cruse family doctor, quoted in Ibid.

"다음날, 의사는…" Nellie Cruse, quoted in Ibid.

"엘라는 끔찍한…" Ibid.

"얼굴에 발생한…" Ella Cruse death certificate.

"크루즈 양의…" Ella Cruse obituary, *Ottawa Daily Republican-Times* (September 6, 1927).

"딸이 세상을…" Nellie and James Cruse, quoted in "Kin Reveal Agony."

"엘라는 라듐…" Ella Cruse obituary, *Ottawa Daily Republican-Times* (September 6, 1927).

Chapter 27

"진짜 악마" Wiley, quoted in Clark, *Radium Girls*, 111.

"그의 입장을…" Hamilton, quoted in Ibid., 110.

"당신이 나의…" Flinn, quoted in Ibid., 110.

"답이 없는…" Hamilton, quoted in Ibid., 111.

"가난한 이들의…" *World* mission statement, quoted in Mark Neuzil and William Kovarik, *Mass Media and Environmental Conflict* (Sage Publications, 1996, revised 2002).

"비열하고…" *World* (July 20, 1927).

"야비한…" Ibid.

"법원이 피고 측…" Ibid.

"왕의 양심이…" Unknown newspaper, HMP.

"피고 측에서…" Collins & Collins to Berry, June 7, 1927, RBP, reel 3.

"[라듐] 침전물은…" Martland, quoted in unknown newspaper, RBP, reel 2.

"최근에 내린 비 때문에…" "Sixth Suit Likely If Radium Death Cause Is Proved," *Orange Daily Courier*, October 17, 1927.

"바깥 쪽 상자는…" Ibid.

"라듐의 징표가…" Florence E. Wall article, Orange Public Library.

"시신은 보존이…" "Sixth Suit Likely If Radium Death Cause Is Proved," *Orange Daily Courier*, October 17, 1927.

"몰리의 뼈를…" Amelia Maggia form, Kjaer study, CHR.

"매독의 증거는…" Initial Amelia Maggia autopsy report, November 3, 1927, RBP, reel 3.

"뼈와 조직의…" Amelia Maggia form, Kjaer study, CHR.

"저는 엑스레이 촬영…" Ella Eckert, quoted in "Radium Victim Left Story of Horror," *New York Evening Journal*.

"어깨부터 손까지…" Ella Eckert form, Kjaer study, CHR.

"해당 질문에…" Court transcript, November 14, 1927.

이하 모든 인용들, Ibid.

"죽음을 목전에 둔" Berry to Hamilton, December 7, 1927, RBP, reel 3.

"이 사례는 무척이나…" Martland, quoted in "Former Radium Worker Dies," *Newark Evening*

News, December 14, 1927.
"석회 물질이…" Ella Eckert form, Kjaer study, CHR.

Chapter 28
"공판 전날…" KS, "Radium," 139.
"몇몇은 신체 상태가…" Berry to Hamilton, December 7, 1927.
"저는 아이를…" AL, quoted in "Doomed to Die, Tell How They'd Spend Fortune," *Newark Sunday Call*, May 13, 1928.
"치료 목적의…" AL medical history, December 17, 1927, RBP, reel 2.
"너무 우울한…" AL, quoted in "Doomed to Die, Tell How They'd Spend Fortune," *Newark Sunday Call*, May 13, 1928.
"비정상적인 각도" EH form, Kjaer study, CHR.
"저는 자그마한…" EH, quoted in *Newark Ledger*.
"최대한 하려고…" EH, quoted in *Sunday Call*.
"엉덩이 통증 때문에…" Ibid.
"회복여부는?" Court transcript, January 4, 1928.
"여기서 '회복'은…" Ibid.
"그 질문이 왜…" Court transcript, January 12, 1928.
이하 모든 법정 인용들, Ibid.
"팔색조" Berry to Hamilton, February 21, 1928, RBP, reel 3.
"프라이어 양은 병에…" Florence L. Pflazgraf, "Radium Victim Battles Death with Courage," *Orange Daily Courier*, April 30, 1928.
"저희는 입술로 붓끝을…" Court transcript, January 12, 1928.
이하 모든 법정 인용들, Ibid.
"모든 것이 아주…" KS, "Radium," 139.
"다리를 심하게…" Court transcript, January 12, 1928.
"엉덩이가 많이…" Ibid.
"내일, 그리고 모레…" KS, "Radium," 139.
"판사가 판사 봉을…" Ibid.
"한 러시아 의사는…" GF, quoted in "Doomed to Die, Tell How They'd Spend Fortune," *Sunday Call*, May 13, 1928.
"저는 불가피한…" QM, quoted in "Radium Death is Specter," *Star-Eagle*.
"자신에 대한 연민에서…" Unknown newspaper, December 1929, CHR.
"아직까지 한 거라고는…" KS to Berry, February 1928, RBP, reel 3.
"원치 않는 조언자들의…" Ibid.

"여성들 편" Berry to Hamilton, February 21, 1928, RBP, reel 3.
"은밀한 전주곡" Berry to Flinn, February 1, 1928, RBP, reel 3.
"아주 가까운…" Berry to Krumbhaar, November 23, 1928, RBP, reel 3.
"손톱으로 긁기만…" Dial-painter's relative, comment written September 6, 2011, http://capi-
   tolfax.com/2011/09/04/the-ap-whitewashes-history/#comment-11152387.
"환자의 몸과…" Berry to Krumbhaar, November 21, 1928, RBP, reel 3.
"환자들의 몸에서…" Ibid.

Chapter 29
"나는 증인석으로…" KS, "Radium," 140.
"감독관은 저에게…" Court transcript, April 25, 1928.
이하 모든 법정 인용들, Ibid.
"슬픈 미소를 짓는…" "5 Girls Hear Scientists Predict Their Deaths," Star-Eagle, April 26, 1928.
"최대한 쾌활한…" Unknown newspaper, RBP, reel 2.
"여성들은 수심에…" "5 Girls Hear Scientists Predict Their Deaths," Star-Eagle, April 26, 1928.
"아이린 루돌프와…" Court transcript, April 25, 1928.
이하 모든 법정 인용들, Ibid.
"엘리자베스 휴즈는…" Orange Daily Courier (April 25, 1928).
"현재 직업이…" Court transcript, April 25, 1928.
이하 모든 법정 인용들, Ibid.
"듣기 힘든 끔찍한…" KS, "Radium," 140.
"그래도 꼭…" Ibid.
"치료가 불가능할…" Court transcript, April 25, 1928.
이하 모든 법정 인용들, Ibid, April 25 - 26, 1928.
"그의 솔직하고 단호한…" "Radium Trial Still in Court," Star-Eagle, April 27, 1928.
"슈퍼 증인" Ibid.
"몹시 고통스러워…" Ibid.
"마트랜드 박사의…" Ibid.
"200명이 넘는…" Court transcript, April 26, 1928.
이하 모든 법정 인용들, Ibid, April 26 - 27, 1928.
"폰 소쵸키가 어디에서…" USRC memo, July 20, 1927.
"부인하기는 싫소만…" Court transcript, April 27, 1928.
이하 모든 법정 인용들, Ibid.
"매정하고 비인간적인…" KS, "Radium," 140.

Chapter 30

"거실 소파에…" Ethelda Bedford, "Radium Grip on 2 Victims Is Tightened," *Newark Ledger*.

"그레이스, 네가…" Grace Fryer Sr., quoted in "Radium Case Off Till Fall," *Newark Ledger*, April 29, 1928.

"반나절밖에…" *Newark Evening News*.

"혼자 남은 여성들" Anne Austin, *Orange Daily Courier*, May 1928.

"불가능한 일" Edward Markley to Berry, May 5, 1928, RBP, reel 3.

"몇 달 동안 해외 출장…" Ibid.

"전문가들이 유럽에서…" Berry to Markley, May 10, 1928, RBP, reel 3.

"싸움을 끝낼 마음이…" Berry to Charles Norris, May 5, 1928, RBP, reel 3.

"이 여성들은 급속도로…" Dr. Gettler, sworn statement, May 9, 1928, RBP, reel 1.

"정신적 압박이…" "'Ray Paint' Victims Injured by Delays," *World*, May 1928.

"정의를 이렇게까지…" Ibid.

"재판을 열어라…" Allan C. Dalzell, "Appeals for Radium Victims," *News*, HMP.

"미국의 양심" Cited in Mullner, *Deadly Glow*, 83.

"노동자들의 목숨은…" Norman Thomas, *Newark Evening News*, RBP, reel 2.

"사람들은 다섯 명의…" KS, "Radium," 140.

"전 세계 방방곡곡에서…" Ibid.

"라듐은 해로운…" T. F. V. Curran to QM, May 24, 1928, RBP, reel 1.

"한 사람당 천 달러면…" Missouri woman, quoted in *Star-Eagle*.

"과학목욕" Ibid.

"돈을 벌려는 게…" Electric blanket firm to Berry, May 31, 1928, RBP, reel 3.

"우리가 꿋꿋하게…" QM, quoted in Dorothy Dayton, "Girls Poisoned with Radium Not Necessarily Doomed to Die," *New York Sun*, May 17, 1928.

"저는 여전히…" GF, "The Legion of the Doomed," *Graphic*.

"스파르타 정신으로…" Ibid.

"제가 낙담해서…" KS, quoted in "Doomed to Die, Tell How They'd Spend Fortune," *Sunday Call*, May 13, 1928.

"그들의 여성성…" Clark, *Radium Girls*, 130.

"당신의 태도가…" Markley to Berry, 12 May 1928, RBP, reel 3.

"당신이 윤리적인…" Berry to Markley, May 14, 1928, RBP, reel 3.

"라듐이 검출되지…" Flinn, quoted in *World*.

"박사의 진술서는…" *World*.

"본 지의 업무는…" Ibid.

"뉴어크의 젊은…" Markley, Ibid.

"제 무덤에는…" KS, quoted in unknown newspaper, HMP.

"많은 소녀 도장공들이…" KS, *Graphic*.

"제가 행복하다고는…" GF, "The Legion of the Doomed," *Graphic*.

"제 시신은 저에게는…" Ibid.

"제가 왜 시신을…" Ibid.

"희망을 포기하는…" Ethelda Bedford, "Youngest of Victims Offers Her Body to Save 100 Companions," *Newark Ledger* (May 24, 1928).

"상해를 입는 순간마다…" Clark, *Radium Girls*, 134.

"다음 주 목요일에…" Judge Mountain to Berry, May 28, 1928, RBP, reel 3.

Chapter 31

"클락 판사 사무실…" Berry's diary, May 23, 1928, CHR.

"그러한 협의에 대해서는…" Berry, quoted in unknown newspaper, RBP, reel 2.

"그 어느 때보다도…" Ibid.

"신체적으로나…" Humphries, quoted in Ethelda Bedford, "Radium Victims Too Ill to Attend Court Tomorrow," *Newark Ledger*, May 27, 1928.

"상처가 날까 봐…" GF, quoted in unknown newspaper, CHR.

"몸 전체에…" KS, *Graphic*.

"내가 연방 판사라고…" Judge Clark, quoted in "Radium Men Talk Terms of Settlement," *Newark Evening News*, May 31, 1928.

"이사회는 공정하게…" Barker, quoted in *Newark Evening News*.

"우리는 당연히…" Barker, quoted in *Newark Ledger*.

"간교한 홍보…" USRC, quoted in Clark, *Radium Girls*, 136.

"곧 죽을 여성들의…" Ibid.

"확정적인 소식은…" Judge Clark, quoted in unknown newspaper, RBP, reel 2.

"라듐 희생자들, 현금 보상을…" *Orange Daily Courier*, June 2, 1928.

"그들의 첫 제안을…" GF, quoted in "3 Women to Spurn Radium Offer Unless Firm Pays for Litigation," *Star-Eagle*.

"저에게는 두 명의…" QM, quoted in Ibid.

"기업의 제안을…" GF, quoted in Ibid.

"엘리베이터로 향하는…" Ibid.

"판사가 일을…" Judge Clark, quoted in "Radium Suits Settled in Main Details," *Newark Evening News*, June 4, 1928.

"[기업은] 태만하지…" Markley to Judge Clark, 적quoted in unknown newspaper, RBP, reel 2.

"인도주의적" Ibid.

"[USRC]는 회사가…" Ibid.

"만약 두 명의 의사가…" Berry to Hamilton, June 6, 1928, RBP, reel 3.

"기업이 지급을…" Ibid.

"상당히 고결한 분" Berry to Drinker, June 6, 1928, RBP, reel 3.

"[USRC] 이사회의…" Berry to Goldmark, December 12, 1947, RBP, reel 3.

"[USRC]에 막대한…" Ibid.

"클락이 아주 최근까지…" Berry to Drinker, June 6, 1928.

"아주 불안하다." Berry to Norris, June 6, 1928, RBP, reel 3.

"개인적으로 여러분들의…" Judge Clark to five women, unknown newspaper, RBP, reel 2.

"돈을 받게 되어서…" AL, quoted in "Radium Victims Tell How They Will Spend Cash," *Newark Ledger*, June 6, 1928.

"이 합의는 저뿐만…" QM, quoted in "Cash Welcomed by Radium Victims as Release from Poverty Worry," *Newark Ledger*, June 5, 1928.

"그동안 힘겨운…" QM, quoted in "'Ray Paint' Victims Praise Settlement," *World*, June 6, 1928.

"협상 조건에…" QM, quoted in "Radium Victims Figuring How to Spend Awards," *Star-Eagle*, June 6, 1928.

"온갖 걱정에서…" Ibid.

"변호사 베리 씨가…" EH, quoted in Ibid.

"합의금을 받게…" EH, quoted in "Cash Welcomed by Radium Victims as Release from Poverty Worry," *Newark Ledger*, June 5, 1928.

"신이 제 기도를…" KS, quoted in "Cash Welcomed by Radium Victims as Release from Poverty Worry," *Newark Ledger*, June 5, 1928.

"무척 기쁘다…" GF, quoted in "'Ray Paint' Victims Praise Settlement," *World*, June 6, 1928.

"더 많이 받고…" GF, quoted in "Cash Welcomed by Radium Victims as Release from Poverty Worry," *Newark Ledger*, June 5, 1928.

"제 자신만 생각한…" GF, unknown newspaper, RBP, reel 2.

"우리를 덮쳐온…" GF, *Graphic*.

Chapter 32

"라듐 페인트로 인한 사망자 수…" *Ottawa Daily Republican-Times*, June 4, 1928.

"모두가 이전과…" CD, quoted in Guy Housley, "Radium Dial Deals Death to Ninth of 'Suicide Club,'" *Ottawa Daily Republican-Times*, March 14, 1936.

"그들은 우리를…" MR, quoted in interview with Dolores Rossiter.

"검사 결과를 묻자…" CD, court testimony, quoted in unknown newspaper, www.lgrossman.com/pics/radium/.

"아가씨들, 여러분에게…" Reed, quoted in Virginia Gardner, "Former Watch Painter Faints," *Chicago Daily Tribune*, February 11, 1938.

"마리와 저는…" CD, court testimony, quoted in "Radium Victim Tells 'Living Death'; She Faints as Doctor Charts Doom," *Chicago Herald-Examiner*, February 11, 1938.

"라듐 중독 따위는…" Reed, quoted in Ibid. and legal brief.

"라듐 중독은…" Reed, quoted in Bruce Grant, "Ghost Women Await Court's Decision on Radium Poisoning," *Chicago Herald-Examiner*, February 27, 1938.

"우리에게 해로운…" MR, court testimony, quoted in Virginia Gardner, "Radium Test Case Finished; 9 Women Heard," *Chicago Daily Tribune*, February 12, 1938.

"걱정할 필요가…" Reed, quoted in Ibid.

"우리는 정기적으로…" Statement by the Radium Dial Company, *Ottawa Daily Republican-Times*, June 7, 1928.

"검사 결과가 좋지…" Ibid.

"[라듐] 중독에 관한 보고서가…" Ibid.

"전문가" Ibid.

"검사 결과, [뉴저지주]…" Berry to Hoffman, June 2, 1928, RBP, reel 3.

"리드 씨는 이 광고문을…" CD, court testimony, quoted in Bruce Grant, "Radium Bedside Court Sees How Women Dared Death," *Chicago Herald-Examiner*, February 12, 1938.

"라듐을 바르면…" Mr. Reed, quoted in MR testimony, *Chicago Herald-Examiner*, February 12, 1938.

"라듐은 아가씨들을…" Mr. Reed, quoted in Marguerite Glacinski testimony, *Chicago Herald-Examiner*, February 12, 1938.

"예의 주시해…" *Ottawa Daily Republican-Times*, June 11, 1928.

"그들은 일터로 돌아가…" Interview with Dolores Rossiter.

"그곳에서 일하던 아이들은…" Mr. Etheridge, quoted in Stevie Croisant, Abby Morris, Isaac Piller, Madeline Piller, Haley Sack, "Radium Girls: The Society of the Living Dead," LaSalle County Historical Society and Museum.

Chapter 33

"가족들을 기쁘게…" KS, "Radium," 140.

"무도회장의 신데렐라처럼" Ibid.

"늘 갖고 싶었던…" Ibid.

"저는 단돈 1센트도…" Martin, "Doomed to Die," 136.

"왜 그랬나요?" Ibid.

"미래를 위해서죠!" Ibid.

"이 여성들이 생각보다…" VS, quoted in *Orange Daily Courier*, June 9, 1928.

"두 가지 종류의…" Clark, *Radium Girls*, 118.

"초기 증상을 극복한…" Ibid.

"여성들은 영구적으로…" Martland to Robley Evans, June 13, 1928, HMP.

"거의 막판에…" GF, *Graphic*.

"평생의 꿈" Martin, "Doomed to Die," 136.

"한가로이…" Ibid.

"강이 내려다보이는…" EH to Berry, postcard, June 20, 1928, RBP, reel 1.

"라듐 중독은 직업병임에…" Stewart, quoted in "U.S. Labor Expert Calls for Radium Paint Inquiry," *World*, July 17, 1928.

"새로운 방법은…" Ibid.

"진정한 전원생활" KS, "Radium," 140.

"정말 좋았다" Berry to KS, September 11, 1928, RBP, reel 1.

"이 같은 휴가…" KS to Berry, July 15, 1928, RBP, reel 3.

"햇살을 받으며…" KS, "Radium," 140.

"인도주의적인 관점에서…" KS to Berry, July 15, 1928, RBP, reel 3.

"해피엔딩이 되도록…" KS to Martland, June 28, 1928, HMP.

"난 이 문제가…" Berry to Hughes, June 14, 1928, RBP, reel 3.

"이른바 라듐 중독" Lee to Department of Health, June 18, 1928.

"그를 잘 감시해야…" Norris to Berry, July 2, 1928, RBP, reel 3.

"라듐 사용과 밀접한…" Martland to Norris, July 3, 1928, HMP.

"불가능하다" Ibid.

"[기업이] 공격태세를…" Ibid.

"눈에 띄게 절뚝…" Krumbhaar, court testimony, June 27, 1929.

"왼쪽 팔꿈치를…" Ibid.

"다 드러나…" Ibid.

"래라이스 부인은…" Ibid.

"놀랍게도 라듐이…" Ewing to Krumbhaar, October 19, 1928, RBP, reel 2.

"환자들이 사기를…" Ibid.

"절친한 친구" Berry to USRC, November 23, 1928, RBP, reel 3.

"도왔다." Court transcript, June 27, 1929.

"상당히 의심스러운…" Berry to USRC, November 23, 1928.

"합의 조건에 위배되는…" Ibid.

"다섯 명 모두…" Dr. Failla, test results, November 20, 1928, RBP, reel 2.

"뭔가가 안에서…" Mae Cubberley Canfield, examination before trial, January 17, 1929, RBP, reel 2.

"부적절한 다이어트로…" Flinn, "Elimination of Radium," *JAMA*.

"라듐을 축적하게 하는…" Ibid.

"박사의 도움과…" Martland, quoted in *Star-Eagle*, November 1928.

"창조자를 파멸로…" Unknown newspaper, RBP, reel 2.

"끔찍한 죽음을…" Martland, quoted in *Star-Eagle*.

"우리가 오늘…" Hugh S. Cumming, U.S. Surgeon General, "Transcript of the National Radium Conference," December 20, 1928, RBP, reel 3.

"눈가림" Florence Kelley to Wiley, January 2, 1929, NCL files, Library of Congress.

"야광 시계는…" Stewart, "Transcript of the National Radium Conference," December 20, 1928.

"산업에서 발생한…" Kelley to Wiley, January 2, 1929.

"라듐 기업은 게임을…" Berry to Krumbhaar, December 5, 1928, RBP, reel 3.

"오늘날 시계를…" Delegate, "Transcript of the National Radium Conference," December 20, 1928.

Chapter 34

"저는 1928년에…" CD, court testimony, quoted in *Ottawa Daily Republican-Times*, February 10, 1938.

"노동자를 보호하기…" Kjaer report, CHR.

"최대한 협조하겠다" Joseph A. Kelly to Kjaer, March 22, 1929, CHR.

"그들의 사례는…" Kjaer to Weeks, March 15, 1929, CHR.

"도장공, ML…" Kjaer, "Radium Poisoning: Industrial Poisoning from Radioactive Substances," *Monthly Labor Review* (date unknown), CHR.

"아주 양호한…" Statement by the Radium Dial Company, *Ottawa Daily Republican-Times*, June 7, 1928.

"이모가 너무 아파…" Interview with Darlene Halm, July 20, 2016.

"척은 그들에게…" Interview with Jean Schott.

"우리는 모두…" Interview with Darlene Halm, July 20, 2016.

"부모는 없는…" Interview with Jean Schott.

"페그는 자신이 죽을…" Ethel Looney, quoted in "'Living Dead' Await That Fateful Day," *Chicago Herald-Examiner*, March 18, 1936.

"엄마, 제 시간이…" Margaret Looney, quoted in Ibid.

"라듐 다이얼이…" Interview with Darlene Halm.

"안 돼요…" Jack White, quoted by Darlene Halm in interview, July 20, 2016.

"그들은 빨리…" Darlene Halm, quoted in Martha Irvine, "'Radium Girls' Wrote Tragic Chapter in Town's History," *Buffalo News*, October 11, 1998.

"후두부 편평골에…" Margaret Looney exhumation autopsy report, 1978, CHR.

"아주 강력한…" Ibid.

"사후 절제술을…" Ibid.

"페그의 치아는…" Margaret Looney original autopsy report, August 27, 1929.

"이 젊은 여성의…" Margaret Looney obituary, *Ottawa Daily Republican-Times*, August 16, 1929.

"루니 양의 부모는…" Ibid.

"언니를 잃고 나서…" Interview with Jean Schott.

"척의 아내는…" Interview with Darlene Halm.

Chapter 35

"이 여성들은…" Ewing to Krumbhaar, April 30, 1929, RBP, reel 2.

"기업이 파산해서…" Berry to Krumbhaar, June 18, 1929, RBP, reel 3.

"사악한 페인트칠" Ibid.

"회사가 그들의.." Ewing to Krumbhaar, April 17, 1929, RBP, reel 2.

"적대적인 태도" Berry to Krumbhaar, December 5, 1928, RBP, reel 3.

"우리는 이 검사…" Ewing to Berry, draft letter, May 7, 1929, RBP, reel 2.

"에드나는 그렇게…" Louis Hussman, quoted in Berry to Krumbhaar, June 18, 1929.

"사람들은 저에게…" GF, quoted in "Radium Victims Figuring How to Spend Awards," *Star-Eagle*, June 6, 1928.

"의사들은 아무…" KS to Berry, November 8, 1928, RBP, reel 3.

"동부의 보석" KS to Berry, March 7, 1929, RBP, reel 3.

"접시꽃과…" KS, "Radium," 140.

"아주 만족스러운…" Martin, "Doomed to Die," 136.

"잔뜩 화가…" Server of legal papers, Miller & Chevalier, to Berry, June 22, 1929, RBP, reel 3.

"종이 자산이…" *Chicago Daily Tribune*, October 1929, quoted in Ron Grossman, "Recalling a Steeper Stock Market Plunge," *Chicago Tribune*, August 15, 2011.

"월 스트리트는…" "Stocks Collapse in 16,410,030-Share Day, But Rally at Close Cheers Brokers; Bankers Optimistic, to Continue Aid," *New York Times*, October 30, 1929.

"거의 죽어가는…" Wilda Nehlow, "Yearning to Live for Babies' Sake, She Dies While Doom Clutches 8," *Newark Ledger*, December 8, 1929.

"퀸타는 정말…" Ethel Brelitz, quoted in unknown newspaper, RBP, reel 2.

"아이들을 위해…" James McDonald, quoted in Ibid.

"남편은 용감해지려고…" QM, quoted in "Five Women, Facing Death by Radium Poisoning, Plead For Justice While They Live," *World*, May 13, 1928.

"지난 3주 동안…" Ethel Brelitz, quoted in unknown newspaper, RBP, reel 2.

"의사들은 제가…" GF, quoted in Julia MacCarthy, "Feminine Valor, Smiling at Fate, Cheers Comrade," *Newark Ledger*, October 28, 1929.

"지난 몇 주 동안…" GF, quoted in "Dial Paint Victim Wins Fight After Doctors Despair," *Orange Daily Courier*.

"피곤해요." QM, quoted in "Radium Victim Dies After Long Battle," unknown newspaper, RBP, reel 2.

"오늘은 조금…" Ibid.

"그의 얼굴에는…" Unknown newspaper, CHR.

"가슴이 찢어지는…" James McDonald, quoted in unknown newspaper, RBP, reel 2.

"모든 것을 잊고…" KS, "Radium," 156.

"저는 한동안…" Ibid.

"아무런 도움 없이…" "Mrs. McDonald Is Buried in Orange," *Newark Evening News*, December 10, 1929.

"상태가 가장…" Ibid.

"거의 쓰러질…" Ibid.

"아빠 옆에 꼭…" "First Woman Radium Victim Will Go to Grave Tomorrow," *Newark Ledger*.

"퀸타는 다른…" Ethel Brelitz, quoted in unknown newspaper, RBP, reel 2.

"희생자의 뼈는…" Martland, quoted in "Radium Victim Offered Body to Help Science Save Others," *Newark Ledger*.

"나는 앞으로…" Terms of Mae Cubberley Canfield settlement, March 8, 1930, RBP, reel 1.

Chapter 36

"야광 물질로…" CD, court testimony, quoted in *Ottawa Daily Republican-Times*, February 10, 1938.

"실력이 형편없어서…" Bob Bischoff, quoted in interview with CHR.

"저는 검사에서…" CD, court testimony, legal brief, February 1938.

"저는 분명 병을…" Ibid.

"가족들은 사망신고서에…" Catherine White, conversation with Brues, January 29, 1973, CHR.

"아무도 뭔가를 해보려…" Interview with Jean Schott.

"우리의 주장을 아무도…" Interview with Darlene Halm, July 20, 2016.

"아버지는 우리가 결국엔…" Interview with Jean Schott.

"할아버지는 페그 이모가…" Interview with Darlene Halm, July 20, 2016.

"잊자꾸나…" Michael Looney, quoted by Jean Schott in interview.

"의사는 육종이라고…" Alphonse Vicini, quoted in Mary Doty, "Kin Reveal Agony of Radium

Victims," *Chicago Daily Times*, March 18, 1936.
"동생은 4개월 동안…" Ibid.
"우리는 매리가…" Ibid.

Chapter 37

"있어야 할 자리에…" KS to Martland, October 5, 1930, HMP.
"목구멍에 뭔가…" KS, "Radium," 157.
"제 머리는…" KS to Martland, October 5, 1930.
"알코올에 대한 욕망" Ibid.
"함께 살아보기…" Ibid.
"그들과 우리 의사들의…" Krumbhaar to Berry, October 2, 1930, RBP, reel 3.
"험프리스가 여성들의…" Ibid.
"퇴짜 놓았다." Ewing to Krumbhaar, April 17, 1929, RBP, reel 2.
"린드버그 씨는…" Art Fryer Sr., interviewed by his grandson, quoted in interview with Art Fryer Jr.
"저는 일하고…" GF, "The Legion of the Doomed," *Graphic*.
"언니는 다리 전체와…" Mary Freedman, court testimony, November 26, 1934.
"종양이 생식기…" Martland, court testimony, December 6, 1934.
"극심한…" Dr. Shack, court testimony, November 26, 1934.
"대단히 수척한…" Martland, court testimony, December 6, 1934.
"박사는 아내가…" Vincent La Porte, court testimony, November 26, 1934.
"아이린은 자신이…" Shack, court testimony, November 26, 1934.
"내가 처음 이 병에…" Martland, "The Danger of," HMP.
"정상치에서 벗어나는…" Martland, quoted in Mullner, *Deadly Glow*, 72.
"엄청나게 커진…" Martland, court testimony, December 6, 1934.
"환자의 몸을…" Ibid.
"우리가 대책을…" Martland to Sir Humphrey Rolleston, April 2, 1931, HMP.

Chapter 38

"말들이…" CD, court testimony, quoted in Karin Walsh, "Demand Inquest to Name Guilty in Radium Death," *Chicago Daily Times*, July 29, 1938.
"미안해요, 캐서린." CD, court testimony, legal brief.
이하 이 장에서의 모든 대화 인용, Ibid.

Chapter 39

"저는 값진 선물을…" KS, "Radium," 157.
"이제부터는 크레이버…" Ewing to KS, GF, AL, and EH, February 10, 1932, RBP, reel 3.
"불필요하다고…" Ibid.
"착취" Krumbhaar to Berry, Febrary 12, 1932, RBP, reel 3.
"저는 받을 만큼…" KS to Humphries, October 28, 1931, HMP.
"캐서린은 가장…" Dr. May to Dr. Craver, November 7, 1931, quoted in Sharpe, "Radium Os-
    teitis," September 1971.
"캐서린의 치료는…" Humphries to Craver, December 6, 1932, quoted in Ibid.
"기업의 나빠진…" Ewing to KS, GF, AL, and EH, February 10, 1932.
"거대한 저택" Unknown newspaper, HMP.
"라듐 음료 때문에 바이어스…" *Wall Street Journal.*
"계속해서 글을 쓰고…" KS, "Radium," 157.
"이제는 다리를.." Humphries to Craver, February 17, 1933, quoted in Sharpe, "Radium Oste-
    itis."
"마지막 모험" KS, "Radium," 157.

Chapter 40
"집에 있을 때면…" GF, quoted in "Radium Victims Investing Money," *Newark Evening News.*
"집에 있으면 늘…" EH, quoted in Ibid.
"아직 몇 년…" EH, quoted in "Odds 40 - 0 Against Radium Poisoned 14," *New York Sunday
    News*, February 13, 1938.
"남편이 정말로…" EH, quoted in unknown newspaper, CHR.
"그런다고 뭐가…" EH, quoted in "Radium Poison Survivors Continue to Cheat Death," *Newark
    Evening News*, March 9, 1938.
"다들 제가 치료될…" AL, quoted in "Doomed to Die, Tell How They'd Spend Fortune," *Sunday
    Call*, May 13, 1928.
"저는 그리 오래…" GF, quoted in "5 Women Smile, Fearing Death, In Radium Case," *Newark
    Ledger*, January 13, 1928.
"그레이스가 두려워하는…" Grace Fryer Sr., quoted in unknown newspaper, CHR.
"라듐 육종…" GF death certificate.
"가족 모두가…" Interview with Art Fryer Jr.
"나는 절대로…" Art Fryer Sr., interviewed by his grandson, quoted in interview with Art Fryer
    Jr.

Chapter 41

"순수 라듐만…" Statement by the Radium Dial Company, *Ottawa Daily Republican-Times*, June 7, 1928.

"라듐 중독의…" Margaret Looney obituary, *Ottawa Daily Republican-Times*, August 16, 1929.

"하느님은 나에게…" CD to PP, 29 April 1938, PPC.

"삼촌의 가족은…" Interview with Mary Carroll Cassidy.

"한겨울에 열린…" "Mid-Winter Bride Will Pledge Vows at St. Columba," *Ottawa Daily Republican-Times*, January 22, 1932.

"의사들은 그저…" Interview with Don Torpy.

"야광 페인트가…" Dr. Pettit to Hamilton, June 22, 1931, HMP.

"그다지 큰 집은…" Interview with James Donohue.

"우리는 토미와…" Tom Donohue, quoted in Helen McKenna, "Move Radium Quiz to Dying Woman's Bed," *Chicago Daily Times*, February 11, 1938.

"자신이 라듐 중독에…" Leonard Grossman, legal brief.

"코웃음을 쳤다" Susie Duffy, quoted in Mary Doty, "Kin Reveal Agony of Radium Victims," *Chicago Daily Times*, March 18, 1936.

"지역 의사들은…" "'Living Dead' Await That Fateful Day," *Chicago Herald-Examiner*, March 18, 1936.

"의사들은 기업에…" Interview with Don Torpy.

"의사들이 전부…" Interview with Jean Schott.

"혼란스러운…" Interview with Mary Carroll Cassidy.

Chapter 42

"마을 의사들은…" Al Purcell, quoted in Mary Doty, "Fears Haunt Victims of Radium in Ottawa," *Chicago Daily Times*, March 19, 1936.

"칼로 베어내는…" CP account of illness, medical notes, CHR.

"미치도록…" Grossman, legal brief.

"저명한 의사" Ibid.

"혈액에서 독성이…" Ibid.

"극심한 통증" Al Purcell, quoted in Doty, "Fears Haunt Victims."

"열다섯 명의…" Ibid.

"샬럿은 다른 친구들을…" Interview with Felicia Keeton.

"텅 빈 느낌이고…" Helen Munch, quoted in Frederick Griffin, "Society of the Living Dead," *Toronto Star*, April 23, 1938.

"저는 원래…" Ibid.

"이제는 잠자코…" Ibid.

"저는 서른여섯밖에…" Olive Witt, quoted in Ibid.

"앞으로도 뒤로도…" Mary Doty, "Ottawa's Doomed Women," *Chicago Daily Times*, March 17, 1936.

"제가 춤을 얼마나…" MR, quoted in "Five Poisoned While at Work, They Maintain," *Toronto Star*, April 23, 1938.

"샬럿은 자신에…" Interview with Jan Torpy.

"부부는 결국…" Al Purcell, quoted in Doty, "Fears Haunt Victims."

"목숨을 부지하려면…" Interview with Jan Torpy.

"데이비슨 의사는…" Al Purcell, quoted in Doty, "Fears Haunt Victims."

"무기력해졌다" Frederick Griffin, "Society of the Living Dead," *Toronto Star*, April 23, 1938.

"남편이 이제…" CP, quoted in Ibid.

"아내는 아직…" Al Purcell, quoted in Doty, "Fears Haunt Victims."

"오른 팔에서…" Ibid.

Chapter 43

"삼촌은…" Interview with Mary Carroll Cassidy.

"그 후로 아내가…" Tom Donohue, speaking at CD inquest, July 28, 1938.

"기도만이 나를…" PP to Catherine O'Donnell, June 23, 1938, PPC.

"팔을 절단한 뒤…" Tom Donohue, court testimony, quoted in Clark, *Radium Girls*, 184.

"길에서 리드 씨를…" Ibid.

"화를 냈지만" Interview with Jan Torpy.

"제가 목격한 사례에…" Dr. Charles Loffler, court testimony, quoted in Mullner, *Deadly Glow*, 105.

"라듐과 비슷한…" Statement by the Radium Dial Company, *Ottawa Daily Republican-Times*, June 7, 1928.

"대단히 의심되는" Radium Dial 1928 test results, CHR.

"기업은 이러한…" Bureau of Labor Statistics report, 1929, quoted in Conroy and Mullner.

"사실상 자선의…" John Main, "15 Walking Ghosts Jilted by Justice," *Chicago Daily Times*, July 7, 1937.

"회사에서 돈을…" Susie Duffy, quoted in *Chicago Daily Times*, March 18, 1936.

"모두를 위한 대변인" CD, court testimony, quoted in *Chicago Herald-Examiner*, February 12, 1938.

"절대로 자신에게…" Interview with Jan Torpy.

"팔을 잘라낸 뒤…" CP, quoted in Griffin, "Society of the Living Dead," *Toronto Star*, April 23, 1938.

"저를 몇 주 동안…" CD, court testimony, legal brief.
"교양 있는 목소리로…" Helen McKenna, "'Fighting Irish' Heart Sustains 'Living Dead,'" *Chicago Daily Times*, February 13, 1938.
"의사는 제 혈액…" CD, court testimony, legal brief.
"우리는 라듐…" Ibid.
"[제 변호사는] 기업에…" Ibid.
"당신들은 아무…" Reed, quoted in CD testimony, *Chicago Herald-Examiner*, February 12, 1938.
"라듐 중독은…" Reed, quoted in CD testimony, quoted in Mullner, *Deadly Glow*, 101.
"리드 씨는 보상…" CD, court testimony, *Chicago Herald-Examiner*, February 12, 1938.
"매리의 사망은…" Susie Duffy, quoted in *Chicago Daily Times*, March 18, 1936.
"라듐 중독이…" Mullner, *Deadly Glow*, 100.
"아니오." Mary Robinson death certificate.
"이 병이 사망자의…" Ibid.
"여성들의 소송이…" John Main, "15 Walking Ghosts."
"마을 사람들은…" Interview with Dolores Rossiter.
"마가렛 루니는…" Bob Bischoff, CHR.
"어떤 사람들은 우리가…" Olive Witt, quoted in "'Shunned' Says One of Victims," *Chicago Daily Times*, July 28, 1938.
"기업인, 정치인…" Hobart Payne to Clarence Darrow, May 17, 1937, PPC.

Chapter 44
"한때 라듐 다이얼에서…" PP, "History of Record of Illness" and "Life History," PPC.
"펄의 귀 뒤에서…" Hobart Payne, quoted in Frederick Griffin, "Society of the Living Dead," *Toronto Star*, April 23, 1938.
"고름을 빼내기.." PP, "History of Record of Illness," PPC.
"얼굴 한쪽이…" Ibid.
"소파수술" Ibid.
"의사는 당황해하며…" Ibid.
"임신을 할 만한…" Ibid.
"5년 동안 계속해서…" PP to Catherine O'Donnell, June 23, 1938, PPC.
"사랑하는 당신에게…" PP, to Hobart Payne, June 15, 1932, PPC.
"나는 정상적인…" PP, "History of Record of Illness," PPC.
"의료 전문가들도…" Ibid.
"의사에게…" Ibid.
"1933년 7월…" Ibid.

"심각한 우울증에…" Ibid.
"라듐은 특정…" PP, "Life History," PPC.
"기업 경영권을…" Warren Holm, CHR.
"초기 도장공들은…" Quigg, *Learning to Glow*, 114.
"치열한 경쟁관계" Holm, CHR.
"우리는 늘…" Interview with Mary Carroll Cassidy.

Chapter 45

"이네즈는 걸어 다니는…" CD, quoted in "'Living Dead' Await That Fateful Day," *Chicago Herald-Examiner*, March 18, 1936.

"모호하고 불명확하여…" Inez Vallat v. Radium Dial Company, Supreme Court, 1935.

"쿡 변호사가 사건을…" John Main, "15 Walking Ghosts Jilted by Justice," *Chicago Daily Times*, July 7, 1937.

"법원은 기업의…" "Court Rules Out Part of Occupational Act," *Ottawa Daily Republican-Times*, April 18, 1935.

"정의가 낙태 당한…" John Main, "15 Walking Ghosts Jilted by Justice," *Chicago Daily Times*, quoted in Mullner, *Deadly Glow*, 102.

"본안 소송은…" "Ottawa Radium Co., Now in NY, to Fight Women," *Chicago Daily Times*, July 8, 1937.

"그만두고 싶지…" Jay Cook, quoted in *Chicago Daily Times*, July 9, 1937.

"통증을 덜어…" CD, quoted in "Mrs. Donohue Calm at Radium Decision News," *Ottawa Daily Republican-Times*, April 5, 1938.

"우리는 아내의 병에…" Tom Donohue quoted in Mary Doty, "Fears Haunt Victims of Radium in Ottawa," *Chicago Daily Times*, March 19, 1936.

"우리는 아주…" CD, quoted in Helen McKenna, "'Fighting Irish' Heart Sustains 'Living Dead,'" *Chicago Daily Times*, February 13, 1938.

"검사 도중…" Dr. Walter Dalitsch, court testimony, legal brief.

"캐서린은 최선을…" Interview with Ross Mullner.

"[아이린]의 고용이…" Edwin F. Smith, court transcript, 3 December 1934.

"이 사건의 경우…" Irene La Porte vs. USRC, December 17, 1935.

"이 사건의 기각을…" Ibid.

Chapter 46

"목의 육종에서…" Inez Vallat death certificate.

"이네즈의 남편…" Frances O'Connell, quoted in CHR.

"집 안을 돌아다니는…" Mary Doty, "U.S. Acts on 'Doomed Women,'" *Chicago Daily Times*, May 22, 1936.

"안타깝게도 입안된…" Senator Mason, quoted in Guy Housley, "Radium Dial Deals Death to Ninth of '자살 클럽'" *Ottawa Daily Republican-Times*, March 14 ,1936.

"우리는 늘…" PP, quoted in "Times Thanked by Living Dead," *Chicago Daily Times*, February 11, 1938.

"시카고의 간판…" *Chicago Daily Times* banner heading, 1930s.

"일리노이주 사람들은…" Mary Doty, "Ottawa's Doomed Women," *Chicago Daily Times*, March 17, 1936.

"공식적인 조사 없이…" Ibid.

"어떤 여성들은…" Ibid.

"쭈글쭈글하고…" Mary Doty, "Fears Haunt Victims of Radium in Ottawa," *Chicago Daily Times*, March 19, 1936.

"성냥개비처럼…" Ibid.

"이 아이의 부모는…" Ibid.

"저는 끊임없이…" CD, quoted in "'Living Dead' Await That Fateful Day," *Chicago Herald-Examiner*, March 18, 1936.

"캐서린은 울음을…" Ibid.

"저는 겁이 나…" MR, quoted in Ibid.

"시카고 의사들이…" MR, quoted in Frederick Griffin, "Society of the Living Dead," *Toronto Star*.

"어린아이가 셋이나…" Interview with Jan Torpy.

"캐서린은 수술을…" Doty, "Fears Haunt Victims of Radium in Ottawa," *Chicago Daily Times*, March 19, 1936.

"그런 날은 절대로…" Tom Donohue, quoted in Ibid.

"어머니는 잘…" Interview with Donald Purcell.

"전화로 대화를…" Mary Doty, "U.S. Acts on 'Doomed Women,'" *Chicago Daily Times*, May 22, 1936.

"도장공들을 검진한…" Tom Donohue, court testimony, quoted in Clark, *Radium Girls*, 184.

이하 모든 인용들, Ibid.

"아일랜드인다운…" Interview with Kathleen Donohue Cofoid.

"우리 가족은 굳이…" Ibid.

"그에게 맞서…" Tom Donohue, court testimony, quoted in Clark, *Radium Girls*, 184.

"꽤 재미있는걸." Ibid.

Chapter 47

"주도권을 쥔" Hobart Payne to Clarence Darrow, May 17, 1937, PPC.

"[라듐 다이얼] 공장…" Ibid.

"톰을 못살게…" Ibid.

"궁지에 빠진 기업의…" Interview with Mary Carroll Cassidy.

"기업은 자신들이…" Ibid.

"폐업" Andrew Stehney, CHR.

"그들은 재정적인…" Interview with Jan Torpy.

"아주 힘든…" Interview with Mary Carroll Cassidy.

"우리는 제과점에…" Interview with Donald Purcell.

"꾸준한 일자리가…" PP to Catherine O'Donnell, July 1938, PPC.

"매형은 거의…" Brother-in-law, quoted in Mullner, *Deadly Glow*, 106.

"삼촌이랑 숙모는…" Interview with Mary Carroll Cassidy.

"겁쟁이 토끼…" "Mrs. Donohue Calm at Radium Decision News," *Ottawa Daily Republican-Times*, April 5, 1938.

"캐서린의 턱뼈가…" Hobart Payne to Darrow, May 17, 1937, PPC.

"끔찍했어요…" Interview with Mary Carroll Cassidy.

"황소 뿔도…" Interview with Patty Gray.

"그녀의 할머니는…" MR, quoted in unknown newspaper article by Elodie Maller, possibly *Ottawa Daily Times*, Rossiter family scrapbook.

"마리는 절대로…" Interview with Dolores Rossiter, July 26, 2016.

"누군가를 도울 수…" Interview with Patty Gray.

"마리는 소녀들…" Interview with Dolores Rossiter, July 26, 2016.

"샬럿은 함께…" Interview with Dolores Rossiter, October 2015.

"사람들은 전염되는…" Olive Witt, quoted in "'Shunned' Says One of the Victims," *Chicago Daily Times*, July 28, 1938.

"마리는 사람들이…" Interview with Dolores Rossiter.

"그렇지만 마리는…" Interview with Dolores Rossiter, July 26, 2016.

"모두가 캐서린을…" Ibid, October 2015.

"늘 불가능해…" Interview with Len Grossman.

"친애하는 선생님께…" Hobart Payne to Darrow, May 17, 1937, PPC.

"라듐 중독 사망자…" John Main, "Radium Death on Rampage," *Chicago Daily Times*, July 7, 1937.

"매일 매일…" Ibid.

"최후의 보루이자…" Ibid.

"사건을 맡아 줄…" Main, "Doomed Radium Victims Left Defenseless, Too," *Chicago Daily Times*, July 9, 1937.

"기업 변호사들이…" CD, quoted in Ibid.

"라듐 다이얼은…" *Chicago Daily Times*, July 7, 1937.

"이는 '새로운'…" Cook, quoted in Ibid.

"그들이 사용할 수…" Ibid.

"오타와 라듐 기업…" *Chicago Daily Times*, July 8, 1937.

"이 여성들의 주장은…" William Ganley, quoted in Ibid.

"오타와 공장에서…" Ibid.

Chapter 48

"소송을 위해 함께…" "Radium Dial by U.S. to Be Asked," *Ottawa Daily Republican-Times*, July, 1937.

"200명의 여성과…" Quoted in interview with Len Grossman.

"아버지는 노동자나…" Interview with Len Grossman.

이하 인용문들, Ibid.

"우리가 막다른…" CD, quoted in Griffin, "Society of the Living Dead," *Toronto Star*, April 23, 1938.

"내 마음은 이미…" Grossman to PP, October 15, 1938, PPC.

"캐서린은 인터뷰를…" "Radium Dial by U.S."

"이 사건에 대해…" "New Attorney to Aid 'Living Dead' Women," *Chicago Daily Times*, July 23, 1937.

"페인트에는 독성이…" "Doomed Ottawa Women Seek Compensation For Death," *Daily Pantagraph*, July 24, 1937.

"은빛 달변의…" Interview with Len Grossman.

"감격의 눈물을…" "Doomed Ottawa Women Seek Compensation."

"우리는 신체를…" Grossman, courtroom proclamation, quoted in Ibid.

"여기 앉아 있는…" Ibid.

"이 소송은 무거운…" Ibid.

Chapter 49

"부디 의사의…" Grossman, quoted in CD to PP, December 7, 1937, PPC.

"의사들에게 편지를…" CD, Ibid.

"제발 서류 좀…" PP to Dr. Elliston, February 1, 1938, PPC.

"직원들의 건강검진…" Grossman, legal brief.

"매일 다른 업무를…" PP to Grossman, February 13, 1938, PPC.

"두 번째로 괜찮다…" Grossman, quoted in *Chicago Daily Tribune*, February 13, 1938.

"캐서린은 얼마…" PP, quoted in Bruce Grant, "Ghost Women Await Court's Decision on Radium Poisoning," *Chicago Herald-Examiner*, February 27, 1938.

"우리 집안 여자들은…" Interview with Kathleen Donohue Cofoid.

"엉덩이 상태가…" CD to PP, December 7, 1937, PPC.

"서른 번이 넘는…" Ibid.

"낡아빠진 슬리퍼" "Mrs. Donohue Calm at Radium Decision News," *Ottawa Daily Republican-Times*, April 5, 1938.

"겁쟁이 토끼…" Ibid.

"빛이 꽤 많이…" Interview with Mary Carroll Cassidy.

"지금도 내 몸은…" CD, court testimony, quoted in "Firm Discounted Radium Fears," *Newark Evening News*, February 11, 1938.

"숙모의 몸속 뼈가…" Interview with James Donohue.

"사람들은 이제…" CD, quoted in Helen McKenna, "Fighting Irish Heart Sustains Living Dead," *Chicago Daily Times*, February 13, 1938.

"이제 밤낮이고…" Win Green, "April Decision in Radium Test," *Ottawa Daily Republican-Times*, February 12, 1938.

"그 전까지만…" Interview with James Donohue.

"숙모는 어린 딸을…" Interview with Mary Carroll Cassidy.

"숙모와 삼촌은…" Ibid.

"통증이 너무…" CD to PP, December 7, 1937, PPC.

"할 말이 너무…" Ibid.

"너희들의 소식을…" Ibid.

"그로스만에게서 아무런…" Ibid.

"라듐 다이얼을 상대로…" Grossman quoted in Win Green, "April Decision in Radium Test," *Ottawa Daily Republican-Times*, February 12, 1938.

"행복한 연휴를…" Grossman to PP, Season's Greetings card, December 1937, PPC.

"크리스마스 팬…" CD, to PP, December 7, 1937, PPC.

"한번은 도로 상태가…" Interview with Len Grossman.

"나이보다 훨씬…" Dr. Weiner, court testimony, legal brief.

"입은 아래턱뼈까지…" Dalitsch, court testimony, legal brief.

"뼈가 제자리에서…" Ibid.

"고름과 악취도…" Ibid.

"백혈구 수치 부족…" Loffler, court testimony, quoted in "'Living Death' Told by Woman Victim of Radium Poisoning," *Chicago Herald-Examiner*, February 11, 1938.

"목숨이 위험한…" Loffler, court testimony, quoted in *Ottawa Daily Republican-Times*, February 11, 1938.

"포도알만큼…" Weiner, court testimony, legal brief.

Chapter 50

"도노휴 부인은 혼자…" *Chicago Herald-Examiner*, February 11, 1938.

"이쑤시개 여인" Helen McKenna, "Living Dead Ask Radium Co. Pay," *Chicago Daily Times*, February 10, 1938.

"이 여성들은 상대방이…" Grossman, legal brief.

"나약하고…" Unknown newspaper, collection of Ross Mullner.

"숨죽인…" Helen McKenna, "Victim Faints at Death Query in Radium Suit," *Chicago Daily Times*, February 10, 1938.

"뒤에 앉은…" "'Living Death' Told by Woman Victim of Radium Poison," *Chicago Herald-Examiner*, February 11, 1938.

"그래서 이 끔찍한…" CD, court testimony, quoted in McKenna, "Living Dead Ask Radium Co. Pay," *Chicago Daily Times*, February 10, 1938.

"뉴저지주 도장공들이…" CD, court testimony, quoted in Bruce Grant, "Radium Bedside Court Sees How Women Dared Death," *Chicago Herald-Examiner*, February 12, 1938.

"마리 로지터와 저는…" CD, court testimony, quoted in "'Living Death' Told by Woman Victim of Radium Poison," *Chicago Herald-Examiner*, February 11, 1938.

"얼굴이 창백…" Ibid.

"아!" MR, quoted in Ibid.

"리드 씨는 아직도…" CD, court testimony, quoted in Virginia Gardner, "Woman Tells 'Living Death' at Radium Quiz," *Chicago Daily Tribune*, February 11, 1938.

"공장운영 책임자가…" Frances Salawa, CHR.

"우리는 1928년…" Kelly to IIC, November 2, 1928, cited in legal brief.

"우리에게 매우 좋지…" Ibid.

"당신이 할 수 있는…" IIC to Kelly, November 5, 1928, Ibid.

"라듐 다이얼은 스스로…" Ibid.

"리드 씨는 우리에게…" CD, court testimony, quoted in Grant, "Radium Bedside Court Sees How Women Dared Death."

"리드 씨는 우리의 보상…" Ibid.

"캐서린의 쇠약한…" Helen McKenna, "Victim Faints at Death Query in Radium Suit," *Chicago Daily Times*, February 10, 1938.

"2년 후 저는…" CD, court testimony, quoted in *Ottawa Daily Republican-Times*, February 10, 1938.

"제 턱에서 떨어져…" CD, court testimony, quoted in *Chicago Tribune, Chicago Daily Times, Chicago Herald-Examiner*, February 11, 1938.

Chapter 51

"몸서리쳤다." McKenna, "Victim Faints at Death Query."

"많은 다이얼 도장공들이…" Dalitsch, court testimony, legal brief.

"의사는 전문가로서…" Marvel, court transcript, legal brief.

"방사성 물질로…" Dalitsch, Ibid.

이하 인용문들, Ibid.

"의미심장하게…" Gardner, "Woman Tells 'Living Death' at Radium Quiz."

"영구적이고 치료…" Legal brief.

"환자가 있는 상태에서…" Dalitsch, court testimony, legal brief.

"의자에서 미끄러지며…" "'Living Death' Told by Woman Victim of Radium Poison." *Chicago Herald-Examiner*, February 11, 1938.

"신경질적으로 소리를…" McKenna, "Victim Faints at Death Query."

"그 자리에서 쓰러져…" Gardner, "Radium Victim Tells Story."

"옆에 있던 의사가…" Ibid.

"복도 너머로 캐서린의…" Bruce Grant, "Woman Tells How Radium Dooms Her," *Chicago Herald-Examiner*, February 11, 1938.

"희미하게 떨리는…" "Living Death Quiz at Bedside," *Chicago Daily Times*, February 11, 1938.

"가지 마요, 톰" CD, quoted in Ibid.

"캐서린이 돌이킬…" Attending physician, quoted in *Chicago Daily Times*, February 10, 1938.

"죽음이라는 제삼자가…" *Detroit Michigan Times*, February 14, 1938.

"치명적인 상태…" Court transcript, legal brief.

이하 법정 인용, Ibid.

"캐서린은 확실히…" Weiner, court testimony, quoted in *Ottawa Daily Republican-Times*, February 11, 1938.

"살 날이 얼마…" Loffler, court testimony, quoted in Gardner, "Woman Tells 'Living Death' at Radium Quiz."

"캐서린의 병과…" Loffler, court testimony, legal brief.

"방사성 물질은…" Arthur Magid, court transcript, quoted in Gardner, "Woman Tells 'Living Death' at Radium Quiz."

"새로운 법조항에…" Ibid.

"책임이 없다" "Radium Poison Horror Bared by Two Victims," *Washington Herald*, February 12, 1938.

"문구(文句)" Magid, quoted in legal brief.

"방사성 물질이" Ibid.

"방사성 물질은 캐서린의…" Loffler, court testimony, Ibid.

"말과 독을 뒤섞는…" Grossman, quoted in Ibid.

"휘황찬란한 궤변과…" Ibid.

"라듐이 독성이…" Ibid.

"증언을 계속한다면…" Ibid.

"도노휴 부인이…" Grossman, quoted in Grant, "Woman Tells How Radium Dooms Her."

Chapter 52

"변덕스러웠지만" Weather report, *Ottawa Daily Republican-Times*, February 11, 1938.

"저에게는 너무…" CD, "'Living Dead' Hear New Radium Plea," *Chicago Illinois American*, June 6, 1938.

"우리는 너무…" Tom Donohue, quoted in Helen McKenna, "Move Radium Quiz to Dying Woman's Bed," *Chicago Daily Times*, February 11, 1938.

"우리가 함께한…" Ibid.

"애처로운…" Unknown newspaper, collection of Ross Mullner.

"곧 죽을 것 같았지만…" McKenna, "Move Radium Quiz to Dying Woman's Bed."

"눈을 감은 채…" Grossman, legal brief.

"어떻게 [붓]을…" Grossman, court transcript, quoted in Virginia Gardner, "Radium Test Case Finished: 9 Women Heard," *Chicago Daily Tribune*, February 12, 1938.

"붓 사용에…" Magid, quoted in Ibid.

"공장에서 사용되던…" Marvel, quoted in Ibid.

"있습니다…" Grossman, quoted in Ibid.

"판사는 이 붓을…" Ibid.

"이렇게 했습니다…" CD, court testimony, quoted in "'Living Death' Case Hearing Ends," *Dubuque Iowa Herald*, February 13, 1938.

"라듐 혼합물질에…" CD, court testimony, quoted in Gardner, "Radium Test Case Finished."

"이렇게 해서 뾰족하게…" Ibid.

"부들부들 떨리는…" "'Living Death' Case Hearing Ends."

"캐서린을 바라보며…" "Radium Poisoning Victim Testifies on Her Deathbed," *St. Louis Times*, February 12, 1938.

"저는 이걸 수천 번…" CD, court testimony, quoted in Grant, "Ghost Women Await Court's Decision on Radium Poisoning."

"그렇게 하라고…" CD, court testimony, quoted in "Court Convenes at Bedside in Dying Woman's Damage Suit, *Denver Colorado Post*, February 11, 1938.

"미국 정부가 라듐…" Grossman, court transcript, quoted in *Ottawa Daily Republican-Times*, February 11, 1938.

이하 모든 법정 인용, Ibid.

"한 번도 없었어요. 저희는…" CD, court testimony, compiled from quotes in *Ottawa Daily Republican-Times*, *Chicago Daily Times*, *Chicago Herald-Examiner*.

"존경하는 재판장님, 이건 판례가…" Grossman, court transcript, quoted in Gardner, "Radium Test Case Finished."

"그들 자신의 증상에…" Gardner, "Radium Test Case Finished."

"그녀의 잘린…" Ibid.

"캐서린 도노휴가…" Court transcript, quoted in Ibid.

이하 모든 법정 인용, Ibid.

"자신이 팔을 잃은 것은…" Unknown newspaper, http://www.lgrossman.com/pics/radium/.

"리드 씨는 라듐을 바르면…" MR, court testimony, quoted in Gardner, "Radium Test Case Finished."

"동정어린 교감을…" CD, quoted in "Radium Victim Asserts Death Races Pension," *American*, April 6, 1938.

"그 순간, 나는 캐서린의…" McKenna, "'Fighting Irish' Heart Sustains 'Living Dead.'"

Chapter 53

"봄기운이 가득하다!" *Chicago Daily Times*, February 13, 1938.

"실낱 같은 희망 속에서…" McKenna, "'Fighting Irish' Heart Sustains 'Living Dead.'"

"아일랜드인의 도전적인…" CD, quoted in Ibid.

"살아서 침대 밖을…" "8 Radium Victims Visit Dying Friend," *Washington Herald*, February 14, 1938.

"죽음에 대한…" "Nine Facing Death with Smile; Their Courage a Sermon of Hope," *Chicago Herald-Examiner*, February 14, 1938.

"운명이 나를…" Ibid.

"사닥다리 맨 아래…" PP to Grossman, 13 February 1938, PPC.

"이 단체의 목적은…" Grossman, quoted in "Society of the Living Dead Is Formed; Victims of Radium Unite to Help Others," *Chicago Herald-Examiner*, February 26, 1938.

"언론을 좋아했고…" Interview with Len Grossman.

"인류애의 실현을…" signed legal brief, PPC.

"작금의 상황에…" Grossman, legal brief.

"부주의한 정도가…" "The Radium Poison Tragedies," *Springfield Illinois State Register*, February 22, 1938.

"권위 있는 의료…" Win Green, "Legality of Donohue Claim Is Supported," *Ottawa Daily Republican-Times*, February 28, 1938.

"극도로…" Maury Maverick, speech to House, quoted in Robert Higgs, "America's Depression Within a Depression, 1937 - 9," https://fee.org/articles/americas-depression-within-a-depression-193739/.

"우리는 온갖 수단을…" Ibid.

"저는 기적을…" CD, quoted in "Five 'Doomed Women' Not 'Afraid to Die,'" *Toronto Star*.

"그 단계에 접어들자…" Interview with Mary Carroll Cassidy.

"숙모는 너무…" Ibid.

"소변 냄새" Ibid.

"신음 소리가…" Ibid.

"숙모는 라듐 때문에…" Agnes Donohue Miller, November 17, 2010, http://www.mywebtimes.com/news/local/video-too-ill-to-visit/article_486754e5-653c-5137-9a5e-03a1980b576.html.

"집안의 가장" Interview with James Donohue.

"고모는 제가 아는…" Ibid.

"마가렛은 캐서린과…" Interview with Kathleen Donohue Cofoid.

"하느님을 집 안에…" CD to PP, March 9, 1938, PPC.

"사랑이 넘치는…" CD to PP, April 29, 1938, PPC.

"자신의 편지가…" Wisconsin "farm matron," quoted in Win Green, "Nation-Wide Interest Shown in Radium Case," *Ottawa Daily Republican-Times*, March 1938.

"당신의 아픔을…" Letter to CD, quoted in Ibid.

"정성스럽게 요리한…" CD to PP, March 9, 1938.

"오늘은 한동안…" Ibid.

"아버지는 일주일…" Interview with Len Grossman.

"라듐 소송 사건 때문에…" Grossman to PP, October 15, 1938, PPC.

"간교하고 파렴치한…" Grossman, legal brief.

이하 모든 인용, Ibid.

Chapter 54

"수년간 점진적으로…" Marvel's judgment, quoted in *Chicago Herald-Examiner*, April 6, 1938.

"병으로 인한…" Ibid.

"산업위원회는…" Marvel's judgment, quoted in "'Living Death' Victim Wins Life Pension," *Chicago American*, April 5, 1938; William Mueller, "'Living Dead' Win Radium Test Case," *Chicago Daily Times*, April 5, 1938.

"정말 잘됐어요…" Helen Munch, quoted in unknown newspaper, collection of Ross Mullner.

"지금까지 밝혀진…" Marvel, court transcript, February 10, 1938, legal brief.

"하늘 아래 라듐…" Grossman, legal brief.

"정의가 승리했다!…" Grossman, quoted in unknown newspaper, lgrossman.com.

"몇 년 동안…" CP, quoted in *Flint Michigan Journal*, April 6, 1938.

"위대한 승리" Attorney General's office, "[…] Pension Radium Victim," *American*.

"이렇게 빨리…" CD, quoted in "Mrs. Donohue Calm at Radium Decision News," *Ottawa Daily Republican-Times*, April 5, 1938.

"아내는 울기만…" Tom Donohue, quoted in Ibid.

"캐서린은 판결문을…" Ibid.

"캐서린의 입에서…" Ibid.

"남편과 아이들에게…" CD, quoted in "'Radium' Victim Granted Pension of $277 a Year," *American*, April 6, 1938.

"우리가 이번 주에…" Ibid.

"판사가…" CD, quoted in "Mrs. Donohue Calm at Radium Decision News,"

"한참 전에 정의가…" Ibid.

"그 돈을 받을 때까지…" CD, quoted in "Radium Victim Asserts Death Races Pension," *American*, April 6, 1938.

"남편과 아이들이…" CD, quoted in unknown newspaper, collection of Ross Mullner.

"판결이 뒤집히지…" Ibid.

Chapter 55

"증거에 반하는…" "Radium Case Appeal Opens at City Hall," *LaSalle Daily Post Tribune*.

"캐서린은 돈이…" CP, quoted in "'Living Dead' Ask Aid Now for Victim," *Chicago Daily Time*, April 19, 1938.

"톰은 말이 별로…" CD to PP, April 29, 1938.

"달걀 껍데기처럼…" Frederick Griffin, "Society of the Living Dead," *Toronto Star*, April 23, 1938.

"모두 겁에…" Clarence Witt, quoted in Ibid.

"움푹 팬 얼굴과 팔…" Griffin, Ibid.

이하 모든 인용, Ibid.

"더 일찍 쓰려고…" CD to PP, April 29, 1938.

"소송이 끝났으면…" Ibid.

"집에 가고 싶어." CD to PP, May 18, 1938, PPC.

"이 편지를 받자마자…" Ibid.

"법원에 출두하는…" Dr. Dunn, quoted in "Hold Hearing in LaSalle on Radium Poison Appeal," *Daily News-Herald*, June 6, 1938.

"이제 나에게는…" CD, quoted in "7 'Living Dead' Meet," *Chicago Daily Times*, June 5, 1938.

"아이들과 톰을…" CD to PP, April 29, 1938.

"매트리스에 자국도…" "7 'Living Dead' Meet."

"손가락 두께만한…" Ibid.

"그로스만은…" CD to PP, April 29, 1938.

"장내를 가득…" "Company Opens Plea in 'Radium' Poisoning Case," *Chicago Illinois News*, June 6, 1938.

"죽음을 앞둔 경주" Grossman, quoted in "Hold Hearing in LaSalle on Radium Poison Appeal."

"도노휴 부인은…" Ibid.

"캐서린 도노휴를…" Reed's sworn statement, "'Living Dead' Upheld," *Chicago Daily Times*, June 6, 1938.

"캐서린이 라듐에…" Ibid.

"캐서린 도노휴에게…" Sworn statements of Mr. and Mrs. Reed, quoted in Win Green, "Open Donohue Radium Test Review Hearing," *Ottawa Daily Republican-Times*, June 7, 1938.

"증언을 하는 동안…" Win Green, "Review Hearing of Radium Case Ends Suddenly," *Ottawa Daily Republican-Times*, June 7, 1938.

Chapter 56

"킨 신부님에게…" Catherine O'Donnell to PP, June 11, 1938, PPC.

"킨 신부님께…" CD to Father Keane, June 22, 1938, quoted in *Chicago Daily Times*, June 24, 1938.

"전국 각지 동서남북에서…" Karin Walsh, "Pray for 'Living Death' Victim," *Chicago Daily Times*, June 26, 1938.

"편지에 전부 답장을…" CD, quoted in Walsh, "1,500 Letters, Prayers for 'Living Dead,'" *Chicago Daily Times*, July 1938.

"캐서린을 살아 있게…" Grossman, quoted in Ibid.

"위대한 승리" CD to PP, PPC.

"정말 잘된…" PP to Grossman, July 19, 1938, PPC.

"증세가…" Olive Witt to PP, July 18, 1938, PPC.

"잠옷이 꽤 잘…" Ibid.

"즐거운 시간" Ibid.

"캐서린 도노휴의…" PP to Dalitsch, March 9, 1938, PPC.

"삶에 대한…" PP, quoted in Griffin, "Society of the Living Dead."

"애석해하며" Walsh, "Demand Inquest to Name Guilty in Radium Death," *Chicago Daily Times*, July 28, 1938.

"이제 때가 된 거죠?" CD, quoted in Ibid.

"사법적인 제의" "Mrs. Donohue, Victim of Radium Poisoning, Dies," *Ottawa Daily Republican-Times*, July 27, 1938.

"캐서린은 최대한…" Grossman, quoted in "Death Halts Collection of Award," *Chicago Daily Times*, July 27, 1938.

"그녀의 마지막…" Walsh, "Demand Inquest to Name Guilty in Radium Death."

"모두가 아주…" Eleanor Taylor, quoted in Ibid.

"거의 발작적으로…" Eleanor Taylor, quoted in Ibid.

"산산조각" Ibid.

"왜 엄마가…" Mary Jane Donohue, quoted in Ibid.

"작고 높은…" Ibid.

"엄마, 아빠에게…" Mary Jane Donohue, quoted in Ibid.

"잔인하고 계산적이며…" Grossman, quoted in *Chicago Daily Times*, July 28, 1938.

"슬픔에 사시나무처럼…" Unknown newspaper, possibly *Ottawa Daily Republican-Times*, Catherine Wolfe Donohue Collection, Northwestern University.

"힘겹게 증언을…" Karin Walsh, "Jury blames Dial Co. for Radium Death," *Chicago Daily Times*, July 29, 1938.

"사인을 파악하기만…" Coroner Lester's instructions, unknown newspaper, PPC.

"우리, 배심원은…" Unknown newspaper, possibly *Ottawa Daily Republican-Times*, Catherine Wolfe Donohue Collection, Northwestern University.

"라듐 다이얼은…" Grossman, quoted in Ibid.

"오랜 기간 고통받은…" Ibid.

"거의 쓰러질…" Walsh, "Jury Blames Dial Co. for Radium Death."

"조용하지만 감동적인…" Ibid.

"캐서린의 장례식을…" PP to Grossman, July 29, 1938, PPC.

"앞으로도 항상…" Ibid.

"남편은 이 사건 때문에…" Trudel Grossman, quoted in "Wife Subs for 'Radium Lawyer,'" *Chicago Daily Times*, September 29, 1938.

"그 허가증은 우리 집…" Interview with Len Grossman.

"산업재해에 맞서 싸운…" Walsh, "Jury Blames Dial. Co. for Radium Death."

"이 세상에 성인이 있다면…" Interview with Ross Mullner.

에필로그
"오늘 아침 실험실을…" Glenn Seaborg diary, quoted in Mullner, *Deadly Glow*, 125.
"도장공들이 아니었더라면…" AEC official, quoted in Ibid., 127.
"그 무엇과도 비교할…" Ibid.
"우리는 플루토늄의…" Interview with Ross Mullner.
"머지않아 수백만 명의…" NCL memo, November 1959, NCL files, Library of Congress.
"우리 모두 희생자가…" Ibid.
"핵무기 개발에서 뒤쳐질 경우…" AEC official, quoted in Mullner, *Deadly Glow*, 134.
"라듐 걸스는 죽어가면서도…" Tony Bale, quoted in Ibid., 1.
"당시에도 불행을 실은 구름은…" NCL memo, November 1959.
"방사능에 피폭된 사람의…" Holm, CHR.
"한참 전에 일어난 일이…" AEC official, quoted in Mullner, *Deadly Glow*, 134.
"그들이 겪은 고통은…" Ibid.
"귀중한 통찰을…" Ibid.
"나의 역사는 예사로운…" PP to Dalitsch, March 9, 1938, PPC.
"국가의 안전을…" Argonne National Laboratory press release.
"라듐의 장기적인 영향을…" Lester Barrer, quoted in Malcolm M. Manber, "Radium Workers Well," *Newark Evening News*, July 15, 1962.
"연락이 닿는…" Plainfield Courier, March 21, 1959.
"광란의 20년대에… Theodore Berland, "Wanted: Radium Workers of the Roaring Twenties," *Today's Health*, November 1959.
"이 여성들 한사람…" John Rose, quoted in Roy Gibbons, "Vast Search Is on for Radium Fad Victims," *Chicago Sunday Tribune*, March 18, 1959.
"과학 정보의 보물창고" Roscoe Kandle, CHR.
"과학계에 도움이…" CHR memo.
"안나 캘러간 씨는…" Martland to MIT, July 26 1950, CHR.
"어차피 자신을 치료하지…" CHR memo.
"아버지는 고모와 많은 시간을…" Interview with Art Fryer.
"그녀는 방사선에 노출된…" Kjaer notes, 1925, quoted in "Historic American Buildings Survey."
"끝까지 용기와…" *Peoria Illinois Star*, April 13, 1939.
"우리는 후손들에게 방사능의…" Mullner, *Deadly Glow*, 136.
"평생 동안" Ibid.

"쉽게 입고 벗을…" CHR medical assistant to CP, October 2, 1975, CHR.

"저는 운이 좋았어요…" PP, "Life History," PPC.

"최고의 가정식…" Interview with Randy Pozzi.

"아버지가 어머니를 버리고…" Ibid.

"얼룩덜룩 흉하게…" Interview with Jan Torpy.

"할머니는 늘 저와…" Interview with Patty Gray.

"어머니는 늘 통증에…" Interview with Dolores Rossiter.

"죽게 해 달라고…" MR, November 13, 2010, http://www.mywebtimes.com/news/local/video-she-was-a-fighter/article_f7f6b1e8-1412-5e0a-8574-763be17400ee.html.

"힘든 시기도 있었지만…" Ibid.

"관절염이 조금 있기는…" CP, quoted in Arthur J. Snider, "Ranks of 'Living Dead' Dwindle in 25 Years," *Chicago Daily News*, June 13, 1953.

"힘든 세월을…" CP, quoted in David Anderson, "This Is What Has Happened to 'Society of the Living Dead,'" *Chicago Sun-Times*, September 29, 1957.

"크게 분노했다" Interview with Jan Torpy.

"우리도 샬럿이 받아낸…" MR, cited in interview with Dolores Rossiter.

"영원토록" New Jersey Supreme Court judgment, quoted in Clark, *Radium Girls*, 201.

"방사능이 토양에…" Ibid., 202.

"집안 남자들이 모두…" Interview with Darlene Halm.

"결국 철거되었다" Ibid.

"[제가 자란] 동네에서는…" Joan Weigers to CHR, September 14, 1988.

"피해를 보지 않은…" Greta Lieske, *Ottawa Delivered*.

"그 여자는 우리를…" Mayor George Small, quoted in Elodie Maller, "Radium City Airing on Cable Protested," *Ottawa Daily Times*, July 12, 1988.

"아무도 영화를…" Interview with Dolores Rossiter.

"그렇게 말해서는…" Ibid.

"의견이 갈렸죠…" Interview with Darlene Halm.

"잘라요! 당장!" Interview with Dolores Rossiter.

"정상치에서 벗어나는…" Martland, quoted in Mullner, *Deadly Glow*, 72.

"양쪽 다리 절단…" CHR files.

"라듐, 휴면 중인 살인자…" *Sunday Star-Ledger*, November 2, 1958.

"그녀의 뼈에는…" Interview with Ross Mullner.

"결국 리드 씨는…" MIT memo, December 6, 1958, CHR.

"수차례의 뇌졸중으로…" Holm, CHR.

"누구누구를 최근에…" Joseph Kelly, quoted in Ibid.

"이모와 이모부는 세계 여행을…" Interview with Randy Pozzi.

"이모는 다락에…" Ibid.

"이것이 우리에게…" PP, quoted in Ibid.

"묘지는 좀처럼 잘…" Ibid.

"할머니는 제가…" Interview with Jan Torpy.

"[팔이 하나밖에 없다는 사실이]…" Interview with Don Torpy.

"어떻게 해서 팔이…" Interview with Jan Torpy.

"할머니는 그 얘기를…" Ibid.

"내가 어렸을 때 시계 숫자판을…" CP, quoted in Ibid.

"수심에 잠겼다." Ibid.

"날씨가 좋을 때면…" Interview with Donald Purcell.

"승리와는 거리가…" Frances Perkins, quoted in "Sec. Perkins Says Compensation for Work-men Inadequate," *Ottawa Daily Republican-Times*, October 17, 1939.

"연구진들은 어머니에게 검사 결과를…" Interview with Dolores Rossiter.

"나에게 아무런 도움도…" CP, quoted in CHR memo, August 30, 1985, CHR.

"장판 밑에서 썩어버릴…" MR, quoted in interview with Dolores Rossiter.

"신은 나를 이 방구석에…" MR, quoted in unknown newspaper, possibly *Ottawa Daily Times*, Rossiter family scrapbook.

"할머니는 다른 사람들에게…" Interview with Patty Gray.

"다른 이들에게…" Interview with Jean Schott.

"정말 화가…" Unnamed Looney sister, quoted in Irvine, "Suffering Endures."

"가족 모두 슬픔에…" Jean Schott, quoted in Denise Grady, "A Glow in the Dark, and a Lesson in Scientific Peril," *New York Times*, October 6, 1998.

"우리는 모두 그 집에 가서…" Interview with Mary Carroll Cassidy.

"캐서린이 죽자…" Interview with Kathleen Donohue Cofoid.

"이제 남은 건…" Interview with Mary Carroll Cassidy.

"시간이 지나면서…" Ibid.

"고통스러운 기억…" Ibid.

"매리 제인은 아이…" Ibid.

"그 애가 일을 구했다는 게…" Ibid.

"저는 건강상…" Mary Jane Donohue to CHR, July 18, 1979, CHR.

"한 사람이라도…" Mary Jane Donohue, quoted in in CHR memo, August 16, 1984, CHR.

"제가 오래 살도록…" Mary Jane Donohue to CHR, July 18, 1979.

"그들을 기억하기 위한…" Mullner, *Deadly Glow*, 143.

"라듐 걸스를 기억해야…" Madeline Piller, *Journal Star*, 2007.

"시장님이 협조적이다…" Interview with Len Grossman.

"라듐 걸스는 그 누구보다도…" Official proclamation from the State of Illinois Executive Department, September 2011, now on display at the Ottawa Historical and Scouting Heritage Museum.

"어머님이 오늘 기념비가…" Interview with Dolores Rossiter.

"고통받은 미국 전역의…" Radium Girls statue sign, Ottawa, Illinois.

"라듐 도장공들에 대한…" Mullner, *Deadly Glow*, no. 6, 143.

"저는 단결하여 떨쳐…" Interview with Kathleen Donohue Cofoid.

후기

"우리는 큰 작업대에…" Eleanor Eichelkraut, quoted in Bill Richards, "The Dial Painters," *Wall Street Journal*, September 19, 1983.

"그곳에서 일할 수…" Beverley Murphy, quoted in *Ottawa Daily Times*.

"우리는 라듐을…" Lee Hougas, quoted in Conroy, "On Cancer, Clock Dials."

"재미 삼아" Pearl Schott, quoted in Richards, "The Dial Painters."

"일을 마치고 밤에…" Martha Hartshorn, quoted in JoAnn Hustis, "Radium Dial Deaths of Women Topic of TV News Show Tonight," *Ottawa Daily Times*, September 20, 1983.

"회사는 모든 걸 안전하게…" Martha Hartshorn, quoted in Richards, "The Dial Painters."

"구강 수술받아야…" Pearl, quoted in Anna Mayo, "We Are All Guinea Pigs," *Village Voice*, December 25, 1978.

"뉴욕 본사에서…" Carol Thomas, quoted in Hustis, "Radium Dial Deaths of Women Topic of TV News Show Tonight."

"유방암은 호르몬…" Holm, quoted in Richards, "The Dial Painters."

"공장 관리자에게…" Holm, quoted in Jim Ridings, *Ottawa Daily Times*, May 1978.

"많은 동료들이…" Unnamed dial-painter, quoted in Mayo, "We Are All Guinea Pigs."

"앞뒤가 안 맞는…" Jim Ridings, "Doubletalk from Luminous," *Ottawa Daily Times*, May 4, 1978.

"기업은 노동자들의…" Carol Thomas, quoted in *Ottawa Daily Times*, September 23, 1983.

"루미너스 프로세스는…" *Ottawa Daily Times*, May 1, 1978.

참고문헌

책

The Age of Radiance: The Epic Rise and Dramatic Fall of the Atomic Era by Craig Nelson (Simon & Schuster, 2014)

CRC Handbook of Management of Radiation Protection Programs, Second Edition by Kenneth L. Miller (CRC Press, 1992)

Deadly Glow: The Radium Dial Worker Tragedy by Dr Ross Mullner (American Public Health Association, 1999)

Harrison Stanford Martland: The Story of a Physician, A Hospital, an Era by Samuel Berg MD (Vantage Press, 1978)

Learning to Glow: A Deadly Reader edited by John Bradley (The University of Arizona Press, 2000)

Madame Curie: A Biography by Eve Curie, translated by Wincent Sheean (Read Books, 2007)

Mass Media and Environmental Conflict by Mark Neuzil and William Kovarik (Sage Publications, 1996, revised 2002)

Mining and Selling Radium and Uranium by Roger F. Robison (Springer, 2014)

A New Jersey Anthology by Maxine N. Lurie (Rutgers University Press, 2010)

Pierre Curie by Marie Curie, translated by C. and V. Kellogg (Macmillan, 1923)

The Quintessence of Ibsenism by George Bernard Shaw (Courier Corporation, 1994)

Radiation Protection and Dosimetry: An Introduction to Health Physics by Michael G. Stabin (Springer, 2007)

Radium Girls: Women and Industrial Health Reform, 1910-1935 by Claudia Clark (University of North Carolina Press, 1997)

Swing City: Newark Nightlife 1925-50 by Barbara J. Kukla (Rutgers University Press, 2002)

영화

Radium City (1987, dir. Carole Langer)

인터뷰
아래 인터뷰에 응해 주신 분들께 감사의 말씀을 드립니다.

Michelle Brasser,
Mary Carroll Cassidy,
Mary Carroll Walsh,
James Donohue,
Kathleen Donohue Cofoid,
Eleanor Flower,
Art Fryer,
Patty Cray,
Len Grossman,
Darlene Halm,
Felicia Keeton,
Ross Mullner,
Randy Pozzi,
Donald Purcell,
Dolores Rossiter,
Jean Schott,
Don Torpy and Jan Torpy.

논문과 그 밖의 출판물

'Historic American Buildings Survey: US Radium Corporation' by the National Park Service, HAER no. NJ-121; HAER NH7-ORA, 3-

'The New Jersey Radium Dial Workers and the Dynamics of Occupational Disease Litigation in the Early Twentieth Century' by Kenneth A. DeVille and Mark E. Steiner (*Missouri Law Review*, vol. 62, issue 2, spring 1997)

'Radium City' by John Conroy

'Radium in Humans: A Review of US Studies' by R. E. Rowland, Argonne National Laboratory

'Radium Osteitis with Osteogenic Sarcoma: The Chronology and Natural History of a Fatal Case' by William D. Sharpe. MD

'Suffering Endures for Radium Girls' by Martha Irvine (Associated Press, 1998)

신문, 잡지, 정기간행물

American

American History

American Weekly

Asbury Park Press

Buffalo News

Chemistry

Chicago Daily Times

Chicago Daily Tribune

Chicago Herald-Examiner

Chicago Illinois News

Chicago Sunday Tribune

Chicago Sun-Times

Daily News-Herald

Daily Pantagraph

Denver Colorado Post

Detroit Michigan Times

Dubuque Iowa Herald

Flint Michigan Journal

Graphic

Journal of the American Medical Association

Journal of Industrial Hygiene

Journal Star

LaSalle Daily Post Tribune

Newark Evening News

Newark Ledger

New York Evening Journal

New York Herald

New York Sun

New York Sunday News

New York Telegram

New York Times

Orange Daily Courier

Ottawa Daily Republican-Times

Ottawa Daily Times

Ottawa Delivered
Ottawa Free Trader
Peoria Illinois Star
Plainfield Courier
Popular Science
Radium
Springfield Illinois State Register
Star-Eagle
St. Louis Times
Sunday Call
Sunday Star-Ledger
Survey Graphic
Today's Health
Toronto Star
Village Voice
Wall Street Journal
Washington Herald
Waterbury Observer
World

특별 컬렉션 문헌

Catherine Wolfe Donohue Collection. Northwestern University, Chicago, Illinois.

Files on the Orange clean-up operation. Orange Public Library, Orange, New Jersey.

Harrison Martland Papers. Special Collections. George F. Smith Library of the Health Sciences, Rutgers Biomedical and Health Sciences, Newark, New Jersey.

Health Effects of Exposure to Internally Deposited Radioactivity Projects Case Files, Center for Human Radiobiology, Argonne National Laboratory, General Records of the Department of Energy. Record Group 434. National Archives at Chicago, Illinois.

National Consumers League files. Library of Congress, Washington, DC.

Ottawa High School Yearbook Collection and Ottawa town directories, Reddick Public Library, Ottawa, Illinois.

Ottawa Historical and Scouting Heritage Museum, Ottawa, Illinois.

Pearl Payne Collection. LaSalle County Historical Society and Museum, Utica, Illinois.

Raymond H. Berry Papers. Library of Congress, Washington, DC.

Westclox Museum, Peru, Illinois.

인터넷 웹사이트

ancestry.com (with access to the records of the U.S. Census, town directories, Social Security
records, First World War and Second World War draft registration cards, and the Index of
Births, Marriages, and Deaths—미국 센서스 통계조사, 시도 디렉터리, 사회안전망 자료열람,
제1차 세계대전과 제2차 세계대전 군입대 등록 카드, 출생/결혼/사망 인덱스)

capitolfax.com

dailykos.com

encyclopedia.com

examiner.com

fee.org

findagrave.com

history.com

lgrossman.com

medicinenet.com

mywebtimes.com

thehistoryvault.co.uk

themedicalbag.com

usinflationcalculator.com

voanews.com

두 개의 연극

D. W. Gregory's Radium Girls (Dramatic Publishing, 2003)은 오렌지 지역의 소녀 도장공들을
다룬 연극이고,

These Shining Lives by Melanie Marnich (Dramatists Play Service, Inc., 2010)는 오타와 지역
의 도장공을 그려내고 있다.

색인

캐서린 샤웁.

그레이스 프라이어.

에드나 볼즈 허스만.

헤이즐 빈센트 쿠저.

알비나 매기아 래라이스.

퀸타 매기아 맥도날드.

헬렌 퀸랜과 남자친구.

아이린 루돌프.

마거리트 카러프.

회사 모임에서 찍은 다이얼 도장공들 사진, 엘라 에커르트(왼쪽에서 두 번째),
몰리 매기아 (오른쪽에서 세 번째), 그리고 사라 메일레퍼(오른쪽에서 두 번째).

1920년대 초반 뉴저지주 오렌지에 위치한
다이얼 도장 스튜디오 전경.

라듐 공장 창립자인 사빈 폰 소쇼키(가운데),
회사 소풍 때 모습.

맨 위 왼쪽: 아서 로더.
맨 위 오른쪽: 프레드릭 플린 박사.
가운데 왼쪽: 캐서린 와일리.
가운데 오른쪽: 해리슨 마트랜드 박사.
맨아래 왼쪽: 레이몬드 H. 베리.

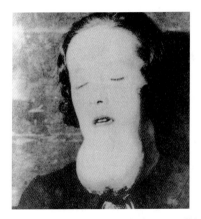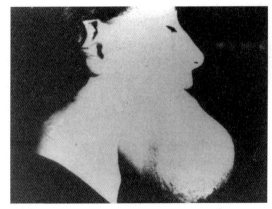

턱에 라듐으로 인한 육종이 생긴 도장공의 모습 (정면과 측면 사진).

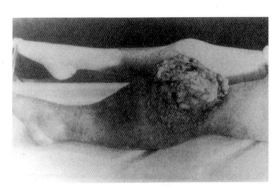

무릎에 라듐 육종이 생긴 도장공.

라듐의 공격으로 구멍이 생기고
떨어져 나간 몰리 매기아의 아래턱 뼈.

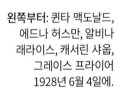

왼쪽부터: 퀸타 맥도날드,
에드나 허스만, 알비나
래라이스, 캐서린 샤웁,
그레이스 프라이어
1928년 6월 4일에.

페그 루니와 척 핵켄스미스,
루니의 동생들과 함께.

마리 베커 로지터.

매리 엘렌 ('엘라') 크루즈.

라듐 다이얼 사에서 찍은 단체 사진.
첫째줄: 리드 씨 (왼쪽 끝, 바닥에 앉아서, 하얀 캡 쓰고). **두번째줄:** 캐서린 울프 (왼쪽에서 두번째, 검정 드레스 입음),
로티 머레이 양 (왼쪽에서 4번째), 마거리트 글라신스키 (왼쪽에서 10번째). **세번째줄:** 마가렛 루니 (왼쪽에서
첫번째), 마리 베커 로지터 (왼쪽에서 8번째), 매리 더피 로빈슨 (오른쪽에서 2번째).

펄 페인 '아파하는 모습'
1933년경.

샬롯 퍼셀, 1937.

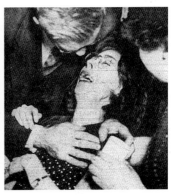

5명의 오타와 여성들, 1937년 7월 21일 시카고에서.
왼쪽에서 오른쪽으로: 마리 로지터, 프란시스 글라신스키 오코넬,
마거리트 글라신스키, 캐서린 울프 도노휴, 펄 페인,
그로스만의 비서 캐롤 레인저, 레오나드 그로스만.

1938년 2월 10일, 충격으로
쓰러진 캐서린;
톰 도노휴와 펄이 급히
도움의 손길을 내밀다.

왼쪽에서 오른쪽으로: 펄
페인, 프란시스 오코넬,
마거리트 글라신스키,
헬렌 먼치, 마리 로지터.
1938년 라셀라 카운티
법정에서 증언을
청취하며.

샬롯 퍼셀이 그로스만의
요청으로 립 포인팅 방법을
시연중. 1938년 2월 11일.

도노휴의 집 침대 옆에서 공판이 진행중.
샬롯이 그로스만 뒤, 펄 옆에 앉아 있다.

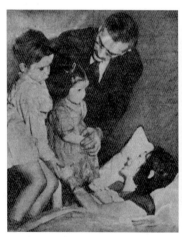

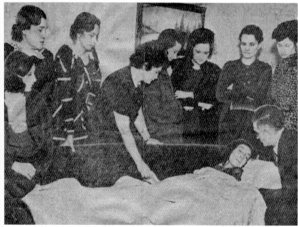

도노휴 가족 사진: 톰, 캐서린,
토미와 매리 제인.

남편 톰과 친구들이 캐서린을 둘러싸고 있다.